원전에 가장 가까운 탈무드

원전에 가장 가까운

탈무드

바다출판사

세데르 모에드 SEDER MOED

세데르 모에드 Ⅱ SEDER MOED

세데르 나심 SEDER NASHIM

세데르 네지킨 SEDER NEZIKIN

세데르 코다심 Seder Kodashim

세데르 토호로트 SEDER TOHOROT

PART 3 ◇ 에필로그

PART 1

탈무드에 대하여

어느 양치기 이야기

이 이야기는 구전율법을 최초로 정리하여 '미슈나의 아버지'로 불리는 랍비 아키바 벤 요셉 Akiva ben Yosef(50?~135?)에 관한 것이다. 그는 마흔 살까지 일자무식의 양치기였다. — 옮긴이 주(이하 이 책의 모든 주는 옮긴이의 주다.)

아키바의 비범함을 알아본 칼바 사부아의 딸 라헬이 어느 날 "내가 당신과 약혼한다면, 배움의 집에 다니겠어요?"라고 청했다. 결혼 후 아내 라헬의 헌신적인 뒷바라지 덕분에 아키바는 만학의 용기를 낼 수 있었다.

아주 오래전 자신의 일을 열심히 하던 한 사람이 있었다. 그가 맡은 책임은 그에게 많은 것을 요구했다. 인내하고, 신중히 계획하고, 일어날지 모를 여러 문제를 끊임없이 경계해야 했다. 때로 그는 자신이 책임진 것들을 지키기 위해 싸워야 했다. 대체로 그는 그 일을 잘 해냈다.

일을 하는 길고 지루한 시간 동안 그는 자주 혼자만의 생각에 빠져들었다. 점점 더 공허함을 느끼기 시작했다. 갈망했던 다른 것들, 꿈꿔왔던 기회들이 있었다. 하지만 한 가지 일을 너무 오랫동안 한 후, 그는 새로운 세계로 향하는 문을 열 수 있을지 자포자기하게 되었다. "난 충분히 알지 못하잖아."•

그 후 그의 인생 방향을 바꿔놓은 두 가지 일이 일어났다. 먼저, 특별한 누군가를 만나 다음과 같은 말을 들었다. "난 당신에게 굉장한 잠재력이 있음을 알아요. 당신은 새로운 방향으로 나아가 잘해낼 능력을 가지고 있어요. 내가 당신을 믿는 만큼 스스로를 믿는다면, 내가 도와주겠어요."••

그는 그 말에 용기를 얻었지만 여전히 의심이 들었다. "내가 조금 더 젊었다면 몰라도…… 이젠 너무 늦었어…… 이 나이에, 인생의 이 시점에 처음부터 다시 시작할 수는 없잖아. 내가 모르는 것, 이해하지 못하는 것들이 너무도 많아……."

그의 인생을 바꿔놓은 또 다른 사건, 두 번째 사건이 일어난 건 그 뒤였다. 그것은 무엇을 해야 할지 알려주는 눈부신 신의 계시도 아니었고, 죽을 위험에서 구사일생하여 자기 자신과 인생의 목적을 돌아보게 된 극적인 사건도 아니었다. 지극히 평범하고 일상적인 경험이었다. 그는 우연히 바위 하나를 발견했는데, 거기에는 깊이 파인 자국이 나 있었다. 그는 가까이 들여다보다가, 그 견고한 바위를 깎은 것이 바로 날마다, 해마다 같은 자리에 끊임없이 떨어지는 물방울임을 알고서 불현듯 깨달았다. "현실에서 이런 일이 일어날 수 있다면, 나에게도 일어날 수 있을 거야. 내가 알고 있는 것에 불안해하지 않게 될 때까지 이제부터 매일 조금씩 배우기 시작하자."❖❖

한 친구의 격려와 내면의 힘을 바탕으로 그는 첫걸음을 떼기로 결심했다. 자신이 어울리지 않는 곳에 있는 듯한 어색한 느낌을 받았고, 어린아이가 된 듯 느껴지기도 했다.❖❖ 어떤 이들은 그를 비웃었다. 처음엔 그를 진지하게 받아들이는 사람이 거의 없었다. "그저 인생에서 으레 거치는 방황의 시기일 뿐이야"라고 사람들은 말했다. 하지만 얼마 후 사람들은 더 이상 그를 비웃지 않았다. 그들은 그가 부단히 노력하는 것을 보았고, 그의 성실함을 느꼈다. 그후 그들 역시 그 안에 그토록 오래 잠들어 있던 놀라운 잠재력을 보기 시작했다.

시간이 흘러, 그는 스스로 새로운 삶을 만들어냈고, 한때 꿈꾸었던 많은 기회의 문을 열었다. 그는 말로서만이 아니라 자신의 인생을 변화시킨 방식을 통해서 무수히 많은 다른 이들의 삶에 영향을 미치게 되었다.❖❖❖

아키바는 우연히 리다의 우물가에서 물방울에 움푹 파인 바위를 보고서. "내 마음이 이 바위보다 단단할까? 적어도 토라 한 구절이라도 배워보자"라고 결심하게 된다.

아키바는 아들과 같이 학교에 다니며 알파벳부터 공부하기 시작해 마침내 토라 전체를 배웠다.

아키바는 그 후 고향을 떠나 배움의 집으로 가서 랍비 엘리에제르와 랍비 여호수아 밑에서 12년 동안 수학했는데, 고향으로 돌아올 때는 제자가 1만 2000명이나 되었다. 랍비 아키바는 탈무드에서 '최고의 현인'으로 칭송되며, "랍비 아키바가 없었다면, 토라는 이스라엘에서 잊혀졌을 것"이라고 평가받는다.

우리가 풀어쓴 이 이야기는 약 1900년 전으로 거슬러 올라간다. 그러나 이것은 또한 우리 현대사회에 건네는 동시대적 우화이기도 하다. 우리 중 많은 사람들이 랍비 아키바와 마찬가지로 인생에서 무언가를 놓치고 있다고 느낀다. 우리는 세상사의 까다롭고 복잡한 어려움들에 직면하여 도움과 지침을 찾으며 종교적 유산에 의지하기도 한다. 우리는 종종 무자비하고 잔인한 일터에서 우리의 정직성을 어떻게 유지해야 하는지 알고 싶어한다. 부모는 자녀들에게 인간관계와 사랑과 성에 대해서 무엇을 가르쳐야 하는지, 종종 두렵고 부정적인 세상에서 어떻게 긍정적인 메시지를 전해야 하는지 알고 싶어한다. 우리는 수십 년 전에 한 선택들이 현재 우리의 삶에 지속적으로 영향을 미치는 이 전문화된 세상에서 행복과 성취감을 발견할 방법을 찾아 헤매고 있다. 우리 모두는 고통을 이해하고 삶과 죽음의 의미를 이해할 수 있는 방법을 찾고 있다.

랍비 아키바와 마찬가지로, 우리는 충분히 알지 못한다고 느낀다. 우리가 받은 교육이 삶의 특정 영역에서 우리를 전문가로 만들었을지라도, 그것은 또한 우리의 초점을 협소하게 만들어 미처 탐구하지 못한 많은 영역을 남겨놓았다. 아무리 똑똑하고 성공했을지라도, 익숙하지 않은 분야를 접할 때면 불편함과 부족함을 느끼기 마련이다. 그 분야는 과학, 기술, 의학, 경제일 수도 있고…… 혹은 종교일 수도 있다. 우리는 성서와 그로부터 발달한 이후의 유대 전통이 우리에게 무엇인가를 말해줄지 모른다고 느낀다. 우리 중 일부는 탈무드와 같은 종교적 원문을 혼자서 공부해보려고 시도하지만, 곧 길을 잃고 당혹감을 느낄 뿐이다. 번역서를 읽더라도 복잡한 생각들이 유기적인 방식으로 얽혀 있는 옛 탈무드 원문은 우리를 압도해온다. 우리는 자신의 부족함과 무능함을 느끼고, 성직자나 선생님을 찾아가 '해답'을 알려달라고 하거나, 아니면 종교적 문제를 완전히 외면해버린다.

이 책을 쓴 우리는 이러한 모든 좌절을 이해한다. 랍비로서 우리는 유대 전통의 지혜와 아름다움에 회중이 더 쉽게 접근할 수 있도록 돕고자 했다. 우리는 우리가 가르치는 사람들 대부분이 랍비 아키바와 비슷하다고 느꼈다. 그들은 총명하고 능력도 있지만, 옛 배움의 세계에 입문할 수 없다고 자주 자포자기한다. 이 책은 그들—곧 당신—에게 유대 고전의 문을 열 수 있는 용기와 도구를 주고자 한다.

개인적으로 우리는 이러한 좌절에 충분히 공감하는데, 얼마 전까지도 우리가 그런 상태에 있었기 때문이다. 우리가 받은 가정교육도 다른 많은 미국 유대인 가정과 별반 다르지 않았다. 어린 시절 우리는 유대인들의 배움의 보물을 거의 알지 못한 채 자랐다. 우리의 유대 교육은 좋은 점도 있지만 많은 공백이 존재한다. 청소년이 되어서야 우리 각자는 유대교를 더 진지하게 살펴보도록 격려받았고, 대학에 입학해서야 유대교 원문에 대한 심도 깊은 연구를 시작했다. 우리는 랍비 아키바처럼 아무리 늦더라도 배움을 시작할 수 있음을 알게 되었다. 비록 우리가 그의 학식과 위상에 범접할 수는 없겠지만. 우리는 랍비 아키바의 제자가 되었고, 그가 가르친 것(탈무드와 미드라시에서 그의 구체적인 가르침)뿐 아니라 그가 배운 방식도 배웠다. 그의 본보기로부터, 우리는 배움을 시작하기에 너무 늦은 때란 절대 없다는 것과 배움의 노력은 해볼 만한 가치가 충분하다는 것을 알게 되었다.

우리는 탈무드 연구를 소개하고 그 지혜와 가치를 현대생활에 적용해보기 위해 이 책을 썼다. 제1부에서는 탈무드의 언어, 글쓰기 양식, 사고방식과 세계관 등을 전반적으로 소개한다. 제2부에서는 소설 형식으로 이루어진 90여 개의 탈무드 원문을 제시한다. 바빌로니아 탈무드에서 뽑은 각 꼭지는 먼저 유명한 잠언 혹은 격언으로 시작한다. 그런 다음 그 잠언이 포함되어 있는 엄선한 짧은 탈무드 원문을 새로운 현대식 번역으로 실었다. 탈무드가 난해한 것은 그 언어만이 아니라 개념, 가치, 세계관을 우리가 이해하기 어렵기 때문인데, 원문에 이어지는 '해설' 부분은 이 난제에 대응하기 위한 것이다. 우리는 랍비들의 논의를 역사적 관점 안에 놓음으로써 그 배경을 이해하려고 했다. 오늘날 우리에게 낯설게 다가오는 관용구는 생략하면서 랍비들의 사고과정을 설명하려고 노력했다. 끝으로, '데라슈D'rash'(원문에 대한 해석을 제공하는 논의 혹은 원문에 대한 창의적인 독해를 통해 이끌어낸 교훈) 부분에서 우리는 탈무드의 가르침을 현대에 적용해보았다.* 우리는 랍비들이 유대 의례의 세부사항보다 더 많이 다루었던 탈무드의 '개념적 접근법'을 강고히 지지한다. 자주 율법적 언어로 언급되기는 하지만 그들의 논의는 그 이상이다. 거기에는 랍비들의 율법적 입장의 기초가 되는 신조, 개념, 요컨대 세계관이 있다. 이 원문들을 검토함으로써 우리는 랍비들이 세계를 어떻게 인식했는지 배울 수 있고, 우리가 살아가면서 겪는 여러 문제들에 대한 접근법을 스스로 찾아낼 수 있다.

랍비로서 우리는 이런저런 문제에 대한 "유대교의 견해는 무엇인가?"라는 질문을 자주 듣는다. 대부분의 랍비 권위자들이 동의하는 간단하고 구체적인 대답이 있는 경우도 있다. 하지만 유대인의 관심사와 가치관에서 몇 가지 가능한 유대식 답변이 나오는 경우가 더 많다. 탈무드를 연구하면서, 우리는 탈무드에 예리한 질문이나 정해진 해답은 들어 있지 않음을 깨닫게 되었다. 독자들은 이 책이 탈무드와 마찬가지로, 실로 복잡한 쟁점에 대해서 간단하고 빠른 해답을 제공하지 않는다는 사실을 알게 될 것이다. '전통이란 무엇인가?'가 주 관심사인 사람은《슐한 아루크》나《미슈네 토라》◆ 같은 유대 법전을 보는 편이 나을 것이다. 우리가 탈무드를 공부하는 이유는 올바른 질문을 하는 법을 배우고, 생각하고 헌신하고 분투하는 이들에게 꼭 필요한 주제와 가치를 탐구하기 위해서다. 독자들에게 탈무드가 무엇을 말하는지 일부나마 가르쳐줄 뿐 아니라, 더 중요하게는 탈무드의 랍비들이 어떤 식으로 생각하는지를 가르쳐주는 탈무드 입문서를 써보자는 것이 우리의 바람이자 기도였다. 독자들이 현대사회에서 부딪히는 여러 중요한 사안들에 직면해서 그와 같은 사고과정을 활용할 수 있게 되는 것이 우리의 궁극적인 목표다.

　　사실, 탈무드의 논리는 빈번히 더 많은 논쟁적 질문과 더 깊은 자기 탐구와 성찰로 이끈다. 랍비들은 우리에게 진지한 문제들을 마주할 것을, 전통적 가치가 우리의 삶에서 얼마나 제 역할을 하는지 질문할 것을 요청한다. 탈무드 원문이 우리에게 교훈, 심지어 도덕적 의무를 전할 때 그 메시지에서 여러 새로운 질문들이 생겨날 것이다. 이 교훈은 다른 유사한 상황에도 적용할 수 있는가? 이 교훈은 오늘날에도 여전히 적용할 만한가? 탈무드의 랍비들은 그들이 제시했던 사례와는 다소 다른 우리의 특정한 상황에 대해서 뭐라고 이야기할 것인가? 탈무드 원문에서 도출된 결론과 교훈이 가장 적절하고 의미 있는 메시지인가?

탈무드는 다양한 이유로 바다에 비유된다. 탈무드는 바다만큼 깊고 거대하다. 바다처럼 탈무드의 대부분은 우리 눈에 보이지 않게, 수면 아래 숨겨져 있다. 모순적이게도, 바다는 생명과 양분

◆《슐한 아루크Shulhan Arukh》는 16세기에 요세프 벤 에프라임 카로가 유대 율법과 의식을 정리한 전례서이고,《미슈네 토라 Mishneh Torah》는 12세기에 모세 마이모니데스가 유대 율법을 정리한 탈무드 주석서다.

의 원천이면서 동시에 위험하고 험악한 곳이다. 누군가는 이곳에서 씻기고 정화되고 영양을 공급받는 반면, 누군가는 그 깊은 물과 험한 물살에 쉽사리 삼켜지기도 한다. 우리는 당혹스럽고 압도당했던 경험을 삶을 풍요롭고 충만하게 하는 경험으로 바꾸는 데 이 책이 도움이 되기를 바란다. 유대 전통의 깊은 물속으로 첫걸음을 떼고, 아키바가 그랬던 것처럼 얌 하탈무드Yam ha-Talmud 곧 '탈무드의 바다'를 항해하는 데 이 책이 당신에게 용기를 주기를 열렬히 소망한다.

탈무드란 무엇인가?

성서와 탈무드

성서와 탈무드는 유대인에게 가장 중요한 두 책이다. 성서가 가장 인기 있고 잘 알려진 유대 저서라면, 탈무드는 비유대인은 물론이고 대다수 유대인에게도 신비하고 이해하기 어려운 책으로 남아 있다. 아이러니하게도, 오늘날 우리가 알고 있는 유대교는 성서가 아니라 탈무드에서 유래했다.

성서는 천지창조로 시작하여 기원전 5세기까지의 유대 역사로 독자를 이끄는 24권의 모음집이다. 영문 성서는 이 책들의 일부를 열왕기상, 열왕기하처럼 다시 나누어 39권으로 재편집했다. 성서는 흔히 1500쪽 정도의 한 권으로 출간되며, 그야말로 다양한 언어로 번역된 수많은 판본이 있다. 기독교인들이 히브리 성서(그들이 부르는 식으로는 '구약성서')를 자신들의 성서로 여기는 탓에, 이 책은 서구 문명의 기둥이 되어왔고, 따라서 유대인이나 비유대인 모두에게 친숙하다.

탈무드(히브리어로 '배움'을 뜻한다)는 서기 1세기부터 6~7세기까지 600년 이상에 걸친 랍비들의 가르침을 기록한 책이다.

사실 탈무드는 미슈나Mishnah와 게마라Gemara라는 별개의 두 저작으로 이루어져 있다. 미슈나는 주로 유대교 율법 모음집으로, 히브리어로 썼고 서기 200년경 이스라엘에서 편찬되었다. 게마라는 미슈나에 대한 랍비들의 주석과 논의를 담은 책으로, 히브리어와 아람어로 썼고, 미슈나 이후 300년에서 500년의 시간을 거쳐 바빌로니아와 이스라엘 양쪽에서 만들어졌다. 실제로 두 개의 탈무드가 있는데, 예루샬미Yerushalmi('예루살렘' 탈무드, 혹은 지리적으로 더 정확하게 말하자면, 이스라엘 땅의 탈무드)와 바블리Bavli('바빌로니아' 탈무드)가 그것이다. 바블리는 예루샬미 이후 편찬되었는데, 현재 훨씬 더 널리 알려져 있고 연구되고 인용된다. 일반적으로 바빌로니아 탈무드는 특대판형 20권으로 출간되는데, 페이지가 5400쪽이 넘고, 250만 단어 이상으로 이루어져 있다. 탈무드를 매일 한 쪽씩 공부하는 사람들이 많은데, 전권을 마치려면 7년 이상이 걸린다.

성서에서 미드라시까지

탈무드가 무엇인지 이해하기 위해서는 그것이 성서와는 비록 다르지만 어떤 관계가 있는지를 이해하는 것이 중요하다. 많은 사람들이 성서가 한 개인이 삶에서 부딪힐 수 있는 모든 물음에 대한 해답을 담고 있으며, 그 말이 항상 명확하다고 가정한다. 두 가지 가정 모두 옳지 않다. 예를 들어 십계명을 보자. 네 번째 계명은 우리에게 안식일을 거룩하게 지키고 일하는 것을 삼가라고 가르친다. 이 간단한 개념이 지적인 독자들에게는 실로 많은 질문을 불러일으킨다. '거룩하게'가 진정 의미하는 것은 무엇인가? 어떻게 해야 일정한 시간이 거룩하게 지켜질 수 있는가? 정확히 어떤 것이 일로 여겨질 수 있는가? 육체적인 노력인가, 보수를 받는 활동인가, 아무도 내켜 하지 않는 노동인가? 아니면 완전히 다른 어떤 것인가?

또는 여섯 번째 계명, "너는 살인하지 말지니라"를 생각해보자. 이것은 완벽히 논리적이고 명백한 것처럼 들린다. 그런데 많은 번역본은 "너는 죽이지 말지니라"라고 번역한다. 죽이는 것과 살인하는 것 사이에 차이가 없는가? 정당방위는 허용되는가? 이 계명이 전쟁터의 군인에게는 어떻게 적용되는가? 혹은 범죄자를 쫓는 경찰에게는? 사형을 죽이는 것으로 볼 것인가, 살인하는 것으로 볼 것인가? 그리고 그것은 허용 가능한가?

우리 시대에 가장 첨예하게 대립하는 사회적 쟁점 중 하나인 낙태를 생각해보자. 성서 전체를 봐도 낙태에 대해 명확하게 참고할 만한 것은 하나도 보이지 않는다. 이 문제에 대한 지침을 성서에서 찾으려고 하는 사람은 좌절과 깊은 혼란에 빠진 채 돌아올 것이다. 누군가는 물을 것이다. 낙태 논쟁에 어떻게든 추가할 만한 것이 여섯 번째 계명에 있지 않은가? 해답이 주어질 어떤 기미도 보이지 않는다.

이스라엘 민족이 성문율법Torah she-bikhtav을 받은 바로 그 순간부터 율법의 정확한 의미를 설명할 필요가 있었다. 토라●에 의하면 모세가 이 작업을 시작했다. "모세가 요단 저편 모압 땅에서 이 율법을 설명하기 시작하였더라."(신명기 1:5) 그 결과가 구전율법Torah she-b'alpeh으로 알려져 있다. 전통에 따르면, 이 구전 가르침은 하나님이 모세에게 주신 것이다. 모세는 그것들을 기억하여 여호수아에게 전했고, 이후 각 세대는 그것을 배우고 또 다음 후손들에게 가르쳤다. 좀 더 비판적인 견해에 따르면, 구전율법은 토라를 설명하고 이를 당대의 쟁점과 관심사에 적용

여기서 토라Torah는 좁은 의미로 구약성서의 처음 5권(창세기, 출애굽기, 레위기, 민수기, 신명기)을 가리키지만, 넓은 의미로 히브리 성서 전체를 가리키기도 하며, 더 나아가 유대인의 율법·관습·의식 전체를 아우르는 말로도 쓰인다.

여기서 '부'는 순서, 배열을 뜻하는 세데르seder(복수형 sedarim)를 옮긴 것이다. 또한 세데르는 유월절을 기념하는 종교적 식사 의식을 의미하기도 한다.

하려 한 각 세대 현자들의 지혜의 축적물이다. 이 지도자들은 다양한 역할을 맡았으며, 역사상 서로 다른 이름들로 불렀다. 그들은 성서를 한 구절 한 구절, 때로는 한 글자 한 글자까지 세세히 읽었다. 모든 행을 면밀히 조사하고 분석하고 설명했다. 성서의 각 권에 대한 주석과 해석을 모은 문헌이 발달했는데, 이 문헌을 '찾다'를 뜻하는 히브리어에서 따와 '미드라시Midrash'라고 불렀다. 성서의 특정한 절이 의미하는 바를 알고자 하는 사람은 미드라시의 해당 책을 펼쳐 그것에 대한 해석을 찾아보았다.

미드라시에서 미슈나까지

그러나 어떤 사람이 특정 절이 아닌 특정 주제에 관심이 있다고 가정해보자. 그는 어떤 부분을 살펴봐야 할까? 예를 들어, 안식일은 성서 전체에 걸쳐 100여 곳에서 언급된다. 미드라시는 권과 절 별로 정리되어 있기 때문에, 그 모든 가르침을 배우기 위해서는 모든 참고문헌을 하나하나 찾아보아야 한다. 랍비들에게는 전통을 주제별로 모으는 더 효과적인 방법이 필요했다. 구전에 의하면, 서기 3세기 초에 랍비 예후다 하나시Yehudah ha-Nasi가 그러한 저서를 편찬했고, 이것이 미슈나('가르침')라고 알려지게 되었다. 미슈나는 다음의 6부●로 구성된다. 제라임Zeraim('씨앗들'), 모에드Moed('절기'), 나심Nashim('여자들'), 네지킨Nezikin('손해'), 코다심Kodashim('거룩한 것들'), 토호로트Tohorot('정결한 것들'). 각 부는 소논문masekhtot이라고 알려진 하위 부(총 63개)로 세분된다. 예를 들어, 다양한 절기와 준수사항을 다루는 모에드 부에는 12개의 소논문이 있어, 각각 안식일, 유월절, 신년절(나팔절), 욤키푸르(속죄일), 초막절, 부림절 등을 논의한다. 하나의 소논문은 몇 개의 장으로 이루어져 있고, 각 장은 수많은 개별적 가르침을 담고 있는데, 이 가르침 각각도 미슈나라고 불린다.

미슈나는 히브리어로 쓰였으며 매우 축약적이다. 일반적으로 율법은 미드라시에 해당하는 설명 없이 제시된다. 때로는 대안적 전통들이 언급되는데, 왜 다른 전통이 아니라 그 전통을 선택하는지에 대해서 타당한 이유를 대지 않기도 한다. 게다가 오직 성서('성문율법')만을 글로 적었고, 그 결과 원문이 확정되고 완성되었다. 반면에 구전율법은 글로 적지 않는 전통이 있었다. 따라서 간략한 서술이 암기하기 더 쉬웠기 때문에 미슈나는 매우 축약되었고, 한 번도 글로 기록되지 않았기에 유동적이고 확장 가능한 상태로 남게 되었다. 랍비들은 이러한 구전 전통을 받아들였고, 자신들의 통찰을 더한 후 다음 세대에 전했다.

미슈나에서 게마라까지

이러한 가르침의 과정은 이스라엘과 바빌로니아 두 곳 모두에서 이어졌다. 미슈나가 거의 완성되자마자 랍비들은 미슈나로 설명하지 못하는 새로운 상황이나 사례들이 발생하는 것을 발견했다. 이전 세대들이 성서를 당대에 적용하기 위해 연구했던 것처럼, 이후 세대의 랍비들도 미슈나를 면밀히 조사하고 분석하고 해석했으며, 그것을 자신들의 시대와 상황에 어떻게 적용해야 하는지 토론했다. 그들은 미드라시와 바라이토트baraitot(랍비 예후다 하나시가 자신의 미슈나 편찬본에 포함시키지 않은 1~2세기의 가르침들) 같은 자신들이 물려받은 방대한 전통의 보고에 의지했다. 그리고 그들은 자신들만의 통찰과 논리를 이용하여 미슈나가 무엇을 의미하는지, 그것을 어떻게 적용해야 하는지 설명하려 했다. 이 거대한 말뭉치는 3세기가 넘도록 점점 커져갔다. 게마라라고 알려진 이 주석들이 이후 글로 옮겨져 편찬되었다. 그리하여 미슈나와 게마라가 함께 탈무드라고 명명되었다. (사실, '게마라'라는 용어는 원래 설명이 거의 없는 간결한 서술을 의미했다. 우리가 오늘날 '게마라'라고 부르는 것이 처음에는 그저 '탈무드'라고 불렸다. 중세시대 동안 기독교의 검열을 속이기 위해서 게마라라는 용어가 탈무드를 대신하게 되었다.)

코헨에서 랍비까지

탈무드를 이해하려면, 이스라엘 종교와 그로부터 성장한 유대교를 창시한 주요 인물들을 알 필요가 있다. 기원전 10세기에 솔로몬이 성전을 지었다. 성전이 예루살렘에 서 있을 당시 이스라엘 종교의 핵심은, 성서에 따르면, 희생의식이었다. 예를 들어, 토라는 유월절에 희생될 양에 대해서 굉장히 상세하게 이야기한다. 토라는 "너는 그날에 네 아들에게 [이집트 탈출을] 이르기를"(출애굽기 13:8)이라고 말하지만, 성서에는 세데르(유월절 식사) 때 온 가족이 한데 모여 가장 어린 자녀가 4가지 질문*을 하는 것에 대한 언급이 없다. 마찬가지로, 성서에는 속죄일에 하루 종일 기도하는 것과 칸토르cantor**가 읊조리는 〈콜 니드라이Kol Nidrei〉***를 듣는 것에 대한 내용이 전혀 없다. 오히려, 성전에 두 마리의 염소를 들어서 코헨 가돌Kohen Gadol(대제사장)이 어떻게 한 마리는 제물로 바치고, 다른 한 마리는 광야로 보내는지에 대해 설명한다. 결과적으로, 가장 중요한 종교적 인물은 하나님께 백성들을 대신해 규정된 제물을 바치는 책무를 맡았던, 모세의 형 아론의 후손인, 코헨(제사장)이었다.

성서시대 말기에는 코헨 외에도 쇼페트shofet(판사), 멜레크 melekh(왕), 나비navi(예언자) 같은 중요한 지도자들이 있었다. 그 들의 역할은 때와 장소(북쪽의 이스라엘, 남쪽의 유대)에 따라 달 랐으며, 대부분 다면적인 역할을 수행했다. 코헨과 나비 사이에 는 긴장이 있었는데, 이들 각자가 폭넓은 사회적·행정적 기능을 수행했기 때문이다. 하지만 이러한 역할을 열망하는 이스라엘인 은 거의 없었는데, 사회가 대체로 비민주적이었기 때문이다. 고 전적인 의미에서 예언자는 공부나 일을 열심히 한다고 될 수 있 는 것이 아니었고, 왕 또한 몇몇 예외는 있었지만 주로 세습에 의해 결정되었다.

성서시대가 끝날 때쯤, '지혜문학'(지혜로운 조언을 제공하는 잠언이나 전도서 같은 성서의 책들)의 발전과 더불어, 하캄Hakham 곧 현자라는 다른 모델이 지도자의 전형이 되었다. 이 역할은 어 떤 (남성) 이스라엘인이든 열망한다면 될 수 있었다. 대단한 혈 통이 아니어도 현자가 될 수 있었고, 신의 '소명'을 필요로 하지 도 않았다. 하캄은 개인적으로 어느 정도 예언자의 역할을 맡기 도 했지만, 대체로 자기 노력으로 성장한 이들이었다. 다른 지혜 로운 스승의 제자가 되어 자기 지성을 통해 지혜를 배움으로써 더 지혜롭게 성장할 수 있었다. 시간이 지나면서, 현자의 역할을 랍비가 맡게 되었다.

성서의 마지막 권들이 성문으로 공표될 즈음(곧 성스럽고 권위 있는 것으로 인정될 무렵), 현자들은 이미 주요 역할을 맡고 있었다. 후대의 탈무드 랍비들의 주장에 따르면, 이 시기(기원전 5~3세기)에 크네세트 하게돌라K'nesset ha-Gedolah 곧 대성회라는 기관이 입법부의 역할을 담당했으며, 성서의 몇몇 권과 예배식 의 주요 부분을 공인하는 임무를 맡았다. 이 기관이 실제로 존재했는지 여부는 확실하지 않지만, 후대의 탈무드 랍비들은 지식과 배움이 권력을 갖게 된 것이 훨씬 더 일찌감치 시작되었다고 여겼다.

다음 두 세기 동안(기원전 200년부터 대략 서기 20년까지), 지식과 권위는 후대인들이 주고트zugot 곧 '쌍벽'이라고 부른 사람들에게 집중되었다. 각 세대에서 두 사람이 전통에 따라 산헤드린sanhedrin 즉 최고법정의 지도자가 되었다. 힐렐Hillel과 샴마이Shammai가 이러한 쌍벽 중 가장 마지막이자 가장 유명한 이들이다.

이스라엘의 서기 1세기는 모든 유대 역사에서 가장 심한 격동과 고난의 시기였다. 로마의 점령과 박해가 절정에 이르렀고, 유대 공동체는 많은 당파로 나뉘었다. (역사가 요세푸스는 4개의 분파에 대해서 적고 있다. 탈무드 유대교의 영적인 창시자가 된 바리사이파, 성전 제례와 깊은 관련이 있는 보수적 집단인 사두가이파, 광야에서 이상적 공동체를 건설하려 한 경건주의 분파로 많은 학자들이 사해문서와 연관시키는 에세네파, 유대 독립을 위해 노력한 국수주의자 무리로 마사다 요새에서 최후까지 항전한 것으로 유명한 열심당. 아마 이들은 유대 지역에서 작은 비율만을 차지했을 것이다.) 게다가 유대 공동체 중 일부는 예수가 메시아라는 주장에 매료되었다. 가장 중요한 사건은 서기 70년, 로마인들이 유대인들의 반란을 진압하는 과정에서 성전을 파괴한 일이었다. 무너진 성전은 희생 제례에 기초한 이스라엘 종교의 종말을 의미했다. 유대 민족들은 일생일대의 위기에 직면하게 되었다. 그들의 정치적 독립은 사라졌고, 종교생활의 중심은 폐허가 되었으며, 수많은 유대인이 살해되었고, (초기 기독교회 같은) 다른 종교들이 생존자들을 끌어들이고 있었다.

새로운 종류의 지도자가 쪼개진 유대 종교를 재건하기 위해 공백을 메우며 나타난 것은 바로 이러한 위기의 순간이었다. 이 지도자는 너무도 특별했기에 새로운 칭호가 붙었는데, 그것이 바로 '랍비'다.

랍비(혹은 라브)

희곡에서는 첫 장면이 시작되기 전에 등장인물 목록을 제시한다. 그렇게 우리는 극을 채울 영웅들(과 악당들)을 소개받는다. 우리는 이 역할 목록을 훑어봄으로써, 우리가 왕을 상대하는지 광대를 상대하는지 알게 되고, 곧 접하게 될 세계에 대한 첫인상을 갖는다. 탈무드의 등장인물은 거의 대부분 랍비들이다. 따라서 우리는 회당과 성전의 영적 지도자이자 안식일과 절기 의식을 주관하는 성직자를 상대하고 있다는 (잘못된) 결론에 이를지 모른다. 하지만 탈무드에서 말하는 랍비는 오늘날 그 용어의 의미와는 상당히 다르다.

'랍비'(히브리어 발음으로는 '라비')라는 칭호는 '위대한'이라는 뜻의 어원에서 유래했다. (바빌로니아에서는 같은 뜻이지만 조금 다른 칭호가 발달했다. 거기에서는 랍비를 라브Rav라고 불렀다.) 탈무드 시대에는, 랍비 신학교에 입학해 정규 학업을 마치면 랍비라는 호칭을 받는 것이 아니었다. 상당한 기간 동안 공부를 한 뒤 스승으로부터 임명을 받았다. 서품은 대개 '안수기도' 의식인 세미카semikhah에 의해 행해졌다. 그러고 나면 랍비는 종교적인 문제들에 대해 결정을 내릴 수 있었고, 추가 훈련을 받고 민사재판의 판사를 할 수도 있었다.

탈무드 시대에 '전문적 랍비직' 같은 것은 없었다. 랍비들은 급여를 받지 않았고, 회당에 고용된 것도 아니었다. 랍비들은 대단한 학식을 지녔지만 생계를 위해 다른 직업을 가지고 있던 사람들이었다. 우리는 대장장이부터 맥주를 양조하고 파는 사람에 이르기까지 모든 분야에서 일하던 랍비들을 찾아볼 수 있다.

때때로 랍비들은 유대 율법과 윤리의 가장 기본적인 문제들에 관해서 안식일에 대중 설교나 강연을 했다. 어떤 때는 배움의 집에서 그들끼리 가장 복잡하고 신비로운 율법 주제에 관해서 토론하고 논쟁하기도 했다. 그들은 오늘날 사람들이 신이 자신들에게 무엇을 원하는지 이해하려고 노력할 때 의지하는 그런 사람들에 가까웠다.

랍비 요하난 벤 자카이Yohanan ben Zakkai는 성전이 파괴된 이후의 세대에서 가장 중요한 인물이다. 그는 권력의 중심을 예루살렘에서 야브네로 옮겼다. 그는 다른 위대한 교사들을 끌어들여 함께 토라를 연구하고 가르쳤으며, 옛 종교의 잔해에서 새로운 종교를 세워나가기 시작했다. 회당이 성전을 대신하게 되었고, 기도가 희생을 대신하게 되었다.

다음 다섯 세대의(약 150년에 걸친) 랍비들은 탄나임Tannaim(아람어로 '반복하는 자'를 의미하는데, 전통을 암기하고, 이를 거듭 반복하여, 후대에 전달했기 때문이다)으로 알려져 있다. 미슈나를 마침내 완성한 것은 그들의 공로였다.

바빌로니아는 이미 이스라엘에 필적하는 유대생활의 주요 중심지였다. 3세기 초에는 랍비들의 배움의 집이 그곳에 번성하기 시작했다. 바빌로니아의 랍비들은 이스라엘의 랍비들과 같은 방식으로 미슈나를 연구하고 확장하기 시작했다. 후기 미슈나 시기 바빌로니아와 이스라엘의 이 교사들은 아모라임Amoraim(아람어로 '설명하는 자')이라 불렸다.

5세기 초의 어느 시점에 이스라엘에서, 미슈나에 기초했지만 그것에 국한되지 않은 아모라임의 가르침과 논의의 기록이 수집되고 편찬되어 게마라로 알려지게 되었다. 1~2세기 후에는 같은 과정이 바빌로니아에서도 일어났다. 6~7세기 사이 어느 시점에 새로운 작품이 나타났는데, 미슈나와 게마라로 구성된 이 저작을 탈무드라고 불렀다.

탈무드에서 현재까지

탈무드의 완성 이후 수세기 동안, 전 세계의 랍비들은 계속 그것을 키워나갔다. 그들은 여러 시대에 걸쳐 다양한 이름으로 불렸다. 사보라임Savoraim('추론하는 자')은 6~7세기에 원문의 최종 마무리를 도왔고 실제로 탈무드의 일부가 되었으며, 게오님Geonim('뛰어난 자')은 7세기 말부터 11세기 중반까지 바빌로니아 아카데미의 수장을 맡았다. 리쇼님Rishonim('최초의 자')은 16세기까지의 '초기' 권위자들을 가리키며, 16세기(그리고 중요한 유대교 율법집《슐한 아루크》의 출간) 이후의 '후기' 권위자인 아하로님Aharonim('최후의 자')은 탈무드에서 기인한 쟁점들에 대한 할라카halakha(율법)상의 판결을 내리는 것을 도왔다.

각 세대가 탈무드를 연구하며 그들만의 흔적을 남겼다. 전통적인 빌나vilna 판본●을 펼치면 이를 한눈에 볼 수 있는데, 미슈나와 게마라의 본문 주위를 다양한 주석이 둘러싸고서 해설하고 있다. 탈무드는 '마무리'된 지 1500년이 지났지만, 매년 출간되는 새로운 주석, 번역, 연구들을 통해서 계속 확장되고 있다. 너무도 거대하고 심오하고 생기로 가득 차 있기에 '탈무드의 바다'라고 말하는 것은 진실로 합당하다.

● 1870년대에 처음 발행된 이래 오늘날까지 탈무드 연구에서 가장 기본적인 판본으로 쓰인다. 빌나는 현재 리투아니아의 수도인 빌뉴스Vilnius의 옛 이름으로, 16세기부터 커다란 유대인 공동체가 있었다. 18세기에 랍비 엘리야 벤 솔로몬의 영향 아래 랍비 학문의 중심지가 되었고, 지금까지도 규범이 되는 많은 율법서들이 만들어졌다.

책장 앞에서

멀리서부터, 뭐라 설명할 길 없이 그것에 끌린다. 그것은 내 눈길을 사로잡고, 나를 그 앞으로 신비롭게 끌어당긴다.

그 책들은 책꽂이에 장엄하게 부동자세로 앉아 있다. 아니, 우뚝 서 있다는 말이 더 적절하겠다. 더 자세히 살펴보니 끄트머리에 있는 몇 권은 마치 동료의 어깨에 기대듯, 옆의 책에 기대어 있다. 잠들어 있다기보다는 정신이 멍해질 정도로 힘든 일을 마친 후 지쳐 잠시 쉬고 있는 것처럼 보인다.

그것이 여느 평범한 전집이 아니라는 느낌을 피할 수 없다. 그것은 평온하고 고요하지만, 어떤 심오한 감각 속에 살아있다.

나는 더 가까이 다가간다. 책꽂이는 가슴 높이지만, 책 길이 때문에 내 키보다 훨씬 커 보인다. 그 앞에 서서 올려다봐야 한다. 하지만 그것은 나를 내려다본다기보다는 내 머리 너머를 응시하는 듯하다.

가까이서 보니, 아름다운 가죽표지의 세부가 눈에 들어온다. 오랜 세월 탓에 여기저기 갈라져 있다. 책 테두리의 금박은 각 권의 제목 이상의 것을 말해준다. 그것은 내가 어떤 존귀하고 위엄 있는 것 앞에 서 있음을 알려준다. 금박의 일부는 바래고 손때가 묻어 옅어져 있다.

　나는 전집을 세어본다. 총 20권. 책꽂이 폭의 거의 1미터가량을 차지하고 있다.

　이 책들에는 무엇이 있을까? 어떤 지혜가 들어 있을까? 어떤 비밀을 담고 있을까? 어떤 보물을 감추고 있을까?

　나는 손가락을 뻗어 가죽표지들을 쭉 훑으며, 그것이 내는 소리를 듣는다. 길은 평탄하지 않고 울퉁불퉁하다.

　손가락이 전집의 중간쯤에서 멈춘다. 나는 무작위로 한 권을 골라 뽑으려 한다. 하지만 그것은 내 손가락의 빈약한 노력에 저항한다. 아마도 다른 책들의 무게가 저지하기 때문이리라. 아니면 낯선 이에게 쉽사리 굴복하지 않으려 하기 때문일지 모른다.

　하지만 나는 쉽게 포기하지 않는다. 옆의 책들에 다른 손을 대고 그 책들을 닻으로 이용한다. 왼손으로 밀면서 오른손으로 잡아당기자 책이 움직이기 시작한다. 오래된 가죽이 삐걱거리며, 거의 찢어질 듯한 소리를 낸다. 그 책은 동료들과 헤어지게 되자 비명을 지르며 저항하는 것인지도 모른다.

　나는 책이 예상보다 훨씬 무겁다는 것을 곧 느낀다. 다른 책을 집어들 때처럼 세 손가락의 허약한 힘만으로는 들 수가 없다. 손아귀에서 빠져나가지 못하게 손가락에 힘을 꽉 주고, 바닥에 떨어지기 전에 왼손으로 재빨리 감싼다.

　이제야 책이 책장에 꽂혀 있을 때는 보이지 않던 것들이 보인다. 페이지 가장자리의 노출된 세 면은 빨간색과 파란색을 흩뿌린 독특하고 아름다운 디자인으로 장식되어 있다. 이것이 게마라가 나에게 보여줄 무수한 숨은 보물 중 첫 번째다.

　빨간색은 필시 피의 색이리라. 이 책에서 발견한 것에 헌신했기 때문에 기꺼이 목숨을 걸었고 심지어 죽어갔던 랍비 아키

랍비 아키바는 서기 132년 바르 코크바가 로마에 대항하여 일으킨 반란에 가담하였다가 체포되어 순교했다. 전승에 따르면, 산 채로 껍질이 벗겨지는 형벌을 받으면서도 의연하게 기도를 하며 죽어갔다.

바*와 같은 이들의 피를 상기시키는 것일까? 아니면 이 어렵고 숭고한 저작을 공부하려는 이들에게 이 책이 요구하는 피일까?

나는 파란 얼룩들을 바라보며, 연인이나 아이가 하늘의 구름을 보고 상상의 나래를 펴듯 그것들을 해석해보려 한다. 내 눈에는 지도 위 나라들의 윤곽처럼 보인다. 아마도 지구상 모든 곳에서 유대인들은 탈무드를 공부하고 있을 것이다.

내 코는 전에는 맡을 수 없었던 향기의 흔적을 맡는다. 나는 그 무거운 책을 얼굴 가까이 대고 또 다른 감각을 통해 그것을 배우려 시도한다. 가죽 냄새, 낡은 종이 냄새, 세월의 냄새가 느껴진다. 하지만 눅눅한 냄새 또한 맡는다. 퀴퀴한 방의 더러운 책장에 너무 오래 놓여 있어서일까? 아니면 이 책을 열심히 읽으며 사람들이 흘린 눈물로 인한 눅눅함일까? 그것은 박해와 가난의 눈물이었을까, 아니면 인간과 신을 한 페이지에 담아낸 책을 공부한다는 데서 오는 희열의 눈물이었을까?

나는 책을 책상으로 가지고 와 조심스럽고 경건하게 표지를 펼친다. 제목 페이지에는 아름다운 네 기둥 위에 지붕이 덮인 입구가 그려져 있다. 사자 두 마리가 양쪽에 한 마리씩 앉아 있다. 그들은 나를 위협하고 쫓아내고 산산조각내기 위해 거기 있는 것일까? 아니면 나를 환영하고 보호하고 동행하기 위해서일까?

나는 책의 중간쯤을 펼친다.

수천 개의 희고 검은 점들이 눈에 쏟아진다. 검은 것은 다양한 모양과 크기의 글자들이고, 흰 것은 낱자, 단어, 절 사이의 공백이다. 내 눈이 초점을 맞추며 왔다갔다 훑자 페이지가 살아있는 듯 이리저리 움직인다.

페이지 정중앙에 직사각형 모양이 보인다. 이 직사각형을 둘러싸고 꺾쇠 모양의 두 글이 하나는 왼쪽에, 다른 하나는 오른쪽

에 있다. 이 꺾쇠를 이루는 히브리어 글자들은 더 작고, 서체가
미묘하게 다르다.

인접한 페이지들을 살펴보니 각 절의 모양이 모두 제각각이
다. 어디는 중앙부가 작은 정사각형이고, 다른 곳은 크고 뚱뚱한
L자 모양이다. 여러 페이지의 꺾쇠 부분은 잠망경처럼 보이는데,
수면 아래에서 위에 있는 신비로운 것들을 정탐하는 듯하다.

꺾쇠 부분의 옆에는 작은 주들이 있는데, 페이지 가장자리에
여기저기 군대처럼 배치되어 내부를 에워싸고 지킨다. 마치 페이
지 안으로 침입하여 그 내용을 정복하기 어렵게 만들도록 디자인
한 것 같다. 그리고 일단 안으로 들어가면, 빠져나오기도 똑같이
어려울 것이다.

나는 페이지에 손을 대고 맹인이 점자를 읽듯 읽어보려 한
다. 하지만 아무런 요철도 느껴지지 않는다. 나 자신이 눈뜬장님
처럼 느껴진다.

나는 본문을 자세히 들여다보고 구두점이 없음을 발견한다.
마침표, 쉼표, 물음표가 없다. 책은 200쪽에 걸쳐 이어지는 하나
의 장구한 문장처럼 보인다. 하지만 더 세밀히 살펴보면 중단되는
부분이 있다. 각 권은 몇 개의 소논문으로 나뉘고, 각 소논문은 장
으로, 각 장은 미슈나와 그에 대한 게마라로 나뉜다. 하지만 그것
에도 여전히 많은 페이지가 있다. 어디에서부터 시작해야 할까?

나는 글의 양에 압도당한다. 점점 더 책 가까이 고개를 숙이
니, 초점이 흐려져 한 글자도 보이지 않는다. 모든 것이 맥동하는
칠흑의 망망대해 속으로 흐릿해지기 시작한다. 순간 거기에서 익
사할지 모른다는 두려움이 든다.

좌절감에 나는 뒷걸음친다. 책을 탁 덮고 다시 책장으로 가
져간다. 왼손으로 다른 책들을 밀어 공간을 만들고, 오른손으로

שנים

שנים אוחזין בטלית זה אומר אני מצאתיה וזה
אומר אני מצאתיה זה אומר כולה שלי וזה
אומר כולה שלי זה ישבע שאין לו בה פחות
מחציה וזה ישבע שאין לו בה פחות מחצה
ויחלוקו *יזה אומר כולה שלי וזה אומר חצה
שלי האומר כולה שלי ישבע שאין לו בה
פחות משלשה חלקים והאומר חצה שלי
ישבע שאין לו בה פחות מרביע זה נוטל
שלשה חלקים וזה נוטל רביע *היו שנים
רוכבין על גבי בהמה או שהיה אחד רוכב
ואחד מנהיג זה אומר כולה שלי וזה אומר
כולה שלי זה ישבע שאין לו בה פחות מחצה
וזה ישבע שאין לו בה פחות מחצה ויחלוקו
בזמן שהם מודים או שיש להן עדים חולקין
בלא שבועה: **גמ'** למה לי למתנא זה אומר
אני מצאתיה וזה אומר אני מצאתיה זה אומר
כולה שלי וזה אומר כולה שלי ליתני חדא
חדא קתני זה אומר אני מצאתיה וכולה שלי
וזה אומר אני מצאתיה וכולה שלי וליתני אני
מצאתיה ואנא ידענא דכולה שלי אי תנא אני
מצאתיה הוה אמינא מאי מצאתיה ראיתיה
אע"ג דלא אתאי לידיה בראיה בעלמא קני
תנא כולה שלי דבראיה בעלמא לא קני מצית
אמרת מאי מצאתיה ראיתיה *והא אמר
רבנ' *ומצאתה דאתאי לידיה משמע אין
ומצאתה דקרא דאתאי לידיה משמע ומדה
תנא לישנא דעלמא נקט ומדתני ליה אמר
אנאאשכחתיה ואע"ג דלא אתאי לידיה בראיה
בעלמא קני תני כולה שלי *דבראיה בעלמא
לא קני לה וליתנא דכולה שלי ולא בע אני
מצאתיה אי מצאתיה דהוה כולה שלי הוה אמינא
בעלמא דקרנא מצאתיה בראיה בעלמא קני
תנא אני מצאתיה והדר תנא אני מצאתיה
דממשנה יהודה אשמעינן דראיה לא קני ומי
מצית אמרת חדא קתני וזה זה קתני זה
אומר אני מצאתיה וזה אומר אני מצאתיה
זה אומר כולה שלי וכו' אמר רב פפאואיתימא
רב שימ בר אשי *רישא במציאה *וסיפא במקח וממכר וצריכא
דאי

그 육중한 책을 제자리에 돌려놓는다. 나는 재빨리 등을 돌리고 그 자리를 벗어나려 하지만, 오른손은 아직 그 책들을 벗어나지 못하고 있다. 그것들은 내 손가락을 포위하고 나를 붙잡는다. 나를 빨리 보내주기를 원치 않는 것 같다. 책장 위 그 책들은 마치 한 손으로는 나를 밀치면서 다른 손으로는 잡아당기는 듯하다.

나는 뒤돌아서 손을 떼고 탈무드를 오래도록 쳐다본다. 책들도 고요히 바라보지만, 이번에는 내 머리 너머가 아니라 곧장 내 눈을 보는 것 같다.

무언가가 다시 시도하도록 이끈다. 나는 책장에서 첫째 권을 꺼낸다. 이번에는 훨씬 수월하게 나온다. 책의 무게가 어떤지 알기에 이번에는 바닥에 떨어뜨릴 뻔하지 않는다. 나는 책을 가슴에 품고 꼭 끌어안는다. 비어 있는 오른손으로 책장에서 다른 책을 뽑는다. 탈무드 사전. 그런 다음 또 다른 책, 영어 번역본을 꺼낸다. 세 번째는 현대 주석서다. 4권의 책을 책상으로 가져가 모두 펼쳐놓는다. 다시 도전할 준비가 되었다. 깊이 숨을 들이마시고, 탈무드의 첫 페이지를 펼쳐 그 안으로 뛰어든다……

탈무드의 바다 — 그 수면 아래로

해안가나 배의 갑판에서 바다를 대충 쳐다보는 것으로는 그 아래 감추어져 있는 생명의 다양함과 풍부함, 아름다움과 경이 같은 놀라운 비밀을 알 수 없다. 탈무드를 처음 본 초보자도 비슷한 문제에 직면하는데, 원문을 제대로 보고 그 의미를 진실로 이해하기 위해서는 깊숙이 빠져들어야 한다.

하지만 수면 아래로 내려간다고 해서 탐험자가 그 아래 세상의 신비를 반드시 이해할 수 있는 것은 아니다. 자신이 무엇을 보고 있는지, 그것이 왜 거기에 있는지 그리고 어떤 역할을 하는지에 대한 실마리가 없다면 당신은 쉽사리 자신이 본 것에 압도당할 것이다.

탈무드의 바다도 마찬가지다. 많은 사람이 그 단어들을 번역할 수 있다면 원문을 이해하는 데 아무 문제가 없을 것이라고 가정한다. 그들은 준비되지 않은 채 탈무드에 빠져들고 곧바로 그것에 압도당한다. 그들은 탈무드가 다른 시대와 장소에서 왔으며, 단어와 세계를 근본적으로 다른 방식으로 바라본다는 사실을 잊거나 깨닫지 못한다.

이제부터 우리와 함께 탈무드의 수면 아래로 내려가서 저 아래에 있는 비밀의 일부를 살펴보자. 우리는 이 여행에서 당신의 안내자가 되어, 탈무드의 가장 대표적이고 곤혹스런 특징들을 설명할 것이다.

언어

탈무드는 히브리어와 아람어라는 두 가지 다른 언어로 쓰였다. 이 두 언어는 동족으로 많은 유사성이 있다. 둘 다 같은 자모를 쓰지만, 각각은 고유의 어휘와 문법 그리고 언어적 특성을 갖고 있다. 미슈나는 히브리어로 쓰였고, 게마라의 일부는 히브리어로 쓰였으나 대부분은 아람어로 쓰였다. (바빌로니아 탈무드는 동아람어 방언을 사용했고, 이스라엘 땅의 탈무드는 약간 다른 서아람어 방언을 사용했다.)

아람어는 탈무드 시대 동안 이스라엘과 바빌로니아에 사는 유대인들의 '토착어', 가장 흔히 쓰이던 일상적 구어였다. (우리의 신성한 원문을 이해하기 위해 번역본에 의지해야 했던 것이 미국계 유대인이 처음은 아니었다!) 사용된 언어에 주목하면 누가 이야기하고 있는지, 그들이 언제 어디에서 살았는지에 관한 중요한 단서를 얻을 수 있다.

구두점

전통적 형태의 탈무드에는 모음과 구두점이 빠져 있다. (이 점은 전통적으로 두루마리 형태로 필사되는 모세5경의 원문과 유사하다.) 탈무드 시작부에 나오는 다음 미슈나의 영어 번역을 해독해보라.

이것이 "언제부터 셰마●를 저녁에 읽는가?From when does one
read the Sh'ma in the evening?"라는 물음이라고 생각해내는 데는 다소
시간이 걸린다.

히브리어와 아람어에서 모음은 자음과는 매우 다르다. 일반
적인 알파벳 문자의 아래나 위, 가운데에 점이나 줄표가 붙는다.
히브리어는 세 글자 어근을 바탕으로 한다. 여기에 모음을 바꾸
거나 접두사나 접미사를 붙임으로써, 한정된 어근에서 거의 무
한대의 다양한 뉘앙스와 의미가 생겨난다. 현대 히브리어에서는
올바른 발음과 의미에 대해서 혼란이 있을 때마다 모음이 추가
되지만, 고대와 중세의 탈무드 사자생寫字生과 편찬자들은 그렇
게 하지 않았다. 우리는 특정 단어의 의미를 해독하기 위해서 어
떤 문자에 어떤 모음을 할당할지 자주 고민해야 한다.

이런 어려움의 예를 하나 들어보자. 히브리어 단어 אֵין 즉
아인ain(철자는 알레프 – 요드 – 눈으로, 밑에 점을 두 개 찍는 모
음이 온다)은 '아니다'를 의미하지만, 아람어 단어 אִין 즉 에엔
een(철자는 똑같이 알레프 – 요드 – 눈이지만, 밑의 점이 하나인 모음
이 온다)은 '그렇다'를 의미한다. 우리가 랍비들이 논의하는 쟁
점을 살펴볼 때, 그들이 어떤 언어로 말하고 있는지 그리고 어떤
모음을 사용하는지를 먼저 밝히지 않고는 그들의 결론이 '그렇
다'인지 '아니다'인지 알 수 없다.

구두점이 없기 때문에 어디에서 한 문장이 끝나고 다음 문
장이 시작되는지도 불분명하다. 일단 이것을 해결한 다음, 물음
표와 느낌표와 마침표 중 무엇이 와야 하는지를 판단해야 한다.

탈무드를 공부하기 위해서는 비밀 암호를 푸는 암호학자의

기술을 습득하는 것이 좋다. 우리는 초기의 시도들에서 모든 가능성을 고려해보고, 어떤 것이 최선의 의미를 나타내는지 알기 위해 하나하나 시험해보는 습관을 익혀야 한다.

담화의 축약적 성격

탈무드는 본래 '구전율법'이었다. 오랫동안 기록되지 않은 채 외워서 전해졌다. 그러므로 쉽게 기억하고 떠올릴 수 있는 간결하고 성긴 방식이 요구되었다. 따라서 토론에서 실제로 이야기되었던 것보다 많은 부분이 말해지지 않은 채 남았다. 이러한 진술을 가르치고 전달했던 랍비들은 자신들의 의도를 알고 있었다. 즉 그들은 정확한 해설과 광범위한 주석으로 자신들의 간결한 가르침을 설명할 수 있었다. 하지만 구전 토라가 기록되고 최초의 교사들이 무대에서 사라지자, 원문이 실제로 어떤 의미였는지 전혀 확신할 수 없게 되었다.

어떤 면에서, 탈무드를 연구하는 것은 마치 2000년 된 전화 놀이를 하는 것과 같다. 한 사람이 어떤 메시지를 다음 사람에게 속삭이고, 그 사람은 또 다음 사람에게 귓속말을 하는 놀이 말이다. 우리는 때때로 불가해해 보이는 그 통신을 이해하려고 시도해야 한다.

긴 토론이나 대화에서 이런 어려움이 흔히 발견된다. 두 랍비가 논쟁을 벌이면, 때때로 수차례 의견이 오간다. 하지만 게마라는 각 단계에서 화자가 누구인지 밝히는 대신에, 단지 "그가 말했다……"라고만 적는다. 각각의 차례를 따라가면서 누가 무엇을 말하고 있는지 파악하기 위해서는 체스 명인과 같은 집중력이 필요하다.

탈무드의 논리

서구 문명은 그리스의 가치, 철학, 사고에 많은 신세를 지고 있다. 아래의 '개요 양식'으로 대표되는 그리스의 논리적 접근법이 우리의 모든 교육적 노력에 심어져 있다.

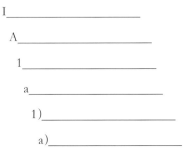

우리는 일반적인 것에서 특수한 것으로, 간단한 것에서 복잡한 것으로 나아가고, '시작'에서 출발하여 '중간'을 거쳐 '끝'에 이른다. 어느 특정한 지점에서든 우리가 어디에 있고, 어디에 있었으며, 어디로 향하는지를 안다.

랍비들의 논리는 성격이 완전히 다르다. 같은 수평면(시작에서 끝으로) 혹은 수직면(아래에서 위로)에서 작동하지 않는다. 원이 더 적합한 모형이다. 시작이나 끝이 없이 영원히 계속된다. (매년 토라 읽기를 끝낸 다음 즉시 처음부터 다시 시작하는 유대인의 풍습을 생각해보라.) 당신은 탈무드의 어느 구절에서든 학습을 시작할 수 있다. 그 순환의 어느 지점으로든 들어가서 거기에서 이동할 수 있다.

서구의 논리는 당신이 이전에 배운 것만을 안다고 가정하는 반면, 랍비의 논리는 당신이 이미 랍비들이 논의하는 모든 것에 훤하다는 가정 아래 작동한다.

따라서 학습자는 논의를 따라가며 자주 멈출 필요가 있다. 계속 나아가기 전에 다른 자료나 개념을 살펴보고 배움으로써 논의를 '따라잡기' 위해서다. 이것은 마치 수영장 깊은 곳에 빠짐으로써 수영을 배우는 방식과 같다. 처음에는 떠 있는 것조차 힘겨울 수 있다. 하지만 얼마 후에는 아주 어려운 상황에서도 꽤 자유롭고 훌륭하게 길을 찾아가는 자신의 모습을 발견할 것이다.

하지만 이것은 빨리 나아갈 수 없다는 것을 의미한다. 탈무드는 '읽는' 것이 아니다. 천천히, 체계적이고 철저하게, 차근차근 학습해야 하는 것이다.

랍비들은 '연관의 논리'를 구사한다. 한 가지 생각은 다른 생각을 떠올리게 하고, 그것은 또 다른 생각을 떠올리게 만든다. 예를 들어, 안식일에 관한 소논문Masekhet Shabbat 도입부에 안식일이 시작될 때 촛불을 켜는 것에 대한 논의가 있다. 랍비들은 거기에서 출발하여 하누카• 축제 때 촛불을 밝히는 것을 살펴본다. 촛불을 밝히는 율법을 설명하자마자, 랍비들은 하누카의 기원과 의미를 논의하는 것으로 넘어간다. 하누카라는 화제가 끝나면, 게마라는 마치 "오 그래, 우리가 어디까지 얘기했지?"라고 말하듯이, 원래의 주제인 안식일로 돌아온다.

이야기가 옆길로 새는 것은 탈무드에서 흔한 일이다. 그렇게 우리는 어떠한 화제도 금지되지 않는다는 사실을 배운다. 탈무드의—그리고 인생의—모든 것은 서로 밀접히 연관되어 있고 서로 의존한다. 어떤 글도 우리를 모든 주제로 이끌 수 있기에 모든 글은 '유의미하고' 개별적이다.

유대인들의 크리스마스로 알려진 하누카Hanukkah는 기원전 165년 유다 마카베오가 시리아 왕 안티오코스를 물리치고 성전을 재봉헌한 것을 기념하는 축일이다. 성전을 되찾았을 때 기름이 하룻밤 분량밖에 없던 등잔이 8일 동안 꺼지지 않은 것을 기념하여 집집마다 촛불을 밝힌다.

세대 간의 담화

탈무드는 한 주제에서 다른 주제로 건너뜀 수 있듯, 한 시대와 장소에서 다른 시대와 장소로 건너뜀 수도 있다. 어느 역사책에 다음과 같은 대화가 기록되어 있다고 상상해보라.

> 토머스 제퍼슨이 에이브러햄 링컨에게 말했다. "나는 헌법 입안자들이 노예제 금지를 염두에 두었다고 생각하지 않소." 이에 링컨이 대답하기를, "그들이 염두에 두지 않았다고는 상상할 수 없습니다!" 존 케네디가 끼어들며 말했다. "제퍼슨 씨, 이론상으로는 당신이 맞습니다. 그리고 링컨 씨, 실제로는 당신 말이 맞습니다!"

우리는 즉시 이런 대화가 결코 일어나지 않았음을 안다. 그러나 탈무드에서는 이러한 대화가 모든 페이지에서 발견된다. 탈무드의 편찬자들은 500년간의 가르침을 토막토막 '잘라 붙인다.' 실제로 있었던 대화일 때도 있지만, 한 가지 주제에 대해 두 스승이 (서로 다른 시대에) 한 말을 합쳐서 대화처럼 보이게 만들 때도 있다. 게마라는 여기서 자주 한 걸음 더 나아간다. "여기에 아무개가 있었다면 이에 대해 이렇게 말했을 것이다……"라는 식으로, 특정 랍비의 입을 빌려 논의를 표현한다.

이러한 접근법으로부터 우리는 탈무드가 활기 넘치고 역동적이며 유기적인 작품임을 알 수 있다. 탈무드는 시간이나 장소에 제약받지 않는다. 그것은 우리를 과거로 데려가, 오래전에 죽은 이들에게 삶의 중요한 문제들을 어떻게 다뤘는지 묻고 말을 걸도록 해준다. 또한 그들을 과거에서 현재로 데려와, 그들이 과

거의 교훈을 오늘날의 문제에 어떻게 적용하는지를 보여준다.

랍비들의 개념적 접근법

탈무드를 처음 펼치며, 우리는 인간 존재의 가장 중요한 문제들에 대한 심오하고 철학적인 논쟁들을 읽게 되리라 기대한다. 삶의 가장 어려운 문제들에 답해줄 숭고한 지혜의 말들을 배우리라 고대한다. 우리가 살고 있는 어두운 세상을 밝혀줄 천재의 번득임을 예상한다.

하지만 우리는 충격에 휩싸인다. 탈무드의 주제들에 대한 우리의 첫인상은 혼란스럽고 당혹스러우며 실망스럽기까지 하다. 게마라의 대부분은 아주 일상적이고 재미없는 주제의 시시콜콜한 항목들에 관한 것이다. 안식일에 집에 어떤 물건을 들이고 낼 수 있는가? 황소가 다른 동물을 뿔로 들이받아 해쳤을 때 누가 책임을 져야 하는가? 여자는 월경이 끝난 후 부부관계를 다시 시작하기까지 얼마나 오래 기다려야 하는가? 이러한 종류의 수많은 질문이 탈무드의 상당 부분을 차지한다. 많은 사람들이 이러한 논의를 정독하고는 묻는다. "이게 다야?"

서구 학문을 주입받은 우리는 심오한 철학적 쟁점을 진지한 논문을 통해 다룰 것을 기대한다. 탈무드의 랍비들은 동일한 쟁점을 다루는 데 매우 다른 방법을 이용한다. 그들은 대우주를 다루는 대신에 소우주에 집중하여, 일상의 세세한 항목들에 초점을 맞춘다. 만일 그들이 사소하고 하찮은 일에만 관심이 있다고 생각한다면, 그들을—그리고 우리 자신을—대단히 모욕하는 것이다. 랍비들은 평범한 일상의 세부에서 신을 발견했다. 우리는 그들의 논의를 개념적으로 읽는 법을 배워야 한다. 우리는 탈무드가 우리에게 가르쳐주는 것을 진정으로 이해하기 위해서 행간의 의미를 읽으며 수면 아래를 탐구해야 한다. 예를 들어, 안식일에 물건을 나르는 것에 대한 질문은 실제로는 시간의 중요성과 평범한 일을 특별한 일로 만드는 방법에 관한 것이다. 황소가 뿔로 들이받은 일에 대한 논의는 실은 개인이 공동체의 타인들에게 어느 정도까지 책임이 있느냐에 관한 것이다. 또한 월경 주기에 대한 논의는 본질적으로 성의 본성과 결혼생활에서 성이 차지하는 역할에 관한 것이다. 랍비들이 무엇을 말하고 있는지는 쉽게 알 수 있다. 하지만 그들의 말에서 더 깊은 의미와 궁극적인 관심사를 이해하는 것은 쉽지 않은 도전이다.

페샤트와 데라슈

탈무드에서 가장 당혹스러운 점은 랍비들이 성서를 읽고 인용하고 이용하는 방식이다. 일례로 아가에 나오는 다음의 관능적인 구절을 해석하는 방식을 보자.

> "네 두 유방은 백합화 가운데서 꼴을 먹는 쌍둥이 어린 사슴 같구나."(아가 4:5) 이들은 모세와 아론이다. 여자의 유방이 모유로 가득 찬 것과 같이, 모세와 아론 또한 토라를 통해 이스라엘을 살아가게 한다. (아가에 대한 미드라시 라바• 4:5)

우리는 이 이상한 해석을 어떻게 이해해야 할까? 여성의 몸에 관한 이 에로틱한 묘사를, 랍비들은 정말로 사람들에게 토라를 가르친 두 늙은 사내를 이야기한 것이라고 믿었을까? 만약 그랬다면, 그들을 얼마나 진지하게 받아들여야 할까? 아니면, 그들은 성서의 신성한 말씀을 자신들의 목적에 맞게 단순히 비틀고 조작한 것일까? 만약 그랬다면, 어떻게 그들을 존경할 수 있을까?

랍비들은 성서가 두 가지의 다른 방식으로 읽혀야 한다고 믿었는데, 바로 페샤트P'shat와 데라슈D'rash다.** 페샤트는 단락의 단순한 문맥적 의미를 가리킨다. 위의 예에서 페샤트는 한 남자가 자신의 연인의 신체적 특징을 시적으로 묘사하고 있다는 것이다. 하지만 이런 식으로 읽으면 성서의 의미는 제한적이고 정형화된다. 성서가 영감의 원천으로 기능하기 위해서는, 미래 세대가 그것에 의지하여 자신들의 특정한 물음에 대한 답을 찾을 수 있어야 한다. 성서에 이러한 탄력성을 제공하는 방법이 바로 미드라시다. 랍비들은 신이 성문 속에 미래의 해석의 씨앗을 뿌려놓았다고 믿었다. 그 성문을 경작하여 역사를 통해 번성케 하고 영적 자양분을 풍성히 수확하는 것이 바로 랍비들의 과업이었다. (어떤 이들은 랍비가 신이 숨겨놓은 것을 단순히 알아내는 사람이라고 여겼고, 또 다른 이들은 랍비의 창의적인 천재성이 그 과정에서 큰 역할을 했다고 여겼다.) 데라슈(미드라시와 동일한 히브리어 어근에서 유래했다), 곧 성서에 대한 창의적인 독해와 적용이 탈무드가 무엇인지를 말해주는 핵심이다. 즉 탈무드는 우리의 전통이 모든 세대, 각 사람들과 이야기할 수 있도록 생명을 불어넣는 것이다.

할라카와 아가다

잠깐 동안 탈무드를 공부하더라도, 독자는 재빨리 두 개의 매우

히브리 성서를 해석하는 4가지 기본 원칙PaRDeS은 다음과 같다. 첫째, 페샤트Peshat는 '올바른'이란 뜻으로, 성서 원전의 표면적·문자적 의미를 가리킨다. 둘째, 레메즈Remez는 '암시'라는 뜻으로, 문자적 뜻 너머의 숨은 의미를 말한다. 셋째, 데라슈Derash는 '조사' '찾다'라는 뜻으로, 비슷한 사례를 통한 비유적·추론적 의미를 나타낸다. 마지막으로, 소드Sod는 '비밀'이란 뜻으로, 통찰과 계시를 통한 신비주의적 의미를 가리킨다. 서기 2세기까지는 페샤트가 선호되었으나, 탈무드 시기(3~6세기)에는 데라슈가 더 보편적인 해석법이었다.

다른 종류의 담론이 있음을 발견할 것이다. (더 큰 부분을 차지하는) 첫 번째는 할라카Halakhah라고 불린다. 이것은 '가다' '걷다'를 뜻하는 어근에서 유래했다. 주로 '율법'이라고 번역되는 할라카는 "우리는 무엇을 할 의무가 있고 어떻게 해야 하는가?"라는 물음을 다룬다. 할라카는 진지하고 세세하며, 자주 딱딱하고 법리적이다.

두 번째 유형은 아가다Aggadah라고 알려져 있는데, 흔히 '전설'이라고 부정확하게 번역된다. 이 단어는 하가다Haggadah와 같은 어근에서 유래한 것으로, 실제로는 '이야기'를 의미한다. 아가다는 주로 흥미롭고 매력적인 내용이며, 성서에 대한 미드라시식 해설뿐 아니라 이야기들을 포함한다. 할라카가 '무엇을?' '어떻게?'라는 질문에 대한 대답이라면, 아가다는 '왜?'라는 질문에 대한 응답이라고 특징지을 수 있다.

많은 사람들이 할라카와 아가다를 두 개의 분리된 별개의 영역으로 보는 실수를 범한다. 자신들의 관심과 성향에 따라, 어느 하나만 편애하고 다른 것을 배제하곤 한다. 율법과 그 실제 적용에 관심이 있는 '진지한' 학생은 아가다가 너무 쉽고 시시해서 아이나 초보자에게나 적합한 것이라고 여긴다. 다른 이들은 할라카가 너무 법리적이고 시시콜콜하다고 여겨, 아가다에서 유대의 전통적 정신을 탐구하는 데 대부분의 시간을 보낸다.

사실, 할라카와 아가다는 동전의 양면과 같다. 그것들은 분리할 수도 없고, 분리해서도 안 된다. 이 두 영역을 나란히 놓고 상호작용하도록 할 때에만, 탈무드의 참된 의미를 이해할 수 있다. 둘은 마음과 정신이 인간 안에서 작동하는 것과 같은 방식으로 기능해야 한다. 오로지 지성에 따라서만 행동하는 사람은 로봇과 다를 게 없으며, 자기 감정에만 반응하는 사람은 어리석다.

둘은 조화를 이루어야 하며, 균형을 이뤄 상호작용해야 한다. 유대 전통 또한 마찬가지다. 유대교가 왜 저 준수사항들을 따라야 하는지에 대한 이해 없이 의식 절차만을 신경 쓰는 것은 전통의 왜곡이다. 유사한 맥락으로, 율법이나 의식 절차를 무시하거나 거부하면서 자신들이 '마음'은 유대인이라고 주장하는 이들은 우리의 풍부한 유산에 대한 매우 공허한 혼종을 만들 뿐이다. 궁극적으로 탈무드의 경우도 마찬가지다.

기술적 용어

모든 분야는 그 종사자들이 스스로를 표현하고 서로 소통하는 독특한 방법, 그것만의 특정한 '언어'를 발전시킨다. 때로는 다른 사람들은 사용하지 않는 특정 단어를(경찰들이 '가해자'에 대해 말할 때처럼) 사용하기도 한다. 또 어떤 때에는 평범한 단어에 독특한 의미를 부여하기도 한다. (외교관이 "그 회담은 건설적이었다"라고 말할 때, 실상은 일이 잘 안 풀려 모두가 서로에게 고함을 치지만 그래도 여전히 희망은 있다는 의미일 수 있다.)

　탈무드의 랍비들도 마찬가지다. 랍비들이 미슈나와 게마라에서 사용하는 문자 그대로 수백 개의 기술적 용어들이 있다. 대부분이 유대교의 특정 개념들이다. 몇 가지만 대자면 성구함tefillin, 룰라브lulav, 지붐yibum, 무아드muad, 트레이프treif, 니다niddah 등이다.● 하지만 탈무드의 거의 모든 행에서 볼 수 있는 또 다른 종류의 기술적 용어가 있다. 영어로 번역해놓으면 명확하고 평범해 보이지만, 실제로는 랍비들이 전달하려고 하는 매우 특별한 의미가 있는 경우다. 초보자들은 이렇게 간접적으로 표현된 어구들을 알아채지 못하고, 따라서 배워야 하는 것을 놓

'성구함'은 유대교의 성구聖句를 적은 양피지를 보관하는 작고 검은 가죽상자로, 기도 때 이마와 손에 매단다. '룰라브'는 장막절 의식 때 쓰는 4가지 식물 중 하나인 종려나무 가지를 가리킨다. '지붐'은 아이 없이 사망한 남자의 형제를 미망인과 결혼시키는 히브리 관습을 말하고, '무아드'는 타고난 본성이 공격적인 가축을, '트레이프'는 유대교 율법에 맞지 않는 음식을, '니다'는 월경 기간 중의 여성을 뜻한다.

칠 수 있다.

예를 들어, 매우 유사한 아람어로 이루어진 다음의 세 구문
은 영어로는 똑같이 번역되지만 실제로는 각기 특정한 의미를
갖는다.

Tosefta. 유대교의 구전율법에
관한 구전전승 모음집으로 미
슈나와 매우 유사하다. 탄나임
들이 미슈나를 보충하기 위해
만들었다.

> 테난t'nan("우리는 배웠다")은 또 다른 미슈나의 가르침을
> 소개한다.
> 탄나tanna("그는 가르쳤다")는 토세프타•에서 짧은 전통을
> 가져온다.
> 타냐tanya("그것은 가르쳐졌다")는 바라이타(바라이토트의
> 복수형)에서 구절을 인용한다.

때로는 어순의 사소한 변화마저 중요한 의미를 가질 수 있다.

> 아마르 랍비 플로니Amar Rabbi Ploni("말하건대 랍비 아무개
> 는……")
> ―아마르('말했다')가 랍비 이름 앞에 쓰이면, 그 진술은 이
> 론의 여지가 없다는 뜻이다. ·
> 랍비 플로니 아마르Rabbi Ploni Amar("랍비 아무개가 말하기
> 를……")
> ―랍비 이름이 먼저 오면, 그 진술 뒤에는 대개 그와 반대
> 되는 다른 랍비의 견해가 따른다.

또 다른 예로, 토론에서 의견이 오갈 때 어떤 견해를 소개하
면서 '예를 들면'이라고 번역되는 레이마leima라는 단어를 쓸 때
가 있다. 그러나 이 특정한 단어의 사용은 결국 그 언급된 의견

이 거부될 것임을 암시한다.

초보자가 이러한 것들을 어떻게 알 수 있을까? 점점 더 많이 공부해가면서 반복적인 패턴과 형태에 주목함으로써 이러한 것들을 스스로 깨닫는 경우도 있다. 하지만 전문가에게 도움을 청하는 것이 더 나을 것이다. 탈무드 학습이라는 큰 모험에서 스승이 얼마나 중요한 역할을 하는지를 우리도 이제야 깨닫게 되었다. 덧붙여, 탈무드의 바다에서 헤엄치려 할 때 적절한 도구를 구비하는 것도 중요하다. 탈무드 공부에 필수적인 여러 사전, 백과사전, 지침서들을 참고하라.

우리는 저 아래 무엇이 놓여 있는지 잠시 살펴본 후 이제 수면 위로 다시 돌아왔다. 우리의 의도는 독자를 압도하거나 겁을 주려는 것이 아니라 탈무드 자체가 매우 복잡한 문헌이라는 점을 명확히 하려는 것이었다. 그렇긴 하지만 급히 꼭 덧붙일 말이 있다. 탈무드의 힘과 아름다움, 지혜에 비할 것은 아무것도 없다는 사실이다. 탈무드를 진지하게 공부하려는 사람은 누구든 그 경험으로부터 엄청난 보상을 받을 것이다. 때로 이 공부는 아주 어려울 것이다. 하지만 공부하기를 멈추지 않고 도움을 받는다면, 당신은 길을 찾게 될 것이다. 또한 탈무드의 바다에서 헤엄치는 것이 당신의 삶을 바꾸리라는 것을 알게 될 것이다.

이 책의 이용법과 예시

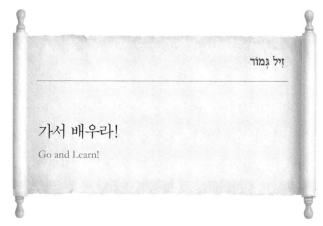

זיל גמור

가서 배우라!
Go and Learn!

이 책의 각 꼭지는 피트감pitgam 곧 격언을 표제로 삼는다. 이 랍비들의 격언은 '원문'으로 인용되는 탈무드 구절에서 다시 찾아볼 수 있다. 탈무드 시대 이후로, 이러한 격언 대부분은 유대인의 공동의식을 이루게 되었고, 세속적이고 종교적인 맥락 모두에서 자주 반복되었다. H. N. 비알릭Bialik과 Y. N. 라브니츠키Ravnitzky가 편집한 《세페르 하아가다Sefer ha-Aggadah》(영어판 제목은 《전설들의 책The Book of Legends》)의 히브리어판에는 이와 같은 격언이 2000개 이상 수록되어 있다.

샤바트Shabbat 31a
바빌로니아 탈무드에서 원문을 인용하면서, 소논문masekhet(앞에서 언급했듯이, 탈무드의 부를 구성하는 63개의 주제별 하위 부) 제목과 그 옆에 쪽수를 밝혔다. (전통적 빌나 특대판의 바빌로니아 탈무드 5400여 쪽 중에서) 2절판 펼친 면의 앞 페이지에만 번호를 매기는데 이를 'a'면, 둘째 페이지를 'b'면이라 부른다. 예를 들어, '샤바트 31a'는 안식일에 관한 소논문 31쪽 첫째 면을 가리킨다.

삼마이를 찾아온 어느 이방인에 관한 또 하나의 이야기가 있다. 그가 그에게 말했다. "내가 한 발로 서 있을 동안 토라 전체를 나에게 가르쳐 개종시켜보시오." 그[삼마이]는 목수의 자 막대기로 그를 밀쳐냈다. 그[이방인]는 힐렐을 찾아가 개종하게 되었다. 그[힐렐]는 그에게 말했다 "네가 싫어하는 일을 네 친구에게 하지 말라. 이것이 토라 전체의 가르침이다. 나머지는 주석이다. 가서 배우라!"

우리는 독자들이 조금만 노력하면 이해하고 익힐 수 있는 짧고 독립적인 원문을 골랐다. 하지만 이러한 글들이 탈무드에서 더 긴 절sugyot의 일부라는 사실을 알아야 한다. 많은 현대 학자들은 탈무드의 편찬자들이 자주 독립적인 별개의 이야기 몇 개를 합쳐서 길고 복잡한 논쟁과 토론처럼 보이게 만들었다고 믿는다.

독자들은 탈무드 원문을 처음에 대충 읽으면 혼란에 빠질 수 있음을 유의해야 한다. 탈무드의 형식은 극도로 간결하고 압축적이다. 정확히 누가 이야기하고 있는지 파악하는 것조차 어려울 때가 빈번하다. 탈무드의 정확한 말과 생각을 포착하기 위해서 우리는 때때로 아리송할 수도 있지만 가능한 한 있는 그대로 원문을 번역하려고 했다. 가끔 명료함을 위해서 괄호 안에 단어나 구를 추가했다.

게마라는 "사람은 항상 힐렐처럼 겸손해야 하고, 삼마이처럼 엄격해서는 안 된다"(샤바트 30b), "삼마이의 엄격함은 우리를 세상 밖으로 쫓아내고, 힐렐의 겸손함은 우리를 신의 가호 아래로 데려간다"(샤바트 31a)라며 힐렐에 대해 더 호의적인 평가를 내린다.

힐렐과 삼마이는 기원전 1세기 이스라엘 유대인들의 위대한 두 지도자였다. 그들은 서로 매우 다른 성격과 철학을 가졌다고 알려져 있다. 위의 절은 이러한 차이를 정확하게 보여주는 일련의 이야기들 중 하나다.

삼마이는 이방인의 도전을 무례하게 여기는 것처럼 보이며, 자신과 자신의 전통을 무시하는 태도를 보이는 이들을 용납하지 않는다. 반면에 힐렐은 그 도전을 하나의 기회로 본다. 그는 이방인의 물음을 유대교의 본질에 대해, 시쳇말로 '25자 이내로' 알려달라고 하는 진실한 요청으로 해석한다.•

힐렐의 대답은 기독교 성경에서 찾아볼 수 있는 '황금률'의 변형이다. 우리는 힐렐이 예수가 출현하기 약 50년 전에 살았음을 기억해야 한다. 아마도 두 사람은 다음의 성경 구절에 기초해서 말했을 것이다. "네 이웃 사랑하기를 네 자신과 같이 하라."(레위기 19:18)

우리는 '해설'이라고 별도로 명시하지는 않았지만, 원문에 바로 이어지는 해설 부분에서 원문에 언급된 개인과 논쟁의 배경 정보를 제공하며 게마라를 설명하려고 했다. 우리는 우리가 선택한 특정 원문이 어떻게 해당 소논문의 전체 논의에 들어맞는지를 보여주고, 랍비들이 한 말뿐 아니라 그들이 의미하려 한 바를 독자들이 더 잘 이해하고 그 간극을 채울 수 있도록 원문에 대한 설명을 제공했다.

데라슈D'rash

한 어린 소녀가 책을 읽다가 전에 한 번도 본 적이 없는 어려운 단어를 발견한다. 그녀는 아버지에게 달려가 묻는다. "이게 무슨 뜻이에요?" 아빠는 단어를 보며 미소를 짓지만, 그녀에게 대답하는 대신에 선반에 있는 사전을 꺼내며 말한다. "찾아보렴!" "아, 아빠가 알고 있는 거 알아요. 그냥 무슨 뜻인지 말해주세요!" 그는 뜻을 굽히지 않고 그녀 스스로 단어를 찾아보도록 고집한다. 그녀가 그 뜻을 찾아본 후, 아버지는 딸에게 말한다. "나는 네가 스스로 배워가는 습관을 들였으면 좋겠구나. 그렇게 해야 더 확실히 기억될 거야. 만약 내가 항상 너에게 쉽게 답을 말해준다면, 아무것도 남는 게 없을 거야. 게다가 너에게 대답해주기 위해 내가 늘 옆에 있어줄 수는 없단다. 네 자신에 의지해서 배워나가야 해."

힐렐은 이방인에게 똑같은 교훈을 가르친다. "나는 당신에게 짧은 해답을 줄 수는 있지만, 만약 당신이 정말로 토라를 이해하고 싶다면, 가서 스스로 배워야 할 것이오."

탈무드를 배우고자 하는 사람도 마찬가지다. 이 책이 짧은 해답, 간단한 소개를 제공할 수는 있다. 하지만 '탈무드의 바다에서 헤엄치는' 진정한 길은 독자들이 힐렐의 키워드 즉 "나머지는 주석이다"를 가슴에 새길 때 열릴 것이다. 일단 당신이 격언과 원문을 배웠다면, 탈무드 원문과 당신의 삶을 연결시키며 자기만의 주석을 달아가야 한다.

해설 부분에서, 우리는 원문에서 언급된 랍비들에게 해당 게마라가 어떤 의미였는지 설명하려고 했다. 데라슈 부분에서는, 해당 게마라를 우리 세상과 오늘날 우리가 부딪히는 문제들에 적용해보려 했다. 우리는 탈무드에 대한 개념적 접근법을 강고히 지지한다. 랍비들이 신비로운 의례 문제를 다루는 것처럼 보일지라도, 실제로 그들의 논의는 모든 시대, 모든 사람들과 연관된 문제들에 대한 것이다.

　　탈무드의 랍비들이 독자에게 말하도록 하기 위해서, 우리는 현대인들에게 와닿을 수 있는 이야기와 문제들을 자주 이용했다. 우리는 랍비들의 말을 우리식으로 해석하면서, 그들의 지혜를 우리 삶에 적용해보려 했다. 우리는 이러한 적용이 주관적인 이해라는 것을 인정한다. 다시 말해, 그것이 결코 유일한 해석은 아니다. 독자들은 랍비의 가르침을 현대사회와 연결하는 자기만의 방식을 생각해낼 수 있을 것이다. 이것이 바로 이 책을 읽으면서 일어나야 하는 일이다. 탈무드 공부가 진정 의미 있는 행위일 수 있는 것은 바로 그 공부가 과거와 현재를 연결시킬 것을 요구하기 때문이다. 우리가 이러한 연결을 해낼 때, 우리 모두는 힐렐의 제자가 된다.

　　가서 배우라!

주요 용어 설명

게마라Gemara

미슈나에 대한 랍비들의 주석, 설명, 논의로 3세기부터 6~7세기까지 행해졌다. 원래는 이것을 '탈무드'라고 불렸으나, 중세시대 때 기독교의 검열을 피하기 위해 '게마라'라고 이름을 바꾸었다.

구전율법 Torah she-b'al peh

(1)성문율법을 보완하기 위해 하나님이 모세에게 준 거룩한 전승으로, 랍비 시대에 이를 때까지 기록되지 않은 채 지켜졌다. (2)처음에는 구전된, 나중에는 탈무드에 기록된 율법과 전승의 모음으로, 성서의 '성문율법'과 대비된다.

나심Nashim('여자들')

미슈나의 세 번째 순서로, 결혼과 이혼에 관한 율법을 다룬다.

네지킨Nezikin('손해')

미슈나의 네 번째 순서로, 민법과 형사법을 다룬다.

데라슈D'rash

원문에 대한 창의적인 독해에 기초한 설교 또는 교훈을 말한다. 데라샤D'rashah라고도 한다.

라브Rav

(1)바빌로니아에서 랍비의 호칭. (2)이름 없이 홀로 쓰면 최초의 아모라임인 아바 아리카Abba Arikha를 가리킨다.

라시Rashi

성서와 탈무드에 대한 가장 중요한 주석가인 랍비 슐로모 이츠하키Rabbi Shlomo Itzḥaki(1040~1105).

랍비Rabbi('스승')

(1)토라 교사. 탈무드에서는 이스라엘 땅의 교사를 말한다. (2)이름 없이 홀로 쓰면 미슈나를 편찬한 예후다 하나시Yehudah ha-Nasi를 가리킨다.

마세케트Masekhet

미슈나의 63편의 소논문tractate 중 한 편을 일컫는다. 또한 탈무드의 어느 한 권을 가리킬 때도 쓴다. 복수형은 마세크토트masekhtot.

모에드Moed('절기')

미슈나의 두 번째 순서로, 유대력의 절기들을 다룬다.

미드라시Midrash

성서에 대한 설교적이거나 율법적인 해석.

미슈나Mishnah

(1)서기 200년경 랍비 예후다 하나시가 편찬한 구전 율법 모음집. (2)이 모음집의 어느 특정 율법 하나를 가리키기도 한다.

미츠바Mitzvah

랍비들이 토라에서 취한 613개의 계명. 복수형은 미츠보트Mitzvot.

바라이타Baraita('밖의 것')

랍비 예후다 하나시가 편찬한 미슈나에 포함되지 않은 탄나임들의 가르침으로, 게마라에서 인용되고 논의된다. 복수형은 바라이토트baraitot.

바블리Bavli

6~7세기에 편찬된 바빌로니아 탈무드.

산헤드린Sanhedrin

(1)서기 70년 성전 파괴 이전의 수세기 동안 그리고 직후 얼마 동안 이스라엘의 사법과 입법의 최고기관. (2)탈무드의 네 번째 순서 '세데르 네지킨'의 소

논문 중 한 편.

성문율법 Torah she-bikhtav
(1)하나님이 시나이 산에서 모세에게 주어 기록된 율법. (2)토라 즉 성서의 율법으로, 원래 기록되지 않은 채 지켜졌던 '구전율법'과 대비된다.

세데르 Seder('순서')
(1)유월절 첫날 밤 유대인 가정에서 행해지는 식사 의식. (2)미슈나의 6개의 주요 부분을 일컫는다. 복수형은 세다림 sedarim.

셰마 Sh'ma
유대교의 아침·저녁 예배에서 필수적인 기도로, 세 개의 성서 구절(신명기 6장 4~9절과 11장 13~21절, 민수기 15장 37~41절)로 이루어져 있다.

아가다 Aggadah
랍비들이 하는 비율법적 성격의 이야기와 설교.

아모라임 Amoraim('설명하는 자')
미슈나 완성기(서기 200년경)부터 게마라 편찬기(6~7세기)까지의 랍비들.

예루샬미 Yerushalmi
5세기 초에 편찬된 '예루살렘' 탈무드(더 정확하게는, 이스라엘 땅의 탈무드).

제라임 Zeraim('씨앗들')
미슈나의 첫 번째 순서로, 농사에 관한 율법을 다룬다.

주고트 Zugot('쌍벽')
기원전 3세기부터 서기 1세기까지 이스라엘 유대인들의 지도자였던 각 세대의 대표적인 두 명의 스승. 힐렐과 샴마이가 마지막이자 가장 유명한 주고트였다.

코다심 Kodashim('거룩한 것들')
미슈나의 다섯 번째 순서로, 희생제물을 다룬다.

코셰르 Kosher('적합한')
(1)유대 음식물 율법에 따를 때 먹기에 적합한 음식.

(2)의식에 사용하기에 적합한 것.

코헨 Kohen
아론의 자손으로, 성전에서 희생제물을 바치는 일을 담당하던 제사장을 말한다. 대제사장은 코헨 가돌 Kohen Gadol이라 불렸다.

탄나임 Tannaim('반복하는 자')
미슈나 시기 동안의 랍비들.

탈무드 Talmud
기원전 1세기부터 서기 7세기까지 랍비들이 쓴 유대의 율법과 비율법에 관한 책으로, 미슈나와 게마라로 이루어져 있다. 원래 이 용어는 오늘날 '게마라'로 불리는 가르침을 가리켰다.

토라 Torah
(1)모세5경(을 적은 두루마리) (2)유대인의 지식과 지혜 전체.

토사포트 Tosafot
12~14세기에 라시 Rashi의 제자들이 탈무드에 붙인 주석.

토세프타 Tosefta
미슈나에 포함되지 않은 탄나임들의 가르침을 모은 책으로, 순서가 미슈나와 동일하다.

토호로트 Tohorot('정결한 것들')
미슈나의 여섯 번째 순서로, 정결의식을 다룬다. 테하로트 Teharot라고도 한다.

하가다 Haggadah
유월절 식사 때 안내서로 사용되는 책.

할라카 Halakhah
유대 율법.

힐렐 학파 Bet Hillel, 샴마이 학파 Bet Shammai
기원전 1세기 말부터 서기 1세기 초까지 각각 힐렐과 샴마이의 가르침을 따르던 랍비들의 학파.

PART 2

원전 탈무드 읽기

우리는 이제부터 이 책의 핵심이라 할 수 있는 각각의 부를 만나게 된다. 이 부들을 정리하면서 우리는 탈무드의 체계화 원리에 따라서, 원문을 "6가지 순서Six Orders"라고 알려진 전통적인 구분대로 배열하였다. 유월절 하가다 가운데 마지막에서 두 번째 노래인 "누가 그분을 아는가?Eḥad Mi Yode'a"를 떠올리는 사람도 있을 것이다. 그 수수께끼 같은 노래의 중간쯤에 "누가 6[이라는 숫자의 중요성]을 아는가?"라는 질문이 나오고, 이에 대해 "6은 미슈나의 순서다!"라고 대답한다. 이것은 랍비 예후다 하나시가 미슈나를 6가지 주요 '순서' 즉 다음과 같은 특정 주제를 다루는 각각의 부(히브리어로 세데르seder)로 나눴다는 사실을 가리킨다.

제라임Zeraim("씨앗들")— 농업 율법

모에드Moed("절기")— 안식일과 절기

나심Nashim("여자들")— 결혼과 이혼

네지킨Nezikin("손해")— 민법과 형사법

코다심Kodashim("거룩한 것들")— 희생제물

토호로트Tohorot("정결한 것들")— 정결의식

미슈나는 이러한 6가지의 폭넓은 주제들에 따라 정리된 반면, 게마라는 그 논의를 이러한 특정한 주제들로 전혀 제한하거나 한정하지 않는다. 본질적으로 탈무드는 유기적이다. 즉 그 해설들은 주제에서 옆길로 새면서, 모든 생각해볼 만한 문제들을 아우른다. 이 책의 독자들은 미슈나의 소논문들 순서대로 정리되어 있는 우리의 원문들과 데라쇼트D'rashot(데라슈의 복수형)가 게마라만큼이나 다루는 범위가 폭넓다는 것을 재빨리 발견할 것이다.

　　각 순서의 서두에서, 우리는 미슈나의 해당 부 그리고 그것이 담고 있는 소논문들에 대해 간단히 소개할 것이다. 그런 다음 그 순서에 속한 개별 꼭지들이 뒤를 이을 것이다. 각 부의 마지막에, 우리는 '휴게소'라고 불리는 짧은 부분을 도입했다. 탈무드 공부는 마치 여행(때로는 아주 힘든 여행)과 같다. 여행에서 길을 가다 멈추고 쉴 필요가 있듯이, 어려운 원문들을 공부한 후에도 잠시 멈추어 깊이 생각해보는 것이 필요하다. 우리는 독자들이 멈추고 생각할 수 있도록 하는 그리고 배운 것을 더 폭넓은 관점으로 적용하도록 하는 몇몇 짧은 이야기들―탈무드 시대의, 하시디즘기의 그리고 현대의 이야기들―을 제공한다. 우리는 이러한 이야기들이 당신에게 활력을 불어넣어, 더 강하고 지혜롭게 이 여정을 계속할 수 있게 해주기를 희망한다. 이 '휴게소' 부분을 강조하기 위해, 우리는 그것을 이스라엘 민족의 여정이라는 맥락 아래 놓았다. 즉 이집트(노예)에서 시나이(토라를 받음)를 거쳐, (궁극의 목적지이자 약속의 땅인) 이스라엘까지 향하는 여정 말이다. 의미심장하게도, 이러한 휴게소들 곧 야영지들은 물 가까이에 자리했다. 랍비들은 물을 토라와 배움에 대한 은유로 여겼다. 탈무드가 자주 바다로 불리는 것도 이와 꼭 같은 이유에서다.

세데르 제라임

SEDER ZERAIM

미슈나의 첫 번째 순서는 제라임 즉 '씨앗들'이라고 불린다. 이 부분은 농업에 관한 율법, 특히 이스라엘 땅에 관한 농업 율법을 다룬다. 이러한 이유 때문에, 바빌로니아의 랍비들은 이 율법을 논의하는 데 많은 시간을 할애하지 않았고, 바빌로니아 탈무드의 이 부에 있는 11개의 소논문 중 10개에는 게마라가 없다. 하지만 이 부는 기도에 대해 논의하는 베라코트Berakhot('축복기도')라는 소논문으로 시작한다. 이 소논문은 엄밀히 따지면 농업 율법에 관한 논의에는 속하지 않는다. 랍비들이 이것을 여기에 배치한 이유는 그 땅에서 자라난 과실과 농작물을 먹기 전에 축복기도가 필요했기 때문이다. 베라코트는 사람들이 탈무드에서 가장 즐겨 공부하는 소논문 중 하나인데, 특히 일일기도의 순서와 축복기도의 적절한 시간과 순서 같은 친숙하고 실용적인 문제들을 다루기 때문이다.

한 줌으로는 사자를 만족시킬 수 없다

A handful cannot satisfy the lion.

베라코트 3b

라브 아하 바르 비즈나가 랍비 시몬 하시다의 이름으로 말했다. "다윗의 침대에 하프가 걸려 있었다. 한밤중에 북풍이 불자 저절로 연주되었다.** 다윗은 즉시 일어나 새벽까지 토라를 공부했다. 새벽에 이스라엘의 현자들이 들어와 그에게 말했다. '우리 주 왕이여, 당신의 이스라엘 백성이 먹을 것을 요구합니다!' 그가 그들에게 말했다. '가서 서로를 부양케 하시오.' 그들이 그에게 말했다. '한 줌으로는 사자를 만족시킬 수 없고, 제 흙으로는 구덩이를 채울 수 없습니다.' 그가 그들에게 말했다. '싸울 군대를 내보내시오.'"

게마라의 이 절에서, 랍비들은 성경에서는 찾아볼 수 없는 다윗에 관한 이야기를 들려준다. 다윗 왕의 고문들이 이스라엘 백성이 식량 부족에 허덕이고 있다고 알리자, 그는 가진 자들에게 취하여 궁핍한 자들에게 주라고 명한다. 현자들은 두 가지 격언으로 대답한다. 전자—"한 줌으로는 사자를 만족시킬 수 없다"—의 의미는 백성들의 수요가 빈약한 가용 자원보다 크다는 것이다. 후자의 금언은 좀 더 모호하다. "제 흙으로는 구덩이를

Berakhot. 세데르 제라임의 첫 번째 소논문으로 셰마와 아미다 같은 축복기도에 관한 율법을 다룬다.

이 상황을 보여주는 노래가 "내 영혼아 깰지어다! 비파야, 수금아, 깰지어다! 내가 새벽을 깨우리로다"(시편 57:8)로, 라시는 이 구절의 의미를 "다른 왕들은 새벽이 그들을 깨우는 반면, 나[다윗]는 내가 새벽을 깨운다"라고 설명한다.

Rashi. 본명은 랍비 슐로모 이츠하키Rabbi Shlomo Itzhaki(1040~1105)로, 앞 글자들을 따서 '라시'라고 부른다. 중세의 유명한 프랑스 주석가로 성서와 탈무드를 주석했다. 그의 탈무드 주석은 역사적으로 탈무드 해석의 전환점이 되었으며, 지금도 탈무드를 이해하는 데 필수불가결한 설명으로 참조된다.

Tosafot. 탈무드의 특정 구절에 달아놓은 주석. 전통적 바빌로니아 탈무드 판본들의 경우, 면 안쪽 난외주에는 라시의 주석을, 바깥쪽 난외주에는 '토사포트'를 싣는다. 최초의 토사포트 기록자는 라시의 두 사위였고, 라시의 손자인 라베누 탐이 최고의 토사포트 기록자로 손꼽힌다.

채울 수 없다"는 두 가지로 해석된다. 먼저 라시*의 설명은 이렇다. 구덩이를 판 다음 다시 그 흙을 삽질해 구멍을 메우면, 지반이 달라졌기 때문인지 구덩이가 가득 채워지지 않는다. 수학에서는 전체가 항상 부분들의 총합과 같지만, 인생에서는 구멍이 부분들의 총합보다 클 때가 있다. 현자들은 왕에게 백성들이 자급자족하는 것은 불가능하다고, '구덩이를 채우기' 위해서는 외부 자원을 찾아야 한다고 말하고 있다. 반면에 토사포트**는 라시의 은유가 상황에 정확히 들어맞지 않는다고 여기며 다른 길을 택한다. 어쨌든 왕은 가난한 자가 다른 가난한 자를 부양할 수 있다고는 기대하지 않았다. 그는 부자들로부터 자원을 빼앗아 궁핍한 자들에게 주고 싶었다. (그러므로 구덩이가 제 흙으로는 채워지지 않는다고 한 것이다.) 라베누 탐Rabbenu Tam은 우물이 단지 그 안에 떨어지는 빗물을 모아서는 가득 찰 수 없으며, 다른 외부 수원에서 더 많은 물을 끌어오는 배관과 수로가 필요하다고 설명한다.

다윗은 현자들의 조언을 받아들여 백성들에게 군대를 조직해 전쟁에 나서도록 명했다. 왕은 전쟁의 전리품이 백성들이 절실히 필요로 하는 외부 자원으로 쓰이기를 바랐다.

데라슈D'rash

알람이 울렸을 때 밖은 칠흑처럼 어두워 마치 한밤중 같았다. 달콤하고 부드러운 음악이 시계 겸용 라디오에서 흘러나왔다. 그는 침대에서 몸을 일으켜 세수를 한 뒤 아래층으로 향했다. 작은 책상등을 켜고 책꽂이에서 책을 하나 꺼내 하품을 하며 공부를 하기 시작했다.

데이브는 한동안 이러한 일과를 지켜왔다. 이것은 '정기적인 공부시간 따로 내기'라는 새해 다짐으로 시작되었지만 3년 연속 깨어졌던 약속이었다. 하고자 하는 열망은 있었으나 충분한 시간이 없었다. 사무실에서의 일은 정신없이 바쁘게 돌아갔고, 업무량을 따라잡기 위해 점점 더 많은 시간을 들여야 했다. 최우선이어야 할 가족과 함께 보내는 시간은 항상 일 다음의 두 번째로 밀려났다. 기도, 공부, 자선tzedakah 같은 영적인 관심사에는 전혀 시간을 쏟지 못했다.

"만일 이대로 놔둔다면, 일주일 내내 하루 16시간을 일에 삼켜지고 말 거야. 한동안은 정말 그랬지. 아이들이 자라는 모습을 모두 놓쳐버렸어. 숙제를 도와주지도, 어린이 야구시합을 참관하지도 못했고, 아이들 친구가 누군지도 몰랐어. 그때 아내가 날 일깨워주었지. '데이비드, 임종 때 "직장에서 더 많은 시간을 보낼걸!" 하고 후회하는 사람은 없어요.' 그녀가 옳았어. 그래서 직장에서 일하는 시간을 줄이고 집에서 더 많은 시간을 보내기로 결심했지. 하지만 여전히 나를 위한 시간, 한 인간으로서 성장할 시간은 없었어. 내가 쓸 수 있는 유일한 시간은 동트기 전이라고 판단했지. 정말 조용하고 평화로운 시간이었고, 하루를 올바르게 시작할 수 있는 멋진 방법이었어. 잠은 늘 통근열차에서 보충할 수 있으니까."

공부한 지 20분쯤 되자 전화기가 울렸다. 책상 위 시계를 보았다. 7시 5분. 그는 수화기를 들었다. 직장에서 또 비상사태를 알려왔다. 그는 일이 점점 더 많은 먹이를 달라고 끊임없이 으르렁거리는 굶주린 사자처럼 느껴졌다. "할 수 있는 한 먹이를 주겠지만, 나를 집어삼키게 하지는 않을 거야. 가족과 보낼 시간을 얻기 위해 싸우고, 나 자신을 위한 시간을 얻기 위해 싸울 거야.

만일 내가 성장하고 새로워질 수 없다면, 어느 누구에게도 도움이 될 수 없을 테니까."

그는 책에 책갈피를 꽂으며 미소지었다. 그것은 나중에 다시 돌아왔을 때 공부를 재개할 부분을 알려줄 것이다. 그는 위층으로 올라가려다가 잠시 멈추고는 책을 집어들었다. "어쩌면 점심시간에 잠깐 공부할 수 있을지도 몰라." 책을 손에 든 채, 데이비드는 출근 전 가족들의 아침식사를 준비하러 갔다.

죄수는 스스로 탈출할 수 없다

The prisoner cannot free himself from prison

베라코트 5b

랍비 히야 바르 아바가 병에 걸렸다. 랍비 요하난이 그를 찾아왔다. 그[요하난]가 그에게 말했다. "너의 고통은 너에게 소중한가?" 그[히야]가 대답했다. "고통도, 그에 대한 보상도 소중하지 않습니다." 그[요하난]가 그에게 말했다. "너의 손을 주어라." 그[히야]가 그에게 손을 내밀자, 그[요하난]가 그를 일으켰다.

랍비 요하난이 병에 걸렸다. 랍비 하니나가 그를 찾아왔다. 그[하니나]가 그에게 말했다. "당신의 고통은 당신에게 소중합니까?" 그[요하난]가 대답했다. "고통도, 그에 대한 보상도 소중하지 않습니다." 그[하니나]가 그에게 말했다. "당신의 손을 줘보시오." 그[요하난]가 그에게 손을 내밀자, 그[하니나]가 그를 일으켰다. 왜 랍비 요하난은 스스로 일어나지 못했을까? 이르기를, "죄수는 스스로 탈출할 수 없다."

종교가 답하려고 고심하는 가장 중요한 문제 중 하나는 '왜 선한 사람들이 고통받는가'이다. 고통은 죄에 대한 징벌로서 온다는 것이 표준적인 설명이다. 하지만 만약 고통받는 사람이 의인인 경우, 혹은 고통이 죄에 합당한 것보다 심한 경우는 어떻게 설명할 수 있을까? 이 문제에 대한 응답으로, 랍비들은 '사랑의 고통 yissurin shel ahavah'이라고 알려진 개념을 발전시켰다. 고통은 신이 신성한 사랑의 징표로 보낸 것일지 모른다. 고통은 의인이 더 겸손해지도록 돕고, 자신의 행동을 돌아보게 하거나, 더 열심히 기도하고 배우고 선행을 하도록 이끌 수 있다. 사람들이 죄를 나중이 아니라 지금 씻음으로써, 이번 생의 고통이 내세에 더 큰 보상으로 이어질 수 있다.

바로 이것이 우리의 이야기 속 병자들에게 묻는 "당신의 고통은 당신에게 소중합니까?"라는 질문의 배경이다. 질문이 암시하는 바는 이렇다. 아픈 자가 의로운 랍비이기 때문에, 그가 겪고 있는 고통은 죄에 대한 처벌일 수 없다. 그것은 신이 어떤 다른 목적을 위해서 보낸 '사랑의 고통'임에 틀림없다. 따라서 그 질문이 의미하는 바는 이것이다. "당신은 고통을 어떤 더 고귀한 목적을 위해 쓸 수 있습니까? 고통이 당신을 더 나은 사람으로 만듭니까?" 두 경우 모두에 대한 대답은 '아니오'다. 고통이 너무 커서 고통을 넘어서기란 불가능하다. 문병을 온 랍비는 고통이 어떤 가치 있는 목적에도 기여하지 않는 것을 보고서 고통을 덜어주려 한다. 손을 댐으로써 병을 치료한다는 랍비의 기적적인 능력은 토라와 그것을 형상화하는 이들이 생명과 치유의 힘을 가지고 있다는 탈무드의 믿음을 보여준다.

이 절은 다음과 같은 논리적 물음으로 끝을 맺는다. 만일 랍비 요하난에게 자신의 제자인 랍비 히야 바르 아바를 치료할 힘이 있었다면, 왜 스스로를 치료할 수 없었을까? 답은 죄수가 혼자서는 감옥에서 탈출할 수 없는 것과 마찬가지로 아픈 사람도 스스로를 치료할 수는 없다는 것이다.

데라슈 D'rash

한 학생이 학교에서 심각한 문제를 일으켰다. 교장은 부모에게 면담을 요청했는데, 부모 모두 심리학자였다. 어머니는 집에서도 문제가 있다고 인정했고, 아버지는 교장에게 자신들이 "상황을 잘 알고 있으며" 처리 중이라고 장담했다. 교장은 외부 심리학자에게 아이를 맡겨보는 것이 어떻겠느냐고 제안했다. 부모는 깜짝 놀랐다.

"지금 우리가 이 문제를 전문가로서 잘 다루지 못하고 있다는 뜻입니까?" 화를 내며 아버지가 물었다. "우리 모두 임상심리학 박사학위를 가지고 있습니다. 20년 넘게 개인병원을 운영하고 있고, 지역사회에서도 훌륭한 평판을 얻고 있어요! 그런데 우리 아이를 다른 사람에게 보낸다면 사람들이 어떻게 보겠습니까? '정작 자기 문제도 해결하지 못하는데 어떻게 내 문제를 해결하는 데 도움을 줄 수 있겠어?'라고 말할 겁니다. 우리를 모욕할 생각이었다면, 완전히 성공했네요!"

교장은 부모를 안심시키며 말했다. "저는 당신들의 능력을 조금도 의심하지 않습니다. 개인적으로, 직업적으로 당신들을 정말 존경합니다. 여기서 쟁점은 능력이 아니라 밀접함입니다. 때로 문제에 너무 가까이 있으면 우리가 원하는 만큼의 효과를 얻기 어렵습니다. 저는 스스로를 꽤 괜찮은 교육자라고 생각하지만, 아내와 저는 저희 딸을 다른 학교로 보내는 것이 낫겠다고 판단했습니다. 제 누이는 소아과 의사지만 자기 아이들이 아프면 다른 의사에게 데리고 갑니다. 문제와 너무 가까우면 지나치게 감정적이 되어 자신이 아이들에게 최선의 치료를 제공할 수 없다고 생각했기 때문이죠. 분명히, 제 아이들에게 도움이 필요할 경우 저는 조금도 망설이지 않고 당신들에게 보낼 겁니다. 당신들이 얼마나 훌륭한지 아니까요. 하지만 지금은 당신들의 아이를 다른 의사에게 보내 도움을 청하는 것을 고려하셔야 한다고 생각합니다. 우리가 남을 위해서는 할 수 있는 일들을 우리 자신을 위해서는 할 수 없는 때가 있습니다. 불행한 일이지만, 엄연한 사실입니다."

우리는 인생에서 자주 스스로의 자아에 갇힐 때가 있다. 스스로 벗어나려고 고군분투할수록 우리는 더욱 갇히게 된다. 때로 우리에게 필요한 것은 다른 누군가가 우리를 돕도록 하는 것이다.

돌판과 깨어진 돌판 모두
궤 안에 있었다

The tablets and the broken tablets were placed in the Ark

베라코트 8a-b

라브 후나 바르 예후다가 랍비 암미의 이름으로 말했다. "누구든 항상 공동체와 함께 자신의 몫을 다해야 한다. 성서를 두 번 읽고 한 번 해석하며, '아다롯과 디본……'[민수기 32:3]도 그렇게 해야 한다. 공동체와 함께 몫을 완수하는 자는 누구든 늘어난 날과 해를 갖는다." 라브 비비 바르 아바예는 속죄일 전날에 그해 자신의 모든 몫을 마칠 생각이었다. 디프티에서 온 히야 바르 라브가 그에게 가르쳐주었다. "성서에 '너희는 이 달 아흐렛날 저녁 스스로 괴롭게 할지니라'[레위기 23:32]라고 쓰여 있다.* 우리는 9일에 금식하는가? 10일에는 금식하지 않는가?! 이것은 9일에 먹고 마시는 사람도 성서에 따르면 9일과 10일 모두에 금식한 사람과 같이 취급되리라고 알려준다." 그[라브 비비 바르 아바예]는 더 일찍 끝낼 생각이었지만 어떤 원로가 그에게 말했다. "가르치기를, '앞서가거나 뒤처지지 않는 한'이라고 하였다." 랍비 여호수아 벤 레비가 그의 아들에게 말한 것도 마찬가지다. "공동체와 함께 너의 몫을 완수하라. 그리고 랍비 예후다[의 의견]에 따르면, 핏줄을 조심하여 다루라. 그리고 랍비 예후다가 이렇게 말했다고 가르쳐진다. '핏줄을 완전

속죄일(욤키푸르)은 유대 민족들이 금송아지를 숭배하는 것을 보고 모세가 첫 번째 돌판을 깨뜨린 후 참회하고 신의 용서를 얻어 두 번째 돌판을 받아온 날을 기념하는 것에서 유래했다. 히브리력으로 티슈리월(양력 9월 또는 10월) 10일로, 전날 밤부터 그날 하루 종일을 금식·금욕하고 기도와 명상으로 보낸다. 레위기에는 "여호와께서 모세에게 말씀하여 이르시되 일곱째 달 열흘날은 속죄일이니 너희는 성회를 열고 스스로 괴롭게 하며 여호와께 화제를 드리고 이 날에는 어떤 일도 하지 말 것은 너희를 위하여 너희 하나님 여호와 앞에 속죄할 속죄일이 됨이니라…… 이는 너희가 쉴 안식일이라 너희는

히 잘라내라. 그리고 상황 때문에 자신의 배움을 잊어버린 노인을
소중히 대하라. 이르기를, "돌판과 깨어진 돌판 모두 궤 안에 있었
다.""'

"누구든 항상 공동체와 함께 자신의 몫을 다해야 한다"라는 말은
매주 행해지는 공적인 토라 낭독 학습을 가리킨다. 모든 랍비는
누구나 토라를 끊임없이 공부해야 한다는 데 의견이 일치한다.
라브 후나는 이 규칙에 대해 특별한 이해를 갖고 있었는데, 누구
나 안식일에 회당에서 낭독하는 동일한 부분(몫)을 공부하고 그
주 안에 끝마쳐야 한다는 것이었다.

    이야기는 주간 토라 공부 몫이 뒤처졌던 라브 비비 바르 아
바예가 자유시간이 생기는 속죄일 직전까지 따라잡으려 했다는
것이다. 하지만 히야는 그에게 속죄일 전날이―레위기의 구절
에 대한 유명한 미드라시에 따르면―먹고 마시는 날임을 일깨
워준다. 미드라시는 그 구절이 일곱째 달의 10일이 아니라 9일
에 금식하는 것을 말하고 있다는 사실에 근거하고 있다. 이 구절
의 문맥상 의미는 단순히 속죄일의 금식이 전날 밤에 시작된다
는 것이다. 유대 절기가 해질녘에(따라서 엄밀히 말하면 그 달의
10일이 시작되는 시점에) 시작될지라도, 사람들은 속죄일 전날 밤
을 그 달 9일의 일부로 생각한다. 라브 비비가 속죄일 전에 주간
토라 공부 몫을 끝내려고 했을 때, 그는 어느 누구도 앞서가거나
뒤처져서는 안 된다는 말을 듣는다. 즉 모든 사람은 일주일 주기
를 제 시간에 따라야 하고, 그에 따라 공부해야 한다는 것이다.

    랍비 예후다의 가르침은 두 가지 조언을 덧붙인다. 첫째, 가
금류를 잡을 때는 핏줄을 완전히 도려내야 한다. 이것은 엄밀히
따지면 율법상의 요구는 아니지만 그럼에도 유용한 조언이다.

둘째, 한때 많은 지식을 가졌지만 이후 그것을 잊어버린 사람을 존중해야 한다. 이는 깨어진 십계명 돌판에 신성을 부여하는 것에 비유된다. 모세는 금송아지를 보고 화가 나서 신이 그에게 준 첫 번째 돌판을 부수었다.[•] 모세는 이 부서진 십계명 돌판을 신이 그에게 두 번째로 준 돌판과 함께 나중에 언약의 궤에 담았다. 첫 번째 돌판은 비록 더 이상 쓸모가 없었지만 신성함을 유지했고 버려지지 않았다. 마찬가지로, 전에는 지식 때문에 존경받던 스승이 지금은 '망가졌다' 해도, 즉 나이 때문에 잘 잊어먹더라도 우리는 여전히 그를 존경해야 한다.

데라슈 D'rash

우리는 일회용품 사회에 살고 있다. 펜에서 음료수병까지, 기저귀에서 '플라스틱 식기'까지 모든 것이 버려진다. 특히 짧은 수명의 기능을 다하고 난 후에도 우리가 계속해서 보유하는 물품은 아주 적다. 한때 몇 번이고 다시 사용되던 물건들이 이제는 아직 사용할 만한데도 한 번 사용하면 버려진다. (옛날 유리로 된 우유병처럼) 다시 채워 재활용하던 것들이 일회용 대응물로 대체되었다.

이러한 예들은 아주 명백하지만 좀 더 미묘한 수준의 다른 사례도 많다. 수십 년 전 일반 회전식 다이얼 전화기는 여러 해 동안 함부로 사용해도 *끄떡없도록* 만들어졌다. 전화기를 바꾸는 경우는 드물었다. 많은 사람들이 30~40년 동안 같은(그리고 오직 한 가지 모양의) 전화기를 사용하며 자랐다고 이야기한다. 오늘날의 기술은 한 가지를 제외한 거의 모든 면에서 이전 모델을 능가하는 전화기를 제공한다. 새로운 전화기에는 신속 걸기, 자동 되걸기 그리고 자주 이용하는 번호를 버튼 하나로 기억하기 같은 기능이 딸려 있다. 오늘날의 전화기는 한 세대 전만 해도 상상할 수 없었던 많은 일을 하도록 프로그램되어 있다. 하지만 옛 검은 회전식 전화기가 한 가지는 더 뛰어났다. 그것은 영구적으로 쓸 수 있을 것 같았다. 지금은 많은 이들이 전화기가 보증기간보다 오래가면 운이 좋다고 여긴다.

오늘날 우리는 너무 많은 것들을 고장나면 내다버리는 데 익숙해 있다. 우리가 환경운동가들의 규칙(줄이기 – 재사용하기 – 재활용하기)을 따른다 해도, 더 짧은 기간 동안 쓰고 버리도록 만들어진 물건들을 점점 더 많이 사용하는 상황에 놓여 있다. 어떤 이들은 이것을 '계획된 노후화'라고 부른다. 이러한 생활방식이 낳는 문제 중 하나가 쓰레기 범람이다.

만일 랍비 예후다가 오늘날 살아있다면, 아마 우리에게 낡은 것들을 너무 서둘러 버려서는 안 된다고 말할 것이다. 때로 그것들은 여전히 유용함을 가지고 있다. 그것이 본래의 기능은 아니라 해도 말이다. "돌판과 깨어진 돌판 모두 궤 안에 있었다"가 의미하는 바는 한때 생명과 목적을 가졌던 것은 종종 우리에게 영감이나 가르침을 주는 데 쓰일 수 있다는 것이다.

하지만 랍비 예후다가 이야기하고 있는 것은 물건뿐 아니라 경험에 관해서이기도 하다. 우리는 좋고 나쁜 경험 모두에서 배우므로 어느 것도 버려서는 안 된다. "경험이란 모든 사람이 자신의 실수에 붙이는 이름이다"라고 오스카 와일드는 빈정댔지만, 우리가 범한 과거의 실수들이 도움을 줄 수 있다. 일생 동안 1093개의 발명품을 특허낸 토머스 에디슨은 자신의 작업을 "1%의 영감과 99%의 땀"이라고 설명했다. 그는 2년 넘게 백열전구 연구에만 몰두하며 전기를 전도할 이상적인 필라멘트를 찾기 위

원전에 가장 가까운 탈무드

해 애썼다. 에디슨은 전기가 흐를 때 충분한 빛을 내면서도 그 과정에서 타버리지 않을 소자를 자신이 결국 찾아내리라는 것을 알았다. 실패를 거듭할 때마다 그는 다른 물질을 시도해보았다. 끈질긴 집요함과 수없이 많은 실패가 없었다면, 에디슨은 성공적인 필라멘트 재료로 탄소섬유를 발견하는 데 성공하지 못했을 것이다.

한국어판 제목은 《포크는 왜 네 갈퀴를 달게 되었나》이다.

듀크 대학교의 교수인 헨리 페트로스키는 《유용한 것들의 진화》*에서 일상의 유용한 물건들이 어떻게 종종 수십 년, 심지어 수백 년 동안의 개발의 결과로 등장했는지 설명한다. 일상생활 도구 중―포크와 곧은 핀에서부터 지퍼와 깡통따개에 이르기까지―처음부터 완벽한 형태로 발명된 것은 거의 없다. 다는 아니라 해도 대부분의 발명품은 초기 디자인 혹은 실패한 모델의 개선품으로 등장했다.

> 오늘날 우리가 발명가, 디자이너, 엔지니어라고 부르는 과거의 영리한 사람들은 새로운 것들을 상상했을 뿐 아니라 실패한 기성품들을 관찰했다. 물건들의 결점에 집중함으로써, 혁신가들은 이러한 물품들의 미비점을 제거해 개조했고, 그럼으로써 새롭고 향상된 물건들을 생산해냈다.

자신의 실수를 떠올리는 것을 좋아할 사람은 거의 없지만, 그러지 않는다면 우리는 온전한 인간으로 발전할 수 없다. 우리의 '부서진 돌판' 즉 부정적인 경험을 간직하지 않는 한, 우리는 그것을 반복하지 않고 긍정적인 경험으로 나아갈 방법을 알 수 없다. 우리가 어디에서 실패했는지 기록하지 않는다면 성공의 확률을 좁힐 수 없다. 우리는 다른 사람이 우리의 잘못이나 결점을 지적하는 것을 좋아하지 않지만, 우리 자신의 개인적인 실패 기록을 기억할 필요가 있다. 우리의 부족한 점을 우울하게 되새기기 위해서가 아니라 성공의 길로 이끄는 연대기로서 영감을 얻기 위해서.

מִצְווֹת צְרִיכוֹת כַּוָּנָה

미츠바는 적절한 의도를 요구한다
Mitzvot require proper intention

베라코트 13a

미슈나(2:1): 만일 그가 토라를 읽고 있다가 [세마를] 암송할 때가 되었을 경우, 그가 적절한 의도를 지녔다면, 그는 책임을 다한 것이다.

게마라: 우리가 이로부터 배우는 바는 미츠바•는 적절한 의도를 요구한다는 것이다. 만일 그의 의도가 읽는 것이라면 어떠한가? 읽는 것이라고? 하지만 그는 읽고 있다. 그는 교정하기 위해 읽고 있다.

유대인은 하루에 두 번 셰마("들어라, 오 이스라엘이여……" 신명기 6:4-9)를 암송해야 한다. 이 구절에 대한 랍비식 낭독 규칙에 의거하여 "집에 머물러 있을 때나 떠나 있을 때, 눕거나 일어날 때 셰마를 암송해야" 한다. 이 암송은 '미츠바' 즉 종교적 의무다. 하지만 이때 요구되는 것은 단순히 단어들을 중얼거리는 것인가, 아니면 그 말의 의미를 생각해야 하는가? 만일 의미에 집중하지 않고 단어들을 읽는다면 그 의무는 충족되는가? 다시 말해, 미츠바는 적절한 의도를 요구하는가?

  이 미슈나는 셰마를 암송해야 할 시간에 토라의 셰마 구절

Mitzvah. 모든 유대인이 준수해야 하는 토라에 나오는 규율·법령을 말한다. 복수형은 미츠보트mitzvot. 탈무드에는 정해진 시간에 특정 시편을 낭송하는 것, 식사 전에 손을 씻는 것, 특정 절기에 촛불을 켜는 것 등 248개의 명령과 365개의 금령으로 이루어진 613개의 미츠바가 언급된다.

Kavvanah. 복수형은 카바노트
kavvanot. 히브리어로 '의도' '헌
신'이라는 뜻이다. 유대교에서
종교적 행위, 특히 기도를 하기
위한 적합한 마음 자세나 상태
를 가리킨다. 유대인들은 카바
나에 이르지 않은 채 형식적으
로 종교적 의무를 행하는 것을
영적 의무를 다하지 않는 것으
로 여긴다.

을 읽고 있는 상황을 다룬다. 이런 형식적인 낭독은 셰마를 암송
하는 의무를 다하는 것인가? 미슈나는 읽는 이가 적절한 의도를
가지고 있다면(히브리어로는 '마음을 기울인다면' 즉 '주의를 기울
인다면'에 가깝다. 유대인들은 마음을 생각의 자리로 보았다), 그 의
무를 제대로 이행하는 것이라고 단순히 말한다.

게마라는 이 사람이 토라를 읽고 있을 때 정확히 무엇을 하
고 있는지 묻는다. 라시는 그 사람이 구절들에 주의를 기울이지
않고 토라를 읽고 있다고, 즉 토라 경전에서 단지 오류를 찾아내
기 위해 한 자 한 자 낭독하고 있다고 추정한다. 토사포트는 교
정하기 위해 읽는 사람은 항상 주의를 기울인다고 말한다. 그러
지 않고 어떻게 토라 경전에서 오류를 교정할 수 있겠는가? 하
지만 토사포트는 그 사람이 적절한 발음으로 구절들을 읽는 것
이 아니라, 토라 경전에 있는 단어와 철자를 확인하기 위해 그런
식으로 읽고 있다고 말한다.

여전히 남는 문제가 있다. 단순히 셰마 구절을 읽는 것으로
충분한가, 아니면 자신이 종교적 책임을 다하고 있음을 깨달아
야 하는가? 게마라는 결코 명확한 결론을 내리지 않는다. 이후
유대 율법은 엇갈린 결론을 성문화한다. 즉 랍비들의 법령은 의
도를 요구하지 않지만, 셰마를 암송하는 것 같은 토라에서 유래
한 율법은 의도를 요구한다는 것이다. (하루에 두 번 셰마를 낭독
하는 규율이 랍비들의 해석에서 유래한 것임에도, 랍비들은 이것을
토라에서 유래한d'oraita 율법으로 여긴다.)

일부 유대 공동체에서 이 율법의 정신은 카바나•에 통합되
었다. 이는 예배에 자주 추가되는 의도를 담은 기도로서, 예를
들어 "내 조물주께 감사하고 찬양하고 높이기 위해 내 입을 모으
고 있음을 보아라"라고 알리는 것이다. 이러한 기도들은 결국 기

계적으로 암기되었지만, 그 목적―그 행동에 담긴 예배자의 의
도와 주의에 초점을 맞추는 것―은 고귀한 것으로 남았다.

데라슈D'rash

사람들이 하는 일들 중 일부는 사실상 거의 기계적이
다. 상점에서 판매원이 "감사합니다. 좋은 하루 보내세
요." 혹은 "오늘 하루 어떠셨어요?"라고 말할 때, 우리는 그들이
의례적인 인사를 하고 있다고 생각한다. 우리는 그 사람이 우리
가 하루를 어떻게 보냈는지 정말로 듣고자 한다고 생각하지 않
는다. 우리는 알지 못하는 그 상인이 우리의 삶에 진정한 관심을
가지리라고 기대하지 않는다. 그 인사는 형식적인 것일 뿐이다.

그러나 생일이나 기념일 축하카드를 받을 때, 우리는 그것
이 '아주 선한 의도'에서 보낸 것이라고 생각한다. 즉 발신인이
진심으로 행복한 생일 또는 기념일을 빌어준다고 여긴다. 설사
개인적인 인사말을 덧붙이지 않고 서명만 한 평범한 축하카드를
받는다 해도, 적절한 의도 없이 보낸 카드를 받고 싶어할 사람은
아무도 없다. 이와 같이 우리 삶에서도, 어떤 일들은 별다른 생
각이나 목적을 요구하지 않고 기계적으로 행해질 수 있지만, 다
른 행동들은 우리의 집중과 주의를 요구하는 것처럼 보인다.

랍비들 또한 셰마의 암송을 논의하면서 유대인의 예배 문
제에 대해 이야기한다. 모든 기도가 우리의 특별한 의도를 요구
하는가? 우리는 하고 있는 기도에 완전히 집중해야 하는가? 랍
비들은 분명히 어떤 미츠바는 적절한 의도를 요구하지 않는다고
말함으로써, 하루 중 모든 행동, 모든 순간에 집중할 수는 없다
는 사실을 인정한다. 랍비들은 또한 셰마는 특정한 의도를 요구

한다고 말함으로써, 우리에게 가장 중요한 것들이 우리의 주의 대상이 되어야 한다고 말한다.

상주 위로하기nihum aveilim 같은 미츠바는 우리의 주의를 요구하는 중요한 경험 형태다. 우리의 전통에서 유래한 의례적인 문구―"시온과 예루살렘의 상주들에게 신의 평안이 있기를"―를 말할 수도 있지만, 그것을 기계적으로 혹은 형식적으로 말할 필요는 없다. 의례라 하더라도 진심을 담아 행할 수 있다.

가끔 우리는 유명한 배우, 유력한 정치인 혹은 세계적인 명성의 과학자가 부모의 관심이나 지도를 거의 혹은 전혀 받지 못했음에도 성공하고 유능하고 쟁쟁한 어른이 된 이야기를 읽는다. 우리는 이러한 일이 가능하다는 것을 알지만 이것은 일반적이라기보다는 이례적인 경우다. 대개 좋은 결과는 그 과정에서 우리의 집중과 주의를 필요로 한다. 부모로서 우리는 우리의 행동이 의도를 요구함을 안다. 우리의 집중과 노력 없이 자녀들이 우리가 원하는 가치들을 배우게 되는 일은 불가능하지는 않더라도 가능성이 높지 않다. 만일 우리가 적절한 의도를 갖는다면 자녀들이 우리가 마음에 그리는 유형의 어른이 될 가능성은 더 높아진다.

어떤 미츠바는 우연히 수행될 수 있는 반면에, 다른 미츠바는 특별하고 정중한 의도를 필요로 한다. 확실하고 명확해 보이는 게마라의 메시지는 이렇다. 이상적으로 말하자면, 우리는 사전에 우리의 행동에 적절한 주의를 기울여야 한다.

לְעוֹלָם אַל יִפְתַּח אָדָם פִּיו לְשָׂטָן

절대 사탄에게 틈을 주어서는 안 된다

A person should never give Satan an opening

베라코트 17b, 19a

미슈나(3:1): 죽은 친척을 아직 땅에 묻지 않은 자는 세마를 암송하는 것, 기도Tefillah[아미다*]하는 것, 성구함을 착용하는 것 그리고 토라에 기술되어 있는 모든 미츠바가 면제된다. 상여를 옮기는 이들과 그들을 대신하는—상여의 뒤에 서든 앞에 서든—이들은 어떤가? 상여의 앞에 서는 이들은 면제된다. 상여 뒤에 서는 이들은 그들이 꼭 필요하다 해도 의무를 다해야 한다. 둘 다 기도는 면제된다.

게마라: 랍비들은 가르쳤다. "죽은 이를 아직 땅에 묻지 않은 추도식에 참석한 이들은 차례로 떠나며 [세마를] 암송한다. 시신이 그들 앞에 있지 않다면, 그들은 앉아서 암송하고 그[상주]는 조용히 앉아 있는다. 그들이 일어나서 [아미다를] 기도하고, 그가 일어나서 심판을 받아들이며 말한다. '우주만물의 주인이시여! 저는 당신 앞에 너무나 큰 죄를 지었고, 당신은 저를 천분의 일도 벌하지 않으셨나이다. 우리 주 신이시여, 우리가 범한 위반, 당신의 모든 백성과 이스라엘 집의 위반을 자비로 메꾸소서.'" 아바예가 말했다. "이런 식으로 말해서는 안 된다. 왜냐하면 랍비 시몬 벤 라키시가 말

Amidah. 유대교에서 선 자세로 낭송하는 아침·오후·저녁 기도로, 찬양 3문단, 기원 13문단, 감사 3문단 등 모두 19개의 축복기도로 이루어져 있다.

했고, 랍비 요세의 이름으로 가르치길, '절대 사탄에게 틈을 주어서는 안 된다[사탄에게 입을 열어서는 안 된다]'라고 했기 때문이다." 그리고 랍비 요셉은 말했다. "우리는 이것을 성서의 어디에서 찾을 수 있는가? 이르기를, '우리는 소돔 같았으리라'[이사야 1:9]. 선지자는 그들에게 어떻게 대답했는가? '주의 말씀을 들을지어다, 너희 소돔의 관원들아'[이사야 1:10]."

이 미슈나와 게마라에서 처음에 논의하는 것은 죽은 사람의 장례식이 진행되고 있을 동안 셰마의 암송을 면제하는 것에 대해서다. 셰마는 유대 예배에서 중심이 되는 기도다. 토라의 세 단락으로 구성되어 있으며, 매일 두 번 아침과 밤에 암송한다. 테필라Tefillah라는 단어는 현대 히브리어에서 기도 혹은 예배의 의미로 쓰인다. 탈무드에서 이 단어는 모든 기도 중 최고의 기도인 '아미다' 즉 글자 그대로 '서서 하는' 기도를 가리킨다. 성구함은 가죽 끈으로 동인 상자들로, 안에는 토라의 네 구절을 적은 양피지가 들어 있으며 평일 아침기도 동안 착용한다.

화제는 장례식에 참여하는 동안 상주가 무슨 말을 해야 하는가 그리고 평상시의 기도 중 어떤 것의 암송이 면제되는가 하는 문제로 이어진다. 원문은 상주가 마땅히 받아야 할 것보다 신에게 더 좋은 것을 받았다고 인정하면서, 신의 심판을 받아들여야 한다는 출처 불명의 자료를 제시한다. 하지만 이러한 접근은 랍비 시몬 벤 라키시와 랍비 요세에게 문제를 제기한다. 그들이 보기에, 상주가 아주 작은 벌도 모면했다고 인정하는 것은 "사탄에게 틈을 주는 것", 사탄이 말하도록 초대하는 것이고, 다시 말해 분란을 자초하는 것이다. 신이 왜 당신에게 이제껏 받은 것보다 더한 벌을 받아 마땅하다고 말씀하시겠는가?

유대 문헌에서 사탄은 신에 맞서는 최고 악마로서 때때로 실제 인물처럼 등장한다. 사탄(히브리어로 두 번째 음절에 강세가 있으며, 보통 정관사를 붙여 하사탄ha-Satan이라고 부른다)은 '적', 방해하는 자를 의미하며, 이 세상에 있는 악한 힘 전체를 상징하게 되었다.

랍비 요세는 장례 중에 셰마 암송을 면제하는 것에 동의한다. (면제의 이유는 부분적으로 "하나의 미츠바를 행하는 이는 또 다른 미츠바를 행하는 것을 면한다"라는 규율에 근거한다.) 동시에, 그는 스스로에게 재앙의 원인이 될 수 있는 어떤 것도 말하거나 행해서는 절대로 안 된다고 생각한다.

'위반(틈)'은 성전의 파괴를 가리킨다. 랍비 요셉은 이사야에서 증거 구절을 찾아내 랍비 요세의 생각을 확장한다. 실제로, 랍비 요셉은 이사야를 약간 문맥이 다르게 인용하는데, 이사야의 정확히 번역된 구절은 다음과 같다. "만군의 여호와께서 우리를 위하여 생존자를 조금 남겨두지 아니하셨다면, 우리가 소돔 같고 고모라 같았으리로다. 너희 소돔의 관원들아, 여호와의 말씀을 들을지어다. 너희 고모라의 백성아, 우리의 파괴에 귀를 기울일지어다!"

랍비 요셉은 이스라엘 민족이 사탄에게 틈을 주었고 스스로 운명을 자초했다는 것을 보여주려 한다. 이스라엘 민족들은 말한다. "우리는 소돔 같았으리라." 랍비 요셉은 그들이 스스로를 소돔과 비교하고 사탄에게 틈을 줌으로써 자기실현적 예언을 만들어냈다고 말한다. 그렇기 때문에 이사야가 그들을 "너희 소돔의 관원들아"라고 부른 것이다('같다'라는 단어를 사용하지 않고). 그들 자신의 말이 그들의 면전에 되돌아왔다. 그들 자신의 이미지가 그들의 운명이 되었다!

데라슈 D'rash

✤ 랍비 요세의 "사탄에게 틈을 주지 말라"라는 말은 현대 연설에서 "운명을 시험하지 말라" 즉 어떤 나쁜 것을 말하면 그것이 정말로 일어날 수도 있다는 의미로 자주 쓰인다. 우리는 사탄을 믿지 않지만, 우리를 둘러싼 악, 사탄이 상징하는 모든 나쁜 것들을 알고 있다. 악한 것을 말하면 그것이 정말로 일어나게 할 수도 있다! 수년 전 어느 시사만평에 공립학교 교장이 학부모들에게 이렇게 말하는 모습이 그려져 있었다. "십대들의 임신은 아이들이 결국 그런 상황에 처하기 전에, 여러분이 실정을 알고 누가 그런지를 알고 예방방법을 알고 있는 그 문제를 부끄러워 쉬쉬하지 않는다면 줄일 수 있습니다."

만일 나쁜 일을 말하는 것만으로 그 일이 실제로 일어날 수 있다면, 반대로 좋은 일을 말하면 좋은 결과가 일어날까? 선에 대해서도 자기실현적 예언이 가능하지 않을까? 1960년대의 한 유명한 연구는 우리가 사람들에게 좋은 것을 기대할 때 정말로 종종 그런 결과를 볼 수 있음을 증명했다. 심리학자들이 초등학생들의 '지능검사'를 실시한 후 교사들에게 알렸다. 각 반에서 5명의 아이들이 뛰어난 성적을 냈으며, 그들이 그해 우수한 성적을 낼 가능성이 높다고 말이다. 실제로 학생들은 무작위로 선택되었다. 그럼에도 학기말에 그 학생들은 훨씬 더 훌륭한 성적을 냈다. 심리학자들은 이러한 현상을 연구명을 따서 '피그말리온 효과'라고 불렀다. 교사들은 '성공 가능성 있음'으로 분류된 학생들을 눈여겨보았고 그들의 성적이 향상될 수 있도록—무의식적으로 은근히—도왔다.

우리 시대의 일터에서 우리는 자기실현적 예언들을 항상

발견한다. 우리는 이것이 사탄이나 운명 때문이 아니라 피그말리온 효과 때문이라는 것을 안다. 우리가 다른 사람에게 기대하는 만큼 그 사람은 결과를 낸다. '문제아'라고 분류된 청소년은 변화하거나 더 나은 사람이 될 능력이 있든 없든, 자기실현적 예언대로 문제아가 될 가능성이 높다. 이 학생은 그의 운명, 성격 때문에 실패한 것일까, 아니면 우리가 그에게 붙인 꼬리표대로 행동했기 때문에 실패한 것일까?

정반대로, 우리가 사람들에게 잠재되어 있는 좋은 것들을 볼 때, 우리는 이러한 자질들을 찾을 수 있을 것이다. 부모나 교사 혹은 친구가 우리 안의 잠재된 장점을 보고 "너는 더 잘해낼 수 있는 능력이 있어"라고 말해준 덕분에 우리 자신이 더 많은 성취를 이루었던 경험이 많지 않은가? 당시에 우리는 그 말을 믿지 않았을지 모르지만, 그 사람은 우리가 자신을 믿도록 그리하여 더 많은 것을 이뤄내도록 도왔다. 탈무드의 랍비들은 미신적이라기보다는 심리학적으로 영리하다. 대체로 우리는 기대하는 만큼 얻는다.

לֹא נִתְּנָה תּוֹרָה לְמַלְאֲכֵי הַשָּׁרֵת

토라는 구원의 천사들에게
주어지지 않았다

The Torah was not given to the ministering angels

베라코트 25b

본명은 아바 벤 요셉 바르 하마 Abba ben Joseph bar Hama(280~352) 지만 탈무드에서는 '라바Rava' 로 통칭된다. 학습 파트너였던 아바예Abaye(?~339)와 함께 바빌로니아의 대표적 아모라임으로 손꼽힌다. 두 사람은 탈무드에서 가장 자주 인용되는 랍비들이며, 둘의 유명한 논쟁들은 탈무드 변증법의 고전적 사례로 간주된다.

랍비들은 가르쳤다. "그는 깨끗한 물에서 물이 목까지 오도록 앉아 [셰마를] 암송한다." 어떤 이는 말한다. "그는 발로 물을 휘젓는다." 첫 번째 스승에 따르면, 그의 마음이 그의 알몸을 본다! 그[첫 번째 스승]는 생각한다. "그의 마음이 그의 알몸을 보는 것은 허용된다." 하지만 그의 발꿈치가 그의 알몸을 본다! 그는 생각한다. "그의 발꿈치가 그의 알몸을 보는 것은 허용된다." 가르치기를, "그의 발꿈치가 그의 알몸을 보는 것은 허용된다." 아바예는 살이 맞닿는 것은 금지된다고 말했지만, 라바•는 허용된다고 말했다. 이것이 라브 제비드가 가르친 방식이다. 하지만 라브 이카의 아들인 라브 히네나는 이렇게 가르쳤다. "살이 맞닿는 것은 금지된다는 데 모두가 동의한다. 아바예는 보는 것도 금지된다고 말했지만, 라바는 허용된다고 말했다. 토라는 구원의 천사들에게 주어지지 않았다." 그리고 율법인즉, 살이 맞닿는 것은 금지되지만 보는 것은 허용된다.

셰마에 대한 탈무드의 가르침은 사람들의 경험에 바탕을 둔다. 일 년 내내 아침저녁 어김없이 셰마를 암송하던 사람이라도 셰마 시간이 되었지만 기도할 준비를 못했거나 적절치 않은 상황에 놓일 때가 있을 것이다. 이 게마라에서 논의하는 것은 바로 이런 경우다. 이른 아침 한 남자가 동 트기 전에 목욕을 하고 있었는데, 누군가의 견해에 따르면 해 뜨기 전에 꼭 암송해야 할 아침 셰마를 아직 암송하지 않은 채였다. 보통 때는 존경을 표하기 위해 옷을 잘 차려입고 셰마를 암송한다. 하지만 우리의 사례에서 그는 셰마를 암송할 시간이 지나기 전에 목욕물에서 나와 옷을 차려입을 시간이 없다. 이 남자는 어떻게 해야 할까?

랍비들은 그에게 물을 '의복'처럼 이용하여 물이 목까지 오도록 감싼 후 셰마를 암송하라고 가르친다. 하지만 또 다른 의견이 있다. ("어떤 이는 말하길") 그 사람은 셰마를 암송할 동안 자신의 알몸을 보지 않도록 발로 물을 흐리게 만들어야 한다는 것이다. 하지만 게마라는 묻는다. 그가 발가벗고 있는 한, 이것은 여전히 무례한 일이 아닐까("그의 마음은 그의 알몸을 본다")? 탄나 캄마Tanna Kamma 즉 첫 번째 견해를 밝힌 이름 모를 스승은 발가벗고 있는 상태는 허용된다고(그리고 그렇게 셰마 시간이 지나가도록 허용하는 것이 더 바람직하다고) 주장한다. 그러자 게마라는 이렇게 말한다. "하지만 그의 발꿈치가 그의 알몸을 본다." 즉 물속에 웅크리고 앉아 있는 자신의 몸이 살에 닿으며 자신의 나신을 의식하게 된다. 분명히 이것은 적절치 않고, 무례하며, 마음을 산란케 하는 행동이다. 하지만 게마라는 아니라고 대답한다. 탄나 캄마는 "그의 발꿈치가 그의 알몸을 보는 것"은, 즉 물속에 쭈그리고 앉은 그의 몸이 밀착되는 것은 허용된다고 주장한다.

그러나 이것은 그의 알몸을 보는 것만이다. 즉 피부의 직접적인 접촉 없이 발가벗은 상태로 있는 것만이다. 물속에 있는 동안 몸의 일부분이 다른 부분에 닿는 것에 대해, 아바예는 허용될 수 없다고 주장하는 반면 라바는 허용된다고 말한다. 하지만 라브 히네나는 다른 전통을 가지고 있다. 그는 물속에 있는 동안 몸의 일부가 다른 부분에 닿는 것은 금지된다고 모든 사람이 믿는다고 배웠다. 문제가 되는 행동은 자신의 알몸을 보는 것이다 (그리고 짐작컨대, 셰마를 암송하는 동안 정신이 흐트러지는 것이다). 라브 히네나에 따르면, 살이 닿는 것이 금지된다는 데는 이론의 여지가 없다. 아바예와 라바는 물속에서 셰마를 암송하는 동안 자기 몸을 보는 것에 대해 논했다. 아바예는 그것이 허용될 수 없다고 주장한 반면, 라바는 허용 가능하다고 주장했다.

라바가 대는 이유가 "토라는 구원의 천사들에게 주어지지 않았다"라는 것이다. 즉 아바예가 물속에서 셰마를 암송하는 사람에게 요구하는 그런 엄격함 아래에서는 오직 천사들만 살 수 있다. 라바의 생각으로는, 물속에 있는 사람에게 재빨리 목까지 몸을 담그고 시간이 지나가기 전에 셰마를 암송하도록 요구하는 것으로 충분하다. 그렇게 할 때, 그는 발꿈치가 생식기에 닿지 않게 해야 한다. 이 남자에게 물속의 자신을 볼 수 없게 하라고 요구하는 것은 도덕적이고 모범적이지만 인간에게는 현실적으로 불가능한 일이다.

데라슈 D'rash

아바예와 라바의 의견 충돌은 두 가지 층위에서 이루어진다. 하나는 셰마의 암송에 관해서다. 우리는 어떤 사람이 정확한 시간에 바른 마음상태와 적절한 의복을 갖추고 셰마를 규칙적으로 암송하는지를 어떻게 확신할 수 있는가?

그러나 아바예와 라바는 인간적 기대와 우리 모두가 한 번쯤은 하는 변명에 대해서도 이야기한다. 그들은 묻는다. 현실적으로 유대인에게 얼마나 많은 것을 기대할 수 있나? 두 현자 모두 신에 대한 사랑과 토라, 유대 민족에 대해 이야기하지만 각자 특정한 강조점을 가지고 있다. 라브 이카의 아들인 라브 히네나에 따르면, 아바예는 율법의 함의에 훨씬 더 관심이 있는 듯하다. 율법이 곤란한 일을 만들어내고 크나큰 개인적 희생을 수반할지라도, 그럼에도 율법은 지켜져야 하며 부적절한 상황에서 셰마를 암송하지 않아야 한다. 하지만 라바는 좀 더 인간적인 차원으로 기운다. 토라는 불가능한 것을 기대하지 않는다. 라바는 인간에게 요구할 수 있는 것은 몸을 목까지 물에 담그고 늦게라도 셰마를 암송하는 것 정도라고 생각한다. 그 이상의 금지는 인간에게 너무 과하다. 어쨌든 토라는 천사들에게 주어진 것이 아니라 범속한 인간들에게 주어진 것이다!

우리 모두 한 번쯤 이렇게 말했을 것이다. "이것은 불가능해. 난 할 수 없어!" 많은 이들이 다음과 같은 이디시* 격언을 인용한다. "유대인이 되기란 어렵다Shver tzu zayn a Yid." 우리는 이렇게 생각할지 모른다. "신은 내게 무엇을 원하시는가? 나는 인간일 뿐인데!" 우리는 불가항력일 때 세상을 향해 말한다. "이 이상 더는 못하겠어. 세상이 내게 요구하는 것은 너무 지나쳐." 유명한 랍비이자 설교가인 밀턴 스타인버그Milton Steinberg는 일련의 설교를 모아 《그저 인간일 뿐―영원한 알리바이》라는 책을 펴냈다. 그의 요점은 우리가 이러한 변명을 지나치게 남용한다는 것이다. 우리가 인간성을 이유로 변명할 때 그것이 실제로 의미하는 것은 우리의 게으름, 망각, 혹은 무관심이다.

라바의 "토라는 구원의 천사들에게 주어지지 않았다"라는 말은 오늘날 우리에게 커다란 위안이 될 수 있다. 그 말은 유대

Yiddish. 히브리어, 아람어와 함께 유대인들의 3대 문어인 이디시어는 히브리 문자로 표기하며, 유대인이 사는 거의 모든 나라에 폭넓게 분포되어 있다. 9세기경 처음 등장한 이디시어는 당시 탈무드에 관한 복잡한 논쟁을 할 때에도 사용되었다.

교가 우리에게 요구하는 것이 무엇이든 본성상 가능하다는 점을 일깨워준다. 왜냐하면 토라는 천사들이 아니라 인간에게 주어진 것이기 때문이다. 그럼에도 라바의 말은 양날의 검과 같다. 위안의 느낌은 우리가 이러한 요구들로부터 달아날 수 없으며, 혹은 "이것은 인간적으로 불가능해!"라며 못하겠다고 말할 수 없다는 깨달음에 의해 제한된다.

라바는 우리를 안심시킬 뿐 아니라 우리의 도전의식을 북돋운다. 만일 불가능해 보인다면, 그것은 불가능하지 않다. 왜냐하면 토라는 천사들에게 주어진 것이 아니기 때문이다. 그러므로 토라에 있는 모든 것은 실현 가능하다. 때로 엄청난 노력이 필요하지만 말이다. 불가항력처럼 보이는 삶의 요구들을 실제로 달성할 수 있다고 여기는 것은 커다란 위안이자 엄청난 도전이다.

אֵין תּוֹכוֹ כְּבָרוֹ

겉과 속이 같지 않다

His inside is not like his outside

베라코트 28a

가르치기를, 그날 그들은 문지기를 물러가게 하고 학생들의 출입을 허락했다. 왜냐하면 라반 감리엘*이 공표하곤 했기 때문이다. "겉과 속이 같지 않은 학생은 누구라도 배움의 집에 들어와선 안된다." 그날 그들은 자리를 더 마련했다. 랍비 요하난은 말했다. "아바 요셉 벤 도스타이와 랍비들 사이에 의견 차이가 있다. 한쪽은 '그들이 400석을 늘렸다'라고 말하고, 다른 쪽은 '700석'이라고 말했다. 라반 감리엘은 화가 나서 말했다. '내가 이스라엘에게 토라를 주지 않는 일이 없기를.' 그는 꿈에서 재로 가득 찬 하얀 항아리들을 보고서 그 꿈에 사로잡혔다. 그러나 사실은 그렇지 않았다. 그것은 그를 달랠 뿐이었다."

'그날'은 라반 감리엘이 야브네에 있는 배움의 집의 수장에서 폐위되고 랍비 엘라자르 벤 아자리아**가 대신한 날을 가리킨다. '그날' 학생들은 이 젊고 확실히 더 친절한 스승인 랍비 엘라자르 벤 아자리아를 그 자리에 앉히며 라반 감리엘의 권위에 도전했다. '그날'에는 행정상으로뿐 아니라 태도에도 변화가 있었다.

Rabban Gamliel. 가말리엘 2세 Gamaliel II라고도 한다. 랍비보다 높은 존칭인 '라반rabban'(스승)으로 불렸다. 예루살렘 성전이 파괴된 후 야브네로 피신해 요하난 벤 자카이의 뒤를 이어 유대교 지도자가 되었다. 유대교 율법과 기도의식을 통일하며 백성들의 존경을 받았으나 자주 독재를 휘둘러 한때 파면되기도 했다.

Elazar ben Azariah. 엘레아자르 벤 아자리아Eleazar ben Azariah 라고도 한다. 가말리엘 2세가 폐위당한 뒤 잠시 산헤드린의 수장을 지냈다. 1세기 말과 2세기 초에 활동한 매우 존경받던 탄나임으로, 탈무드에 많은 유명 격언들을 남겼다.

이전에 배움의 집 입학은 매우 까다로웠다. 라반 감리엘은 내면의 품격과 자질—마음과 영혼—이 겉으로 보이는 것—행실과 학식—과 같지 않은 사람은 배움의 집에 들어올 수 없다고 결정했다. 문지기를 세워 부적합한 학생들의 출입을 금했다. 랍비 엘라자르는 그것을 바꾸어 원하는 사람은 누구든 학교에 들어오게 했다. '그날' 수백 명의 학생들이 그의 제안을 받아들였다.

학생들의 정확한 숫자에 대해서는 이견이 분분하다. 그러나 많은 새로운 학생들이 랍비 엘라자르 벤 아자리아가 교장이 된 뒤에 들어왔다는 것은 확실하다. 라반 감리엘은 새 교장의 방침이 토라 지식의 감소를 일으킬 것이라고 애석해했다. 그의 괴로움은 꿈에 재로 가득 찬 항아리들을 본 후에 줄어들었다. 탈무드 시대에 꿈은 자주 전조 혹은 징후로 여겨졌고, 라반 감리엘은 재로 가득 찬 항아리의 이미지가 새 학생들을 상징한다고 여겼다. 비록 숫자는 많지만, 그들은 가치 있는 학생이 아니라 속이 텅 빈 항아리라는 것이었다. 그러나 게마라는 이에 동의하지 않는다. 라반 감리엘은 자신의 꿈에 기분이 좋아졌을지 모르지만 그 의미는 그가 생각하는 대로가 아니었다. 그 꿈의 목적은 라반 감리엘을 달래는 것뿐이었다. 사실은 그가 토라의 감소를 일으켰다.

데라슈 D'rash

라반 감리엘과 랍비 엘라자르는 삶과 우리가 맞닥뜨리는 수많은 상황에 대한 전혀 상반된 두 가지 접근법을 제시한다. 한편으로, 학자들에게 매우 높은 기준을 요구하는 라반 감리엘 같은 사람들이 있다. 겉과 속이 반드시 동일해야 한다는 것이다. 오늘날, 종교 연구자와 성직자가 되기 위해 신학교에 입학하는 사람은 지성—걸—뿐 아니라 인성과 도덕성 그리고 연민과 이해심 같은 자질—속—도 가장 높은 기준에 부합하는지 세세히 조사받는다.

다른 한편으로, 랍비 엘라자르의 접근법을 따르는 사람들도 있다. 공부하고 싶어하는 사람은 누구나 어떤 수준에 있든 환영받아야 한다는 견해다. 배움의 학교—칼리지, 대학, 성인 교육 프로그램—는 이미 지식이 많은 사람들만을 위한 공간일 수 없다. 학교의 목적 중 하나는 그 정의상 불완전한 학생이 완전해지도록 돕는 데 있다. 랍비 아키바와 같은 스승들의 무수한 공헌이 없었다면 오늘날 유대교는 얼마나 초라했겠는가? 랍비 아키바의 학식과 신앙심 그리고 유대 민족들에 대한 사랑이 꽃핀 것은 만년이 되어서였다.

우리 대부분은 진료에 관한 결정을 내려야 할 때 비슷한 딜레마에 처한다. 어떤 의사를 선택해야 할까? 하나는 다년간의 경험으로 검증된 진단전문의를 선택하는 것이다. 그의 지식과 전문성은 비록 명망 높지만 다소 냉담하고 때로 학자적이며, 환자를 대하는 태도가 좋지 않다. 또 하나는 '그 분야에서 최고'는 아닐지라도 따뜻하고 친절하다고 알려진 의사를 선택하는 것이다. 우리는 이 의사에게서 아주 뛰어나진 않을지라도 어느 정도의 실력과 함께 개인적인 관심과 친절을 기대할 수 있다. 우리는 이때 어떻게 적절한 선택을 할 수 있을까?

그 답은 흥미로운 역사 기록에서 찾을 수 있을지 모른다. 반란이 있고 얼마 후 라반 감리엘은 배움의 집의 수장으로 다시 복귀했으며, 랍비 엘라자르 벤 아자리아는 그의 밑에서 부학장으로 일했다. 아마도 그 시대의 학자들은 라반 감리엘의 기준이 너무 높고 랍비 엘라자르의 기준이 지나치게 관대하다는 것을 깨닫고 어떤 타협에 이르렀을 것이다. 두 사람을 함께 책임자로 앉힌 것은 완벽한 균형을 찾으려는 시도였다.

중요한 결정을 내려야 할 때, 우리는 배움의 집의 랍비들처럼 양 극단 사이에서 비슷한 균형을 찾으려고 노력할 수 있다. 라반 감리엘과 랍비 엘라자르 벤 아자리아의 이야기는 우리에게 이러한 접근법들이 실생활에서 어떻게 작동하는지 그리고 두 견해의 긍정적인 기준들을 이용해서 어떻게 건전한 결정을 이끌어낼 수 있는지를 보여준다.

שַׁעֲרֵי דִמְעָה לֹא נִנְעֲלוּ

눈물의 문은 닫혀 있지 않다

The gates of tears are not closed

베라코트 32b

랍비 엘라자르가 말했다. "성전이 무너진 날부터, 기도의 문은 닫
혔다. 이르기를, '내가 부르짖어 도움을 구하나 내 기도를 물리치
시며'[예레미야 애가 3:8]. 하지만 기도의 문은 닫혔을지라도, 눈물
의 문은 열려 있다. 이르기를, '오 주여, 나의 기도를 들으시며 나의
부르짖음에 귀를 기울이소서. 내가 눈물 흘릴 때 잠잠하지 마옵소
서'[시편 39:12]."

랍비 엘라자르는 기도의 효험에 대해 말하고 있다. 그는 많은 기
도가 신의 응답을 듣지 못한다는 것을 알며, 성서에서 가장 슬픈
책 중 하나인 예레미야 애가의 한 구절을 그 증거로 제시한다.
성전이 무너진 이후 신은 기도를 듣지 않는 것처럼 보인다. 대
답 없는 신 앞에서 달리 어떻게 부르짖으며 도움을 구할 수 있을
까? 하지만 시편의 구절에서 증명되듯이, 눈물이 더해졌을 때 신
은 기도를 외면할 수 없다. 탈무드의 중세 주석자인 라시와 토사
포트는 랍비 엘라자르의 그 구절 해석에 대해 이렇게 언급한다.
신은 눈물로 기도하는 자의 기도를 반드시 들을 것이고, 신에게

인정받는 데에는 눈물만으로 충분하다.

이것은 랍비 엘라자르가 모든 의식 절차와 암송기도의 가치를 폄하한다는 말이 아니다. 그는 본인이 몰두하지 않는 판에 박힌 기도로는 신의 감화를 기대할 수 없다고 덧붙일 뿐이다. 랍비 엘라자르는 눈물이 예배자의 신실함과 감격과 열중을 상징한다는 것을 안다. 하늘의 문은 의로운 말을 할 뿐 아니라 그 말을 뒷받침하는 감정을 가진 이에게 열려 있다. 기도는 궁극적으로 눈물을 동반할 때 효과적이다.

데라슈 D'rash

어느 부모가 자녀에게 말했다. "네가 쇼핑카트를 몰 때 저 숙녀분의 발을 못 보았나보구나. 그녀에게 사과하렴." 대부분의 아이는 "죄송해요"라고 중얼거린다. 이것으로 충분한가? 그것은 어느 정도 사과할 때의 감정에 달려 있다. 아이의 "죄송해요"라는 말은 진심으로 미안함을 나타낼 수도 있고 아닐 수도 있다. 그 말 자체는 진정한 감정을 표현하는 기회일 뿐이다. 우리 대부분은 그 말과 일치하는 진심 어린 감정 없이 "죄송해요"라고 말하는 것으로는 불충분하다는 데 동의할 것이다.

모든 "미안해요"와 "사랑해요"는 우리가 진심으로 느끼는 것을 표현하기 위한 기회이자 형식이다. 이러한 표현 중 일부가 그저 형식적이라고 해서 우리의 언어에서 그러한 표현을 제거할 필요는 없다. 그와는 반대로, 그 말들은 우리의 진심 어린 감정을 표현할 기회다. 우리의 가장 내밀한 감정을 반영하는 말은 상대방뿐 아니라 우리 자신을 감동시킬 것이다.

이것은 우리가 기도할 때 눈물을 흘리며 해야 한다는 것만을 의미하지 않는다. 우리는 또한 다른 사람들이 울며 우리에게 호소하고, 우리의 이해와 연민을 구할 때, 그들의 눈물에 감동받아야 한다. 우리가 다른 사람들의 눈물에 반응할 때에만 하나님도 우리의 눈물에 감동받으실 것이라고 기대할 수 있다.

중세시대의 위대한 히브리 시인 모세 이븐 에즈라Moshe ibn Ezra는 말했다. "마음에서 우러난 말들은 또 다른 마음으로 들어갈 수 있다." 만일 상대를 감동시키려 한다면, 우리가 먼저 말할 나위 없이 우리 마음과 영혼 깊숙이 감동받아야 한다. 만일 상대방이 우리 말에 귀 기울이기를 원한다면, 우리가 먼저 그들의 진심 어린 말에 귀 기울여야 한다. 만일 우리가 신에게 우리의 간구를 무시하지 않고 우리의 기도에 응답해달라고 청한다면, 우리가 먼저 그 기도에 스스로 응답해야 한다. 그 기도에 감동받음으로써, 그 감동에 눈물을 흘림으로써 말이다.

פּוּק חֲזִי מַאי עַמָּא דָבַר

가서 사람들이 하고 있는 것을 보라

Go and see what the people are doing

베라코트 44a, 45a

Tarfon. 70년 성전 파괴에서 135년 베타르 요새 함락 사이 시기에 산 제사장이자 탄나임 이다. 유월절의 전통적 하가다 에서 랍비 아키바. 랍비 엘레아 자르 벤 아자리아 같은 현자들 과 함께 언급된다.

berakhah. 유대교의 축복기도 로, 복수형이 이 소논문의 제목 인 '베라코트Berakhot'다. 대부 분 "우주의 왕, 우리 주 하나님, 당신께 감사드립니다"라는 문 구로 시작한다. 많은 유대인 가 정에서 식전 감사기도로 베라 카를 암송하는 관습이 있다.

미슈나(6:8): 갈증을 풀기 위해 물을 마시는 자가 축복기도를 암송 한다. "말씀으로 만물을 창조하시는……." 랍비 타르폰●은 "많은 생명체들과 그들의 요구를 창조하시는……"이라고 말한다.

게마라: "랍비 타르폰은 '많은 생명체들과 그들의 요구를 창조하 시는……'이라고 말한다." 라바 바르 라브 하난이 아바예에게 말했 다―어떤 이는 라브 요셉에게 말했다고 한다. "무엇이 율법입니 까?" 그가 그에게 말했다. "가서 사람들이 하고 있는 것을 보라."

이 미슈나에서는 어떤 사람이 물을 마시기 전에 베라카●● 즉 축 복기도를 암송하는 것에 대해 의견 차이가 있다. 첫 번째 의견 은 이렇게 암송한다. "말씀으로 만물을 창조하시는shehakol nihyeh bidvaro [우주의 왕, 우리 주 하나님, 당신께 감사드립니다]." 랍 비 타르폰의 관점에서는 다른 베라카가 암송된다. "많은 생명체 들과 그들의 요구를 창조하시는borei nefashot [우주의 왕, 우리 주 하나님, 당신께 감사드립니다]."

미슈나와 게마라의 시대에는 이러한 규율들이 여전히 꽤 유동적이었다. (심지어 마실 물을 다룰 때에도!) 여기서 우리는 율법이 실제로 어떠해야 하는지를 토론하는 과정을 본다. 미슈나가 완성되고 1세기가 지난 후에도 율법은 아직 확립되지 않았고, 라바는 여전히 미슈나의 어떤 의견을 따라야 할지 알기 위해 노력하고 있었다. 아바예의 대답은 두 의견 모두 적법하다는 것이다. 우리는 사람들이 하고 있는 것을 따른다. 두 가지 적법한 견해 중 어느 것이 율법이 되었는지 알아보는 진정한 방법은 가서 사람들이 실제로 어떻게 준수하는지를 보는 것이다.

데라슈 D'rash

모든 종교는 율법과 의식 절차를 가지고 있다. 사람들은 이러한 의식을 행하는 올바른 방법을 알아야 한다. 유대 관습에서, 랍비는 보통 이 질문에 답할 수 있다. 랍비는 그 율법을 알거나 일을 행하는 올바른 방법을 알려주는 책을 참고할 것이다. 하지만 랍비조차 율법을 알지 못할 때가 있는데, 이는 한 가지의 올바른 방법만 있는 것이 아니기 때문이고, 그 용인되는 관례가 "사람들이 하고 있는 것"이기 때문이다.

지역 관습이 발달하고, 이것이 민족적 관례, 실제적인 율법이 되어 한 세대에서 다음 세대로 전해진다. 아바예의 대답이 아름다운 것은 그와 동료들이 그 문제를 상아탑에서 즉각 결정하지 않기 때문이다. 오히려 그들은 대중과 직접 접촉하는데, 그들의 결정이 현실을 반영하고 용인하는 한에서만 적법하고 구속력을 가질 것이기 때문이다. 이를 결정하기 위해서 그들은 말한다. "가서 사람들이 하고 있는 것을 보라."

"가서 사람들이 하고 있는 것을 보라"에 대한 오늘날의 간단한 예시로 유월절 식사를 살펴보면 이 개념을 이해하기 쉬울 것이다. 특히 랍비 타르폰이 유월절 하가다로 잘 알려져 있기에 더욱 그렇다. 유월절 식사 동안, 우리는 할렐●의 시편으로 신을 찬미한다. 그렇게 하면서, 우리는 우리의 승리를 가능하게 한 이집트인들의 대가를 기억하며, 우리의 잔에서 와인을 일부 없앤다. 마치 이렇게 말하는 것 같다. 그 승리는 다른 누군가가 치른 대가에서 비롯했기 때문에 우리의 기쁨은 완전할 수 없다. 그러므로 우리의 잔은 가득 찰 수 없다.

한 가지 의문이 생긴다. 이 의례는 어떻게 수행되어야 할까? 10가지 재앙을 뜻하는 와인 방울들을 잔에서 어떻게 없애야 할까? 잔을 기울여 쏟아내야 할까, 숟가락으로 떠내야 할까, 아니면 손가락으로 찍어내야 할까? 마지막 방법으로 한다면 어떤 손가락으로 해야 할까? 이것에 대한 정확한 율법은 없으며 관행이 있을 뿐이다. 사람이 할 수 있는 최선은 다른 이들이 하는 것을 "가서 보는 것"이다. 대부분의 유대인은 유월절 식사 때 잔을 기울여 와인 열 방울을 따라내는데, 이것은 어떤 이론상의 율법 결정에 기초한 것이 아니라 다른 사람들이 그렇게 하는 것을 본 것에 기초한다.

때로는 이론적 근거나 철학적 정당성에 기초해 있고, 전통적 문헌에 명확하게 성문화된, 아주 분명하고 구체적인 율법이 있다. 하지만 다른 때에는 유대인들—막연한 유대인이 아니라, 랍비 로버트 고디스Robert Gordis가 말했듯이, "유대 율법의 권위를 인정하고 그것의 준수를 진정한 사안으로 중시하는 유대 민족 전체"—의 관례에 의해 율법이 결정되기도 한다. 많은 경우에 랍비는 할라카(율법)란 이러저러한 것이라고 말할 수 있다.

하지만 랍비가 아바예처럼 말해야 할 때가 있다. "유대법이 무엇인지 알기 위해서, 우리는 사람들이 무엇을 하고 있는지 가서 보아야 한다."

어떤 이들은 유대법의 영역이 랍비들의 전유물이었고, 따라서 이해할 수 없는 세계라고 생각할지 모른다. 아바예는 사람들의 관습이 중요하다는 것, 유대인들이 실제로 하는 것이 율법의 발전에서 중요한 역할을 한다는 것을 보여준다. 랍비들은 할라카를 제정할 때 중요한 요소의 하나로 '사람들'을 잘 알아야 했고 협의해야 했다. 지혜로운 결정권자는 사람들에 대해서 속속들이 알 것이고, 믿을 만하고 받아들일 수 있으며 받아들여지는 결정을 내릴 것이다.

죄를 통해 미츠바를 지키다

A mitzvah performed by means of a transgression

베라코트 47b

"여자, 노예, 미성년자는 짐문에 포함되지 않는다." 랍비 요세는 말
했다. "요람에 누워 있는 미성년자는 짐문에 포함된다." 하지만 "여
자, 노예, 미성년자는 짐문에 포함되지 않는다"라고 배우지 않았는
가? 그의 말은 랍비 여호수아 벤 레비의 의견을 따른 것이다. 랍비
여호수아 벤 레비가 이렇게 말했기 때문이다. "그들이 '요람에 있
는 미성년자는 짐문에 포함되지 않는다'라고 말했을지라도, 우리
는 그를 열 명을 채우기 위한 '쐐기'로 삼는다." 그리고 랍비 여호수
아 벤 레비는 말했다. "아홉 명과 노예 한 명은 함께 계산된다." 그
들은 반대했다. 한번은 이런 일이 있었다. 랍비 엘리에제르가 회당
에 들어갔는데 열 명을 찾지 못했다. 그는 자기 종을 풀어주어 열
명이 되도록 했다. 만약 그가 그를 풀어주었다면, 그렇다[그는 포함
된다]. 만약 그가 그를 풀어주지 않았다면, 아니다. 두 가지가 모두
필요했다. 그는 한 사람을 풀어주었고 추가했다. 그가 어떻게 이런
일을 할 수 있었을까? 라브 예후다가 말하지 않았던가. "그의 노예
를 풀어주는 사람은 누구든 미츠바를 확실히 어기는 것이다. 이르
기를, '그들은 너를 영원히 섬길 것이니라'[레위기 25:46]." 미츠바

를 위해서라면 그렇지 않다. 그것은 죄를 통해 미츠바를 지킨 경우다. 많은 사람에게 영향을 미치는 미츠바는 그렇지 않다.

이 게마라는 누가 미니안minyan에 계산될 수 있는지 그리고 누가 짐문zimmun에 포함될 수 있는지를 논의한다. 미니안은 공식적으로 기도문을 읊조리고 토라를 읽을 때 필요한 10명의 성인 예배자를 말한다.● 짐문은 3명 또는 그 이상의 사람들이 함께 빵을 먹을 때 읊조리는 식후 감사기도Birkat Ha-mazon의 도입부다. 미니안과 짐문은 모두가 바라 마지않는 것이다. 즉 우리는 기도를 위해 미니안을, 식후 감사기도를 위해 짐문을 충족하길 원한다. 각 경우에 정족수를 갖출 때에만 암송할 수 있는 하나님에 대한 찬양구를 추가할 수 있기 때문이다. 게마라는 우리에게 "여자, 노예, 미성년자"는 제외되고 계산되지 않는다고 말한다. 그러나 미성년자는 '쐐기' 즉 추가되어 전체를 구성하는 마지막 조각으로 쓰일 수 있다. 그러므로 미성년자는 미니안의 10번째 사람으로 계산된다.

다음으로, 적절한 판례를 추가하기 위해서 랍비 엘리에제르의 이야기를 가져온다. 노예는 비록 미니안에 낄 수 없지만, 자유로워진 노예는 10번째 사람으로 미니안에 낄 수 있는가? 여기 사례에서는 유대인 주인이 소유한 비유대인 종을 다룬다. 랍비들의 시대에 수많은 비유대인 노예들이 집사 교육을 받았고 할례도 받았다. 따라서 통지만 하면 곧바로 주인은 종의 신분을 자유롭게 하여 (당시의 기준에 따라) 유대인으로 만들고 이론적으로 미니안 문제를 해결할 수 있었다. 그러나 이것이 허용되는가를 놓고 의견 차이가 있다. 레위기의 구절이 이러한 행위를 실제로 금하기 때문이다. "그들은 너를 영원히 섬길 것이니라"라는 구절은 두 가지의 다른 방식으로 이해될 수 있다. 만약 토라가

● 유대교 회당에서 공적으로 예배를 드릴 때 필요한 성인 남자의 최소 숫자는 10명이다. 미니안이 모자라면 개인적으로만 기도할 수 있었다. 원칙적으로 성인식을 거친 13세 이상 남자만 미니안에 포함되었지만, 필요에 따라 성인식이 가까운 소년도 10번째 성인 회원으로 계산되었다.

의미하는 것이 '그들은 너를 영원히 섬길 수 있다'라면 주인은 그런 종을 자유롭게 놓아줄 수 있다. 그러나 만약 그 구절의 의도가 '그들은 너를 영원히 섬겨야만 한다'라면, 우리는 종을 자유롭게 해줄 수 없다.

이에 대한 대답은 다음과 같다. 원문이 "그들은 너를 섬겨야만 한다"를 의미한다 해도, 우리가 미니안의 충족이라는 미츠바를 지키기 위해 이 규칙을 어기는 것은 허용된다. 그러나 이때 우리는 분명하게 금지된 죄를 통해 미츠바를 지키는 것이라고 게마라는 말한다. 랍비들은 '아니다'라고 대답한다. 만일 공동의 선을 위한 것이라면 토라의 규칙을 진정으로 위반하는 것은 아니다.

데라슈 D'rash

죄를 통해 미츠바를 지키는 것, 즉 법을 어겨가면서 선행을 하는 것을 비난하는 이들이 많다. 로빈 후드는 부자들에게 재물을 훔쳐서 가난한 자들에게 나눠주었다. 가난한 사람들을 돕는 것이 칭찬받을 행동이긴 하지만, 다른 사람들로부터 빼앗아 이런 행위를 하는 것은 그다지 칭찬할 일이 아니다. 어쨌든 우리는 로빈 후드가 부자들에게서 재물을―'빌렸다' '되찾았다' '취했다'가 아니라―'훔쳤다'고 말함으로써 도덕적 반감을 나타낸다.

따라서 우리는 미츠바를 실천하는 것뿐 아니라 미츠바를 수행하는 방법에도 주의를 기울여야 한다는 사실을 잘 알고 있다. 이 규칙의 힘은 죄를 통해 미츠바를 지키고 그럼으로써 하나님과 토라와 유대 민족에게 수치를 안기는 이들에 대해 우리 모두가 들어봤다는 사실에 의해 증명된다. 세입자들을 더럽고 누추한 곳에 살게 하고 겨울 내내 난방과 일 년 내내 수돗물 공급을 제대로 안 해주면서도 훌륭한 대의에는 아낌없이 돈을 내는 악덕 집주인은 죄를 통해 미츠바를 지키는 것이다.

놀랍게도, 게마라는 죄를 통해 미츠바를 지키는 것에 대해 명백히 반대하지 않는다. 만약 죄가 대수롭지 않다면(노예를 자유인으로 만드는 것처럼) 또는 그 필요성이 크다면(기도의 의무를 실현하기 위한 미니안처럼), 일반적인 규칙은 유보되고, 사소한 죄가 있더라도 그 미츠바는 허용된다고 주장하는 듯하다.

하지만 어떠한 것이 사소한 죄인가? "공공의 선" 혹은 "커다란 필요"를 이루는 것은 무엇인가? 이 물음에 대한 답은 확실히 논란의 여지가 있고 주관적이다. 아마도 이것이 이 게마라의 요점일 것이다. 가능한 모든 경우를 포함하는 고정불변의 행동규칙이란 존재하지 않는다. 이 원문은 대부분의 게마라와 마찬가지로 우리로 하여금 우리 자신만을 생각하지 말고 더 넓게 생각하도록 이끈다.

우리 모두는 좋은 일들이 부정한 행위를 통해 일어나는 경우를 틀림없이 맞닥뜨릴 것이다. 우리는 그때 이 게마라를 상기하고 스스로에게 물어야 한다. 그 필요성이 죄를 용인할 만큼 큰가? 그 죄가 너무도 끔찍하기에 우리는 앞으로 이루어질 좋은 일에 대해 반대의 목소리를 내야 하는가? 어떤 사람들은 우리에게 모든 해답을 주고 생각할 수 있는 모든 상황을 다루는 법률체계를 선호할 것이다. 유대법인 할라카는 실질적인 이유(그것은 불가능하다)뿐 아니라 철학적인 이유(그것은 건강하지 않다) 때문에 그렇게 하지 않는다. 상황에 따라 그리고 적절한 대답을 산출할 필요에 의해 좀 불편함을 느끼더라도, 우리는 이 원문을 통해 안심하게 된다. 원문이 선택의 폭을 제한하고 가치에 초점을 맞추기는 하지만 우리의 자유의지와 개인적 관여를 전혀 제한하지 않기 때문이다.

תָּדִיר וְשֶׁאֵינוֹ תָּדִיר—
תָּדִיר קוֹדֵם

빈번한 것과 드문 것
— 빈번한 것이 우선이다

The frequent and the infrequent
—the frequent takes precedence

베라코트 51b

우리 랍비들은 가르쳤다. "식사에 관한 샴마이 학파와 힐렐 학파의 차이는 다음과 같다. 샴마이 학파는 말한다. '축복기도는 먼저 그날에 대해서 하고, 이어서 포도주에 대해서 한다. 포도주가 사용되는 것은 그날이 있었기 때문이다. 또한 그날은 포도주를 가져오기 이전에 이미 신성화되었다.' 힐렐 학파는 말한다. '축복기도는 포도주에 대해서 먼저 하고, 이어서 그날에 대해서 한다. 포도주가 신성화의 기도를 읊조릴 수 있는 기회를 제공했기 때문이다.' 또 다른 설명은 이렇다. '포도주에 대한 축복기도는 자주 이뤄지는데 반해 그날에 대한 축복기도는 어쩌다 이뤄진다. 빈번한 것과 드문 것[이 있는 경우에]—빈번한 것이 우선이다.'"

유대인들은 안식일과 축일의 첫 저녁식사 때 포도주 잔을 놓고 키두시Kiddush('신성화')라는 특별한 기도를 암송한다. 키두시는 두 부분으로 이루어지는데, 포도주에 대한 짧막한 축복기도와

원전에 가장 가까운 탈무드

특별한 날을 창조하신 하나님을 찬양하는 좀 더 긴 축복기도다. 샴마이 학파와 힐렐 학파가 토론하는 문제는 두 축복기도 중 어느 것을 먼저 암송하느냐에 대해서다. 샴마이 학파는 안식일이 금요일에 해가 진 후 시작되며, 오직 그 후에야 우리는 식탁에 앉아서 포도주를 앞에 두고 키두시를 읊조린다고 주장한다. 따라서 그날에 대한 축복기도("오 주여, 안식일을 거룩하게 하신 당신을 찬양합니다")를 먼저 암송하고, 그런 다음에 포도주에 대한 축복기도("오 주여, 포도의 열매를 창조하신 당신을 찬양합니다")를 올려야 한다.

힐렐 학파는 반대 의견을 제시한다. 특별한 날을 창조하신 것에 대해 하나님께 찬양기도를 올리는 것은 우리가 그날을 축하하기 위해 포도주를 마시는 덕분일 뿐이다. 따라서 포도주에 대한 축복기도를 반드시 먼저 해야 한다. 여기서 게마라는 또 다른 이유도 제시한다. 우리는 포도주를 매우 자주 마시며, 그럴 때마다 포도주에 대한 축복기도를 읊조린다. 그러나 "그날에 대한" 축복기도는 특별한 날이 시작될 때에만 행해진다. 힐렐 학파는 자주 일어나는 것이 어쩌다 일어나는 것보다 우선한다는 원칙을 따른다.

오늘날 할라카는 힐렐 학파의 의견을 따른다. 우리는 포도주에 대한 축복기도로 시작하고, 이어서 그날에 대한 축복기도를 올린다.

데라슈 D'rash

 여기 결혼의 두 장면이 있다. 첫 번째는 결혼식 날의 커플 모습이다. 신부는 숨이 막힐 만큼 아름답고, 신랑은 믿을 수 없을 만큼 미남이다. 그들은 사랑하는 가족들과 친구들에 둘러싸여 있다. 결혼식의 끝에 신랑은 술잔을 깨뜨리고 그들은 열렬히 키스를 한다. 감정이 복받친 일부 하객은 실제로 울음을 터뜨린다. 낭만적인 음악이 연주되고 가장 맛있는 음식들이 차려진다. 사진사는 그렇게 사랑스러운 젊은 커플은 본 적이 없다고 칭찬한다. 커플은 서로에게서 눈을 떼지 못한다. 춤을 출 때 서로의 몸을 꼭 끌어안고 서로의 눈을 응시한다.

두 번째 장면은 같은 커플이 7년이 지난 후의 평범한 하루다. 거실은 아이들의 장난감들로 어지럽고, 싱크대는 더러운 그릇으로 가득하다. 아내는 아기가 토한 자국들이 잔뜩 배어 있는 티셔츠를 걸치고 있다. 아기는 공갈젖꼭지를 문 채 울고 있다. 남편은 식탁에 앉아서 다음날 아침 9시까지 상사의 책상 위에 올려둘 보고서 작성에 여념이 없다. 그는 또한 이번 달 주택 할부금, 전기요금, 기름값, 자동차 할부금을 지불할 방법을 생각해내야 하고, 비가 새는 지붕도 고쳐야 한다. 그런 스트레스와 심란함, 혼란 속에서 아내가 다가와 남편의 어깨에 손을 올린다. 남편은 아내의 손에 키스한다. 그들은 서로의 눈을 바라보며 미소 짓는다.

샴마이 학파처럼 "우리는 순간을 위해 산다"고, 즉 우리 인생에서 가장 중요한 것은 기념할 만한 드물고 특별한 순간들이라고 주장하는 사람들이 있다. 이를 테면 아기의 탄생, 성년식Bar Mitzvah, 대학 졸업, 결혼, 결혼 50주년 같은 날들 말이다. 우리는 그날들을 학수고대하고, 그날을 맞이하면 열과 성을 다해 축하한다. 일 년에 한 번 찾아오는 절기 혹은 일주일 중 특별한 날인 안식일도 마찬가지다. 이런 특별한 날이 오면 우리는 다른 일은 다 제쳐둔다. 그날은 우리에게 매우 중요하고 의미 있기 때문이다.

다른 사람들은 힐렐 학파처럼, 특별한 날의 중요성을 인정하면서도 인생에서 더 중요한 것은 특별한 날이 아니라 평범한 일상이라고 주장한다. 당신은 그 커플이 낭만적인 결혼식 이후 7년간 일상적인 평범한 날들을 어떻게 지내왔는지 보면 그들의 결혼생활에 대해 더 많은 것을 알 수 있다. 인생이란 규칙적이고 잦은 순간들 그리고 그러한 순간들을 만들어내는 우리의 활동들로 대부분 이루어져 있다. 특별한 날은 잠시 오간다. 힐렐 학파는 포도주에 대한 축복기도에 우선권을 둠으로써, 주된 것은 아마도 매일매일 읊조렸을 포도주에 대한 축복기도라고 알려준다. 우리는 특별하고 드문 순간에 찾아오는 축복을 기대할지 모른다. 하지만 우리는 또한 매일매일 우리 주변에서 발견되는 축복도 고대해야 한다.

חַיָּב אָדָם לְבָרֵךְ עַל הָרָעָה
כְּשֵׁם שֶׁמְּבָרֵךְ עַל הַטּוֹבָה

좋은 일에 신께 감사드리듯
나쁜 일에도 감사드리라

A person bless God for the bad
just as one must bless God for the good

베라코트 54a, 60b

미슈나(9:5): 좋은 일에 신께 감사드리듯이 나쁜 일에도 신께 감사 드려야 한다.° 이르기를, "너는 마음을 다하여 너의 주 하나님을 사 랑하라"[신명기 6:5]°°. "마음을 다하여"란 선한 성향과 악한 성향 모두를 가리킨다. "뜻을 다하여"란 하나님이 너의 영혼을 취하신다 고 해도 사랑하라는 말이다. "힘을 다하여"란 너의 모든 재물을 바 치라는 의미다. "힘을 다하여me'odekha"에 대한 또 다른 해석에 따르 면, 하나님이 너에게 주신moded 모든 수단midah을 써서 그분을 인 정해야modeh 한다는 뜻이다.

게마라: "좋은 일에 신께 감사드리듯이 나쁜 일에도 신께 감사드 려야 한다"라는 말은 무슨 뜻인가? 만일 우리가 좋은 일에 대해서 "[주여, 찬미받으소서.] 당신은 선하시고 선을 행하십니다"라고 축 복기도를 읊조린다면, 나쁜 일에 대해서도 "당신은 선하시고 선을 행하십니다"라고 축복기도를 읊조려야 한다. 이렇게 배우지 않았

매끄러운 문장을 위해 bless를 '감사하다'로 옮겼으나 정확히 는 '인정하다'에 가깝다. bless 의 히브리어 barukh는 '무릎 꿇다'를 의미하는 berekh와 같 은 어근에서 나온 단어다. 즉 신을 찬양하고 축복하고 감사 드린다는 말은 글자 그대로 신 성 앞에 무릎 꿇고 절하는 것을 가리키며, 좋은 일이든 나쁜 일 이든 일어난 모든 일의 근원으 로서 신의 위대한 권능을 인정 한다는 뜻이다.

정확한 구절은, "너는 마음을 다하고 뜻을 다하고 힘을 다하 여 네 하나님 여호와를 사랑하 라"이다.

원전에 가장 가까운 탈무드

던가. "좋은 소식에 대해서는 '당신은 선하시고 선을 행하십니다'라고 말하고, 나쁜 소식에 대해서는 '진실의 심판관인 당신을 찬양합니다'라고 말하라." 라바는 말했다. "우리는 그것을 기쁘게 받아들이도록 가르칠 필요가 있다."

이 미슈나는 우리가 좋은 일이 있을 때 베라카 즉 축복기도를 암송해야 하듯이, 나쁜 일이 있을 때에도 축복기도를 암송해야 한다고 가르친다. 이런 개념에 대한 성경상의 근거는 셰마에서 찾을 수 있다. 랍비들은 먼저 "너의 마음l'vavvkha"(시적 표현이 덜한 lib'kha 대신에 이중 베트를 썼다)이라는 표현의 특이한 철자법에 주목한다. 랍비들은 이 철자법이 우리의 두 가지 충동, 즉 악을 향한 충동과 선을 향한 충동을 암시한다고 해석한다. "악한 성향 yetzer hara"은 랍비들이 인간 본성의 이기적이고 어두운 면에 붙인 이름이다. 랍비들은 이런 충동을 선 쪽으로 돌리라고 자주 조언한다. 예를 들어, 성적 욕망은 억눌러서도 부인해서도 안 되고 결혼을 통해 긍정적으로 해소해야 한다.

두 번째 구절("뜻을 다하여")은 우리의 생명을 희생할지라도 하나님을 사랑해야 한다는 것을 가르친다. 마지막으로 세 번째 구절("힘을 다하여")은 말장난을 통해(me'od, midah, modeh), 하나님이 우리에게 주신 모든 것에 대해 하나님을 인정해야 한다는 의미로 해석된다. 게마라는 구체적인 율법적 질문을 던진다. 즉 불행이나 나쁜 소식에 응하여 실제로 어떤 축복기도가 있을 수 있는가? 답은 "진실의 심판관인 당신을 찬양합니다barukh Dayan ha-emet"라는 정형화된 문구다. 그런데 이것은 직계가족의 장례나 매장 직전에 상주가 옷을 잘라낼 때(혹은 핀을 이용해 리본을 옷에 매달 때) 읊조리는 축복기도와 동일하다.

데라슈D'rash

한 남자가 로또를 손에 쥔 채로 텔레비전 앞에 앉아 있다. 그는 로또 추첨자가 시청자들에게 인사를 한 후 당첨번호를 뽑는 것을 주의 깊게 듣는다. 4, 17, 33, 38, 46…… 그리고 61. 남자는 믿기지 않는다는 듯이 자신의 복권을 보고 또 본다. 모두 맞았다! 이런 일이 일어나다니 도저히 믿을 수가 없다! 남자는 번호들이 나열된 TV 화면을 다시 한 번 쳐다본다. 복권도 두 번, 세 번 다시 확인한다. "정말이야!" 그가 로또에 당첨된 것이다. 그는 바닥에 무릎을 꿇고 천장을 올려다본다. "하나님 감사합니다! 정말 감사합니다! 감사합니다!"

그러나 1년이 지난 뒤 그가 탄 당첨금은 축복이 아닌 것으로 드러난다. 그의 결혼생활은 파탄 났고 옛 친구들은 더 이상 그에게 말도 걸지 않는다. 돈은 대부분 날아갔고, 어리석은 낭비와 잘못된 투자로 탕진해버렸다. 처음에는 커다란 축복처럼 보였던 것이 실제로는 저주로 판명되었다.

한 아이가 창문 옆에 앉아 쏟아지는 빗줄기를 바라보고 있다. 아이의 얼굴에는 명백히 실망이 나타나 있다. 오늘이 바로 아이의 생일파티 야유회를 가기로 한 날이었지만, 날씨 때문에 연기해야만 했다. 아이의 엄마는 친구들과 가족들이 다음 주에 다시 모일 거라고 열심히 설명했지만, 어떤 말로도 위로가 되지 않았다. 오늘이 아이의 진짜 생일이었고, 아이는 멋진 축하파티가 바로 이날 이루어지길 바랐다. 아이는 하늘을 쳐다보면서 화가 나서 하나님께 외쳤다. "제게 무슨 잘못이 있기에 이런 식으로 대하시나요?"

다음 날 아침 가족은 헬리콥터 추락사고에 관한 신문기사를 읽는다. 사고는 생일파티가 열리기로 했던 바로 그 장소, 가족이 한데 모였을 바로 그 시각에 발생했다. 어제는 저주처럼 보였던 것이 실은 축복인 듯 여겨진다.

아마도 이것이 좋은 일뿐 아니라 나쁜 일에 대해서도 신에게 감사해야 한다고 가르치는 이유일 것이다. 우리는 어떤 일이 궁극적으로 어떤 결과를 낳을지 결코 알지 못한다. 때때로 사건들은 처음에 보이는 대로가 아닐 수 있다. 좋게 보이는 것에는 신에게 감사하고, 나쁘게 보이는 것에는 신을 탓하고 무시하는 것은 매우 근시안적이고 자기중심적이라 할 수 있다. 아마도 랍비들은 좀 더 현실적으로 판단하여, 좋은 일에도 주의를 기울이라고 조언했을 것이다. 그것이 우리들을 공격해 저주가 될 수도 있기 때문이다. 그리고 나쁜 일처럼 보이는 것에도 인내심을 가질 필요가 있다. 그것이 결국에는 진정한 축복으로 밝혀질 수도 있기 때문이다.

모든 것은 신에게서 비롯한다. 이것이 바로 축복기도를 읊조리는 행위가 우리에게 상기시키는 바다. 좋든 나쁘든 모든 것은 그저 또 다른 기회일 뿐이다. 열린 마음으로 볼 때에야 많은 기회를 잡을 수 있다.

אֹורֵחַ טֹוב מַהוּ אֹומֵר
כַּמָּה טְרָחֹות טָרַח בַּעַל הַבַּיִת בִּשְׁבִילִי

좋은 손님은 무슨 말을 하는가?
주인이 나를 위해 참 많은 수고를 했구나!

What does a good guest say?
How much trouble has my host gone to just for me!

베라코트 58b

랍비들은 가르쳤다. "이스라엘 백성들의 무리를 본 사람이 말한다. '비밀을 이해하는 그에게 복이 있을 것이다.' 왜냐하면 각자의 마음은 다르고 각자의 얼굴도 다르기 때문이다." 한번은 벤 조마가 성전산Temple Mount 계단에 사람들이 모여 있는 것을 보았다. 그가 말했다. "비밀을 이해하는 그에게 복이 있을 것이다. 그리고 단지 나를 위해 이 모든 것을 만든 그에게 복이 있을 것이다!" 그는 이렇게 말하곤 했다. "단지 빵 몇 조각을 먹기 위해 아담은 얼마나 많은 수고를 해야 했던가! 그는 밭을 갈고, 씨를 뿌리고, 추수하고, 단을 묶고, 타작하고, 키질하고, 골라내고, 갈고, 체로 치고, 반죽하고, 구웠다. 그리고 나서야 빵을 먹었다. 그러나 나는 단지 아침에 일어나서 날 위해 이 모든 일이 되어 있음을 발견한다. 옷을 입기 위해 아담은 또 얼마나 많은 수고를 했던가! 양털을 깎고, 세척하고, 두드리고, 실을 잣고, 옷감을 짰다. 그리고 나서야 입을 옷이 생겼다. 그러나 나는 단지 아침에 일어나서 날 위해 이 모든 일이 되어 있음을

원전에 가장 가까운 탈무드

발견한다. 모든 장인들은 열심히 내 대문 앞으로 찾아오고, 나는 그저 일어나서 나를 위해 만들어진 것들을 찾는다." 그는 이렇게 말하곤 했다. "좋은 손님은 무슨 말을 하는가? '주인이 나를 위해 참 많은 수고를 했구나! 나를 위해 고기를 많이도 내왔구나! 나를 위해 포도주를 많이도 내왔구나! 나를 위해 떡을 많이도 내왔구나! 이 모든 수고를, 그가 나를 위해 했구나!' 그러나 나쁜 손님은 무엇이라 말하는가? '주인이 과연 얼마나 수고를 했는가? 나는 빵 한 조각과 고기 한 덩이를 먹고, 포도주 한 잔을 마셨을 뿐이다. 이 모든 수고를, 그는 자기 아내와 아이들을 위해 했도다.'"

게마라의 이 절은 특정한 음식에 대해서 그리고 특별한 사람(왕 같은)이나 장소(예를 들어, 기적이 일어났던 곳)를 보았을 때 암송해야 할 적합한 축복기도를 열거한다. 벤 조마는 각자가 갖는 개성에 대해서뿐 아니라("비밀을 이해하는 그에게 복이 있을 것이다") 자신을 대신해 수고한 사람들에 대해서도 신께 감사드려야 한다고 생각한다. 이런 축복기도가 부분적으로는 감사함을 공식화하려는 시도이기 때문에, 벤 조마는 우리 삶이 이토록 편하다는 단순한 사실에 대해서도 감사드려야 한다고 믿는다. 이것을 증명하기 위해 벤 조마는 자신의 삶을 에덴동산의 아담의 삶과 비교한다. 아담은 식량과 의복을 생산하기 위해 훨씬 더 많은 일을 해야 했다. "나는 그저 일어나서 나를 위해 만들어진 것들을 찾는다!"

감사에 대한 벤 조마의 생각의 연장선에서, 그의 유명한 말이 소개된다. 우리는 음식과 의복에 대해 신께 감사해야 하는 것처럼, 손님인 우리를 위해 수고를 아끼지 않은 주인에게도 감사해야 한다. 따라서 이렇게 생각해서는 안 된다. "주인은 어쨌든 식사를 할 거였어. 그는 단지 스프에 물을 조금 더 넣고 상차림을 한 자리 더 했을 뿐이야." 오히려 이렇게 생각해야 한다. "주인이 나를 대접하기 위해 동분서주했구나. 이런 주인을 만나다니 얼마나 큰 영광인가!"

데라슈D'rash

당신이 병원의 환자라고 상상해보자. 한 친구가 당신을 병문안 오고 당신은 그의 방문에 감사해한다. 당신은 어떤 대답을 듣고 싶은가? "별일 아니야. 지나가는 길에 들렀을 뿐이야"인가, 아니면 "정말 보고 싶었어. 너와 이렇게 함께 있으니 기뻐"인가? 우리 대부분은 후자의 말을 듣고 싶을 것이다. 친구가 우리에게 특별한 관심을 기울이고, 신경을 써주고, 우리를 위해 일부러 수고를 했음을 보여주는 말들 말이다. 이것이 벤 조마가 말하려는 감정이다. 어느 누구도 우리를 위해 행해진 일들이 아무 노력 없이 이루어졌다고 생각하고 싶어하지 않는다. 오히려 반대로, 우리는 누군가가 우리에게 특별한 관심을 기울이고 소중히 보살펴줄 때 기뻐한다.

이것은 우리가 인간미 없는 거대한 세계에서 살고 있기 때문에 특히 참이다. 대부분의 시간 동안 아무도 우리를 위해 일부러 수고하지 않는다. 거대 관료제에서 어떤 문제에 대한 답변을 들으려고 시간을 허비할 때, 우리는 우리 자신이 마치 컴퓨터의 숫자에 불과한 것처럼 느껴진다. 우리가 ATM 기기로 은행거래를 한다면 몇 달이고 은행창구 직원을 만날 일이 없다. 드라이브 스루 패스트푸드 가게의 점원에게 우리는 그날 밤 봉지에 담긴 저녁식사를 받아갈 수많은 익명의 고객 중 한 명일 뿐이다.

인간미 없는 기계와 무심한 사람들로 가득한 이 익명의 차가운 세계에서는 어떤 개인적인 관심의 표시라도 대단히 환영받는다. 그것은 주목할 만할 뿐 아니라 감사받을 만한 행동이다. 그리하여 벤 조마는 두 가지를 상기시킨다. 먼저, 우리는 사람들이 우리를 위해 한 좋은 일들에 감사해야 하고 그들에게 그 마음을 표현해야 한다. 우리가 알아주지 않는다면, 이 사회의 날로 증가하는 비인간성에 우리 자신이 기여하는 셈이다. 둘째, 우리는 기회가 될 때마다 다른 사람들에게 더 특별한 개인적 관심을 쏟아야 한다. 우리는 다른 이들의 필요를 채워줌으로써 더 나은 주인—사장, 사원, 친구, 친척—이 되어야 한다. 신과 사람들이 우리에게 베푼 친절에 감사를 표함으로써 그리고 다른 사람들에게 친절을 베풂으로써, 우리는 차가운 세상을 훨씬 따뜻한 세상으로 바꿀 수 있다.

휴게소

이스라엘 자손에게 명령하여 돌이켜 바다와 믹돌 사이의 비하히롯
앞, 곧 바알스본 맞은편 바닷가에 장막을 치게 하라.(출애굽기 14:2)

토라의 말씀은 물에 비유되니······ 이르기를, "오호라, 너희 모든 목
마른 자들아, 물로 나아오라."(이사야 55:1) 물은 영혼을 회복시킨
다. 이르기를, "하나님이 레히에서 한 우묵한 곳을 터뜨리시니 거기
서 물이 솟아나오는지라. 삼손이 그것을 마시고 정신이 회복되어
소생하니."(사사기 15:19) 토라도 마찬가지다. 이르기를, "주의 가르
침은 완전하여 삶을 새롭게 하시도다."(시편 19:8, 아가 라바 1, 3)

그들이 랍비 레비 이츠하크Levi Yitzḥak에게 물었다. "왜 바빌로니
아 탈무드의 모든 소논문에는 첫 페이지 번호가 빠져 있습니까? 왜
모두 두 번째 페이지부터 번호를 매깁니까?" 그가 대답했다. "사람
이 아무리 많이 배워도, 첫 페이지에도 미치지 못한다는 것을 항상
명심해야 한다."(마르틴 부버Martin Buber,《하시딤 초기 스승들의 이야
기Tales of the Hasidim, Early Masters》. New York: Schocken Books, 1970,
p.232)

세데르 모에드

SEDER MOED

미슈나의 두 번째 순서는 모에드, 곧 절기다. 유대력의 다양한 축일에 관한 율법을 논의하는 12개의 소논문으로 구성되어 있다. 이 순서는 안식일(샤바트)에 관한 두 개의 소논문으로 시작된다. 다음으로 유월절, 속죄일, 초막절, 신년절, 부림절, 금식일을 다루는 절들이 오며, 절기 동안 그리고 절기와 절기 사이 동안 허용되는 것과 금지되는 것에 관한 율법을 설명한다.

הַנּוֹתֵן מַתָּנָה לַחֲבֵרוֹ
צָרִיךְ לְהוֹדִיעוֹ

친구에게 선물을 주는 사람은
반드시 그에게 알려야 한다

One who gives a gift to a friend must inform him

샤바트 10b

라바 바르 메하샤가 라브의 이름으로 말한 라브 하마 바르 구리아의 이름으로 말했다. "친구에게 선물을 주는 사람은 반드시 그에게 알려야 한다. 이르기를, '나는 너희를 거룩하게 하는 여호와인 줄 너희가 알게 함이라'[출애굽기 31:13]." 또한 가르치기를, "나는 너희를 거룩하게 하는 여호와인 줄 너희가 알게 함이라." 하나님이 모세에게 말했다. "내 보물창고에 큰 선물이 있으니 바로 안식일이라. 내 이것을 이스라엘에 주고자 하니 가서 그들에게 알려라!"

이를 바탕으로, 라반 시몬 벤 감리엘이 말했다. "아이에게 빵을 주는 사람은 반드시 아이의 엄마에게 알려야 한다." 아이에게 어떻게 해야 하는가? 아바예가 말했다. "아이에게 기름을 문지르고 눈에 발라라." 그러나 이것은 주술과 관련이 있으니 어떻게 해야 할까? 라브 파파가 말했다. "그에게 준 것으로 그를 문질러라." …… 라브 히스다가 황소 두 마리를 손에 쥐고 있었다. 그가 말했다. "라브의 새로운 가르침을 내게 말해주는 사람에게 이것들을 주겠소." 라

Shabbat. 세데르 모에드의 첫 번째 소논문으로 24개의 장으로 이루어져 있다. 안식일과 관련된 율법, 특히 안식일에 금지된 활동들을 다룬다.

Rav. 탈무드에서 아무 이름 없이 '라브'라고만 홀로 쓰면 최초의 아모라임인 아바 아리카 Abba Arikha(175~247)를 지칭한다. 그는 바빌로니아 수라에 있었던 아카데미의 수장으로 바빌로니아 탈무드의 편찬을 주도했다.

"여호와께서 모세에게 말씀하
여 이르시되, 내가 유다 지파
훌의 손자요 우리의 아들인 브
살렐을 지명하여 부르고 하나
님의 영을 그에게 충만하게 하
여 지혜와 총명과 지식과 여러
가지 재주로 정교한 일을 연구
하여 금과 은과 놋으로 만들게
하며 보석을 깎아 물리며 여러
가지 기술로 나무를 새겨 만들
게 하리라…… 여호와께서 모
세에게 말씀하여 이르시되, 너
는 이스라엘 자손에게 말하여
이르기를 너희는 나의 안식일
을 지키라 이는 나와 너희 사이
에 너희 대대의 표징이니 나는
너희를 거룩하게 하는 여호와
인 줄 너희가 알게 함이라."(출
애굽기 31:1-5, 12-13)

바 바르 메하샤가 그에게 말했다. "이것이 라브가 말한 것이오. '친
구에게 선물을 주는 사람은 반드시 그에게 알려야 한다. 이르기를,
"나는 너희를 거룩하게 하는 여호와인 줄 너희가 알게 함이라."'"
그가 그에게 그것들을 주었다. 그가 그에게 말했다. "라브의 가르침
이 당신에게 그토록 소중합니까?" 그가 말했다. "그렇습니다." 그
가 말했다. "어떤 물건이든 그것을 지닌 사람에게는 소중합니다."

이 모든 이야기는 라바 바르 메하샤의 말에 기초한 동일한 교훈,
즉 선물을 주기 전에 반드시 그 내용을 알려야 한다는 교훈을 가
르친다. 라바 바르 메하샤는 "나는 너희를 거룩하게 하는 여호와
인 줄 너희가 알게 함이라"라는 출애굽기의 구절을 증거로 삼는
다. 이 구절은 신이 브살렐을 지명하여 이스라엘 백성이 광야에
서 사용할 성막mishkan을 짓도록 명하는 절에서 나타난다.• (이
구절은 반복되는데—"또한 가르치기를"—처음에는 라바가 설명을
하기 위해 인용하고, 그런 다음 신에 관한 주장을 증명하기 위해 그
구절을 가져오기 때문이다.) 라바는 이 구절을 이상한 말로 해설
하는데, 신은 자신이 이스라엘 백성을 성별했다는 것을 그들이
알기를 원하신다고 말한다. 다시 말해, 신은 안식일이라는 큰 선
물을 그저 주는 것이 아니라 먼저 그 선물에 대해 알린다. 성막
과의 연관을 통해, 신은 성막을 만드는 사람조차 안식일을 준수
할 것을 기대한다는 것을 보여준다. 안식일은 신의 보물창고에
있는 위대한 보물들 가운데 하나일 뿐이지만, 이스라엘 백성은
틀림없이 그것을 기꺼이 받아들일 것이다. 만약 보물로 여기지
않는다면, 헛된 선물이 될 것이다.

아이가 엄마에게 말하는 것을 잊을지 모르기 때문에, 아이
에게 빵을 줄 때는 반드시 아이 엄마에게 알려야 한다고 라반 시

몬 벤 감리엘은 가르친다. 하지만 아이와 상관없이 엄마에게 알릴 방법이 분명 있을 것이다. 아바예는 기름을 묻히고 바를 것을 권한다(아마도 당시 흔히 쓰이던 파란 눈 화장법이었을 것이다). 엄마는 분명히 그것을 알아채고 아이에게 물어 아이가 조금 전에 빵을 먹었음을 알게 될 것이다. 그러나 이러한 화장법은 주술의 형식으로 쓰였기에 유대인들은 더 이상 사용하지 않았다. 이 경우에, 라브 파파는 음식 자체를 조금 취해서 그것을 아이에게 문지르라고 권한다. 아이가 빵 부스러기를 온통 묻힌 채 집에 돌아가면 틀림없이 엄마가 그것에 대해 물을 것이다.

　게마라의 첫 부분에서, 라바는 라브의 가르침을 증거가 되는 성서 구절과 함께 기록한다. 두 번째와 그에 상응하는 설명 부분에서는, 선물 주기에 관한 재치 있는 이야기 속에 증거가 있다. (두 이야기가 같은 사건에서 비롯했을 가능성이 있다.) 라브 히스다는 자신의 멘토인 라브의 말씀 중 결코 들어본 적 없는 것을 가르쳐주는 사람에게 선물(성전의 제사장에게 선물하기 적합한 수소 두 마리)을 주겠다고 발표한다. 그 답은 매우 아이러니하다. 왜냐하면 라바가 선물 주기에 대한 라브의 가르침, 즉 선물을 주기 전에 반드시 그 내용을 공개적으로 알려야 한다는 말을 인용해 대답하기 때문이다. 탈무드의 편찬자들은 이 유머를 놓치지 않았다. 라바는 라브 히스다의 도전과 선물에 대한 라브의 가르침을 이용해, 다른 사람들을 가르칠 뿐 아니라 스스로 선물을 받기까지 한다! 그러나 라바는 라브 히스다가 원래 라브가 한 말의 대가로 수소 두 마리를 선물로 주자 조금 당황한다. 라브 히스다의 대답, "어떤 물건이든 그것을 지닌 사람에게는 소중합니다"라는 말은 스승의 말을 '지닌(받아들이는)' 사람만이 그 말을 진실로 소중하게 여긴다는 의미인 듯하다. 라브 히스다는 그런 사람들 중 하나다. 라브 히스다는 이렇게 말하면서, 라브의 말이 소중하다고 똑같이 생각하는 동료 라바를 또한 칭찬한다.

데라슈 D'rash

우리 대부분은 선물을 원한다. 생일, 졸업, 그 밖의 특별한 날에 선물 받는 것을 즐긴다. 하지만 우리는 원하지도, 필요하지도 않은 선물들이 있음을 안다. 우리들 각자는 장롱이나 선반에 뜯지도, 사용하지도 않고 먼지만 뒤집어쓰고 있는 그런 선물을 하나쯤은 갖고 있을 것이다. 구호단체의 관계자들은 사용할 수 없는 물건들을 셀 수 없이 많이 기부받은 이야기를 들려준다. 예를 들어, 사람들은 낡은 교과서를 도서관에 종종 기부한다. 이 책들은 쓸모없을 뿐 아니라 처리 문제까지 일으킨다. 이런 '선물'은 결국 받은 사람에게 많은 시간과 비용을 지불하게 만든다. 대부분의 기부자는 자신의 기부가 큰돈만큼의 가치가 있었다고 확인해주는 편지를 기대한다.

동시에 우리는 받는 사람에게 사전에 모든 선물을 알릴 수는 없다는 것을 알 만큼 많은 선물을 주고받는다. 그럼에도 일반적인 원칙으로서, 라바 바르 메하샤의 말, 즉 선물은 받는 사람이 원하는 것이어야 한다는 말은 매우 타당하다. 라바의 말은 우리가 주는 다른 '선물들'에도 똑같이 적용할 수 있다. 미리 알려주는 것은 권장할 만하다. 우리가 친구에게 충고를 '건넬' 때, 우리는 그것이 도움이 될 것이라고 생각한다. 그러나 충고도 선물과 마찬가지로 받는 사람이 원하는 것이어야 한다. 다른 사람이 우리에게 조언할 때 사전에 "당신의 옷에 대해 몇 마디 해도 괜찮겠습니까?" "당신의 보고서에 대해 몇 마디 나눠도 되겠습니까?”“이 계획에 대해 솔직히 말해도 될까요?”라고 말한다면 그 조언이 훨씬 고맙지 않겠는가.

　우리가 다른 사람에게 생일선물을 주든 혹은 지혜의 말을 주든, 받는 사람에게 미리 확실히 알리도록 애써야 한다. 이것을 소홀히 한다면 우리의 선물이나 호의는 쓸모없고 달갑지 않은 것이 될지 모른다. 상대에게 미리 알리는 것은 선물을 같은 반가운 마음으로 주고받을 수 있게 해준다.

מַעֲלִין בַּקֹדֶשׁ וְאֵין מוֹרִידִין

거룩함에 대해서 우리는
낮추지 않고 높인다

We raise up in matters of holiness, not bring down

샤바트 21b

우리의 랍비들은 가르쳤다. "하누카의 미츠바는 이렇다. 한 남자와 그의 가정 당 촛불 하나를 밝힌다. 까다로운 사람들은 각자가 모두 촛불 하나씩을 밝힌다. 극히 까다로운 사람들의 경우에, 샴마이 학파는 말한다. '첫째 날에 초 여덟 개를 켜고, 그 후 계속 줄여간다.' 힐렐 학파는 말한다. '첫째 날에 초 하나를 켜고, 그 후 계속 늘려간다.'" 울라는 말했다. "서쪽의 두 아모라임, 랍비 요세 바르 아빈과 랍비 요세 바르 자비다는 의견이 달랐다. 한 사람은 말했다. '샴마이 학파의 이유는 그것이 남은 일수와 부합한다는 것이고, 힐렐 학파의 이유는 그것이 지나간 일수와 부합한다는 것이다.' 다른 이는 말했다. '샴마이 학파의 이유는 그것이 [초막절] 축일의 [신께 바친] 황소들과 일치한다는 것이고,• 힐렐 학파의 이유는 거룩함에 대해서 우리는 낮추지 않고 높인다는 것이다.'"

하누카 촛대menorah의 불 밝히기는 잘 알려진 의식이지만, 우리는 이 게마라에서 촛불을 켜는 방법에 네 가지의 다른 전통이 있었음을 알게 된다. 기본적인 방법은 축일의 매일 밤에 촛불 하나

"일곱째 달 열다섯째 날에는 너희가 성회로 모일 것이요…… 너희 번제로 여호와께 향기로운 화제를 드리되 수송아지 열세 마리와…… 둘째 날에는 수송아지 열두 마리와…… 셋째 날에는 수송아지 열한 마리와…… 넷째 날에는 수송아지 열 마리와…… 다섯째 날에는 수송아지 아홉 마리와…… 여섯째 날에는 수송아지 여덟 마리와…… 일곱째 날에는 수송아지 일곱 마리와…… 여덟째 날에는 장엄한 대회로 모일 것이요…… 번제로 여호와께 향기로운 화제를 드리되 수송아지 한 마리와…… 드릴 것이다."(민수기 29:12-36)

를 밝히는 것이다. 첫째 날 밤에 촛불 하나를 그리고 둘째 날 밤에도 다시 촛불 하나만 켠다. 두 번째 방법은 첫 번째의 변형이지만, 매일 밤 각 개인이 촛불 하나씩을 밝히는 것이다. 마지막 두 방법은 힐렐 학파와 샴마이 학파의 방법이다. 힐렐 학파는 우리가 오늘날 따르는 관습을 만들었고, 샴마이 학파는 그 관습을 거꾸로 행했다.

　　두 학파의 서로 다른 방법에 대해서는 두 가지 설명이 있다. 샴마이 학파가 첫째 날 여덟 개의 초를 밝히고 점차 그 촛불을 줄여가는 것은 축일이 얼마나 남았는지를 상기시킨다. 힐렐 학파가 촛불 하나로 시작하여 점점 더해가는 것은 우리가 며칠째에 있는지를 강조한다. 덧붙여, 촛불의 감소는 초막절 기간 동안 희생제물로 바친 황소 수의 감소와 일치한다. (하누카와 초막절의 관련성은 흥미롭다. 가령, 두 절기 모두 8일 동안 지켜진다. 뿐만 아니라 마카베오 가문이 성전을 해방시키고 다시 하나님께 봉헌한 후에 그들은 초막절을 기념했는데, 광야에서 싸울 동안에는 그것을 기념할 수 없었기 때문이다.) 힐렐 학파는 이 풍습에 관한 철학적 근거를 갖고 있었다. 거룩함에 대해서, 다시 말해, 신과 종교에 관련된 것들에서 낮추는 것보다는 '높이는' 것이 중요하다는 것이다. 샴마이 학파의 방법은 그 의식이 점점 줄어들고 사라진다는 느낌을 주는 데 비해, 힐렐 학파의 방법은 우리에게 성장하고 강해지는 느낌을 준다.

데라슈D'rash

 어떤 새로운 것을 시작할 때 열정적이고 신이 나는 것은 인간의 본성이다. 아이들은 새로운 장난감을 갖게 되면 한동안 그것을 손에서 떼어놓지 못한다. 어른들은 살을 빼거나 금연하겠다는 새해 결심을 하고 '매우 열정적으로' 그 계획에 매달린다. 새 대통령이 취임하면 사람들과 언론들은 '밀월 기간' 동안 우호적인 관계를 맺는다.

하지만 금세 지루해하고, 현실에 안주하고, 그리 오래지 않아 처음 가졌던 긴장감을 잊는 것 또한 인간의 본성이다. 아이는 가장 좋아하던 장난감을 옷장에 내버려두고 관심을 다른 것으로 옮긴다. 맛있는 디저트를 먹고 싶은 유혹이나 담배 딱 한 개비만 피우고 싶은 유혹은 감당하기 어렵다. 우리는 곧 지도자에 대한 불만과 실망을 꺼내고, 무자비하게 비판하고 불평해댄다. 우리가 한때 가졌던 열정은 사라지고 옛 생활양식과 행동방식으로 돌아간다.

랍비들은 인간의 행동방식과 다소 쉽게 지루함을 느끼는 성향을 이해했다. 그들은 우리가 하누카의 마지막 날보다 첫째 날 밤에 더욱 흥분해 있으리라는 것을 알았다. 이것이 힐렐 학파가 촛대 의식을 기획하면서 매일 밤 촛불의 수를 늘려가라는 기발한 제안을 내놓은 이유일지 모른다. 그들은 우리의 본능적 열정이 차츰 시들해지기 때문에, 절기 주간이 끝날 무렵에 촛대가 찬란하게 타오르는 심지들로 가득 차는 모습을 기대하게 함으로써 우리의 흥분과 관심이 자극될 수 있다는 것을 알았다. 흥미롭게도(그리고 결코 우연의 일치가 아니게도) 하누카Hanukkah라는 단어는 '다시 봉헌함'을 의미한다. 그것은 마카베오 가문이 돌아와 더럽혀진 성전을 복구하고 성전이 상징하던 모든 것을 다시 회복한 날을 의미한다. "거룩함에 대해서 우리는…… 높인다"라는 메시지는 우리 삶에서 궁극적으로 중요한 것들에 우리 자신을 다시 바쳐야 한다는 것이다.

힐렐 학파는 실망이 언제 어디에서 올지 예상했고, 그것을 보상하기 위해 미리 계획했다. 장난감을 상자에 넣어 먼지만 쌓이게 하는 대신에, 다른 아이에게 선물하도록 격려함으로써 아이에게 나눔과 베풂의 교훈을 가르칠 수 있다. 지원단체의 도움을 청하는 것이 자신을 해치는 것들에 유혹을 느끼는 사람에게는 커다란 힘이 될 수 있다. 대통령은 중요한 단계마다 국가에 새로운 열기와 열정을 불러올 수 있는 새로운 계획들을 세워나갈 수 있다.

랍비들은 우리에게 본성에 저항하고, 거룩함에 관하여 높아지도록 분투하라고 조언한다. 현실에 안주하는 것과 싸우고, 지루함과 싸우고, 의지가 약해지는 것에 맞서 싸우라. 더 나빠지지 말고, 더 나아지기 위해 노력하라. 현 상황에 머무는 것에 만족하지 말라. 거룩함에 대해서 가능한 한 높아질 수 있도록 노력하라.

אֵין מִקְרָא יוֹצֵא מִידֵי פְּשׁוּטוֹ

구절은 문맥의 의미를 잃지 않는다

A verse never loses its contextual meaning

샤바트 63a

미슈나(6:4) : 남자는 칼, 활, 방패, 창을 가지고 밖에 나가서는 안 되며, 만약 나간다면 속죄제물을 바치는 벌을 받는다. 랍비 엘리에 제르는 말한다. "그것들은 그의 장신구다." 하지만 현자들은 말한 다. "그것들은 해롭다. 성경에 쓰여 있기를, '무리가 그들의 칼을 쳐 서 보습을 만들고 그들의 창을 쳐서 낫을 만들 것이며, 이 나라와 저 나라가 다시는 칼을 들고 서로 치지 아니하며, 다시는 전쟁을 연 습하지 아니하리라'[이사야 2:4]."

게마라: 아바예가 라브 디미에게 말했다―어떤 사람은 라브 아 브야에게 말했다고 한다―어떤 사람은 라브 요셉이 라브 디미에 게 말했다고 하고―어떤 사람은 라브 아브야에게 말했다고 한 다―어떤 사람은 아바예가 라브 요셉에게 말했다고 한다. "랍비 엘 리에제르가 그것들을 장신구라고 말한 근거는 무엇인가? 성서에 쓰여 있기를, '용사여 칼을 허리에 차고 왕의 영화와 위엄을 입으소 서'[시편 45:3]." 라브 카하나가 라브 후나의 아들 마르에게 말했다. "이것은 토라의 말씀을 말하는 것이다!" 그[마르]가 그에게 말했

다. "구절은 그 문맥의 의미를 결코 잃지 않습니다."

앞의 미슈나에서 안식일에 여자가 착용해도 좋은 것(보석류 같은 것들)과 바깥에 가지고 다닐 수 없는 것들을 열거했다. 물건을 여기저기 운반하는 것은 안식일의 전통적 금지사항 중 하나를 위반하는 것이다. 이 미슈나는 남자가 휴대할 법한 물건들을 나열하면서 화제를 이어간다. 현자들은 이것들은 무기이므로 금지되어야 한다고 주장한다. 하지만 랍비 엘리에제르는 그것들을 장신구로 본다. 여자가 안식일에 보석류를 착용하는 것이 허용되듯이, 남자 또한 안식일에 공공장소에서 장신구―칼, 활, 방패, 창―를 휴대할 수 있다는 것이다.

게마라의 논의는 성경 구절에서 증거를 요구한다. 랍비들의 주장은 성서상의 증거가 있을 때 더 힘이 실리기 때문이다. 그리하여 시편의 구절이 인용된다. 하지만 이 구절은 이미 그 은유적이고 설교적인 의미로 알려져 있다. 라브 카하나에 따르면, '용사'는 실은 학자이고 그의 무기인 '칼'은 토라다. 마르는 그 구절을 이렇게 은유적으로 읽을 수 있음을 부인하지 않지만, '칼'이 미드라시에 적혀 있는 대로 '토라'를 뜻할 뿐 아니라 시편의 단순한 문맥상의 의미 즉 무기도 뜻한다고 주장한다. 따라서 마르는 라브 카하나에게 이렇게 대답한다. 구절은 설교의 목적으로 쓰였을 때에도 여전히 문맥상의 명백한 의미를 유지한다.

데라슈 D'rash

 성서 구절을 해석하는 미드라시의 과정, 성서에 대한 랍비들의 이 전통적 접근법은 종종 특정 단어에 특정한 상징적 의미를 부여한다. 예를 들어, 영양분을 뜻하는 단어들(물, 우유)은 우리를 살아가게 하는 것들이기에 빈번히 토라를 가리키는 것으로 간주된다. 아가서의 사랑의 시들은 단순히 여자에 대한 남자의 갈망이 아니라 유대 민족에 대한 신의 사랑의 은유로 여겨진다.

전통적인 미드라시의 해석 형식은 이러한 용어들과 개념들을 상당수 취해서 순전히 상징적인 수준에서 의미를 할당한다. 마르가 상기시키는 것은 본래 구절이 지닌 관점을 잃어서는 안 된다는 것이다. 프로이트는 (출처가 불분명한 어떤 이야기에서) 그가 입에 문 담배가 남근을 상징하는 것이 아닌지 질문받았을 때 유사한 생각을 표현했다. 이 물음에 프로이트는 재치 있게 말했다. "때로 담배는 그냥 담배일 뿐입니다." 이 말은, 그가 이제까지 사물에는 대개 심층적 의미가 있다고 설명해왔지만 때로는 심층적 의미가 없기도 하다는 것, 담배는 남근의 상징이 아니라 담배일 뿐이라는 것이다.

어느 청소년이 나치주의 표식인 만자무늬를 스프레이 페인트로 그려 사유재산 훼손죄로 체포되었다. 경찰에 붙잡혔을 때, 그는 자신의 행동이 어떠한 혐오나 반유대인 편견 때문이라는 점을 부인했다. 그 십대는 주장했다. "나는 반유대주의자가 아니에요. 나는 신나치주의자가 아니에요. 나는 나치가 유대인들에게 한 일에 대해 동의하지 않아요. 단지 만자무늬가 좋았을 뿐이고, 그것을 벽에 그리는 게 좋았어요." 이 청소년에게 우리는 이렇게 대답할 수 있다. 상징은 실제로 그 의미를 결코 잃지 않으며, 메시지는 매체에 숨어 표현된다. 만자무늬는 독일군의 군복이나 깃발처럼 항상 나치의 가치관을 대표할 것이다. 누군가 그 상징이 중요하지 않다고 주장할 때에도, 우리는 그것이 여전히 메시지를 전달한다는 것을 안다.

　　오늘날 우리는 사람들, 특히 십대들이 듣는 음악에 대한 비난을 자주 듣는다. 가사들은 증오와 심한 편견들로 가득 차 있다. 그 노래들은 우리의 종교제도, 지역사회 혹은 가정이 지닌 것과는 상반되는 생각과 가치를 표현한다. 하지만 이 노래들에 대해 물었을 때 십대들은 이렇게 대답할지 모른다. "난 가사는 듣지 않아요. 그냥 음악이 좋은 거예요." 이에 대해 우리는 이렇게 대답할 수 있다. 구절이 그 문맥의 의미를 절대 잃지 않는 것처럼, 노래 또한 그 단어의 문맥을 벗어날 수 없다. 음악은 신나고 활기찰 수 있지만, 만약 노래가 악의적이거나 도덕관념이 없다면, 그것은 위험하다.

כָּל מָקוֹם שֶׁאָסְרוּ חֲכָמִים
מִפְּנֵי מַרְאִית עַיִן
אֲפִלּוּ בְּחַדְרֵי חֲדָרִים
אָסוּר

현자들이 겉모습 때문에 금지한 것은
사람들이 없는 곳에서도 금지된다

Wherever the sages prohibited something because of
appearance's sake, it is also prohibited in private

샤바트 64b-65a

라브 예후다가 라브의 이름으로 말했다. "어디에서든 현자들이 겉모습 때문에 어떤 것을 금지했다면, 그것은 또한 다른 사람들이 없는 곳에서도 금지된다." 가르치기를, "……소리 나지 않게 막더라도 종을 매달아서는 안 된다." 하지만 다른 곳에서는 이렇게 가르친다. "목에 매단 종을 소리 나지 않게 막고서, 마당 안에서 산책할 수는 있다." 이것은 탄나임들 사이에서 의견이 다르다. 가르치기를, "그것들을 햇빛에 널 수는 있지만, 어떤 사람도 볼 수 없는 곳이어야 한다. 랍비 엘리에제르와 랍비 시몬은 그것을 금했다."

샤바트 소논문들의 대부분은 안식일에 허용되는 것과 금지되는 것을 다룬다. 어떤 행동들은 일곱째 날에 일하지 말라는 율법에 위반되기 때문에 금지된다. 다른 것들은 실제 위반은 아니지만

원전에 가장 가까운 탈무드

위반처럼 보이기 때문에 또한 금지된다. 이것은 히브리어로 "눈이 보는 것mar'it ayin"이라고 알려져 있다. 랍비들은 율법에 정통하지 않은 이가 겉으로 보이는 것에서 잘못된 결론을 이끌어낼까 염려했다. 금지된 행동처럼 보이는 어떤 행동을 누군가 하는 것을 보고서, 우리는 다음 중 어느 하나로 생각할지 모른다. a)그 금지된 행동은 실제로는 허용된다(따라서 목격자도 나가서 그 금지된 행동을 하게 된다). 혹은 b)그 행동을 하는 사람은 (실제로는 아무런 율법도 위반하지 않았지만) 명백한 죄인이다. 이러한 잘못된 결론에 이르는 것을 막기 위해서, 랍비들은 그렇지 않다면 허용되었을 행동을 '겉모습' 때문에 금지하는 율법의 범주를 확립했다.

탈무드가 제시하는 첫 번째 사례는 안식일에 당나귀의 목에 종을 매고 산책시키는 것을 금지하는 내용이다. 안식일에 종을 울리는 것은 금지된다. 랍비들은 이 금지 규정을 확대해서, 만일 소리가 나지 않게 종을 막았더라도 안식일에 당나귀 목에 종을 매달고 산책시키는 것을 여전히 금지시켰다. 주인이 당나귀를 시장에 데리고 가서 팔려 한다고―이는 안식일 율법에 대한 명백한 위반이다―사람들이 생각할지도 모르기 때문이다. (동물을 팔기 전에 목에 종을 매달아 '꾸미는' 풍습이 있었다.)

이로부터 랍비들은, 현자들이 겉모습 때문에 금지하는 것은 어떤 것이든 사람들이 없는 곳에서도 금지된다는 원칙에 이른다. 하지만 이 원칙은 또 다른 가르침에 의해 도전받는데, 당나귀가 (아무도 보지 않는) 주인 집 마당에 있는 한, 당나귀에게 소리 나지 않는 종을 매다는 것을 분명히 허용된다는 내용이다.

이 두 상충하는 전통은 누가 봐도 양립할 수 없다. 이는 탄나임, 즉 미슈나 시기(1~2세기) 랍비들 사이의 초기 의견 차이까지 거슬러 올라간다. 어떤 견해에 따르면, 안식일날 물에 젖은 의복을 사람들이 보지 않는 곳에 한해서 햇볕에 넣어 말릴 수 있다고 주장한다. 랍비들은 말리기 위해 넣어놓은 옷가지를 보고서 사람들이 안식일에 빨래가 허용된다고 잘못된 결론을 내릴까 봐 염려했다. 랍비 엘리에제르와 랍비 시몬은 그것조차 금지했는데, 이는 현자들이 겉모습 때문에 금지한 것은 개인적 공간에서도 금지된다는 원칙을 따른 것이다.

데라슈D'rash

어느 결혼한 남자가 로맨틱한 작은 식당에서 아내가 아닌 다른 여자와 함께 촛불을 켜고 분위기 있는 저녁을 먹고 있는 모습이 목격된다. 며칠 만에 온 마을은 그 '불륜' 이야기로 떠들썩하다. 나중에 가서야 그 여자가 실은 그의 여동생이고 다른 마을에서 방문한 것이었다는 사실이 밝혀진다.

어느 여자가 초등학교 사친회의 회계 담당자가 된 지 한 달 만에 비싼 고급 대형 승용차를 새로 구입한다. 사람들은 이 두 가지 사실이 어떤 관계가 있을지 농담조로 물어보기 시작하고, 누군가 상당한 자금이 그 은행계좌에서 사라졌다는 말을 들었다고 주장하자 그 농담은 심각해진다. 회계 담당자가 횡령 혐의로 기소된 후에야 소문은 거짓이었음이 밝혀진다. 사실 그녀는 최근 어머니가 돌아가시면서 약간의 유산을 물려받은 것이었다.

회중들은 지역 랍비가 속죄일 오후 휴식시간 동안 패스트푸드 음식점에 걸어 들어가는 것을 발견한다. 그날 저녁 예배가 끝날 무렵, 이미 회중 대부분은 어떻게 랍비가 일 년 중 가장 신성한 날인 금식일에 유대 율법에 맞지 않은 음식을 먹을 수 있느지에 대한 이야기를 들었다. 다음 번 회당 이사회에서, 곤란에 처한 랍비는 정말 그 식당에 들어간 것은 맞지만 소변이 급했기 때문이라고 털어놓았다.

'눈이 보는 것'에 대한 염려는 성가시다. 왜 옳은 일을 하는 사람이 다른 사람이 오해한 것에 대해서 걱정해야 하나? 하지만 위의 예들에서 보듯이, '눈이 보는 것'은 결혼생활을 파탄내고, 형사 고발을 당하고, 평판을 망가뜨릴 수 있다. 이러한 일에 조심하라고 주의를 주며, 랍비들은 우리에게 이상이 아닌 현실로서의 세상에 대해 가르친다. 우리는 어디에 있든 누군가 우리를 지켜보리라는 것을 떠올린다. 랍비들은 또한 우리가 어디에 있든 누군가는 항상 우리를 지켜보고 있다는 것을 가르친다.

פְּסִיק רֵישָׁא וְלָא יָמוּת

죽이지 않고서 머리를 자를 수 있는가?

Can you cut off its head without it dying?

샤바트 75a

우리의 랍비들은 가르쳤다. "달팽이를 잡아 으스러뜨리는 사람은 그것을 [속죄제물로] 갚아야 한다." 랍비 예후다는 말한다. "으스러뜨리는 것은 타작의 범주로 분류된다." 그들은 그에게 말했다. "으스러뜨리는 것은 타작의 범주로 분류되지 않는다."

라바가 말했다. "랍비들의 이유는 무엇인가? 그들은 타작이 땅에서 자라난 것에만 적용된다고 주장한다." 아마도 그는 또한 생명을 빼앗은 것에 대해서 책임이 있을 것이다! 랍비 요하난은 말했다. "그가 그것을 으스러뜨렸을 때, 그것은 이미 죽어 있었다." 라바가 말했다. "그가 그것을 으스러뜨렸을 때 그것이 살아있었다고 말한다 해도, 그 생명을 빼앗을 때 그는 다른 무언가에 열중하고 있었다." 하지만 아바예와 라바 둘 다 랍비 시몬이 "죽이지 않고서 머리를 자를 수 있는가?"라고 인정했다고 말하지 않았던가? 여기서 사정은 이와 달랐다—그것[달팽이]이 살아있는 편이 그에게는 더 나았다. 더 선명한 염료가 나오기 때문이다.

미슈나는 안식일에 금지되는 노동의 39가지 주요 범주를 열거한다. 그중 하나가 사슴 사냥이다(더 나아가, 모든 형식의 사냥과 덫을 놓는 행위가 금지된다). 여기에서 랍비들은 인기 많은 염료의 재료인 특정 종류의 달팽이를 잡는 것과 관련된 위반을 논의한다. 달팽이 껍질을 먼저 으스러뜨리고 부숴야 하는데, 그래야 염료를 달팽이에서 짜낼 수 있기 때문이다. 랍비들은 안식일에 이 일은 하는 것은 한 가지 금지사항을 위반하는 것이므로, 속죄제물 하나를 성전에 바쳐야 한다고 가르친다. 랍비 예후다는 두 번째 위반도 관련되어 있다고 주장한다. 즉 달팽이 껍질을 분쇄하는 것은 금지된 노동의 39가지 범주 중 또 다른 하나인 '타작'으로 분류된다는 것이다. (타작과 분쇄 모두 많은 사람들이 원하는 알맹이를 얻기 위해 외피를 부수고 제거하는 힘을 필요로 한다.) 랍비들은 이에 동의하지 않으며, '타작'은 밀처럼 땅에서 자라는 것에만 적용된다고 말한다.

한 가지 의문이 제기된다. 만일 달팽이 분쇄가 타작과 같지 않다면, 39가지 금지된 노동 중 하나인 '도살'과도 같지 않은가? 랍비 요하난은 이 경우에 달팽이는 이미 죽어 있다고, 위반은 사냥한 행위뿐이라고 대답한다. 라바는 달팽이가 죽임을 당했더라도 그것을 으스러뜨린 사람은 처벌받지 않는다고 주장한다. 그는 결코 그것을 죽일 의도가 아니라 염료를 추출하려 했을 뿐이기 때문이다. 이것은 라바 자신이 다른 때에 아바예와 함께 진술했던 원칙과 모순되는 것처럼 보인다. 즉 우리는 결코 이렇게 말할 수 없다. "나는 그 동물의 머리만 잘라내고 싶었지, 절대 그 동물을 죽일 의도는 없었다!" 랍비 시몬은 어떤 노동이 결과적으로 금지된 행위를 낳는다 해도 그 금지된 행위가 의도한 것이 아닌 한, 그 노동은 허용된다고 주장한 권위자였다. (예를 들어, 잔디 위를 걷는 행위가 잔디를 뽑히게 만들 수 있지만, 그 사람의 의도가 잔디를 뽑히게 하려는 것이 아닌 한, 안식일에 잔디 위를 걷는 것은 허용된다.) 하지만 랍비 시몬조차도 만일 금지된 결과가 필연적이라면 그 노동은 금지된다고 인정한다. 동물의 머리를 잘라내는 행위는 의도와 상관없이 항상 죽음으로 이끌며, 따라서 금지된다.

라바의 두 진술 사이의 모순은 달팽이의 죽음이 고의가 아닐 뿐 아니라 역효과를 낳는다고 말함으로써 해소된다. 염료의 품질은 살아있는 달팽이에서 얻은 것이 훨씬 더 좋다.

데라슈D'rash

한 십대가 핫초코를 만들기 위해 주전자에 물을 끓인다. 물이 준비되고 음료를 만든 후, 그 청소년은 주전자를 다시 불 위에 올려놓고 집을 나간다. 결국 물은 다 증발하고, 주전자는 타버리고, 부엌에는 불이 난다. 부모가 아이의 책임 소홀에 대해 묻자 아이가 대답한다. "내가 무엇을 잘못했나요? 내가 한 것은 물을 가스레인지에 올려놓은 것뿐이에요. 그게 범죄인가요?" 물론 그것 자체는 범죄가 아니다. 하지만 물주전자를 불에 올려놓고서 등한시하면 항상 물이 증발해 타버리기 마련이다.

공공사업부의 한 인부가 가스관을 설치하기 위해 보도에 1미터 깊이의 구덩이를 판다. 일과가 끝날 때, 그는 그 구덩이를 덮지 않은 채 그대로 두고 경고 표지판이나 방어벽도 설치하지 않는다. 날이 어두워지고, 한 늙은 여자가 그 구멍에 빠져 심각한 부상을 입는다. 그 인부는 묻는다. "내가 무엇을 잘못했소? 나는 그냥 땅만 팠을 뿐이오! 그게 내가 돈 받고 하는 일이오." 무고한 땅 파기가 보호장치의 결여, 어둠의 도래와 결합하면 진짜 재앙이 만들어지는 것이다.

제2차 세계대전 중에 독일의 물리학자들은 정부에 의해 로켓과학 실험에 몰두했다. 그들은 자신들의 연구를 넘겼고, 독일은 그것을 이용해 수백 킬로미터 너머까지 파괴와 죽음을 실어 나르는 미사일을 만들어냈다. 독일의 패전 이후, 이들 과학자들은 전범 재판을 받았다. 그들은 범행을 부인했다. "우리는 이론상의 과학적 문제에 관여했을 뿐입니다. 그것을 이용해 정부와 군대가 벌인 일은 우리의 잘못도, 우리의 책임도 아닙니다."

랍비들은 엄격한 입장을 취한다. 누구도 다음과 같이 말함으로써 책임을 회피할 수 없다. "그것은 나의 잘못이 아닙니다! 내가 한 일은 괜찮았어요. 어떤 다른 일이 생겼다면 내 탓이 아니에요. 난 결코 그럴 의도가 없었어요. 나는 전혀 생각하지 못했어요……." 이것은 "내가 그것의 머리를 잘랐지만, 죽일 생각은 전혀 없었다!"라고 말하는 것만큼이나 터무니없다. 그토록 많은 사람이 자신이 벌인 행동의 결과를 똑바로 바라보려 하지 않는 것도 마찬가지로 터무니없는 일이다.

אֵין מְבִיאִין רְאָיָה
מִן הַשּׁוֹטִים

_____

우리는 바보에게서
증거를 취하지 않는다
We do not bring proof from fools!

샤바트 104b

미슈나(12:4): 건망증에 대한 행동으로 글자를 쓰는 사람은 위반의 책임이 있다. 만약 그가 먹물, 물감, 빨간 물감, 나무진, 황산, 혹은 자국을 남기는 어떤 것으로 썼고, 함께 읽히는 두 개의 모서리 벽이나 서판의 두 낱장에 썼다면, 그는 책임이 있다. 자신의 살에 글자를 쓰는 사람은 책임이 있다. 자신의 살을 긁어 자국을 내는 사람에 대해—랍비 엘리에제르는 속죄제물을 바칠 책임을 두었지만, 현자들은 그를 면제시켰다.

게마라: "자신의 살을 긁어 자국을 내는 사람"에 대해, 이렇게 가르친다. 랍비 엘리에제르가 현자들에게 말했다. "벤 스타다는 자신의 살에 낸 자국을 이용하여 이집트에서 마술을 가져오지 않았던가?" 그들이 그에게 말했다. "그는 바보였다. 우리는 바보에게서 증거를 취하지 않는다!"

이 미슈나는 우발적인 위반, 이 경우에는 안식일에 대한 우발적인 위반에 대해 부과하는 희생의 일종인 속죄제물을 누가 바칠 의무가 있는지 가르친다. 예를 들어, 어떤 사람이 안식일임을 잊고 무언가를 썼다면, 안식일의 금지사항을 위반한 것인가? 그 사람은 속죄제물을 바칠 책임이 있는가? 먼저, 그것은 "건망증에 대한 행동" 즉 한 번에 최소 두 글자를 쓰는 것이어야 한다. (두 개의 문자는 가장 짧은 히브리어 단어를 이룰 수 있는 조건이며, 따라서 안식일의 율법을 깨뜨리는 최소한의 요건이다.) 다음 미슈나에서 랍비들은 이른 아침 안식일임을 잊고 한 글자를 쓴 다음, 그날 늦게 다시 안식일임을 잊고 또 다른 글자를 쓴 사람은 속죄제물을 바치는 것을 면제한다고 알려준다.

둘째, 영구적인 것을 쓴 사람만 안식일 위반에 대해 책임이 있다. 따라서 모든 필기 재료들―"먹물, 물감, 빨간 물감, 나무진, 황산, 혹은 자국을 남기는 어떤 것들"―이 언급된다. 각각은 특정한 형태의 영구적인 자국을 남긴다.

만일 누군가 서로 접한 두 벽에, 벽 하나 당 한 글자씩 쓴다면 어떨까? (라시는 예를 들어 동쪽 벽에 한 글자, 북쪽 벽에 한 글자라고 말한다.) 이 경우에, 그 사람은 "책임이 있으며" 속죄제물을 바쳐야 한다. 서판의 두 낱장의 경우에도(매출원장과 같이) 마찬가지다.

이것은 랍비 엘리에제르와 다른 랍비들 사이에 (양피지나 종이에 잉크 종류로 쓰는 것과 대조하여) 사람의 살에 쓰는 것에 대한 의견 차이로 이어진다. 이처럼 살을 긁어 자국을 내는 것도 영구적인 쓰기로 볼 것인가? 랍비 엘리에제르는 그렇다고 말하며, 자기 피부에 단어들을 새김으로써 이집트 마술의 비밀을 나라 밖으로 빼돌렸다고 이야기되는 벤 스타다를 증거로 댄다. 랍비들은 랍비 엘리에제르에게 벤 스타다의 행동은 증거가 아니라고 대답한다. 벤 스타다는 바보였다고 알려져 있기 때문이다.

데라슈 D'rash

우리 대부분은 믿기지 않는 신문 헤드라인을 본 경험이 있다. "미국 상원의원 12명이 외계인!" "모피코트에게 살해당한 여자!" 혹은 "결혼식 도중 UFO 착륙!" 같은 것들이다. 연구들에 따르면, 일부의 사람들이 이런 헤드라인이나 그 너머의 기사들을 실제로 믿는 반면, 대부분의 사람들은 이러한 타블로이드 신문들이 사실에 기반한 뉴스라기보다는 오락용 자료들임을 알고 있다. 이러한 기사들의 출처가 평판이 좋지 않은 신문들이기 때문에, 그 이야기의 진실성은 자동적으로 의심받는다.

랍비들은 우리에게 어떤 것을 읽을 때 약간은 의심하라고, 무엇을 말하고 있는지뿐 아니라 누가 말하고 있는지도 고려하라고 상기시킨다. 벤 스타다는 두 가지 모두에서 용납되지 않는다. 그는 유명한 바보였을 뿐 아니라 마술을 가르쳤다. 사람(벤 스타다)과 주제(마술)의 결합이 랍비 엘리에제르가 제시하고자 했던 증거를 파멸로 이끌었다. 따라서 랍비들은 다소 건강한 회의주의로 이 주제에 접근한다.

최근, 홀로코스트는 결코 일어난 적이 없다거나 편견에 의한 경미한 사건이었지 한 세대 동안 설명하고 기록해온 대로의 집단학살은 아니었다고 주장하는 책들이 발표되었다. 대부분의 지식인은 이 "역사 수정주의"에 대해서도 비슷하게 건강한 회의주의로 접근한다. 그 책들이 제시하는 '진실'이란 무엇인가? 홀로코스트의 잔혹행위뿐 아니라 그 규모를 기록한 책이 수천 권은 아니라 해도 이미 수백 권이나 나와 있지 않은가? 수정주의자들이 증거로 제출한 '자료'와 '문서'는 일반 지식과 모순되지 않는가? 더 나아가 누가 이러한 자료를 쓰고 있는가? 그들은 명문 대학의 세계적으로 유명한 학자들, 역사가들인가? 대개 이러한 비판을 쓰는 이들은 훌륭한 자격에는 못 미치는 이류 교사들이다. 불행히도 이러한 책들은 자주 인기를 얻지만 두 가지 기준 모두에서 신뢰할 수 없다.

마찬가지로, 유대인들이 18~19세기 미국 노예무역의 중심이었다는 것을 '증명하는' 듯한 책들도 있다. 그 저자들은 유대인이 흑인을 경제적 수단들을 통해 계속해서 노예로 만들었음을 보여주려 한다. 이러한 책들에 대한 유사한 회의주의도 건강한 태도다. 이들 저자들은 누구인가? 그들이 주장하는 '사실'이란 무엇인가? 왜 대부분의 존경받는 학자들은 이러한 책들을 정치적 음모라 여기며 거부하는가? 이 저자들이 제기하려는 정치적 의제는 무엇인가?

메시지와 메신저 모두 의심스러울 때, 우리는 우리의 게마라를 참조하여 이러한 '증거'를 거부할 수 있다. 랍비들은 수세기 전에 오늘날 우리가 따르는 편이 좋을 선례를 세웠다.

כְּחָתָן בֵּין אֲבֵלִים . . .
כְּאָבֵל בֵּין חֲתָנִים

상주들 가운데 있는 신랑 같고……
신랑들 가운데 있는 상주 같다

Like a groom among mourners…
Like a mourner among grooms

샤바트 114a

랍비 시몬 벤 라키시가 말했다. "이 예복들은 해외에서 온 옷들[올라린]이다." 이것은 그것들이 흰색이라는 것을 말하기 위함인가? 랍비 얀나이가 그의 아이들에게 말하지 않았던가? "얘들아, 나를 흰 예복을 입혀 땅에 묻어서는 안 되고, 검은 예복을 입혀 묻어서도 안 된다. 흰 옷을 입었는데 자격이 부족하다면, 나는 상주들 가운데 있는 신랑 같을 것이다. 검은 옷을 입었는데 자격이 된다면, 나는 신랑들 가운데 있는 상주 같을 것이다. 해외에서 온 옷[올라린]을 입혀서 묻어다오."

앞의 미슈나는 안식일에 옷을 개키는 것에 대해 말하며, 안식일에 입은 옷은 안식일에 갤 수 있지만, 안식일 후에 입을 옷은 해당되지 않는다고, 즉 평일 준비를 안식일에 해서는 안 된다고 가르친다. 이 미슈나에 이어 게마라는 의복 일반과 특히 학자들의 의복에 대한 규칙을 논의한다. 그런 다음 학자들에 대한 여러 전통을 소개하고, 그들이 누구이며 지역사회가 어떻게 그들을 존경해야 하는지에 대해 이야기한다. 각 절은 안식일에 옷 개키기라는 애초의 문제와는 동떨어진 채 앞의 생각을 계속 이어간다. 이와 같이 1)안식일에 옷을 개는 것, 2)의복, 3)학자들의 의복, 4)학자의 정의, 5)학자에 대한 존경 순으로 사고가 진행된다.

　　게마라가 몇몇 학자들에게 사용하는 용어 중 하나가 바나임banaim 곧 '건설자'다. 이들은 "세상을 향상시키는 데 그들의 모든 삶을 바치는" 사람들, 즉 더 나은 세상의 건설자로 정의된다. 게마라는 바나임인 사람들과 그들에 대한 존경을 밝히고 나서 바나임의 의복 또한 규정하려고 한다. 그리하여 (레시 라키시라는 별명으로 유명한) 랍비 시몬 벤 라키시는 바나임의 의복 중에 올라린olaryin이라 불리는 예복이 있다고 말한다. 올라린이란 무엇인가? 랍비 얀나이의 이야기에 따르면, 이것은 수입된 예복으로 검은색도 흰색도 아닌 것으로 보인다. 랍비 얀나이는 제자리에 있는 듯 편안함을 느낄 수 있도록 이 예복을 입혀서 묻어달라고 부탁한다.

　　랍비 얀나이는 '아이들'이라는 말로 생물학적 자녀보다는 장례를 책임질 이들, 곧 자신의 제자들을 가리켰을 것이다. 랍비 얀나이는 위대한 학자였고 인자한 스승이었지만 자신의 사후 운명에 대해서 걱정했다. 그는 어울리지 않는 곳에 있고 싶지 않았다. 만일 그가 "자격이 된다면" 즉 죽은 후 천국으로 가는 보상을 받는다면, 모든 이들이 흰 옷을 입고 있을 그곳에서 그 혼자만 검은 옷을 입고 싶지는 않을 것이다. 하지만 그가 자격이 되지 않아 지옥Gehinnom에 보내진다면, 랍비 얀나이는 당연히 흰 옷을 입은 유일한 사람이 되는 것도 원치 않을 것이다! 흰색이 순결과 천상으로, 검은색이 악과 지옥으로 간주된다는 데 주목하라.

데라슈 D'rash

�֎ 랍비 얀나이와 마찬가지로, 우리 중 어느 누가 어울리지 않는 곳에 있는 것을 두려워하지 않겠는가? 우리 각자는 고유한 존재이길 원하지만, 어느 누구도 눈에 띄는 것을 원하지 않는다. 랍비 얀나이의 말은 이러한 불안을 적절히 나타낸다. 랍비 얀나이는 인생에서 중요한 일들에 대한 계획을 이야기한다. 그는 두 가지 가능한 만일의 사태에 대비하여 흰 옷이나 검은 옷을 입혀서 매장하지 말 것을 요청한다. 그렇게 자신이 겪을 부끄러움, 이 경우에는 죽은 후에 당할 부끄러움을 면할 방법을 미리 생각해낸다. 올라린을 입으면 그는 상주들 사이에 있는 신랑 같지도, 신랑들 사이에 있는 상주 같지도 않을 것이다.

우리 대부분은 어떤 방으로 걸어 들어가며 어울리지 않는 옷을 입은 듯 느낀 적이 있다. 한 친구가 "편한 차림으로 밖에서 저녁식사나 하자"라고 말한다. 하지만 편한 차림에 대한 친구와 우리의 정의가 딱 들어맞지는 않는다. 우리가 차려입은 모습 때문에, 결국 그날 밤 내내 신랑들 사이에 홀로 있는 상주처럼 죄불안석하게 된다. 검은 나비넥타이를 맨 정장 차림의 연회에 어떤 이유에서인지 밝은 색의 옷을 입고 온 남자가 기억날지 모른다. 아마 그는 턱시도를 입을 형편이 아니었을 수도 있고, 초대장을 잘못 읽었을 수도 있다. 어떤 이유든지 간에, 그는 상주들 사이에 있는 신랑처럼 두드러질 것이다.

우리는 어떻게 입을지뿐 아니라 다른 종류의 준비도 미리 계획함으로써 당혹스러움을 피할 수 있다. 오페라를 즐기고 어울리지 않는 곳에 와 있다고 느끼지 않기 위해서, 오페라 대본을 읽어 구성과 줄거리를 이해해볼 수 있다. 마찬가지로, 다른 종교적 전통이나 자기 종교적 전통의 인생주기 행사에 초대받았을 때, 예절과 옷차림에 관한 풍습을 미리 찾아본다면 도움을 얻고 더 편안하게 느낄 수 있다.

당신이 심하트 바트simhat bat에 초대되었다고 가정해보자. 이것은 유대인 공동체가 여자 아기의 탄생을 맞이하는 특별한 방식으로서 지난 수십 년 동안 발전해온 새로운 의식이다. 만약 이것이 당신이 처음으로 참석하는 심하트 바트라면, 분위기에 어울리지 못할까봐 걱정할지 모른다. 하지만 조금만 사전 조사를 해보면 어느 정도 편안함을 느낄 수 있을 것이다. "심하트 바트는 얼마 동안 진행되는가? 그것은 얼마나 격식을 차리는 자리인가? 내가 준비해야 할 것은 무엇인가? 나와 불안을 함께 나눌 수 있는 다른 사람들이 있는가?"

우리가 현재 있는 곳에서 편안함을 느낄 것이라고 100퍼센트 확신할 수는 없다. 그러기에 삶은 너무나 복잡하다. 그럼에도 우리는 어디에 있든 가능한 한 편안함을 느끼고 싶어한다. 제대로 생각하고 미리 계획한다면, 우리는 그 상황에 어울린다고 확신할 수 있고, 상주들 가운데 있는 신랑이나 신랑들 가운데 있는 상주처럼 느끼지 않으리라 확신할 수 있다.

אֵלּוּ וָאֵלּוּ דִּבְרֵי אֱלֹהִים חַיִּים

두 가지 모두
살아계신 하나님의 말씀이다

Both are the words of the living God

에루빈 13b

Eruvin. 세데르 모에드의 두 번째 소논문으로 모두 10개의 장으로 이루어져 있으며 다양한 에루브eruv를 다룬다. 에루브는 글자 그대로는 '혼합'이라는 뜻이다. 안식일에는 사적 영역에서 공적 영역으로 어떤 것(집열쇠나 지팡이부터 심지어 갓난아기까지)도 나르는 것을 금지하는데, 이에 따른 애로사항을 피하기 위해서 여러 사적 영역과 공적 영역을 혼합해 하나의 사적 영역으로 만들어 집밖으로 물건을 나를 수 있도록 허락하는 유대교 의식상의 구역을 말한다.

랍비 아바가 슈무엘의 이름으로 말했다. "3년 동안 삼마이 학파와 힐렐 학파 사이에 논쟁이 있었다. 전자는 '율법이 우리의 관점을 따른다'라고 말했고, 후자도 '율법이 우리의 관점을 따른다'라고 말했다. 하늘에서 목소리가 들려와 '두 가지 모두 살아계신 하나님의 말씀이지만 율법은 힐렐 학파를 따른다'라고 공포하였다." 두 가지 모두 살아계신 하나님의 말씀이라면, 어째서 힐렐 학파가 율법이 그들의 관점을 따른다고 말할 자격을 얻었는가? 왜냐하면 그들이 친절하고 겸손했기 때문이다. 그들은 자신들의 관점과 삼마이 학파의 관점 모두를 가르치곤 했다. 더 나아가, 그들은 자신들의 관점보다 삼마이 학파의 관점을 먼저 언급하곤 했다.

힐렐과 삼마이는 기원전 1세기 말의 위대한 두 랍비 지도자들이었다. 이 두 사람의 제자들은 다음 세기 내내 각각 힐렐 학파와 삼마이 학파로 알려졌다. 이 두 집단은 서기 70년 성전이 파괴되기 직전과 직후라는 위기의 시기 동안 오늘날 우리가 알고 있는 유대교의 대부분을 만들었다. 300년 이상에 걸친 그들의 율법 논쟁은 탈무드 전반에 기록되어 있다. 많은 학자들이 이들의 율법상의 견해 차이의 요인을 철학적이거나 사회학적인 기반에서 찾곤 했다. 힐렐 학파는 자주 더 관대했으며 더 낮은 계층을 대변했다. 샴마이 학파는 대체로 더 엄격한 입장을 취했으며, 그 구성원들은 더 부유한 상류층 출신이었다. 하지만 이러한 접근법은 오늘날 논란이 되고 있다.

이 절에서, 힐렐 학파와 샴마이 학파는 누구의 관점이 신의 뜻을 가장 잘 반영하는지를 놓고 상당한 시간 동안 논쟁을 벌여온 상태다. 답은 "작은 음성bat kol"에서 나오는데, 이것은 하늘에 계신 신의 메시지라고 이해할 수 있다. 이 메시지는 실제 육성으로 올 수도 있고, 꿈에 나타날 수도 있다. 예언자가 죽게 되자, 작은 음성이 신으로부터 직접 전언을 받는 유일한 수단이 되었다.

힐렐 학파와 샴마이 학파 모두 자신들의 견해와 율법 판결로 신의 뜻을 밝히고 전달한다고 믿었다. 성문법, 즉 하나님이 시나이 산에서 모세에게 준 토라는 자주 애매하거나 많은 세부 사항과 쟁점에 대해 답을 주지 않았다. 랍비들이 구전율법(미드라시와 탈무드)에서 하고자 한 것은 신의 생각을 발견하려는 시도였다. 그들은 토라를 이해하고 그 가르침을 자신들의 시대에 적용하려고 애썼다. 그들은 자주 상이한 해석들을 제시했다. 하지만 우리가 여기에서 볼 수 있듯이, 그들은 각자의 해석이 신의 진리를 반영한다고 굳게 믿었다. 그럼에도 율법—규범이 되고 용인되는 행동을 규정하는 것—은 확정되어야 했다. 그렇지 않으면, 민족의 통합은 수많은 실제 행동들에 의해 무너질 것이다. 대체로 힐렐 학파의 관점이 선택되었는데, 힐렐 학파가 옳고 샴마이 학파가 틀렸기 때문이 아니었다. 오히려 힐렐 학파의 관점이 율법이 된 것은, 탈무드에 따르면, 의견이 다른 이들을 대하는 그들의 방식에 대한 보상으로서였다.

데라슈D'rash

우리는 매우 복잡한 세상에서 살아간다. 이 세상을 이해하기 위해서 우리는 자주 사태를 단순화하는 덫에 빠진다. 문제는 흑 아니면 백, 사람은 선 아니면 악, 나라는 동맹 아니면 적, 진술은 진실 아니면 거짓으로 나눈다. 하지만 경험이 우리에게 가르쳐주는 것은 삶은 그렇게 단순하지 않다는 것이다. 진실은 여러 곳에서, 다양한 색조로 발견된다.

'소경들과 코끼리'라는 유명한 이야기가 있다. 앞을 볼 수 없는 네 사람이 자신들이 전혀 알지 못하는 어떤 동물을 만나게 된다. 한 명이 그것의 코를 만지더니 코끼리는 고무관처럼 생겼다고 결론내린다. 또 다른 사람은 상아를 만지고는 이 동물은 바위처럼 단단하다고 추측한다. 세 번째 사람은 그 몸통을 두드려보더니 이 짐승은 산처럼 거대하다고 생각한다. 네 번째 소경은 꼬리를 잡고는 마음속에 밧줄의 형상을 떠올린다. 넷 중 누가 옳은가? 그들 모두 옳다고 할 수 있다. 각자 생각한 것에 진실이 있지만, 각각 하나만으로는 진실의 일부분일 뿐이다. 만일 그들이 자신들의 한계를 털어놓고, 자신들이 아는 것을 동료들과 공유하려 했다면 전체적인 설명을 알아냈을 것이다.

힐렐 학파의 생각에도 진실이 있었고, 삼마이 학파의 생각에도 진실이 있었다. 그들의 가르침 모두 살아계신 하나님의 말씀을 담고 있었다. 힐렐 학파의 성공 비결은 오만과 독선이 우리의 눈을 가려 진리 전체를 발견하지 못하게 한다는 점을 이해했다는 것이다. 다른 사람들에게도 우리가 배울 것이 많이 있다는 것을 인정할 때, 우리는 비로소 눈을 뜨고 전에 우리에게 가려져 있던 것들을 볼 수 있다. 우리의 답만이 유일한 답이 아님을 깨달을 때, 우리는 배움과 이해에 마음을 열 수 있다. 겸양과 겸손은 우리가 모든 곳에서 진리의 중요한 세부사항들을 탐구할 수 있도록 해주는 열쇠다.

מִתּוֹךְ שֶׁלֹּא לִשְׁמָהּ
בָּא לִשְׁמָהּ

비록 그릇된 이유에서 했더라도, 결국은 올바른 이유를 위한 게 될 것이다

Even if for the wrong reason,
eventually it will be for the right reason

페사힘 50b

Pesaḥim. 세데르 모에드의 세 번째 소논문으로 모두 10개의 장으로 이루어져 있다. 유월절의 율법을 다루는데, 특히 전반부는 유월절에 금지되는 발효 음식, 후반부는 유월절의 희생양에 관한 율법들을 논의한다.

이 책의 저자들이 인용하는 토라와 기독교 성경은 구절의 세부 표현과 위치에서 조금 차이를 보인다. 이 구절이 있는 부분의 개역개정 번역은 다음과 같다. "주여 내가 만민 중에서 주께 감사하오며 뭇 나라 중에서 주를 찬송하리이다. 무릇 주의 인자는 커서 하늘에 미치고 주의 진리는 궁창에 이르나이

라바는 두 구절을 대비한다. "기록되길, '주의 성실하심은 하늘만큼 높나니'[시편 57:11]라고 하였다. 하지만 또한 '주의 성실하심은 하늘보다 높나니'[시편108:5]라고도 기록되어 있다. 어떻게 이것이 가능한가? 후자의 경우는 옳은 이유로 [미츠바를] 행하는 자들을 가리킨다. 전자의 경우는 그릇된 이유로 그것을 행하는 자들을 가리킨다." 이것은 라브 예후다를 따른 것으로, 라브 예후다는 라브의 이름으로 말했다. "사람은 항상 토라와 미츠바에 전념해야 한다. 비록 그릇된 이유에서 했더라도, 결국은 그것이 올바른 이유를 위한 게 될 것이기 때문이다."

라바는 성경의 두 구절이 한 단어를 제외하고는 똑같음에 주목한다. 시편의 이 외견상의 불일치를 보고 라바는 이렇게 묻는다. 신의 성실하심은 (시편 57편이 증언하듯이) 하늘만큼 높은가, 아니면 (시편 108편이 주장하듯이) 하늘보다 높은가? (영어 번역판

원전에 가장 가까운 탈무드

에서는 하늘을 각각 'Heaven/the heavens'로 구분하지만 두 구절 모두 샤마임shamayim이라는 동일한 히브리어 단어를 사용한다. 이 단어는 두 가지—천국과 하늘—모두로 번역될 수 있다.) 이 모순은 라바로 하여금 그 구절들을 자세히 설명하고 주장을 밝히도록 이끈다.

만약 어떤 이가 그릇된 이유에서 미츠바를 행한다면, 그 사람을 향한 신의 성실하심은 하늘만큼 높다. 하지만 어떤 이가 올바른 이유와 적절한 동기에서 미츠바를 행한다면, 그때 신의 성실하심은 하늘보다 더 높이 확장된다.

라브 예후다는 올바른 의도를 갖고 토라의 삶을 살며 미츠바를 행하는 것이 최상이지만, 그릇된 의도를 갖고 미츠바를 행하는 것조차 아무것도 하지 않는 것보다는 낫다고 설명한다. 왜냐하면 "비록 그릇된 이유에서 했더라도, 결국은 올바른 이유를 위한 게 될 것이기 때문이다." 다시 말해, 어떤 이가 적절한 의도 없이 혹은 완전히 그릇된 의도를 갖고 미츠바를 행하더라도, 그 사람은 미츠바를 행한 덕분에 결국은 미츠바를 올바른 이유에서 행하는 것을 배울 수 있다.

데라슈D'rash

우리는 자주, 다른 사람들을 돕는 사람들이 그릇된 이유에서 그렇게 한다고 불평한다. 그들은 사리사욕이나 세간의 주목을 위해서, 혹은 그들의 이웃 같은 존재가 되기 위해서 그렇게 행동한다. 어떤 사람이 1000만 달러를 병원에 기부한다. 그가 보건에 관심이 있어서라기보다는 자신의 이름을 딴 새 건물을 보고 싶기 때문이다. 어느 부부가 지역 무료급식소에서

다. 하나님이여 주는 하늘 위에 높이 들리시며 주의 영광이 온 세계 위에 높아지기를 원하나이다."(시편 57:9-11)

━━━━━ •••• ━━━━━

"여호와여 내가 만민 중에서 주께 감사하고 뭇 나라 중에서 주를 찬양하오리니, 주의 인자하심이 하늘보다 높으시며 주의 진실은 궁창에까지 이르나이다. 하나님이여 주는 하늘 위에 높이 들리시며 주의 영광이 온 땅에서 높임 받으시기를 원하나이다."(시편 108:3-5)

자원봉사자로 오후를 보낸다. 그들이 가난한 사람들을 먹이는 일이나 기아 퇴치에 관심이 있어서가 아니라, 단순히 주중의 어느 오후에 할 일이 없기 때문이다. 그 자선 행위는 그들의 비어 있는 시간을 채워준다. 어느 고등학생이 지역 병원에서 '자원봉사 간호조무사'로 일한다. 환자들을 치료하거나 그들의 고통을 덜어주는 데 관심이 있어서가 아니라, 단지 이 일이 그녀의 대학 지원서에 좋은 이력이 될 수 있기 때문이다. 라브 예후다는 우리에게 이런 사람들을 너무 비난하지 말라고 일깨운다. 최소한 그들은 선한 일을 행하고 있다―비록 무의미하고, 어리석고, 이기적인 이유에서일지라도. 아마도 다음번에는 그들의 동기가 더 순수해질 것이다. 최소한 지금, 그 행위는 제자리에 있다. 그때가 되면 그들은 그 행동의 수준을 높이도록, 그 행동을 "하늘보다 높게" 만들도록 나아갈 수 있다.

어느 여자가 헬스클럽에 등록한다. 운동을 하기 위해서가 아니라, 그곳이 유행을 선도하는 트렌드세터들을 볼 수 있는 '최신 유행' 장소이기 때문이다. 자신의 신체 단련과 건강은 눈곱만큼도 생각하지 않는다. 하지만 그녀는 사람들이 정기적으로 운동하는 장소에 있기 때문에 점점 더 많이 유산소 운동에 참여하게 된다. 처음에 그녀는 트레드세터들을 "보고 그들 눈에 띄기 위해" 갔고 여전히 그들과 함께 있는 것을 즐기지만, 이제 그녀는 본래 그곳에 있기 위한 부수적인 이유였던 신체 단련을 즐기고 그로부터 건강상의 커다란 이익을 얻는다.

유대 전통은 시나이 산에서 계명을 받은 것에도 유사한 접근법을 취했다. 이스라엘인들은 토라를 받았다는 사실뿐 아니라 그들이 그것을 받은 방식에 대해서도 높이 칭송했다 "그리고 그들이 말하기를, '하나님의 모든 말씀을 우리가 성실히 행할 것입니다'(출애굽기 24:7)." 여기서 "우리가 성실히 행할 것입니다"는 사실 두 개의 히브리어 동사, 곧 "우리가 행할 것이다na'aseh"와 "우리가 들을 것이다v'nishmah"다. 이 두 동사가 합쳐져 "우리가 성실히 행할 것입니다"라는 뜻이 되지만, 랍비들은 이 동사들에서 교훈을 발견한다. 이스라엘인들은 먼저 행하기로 동의했다. 그런 다음에야 그들은 이유를 듣고 알게 되었다. 이유를 모른 채 순종할 때에도, 이후에 알게 된 이유가 터무니없거나 부정확하다는 게 드러났을 때에도, 이스라엘인들은 먼저 행하고 있었다. 랍비들은 이들의 반응이 대단히 훌륭하다고 여겼다.

우리가 삶에서 순수한 이유로 행하는 일은 매우 드물다. 일할 때든 놀 때든, 혹은 가정에서든 회당에서든 우리가 행하는 대부분은 이면의 동기를 갖고 있다. 라브 예후다는 라브의 이름으로 우리에게 이것이 자연스러운 일이라고 알려준다. 그는 우리에게 긍정적인 동기가 자주 긍정적인 행위에서 나온다는 점을 상기시킨다. 우리는 그릇된 이유에서일지라도 이러한 선한 일들을 행해야 한다. 왜냐하면 그것이 우리를 올바른 이유에서 선한 일들을 하도록 훈련시킬 것이기 때문이다.

לָא סָמְכִינָן אַנִּיסָא

우리는 기적에 의지하지 않는다

We do not rely on a miracle

페사힘 64a-b

미슈나(5:5): 유월절 제물은 세 무리가 잡는다. 이르기를, "그리고 이스라엘 백성 중에 신자들의 모임이 그것을 잡을지니."[출애굽기 12:6]—여기서 "이스라엘 백성" "신자들" "모임"이 그들이다. 첫 번째 무리가 들어왔을 때, 뜰은 가득 찼고, 뜰의 문들이 닫혔다. 그리고 그들은 한 번의 긴 음, 짧은 음들 그리고 한 번의 긴 음을 불었다.

게마라: "첫 번째 무리가 들어왔을 때," 이렇게들 말한다. 아바예는 말하기를, "우리는 '그것들[문들]이 닫힌다'는 것을 알게 된다." 라바는 말하기를, "우리는 '우리가 그것들을 닫는다'라는 것을 알게 된다." 무엇이 다른가? 여기서 차이는 기적에 의지하는 것이다. 아바예는 말했다. "우리는 '그것들이 닫힌다'라는 것을 알게 된다. 안으로 들어오려는 자는 누구든지 안에 있고, 우리는 기적에 의지한다." 하지만 라바는 말했다. "'우리가 그것들을 닫는다.' 우리는 기적에 의지하지 않는다."

이스라엘 백성들이 이집트를 떠날 때 처음 바쳤던 유월절pesha

희생은 이후 성전의 의식으로 전환되었다. 이 미슈나와 게마라는 희생의 순서를 논의한다. 미슈나에 따르면, 희생을 바치는 이는 출애굽기의 구절에 기초하여 세 무리로 나뉜다. 랍비식으로 생각해도, 이 히브리어 구절은 쓸데없는 군더더기 말들이 많아 보인다. 세 단어—이스라엘 백성Yisrael, 신자eidah, 모임kahal—중 어느 하나로 충분했을 것이다. 이 구절에 대한 미슈나의 독해에 따르면, 뿔피리shofar 소리가 들리는 동안 세 교대조가 차례로 유월절 제물의 희생에 참여해야 한다는 것을 보이기 위해 불필요한 말들을 쓴 듯하다.

아바예와 라바의 의견 차이는 미슈나의 표현 중 히브리어 문법의 사소한 점에서 시작된다. 이 미슈나는 히브리어의 특성 때문에 의도적으로 불명료한 어구를 사용한다. "뜰의 문들이 닫힌다na'alu daltot haazarah"라는 말은 영어 번역만큼이나 히브리어도 애매모호하다. 어떻게 뜰의 문들이 닫힐까? 특히, 유월절 절기에 그토록 많은 순례자들이 성전 뜰에 있을 때 말이다. 히브리어 동사 나알루na'alu는 두 가지 독해가 모두 가능하다. 아바예는 그것을 니날루nina'lu 즉 "그것들이 닫힌다"라는 의미의 수동태 동사로 이해한다. 이 피동사로부터, 아바예는 우리 스스로가 문을 닫으려고 밀지 않으며 성전 뜰에 들어오기를 원하는 사람은 누구든지 그렇게 하도록 내버려둔다는 것을 알게 된다. 그것이 너무 많은 사람들일지라도. 이때 뜰이 사람들로 미어터지지 않으리라고 보증하기 위해 우리는 기적 즉 신성한 개입에 의지한다. 하지만 라바는 이 미슈나를 다르게 읽는다. 그는 그 단어를 노알린no'alin 즉 "우리가 닫는다"라는 뜻의 능동사로 이해해야 한다고 말한다. 성전 뜰의 문들을 닫는 것은 우리의 책임이기 때문에 일정한 수의 사람들만이 들어와야 한다. 우리는 신성한 개입을 기대하거나 기적을 기다리지 않는다.

데라슈 D'rash

아바예와 라바는 우리가 삶에서 직면하는 문제들에 대해 두 가지의 다른 관점을 제시한다. 아바예는 현대식 표현인 "신이 주시리라"의 전조가 된다. 어려운 상황에서 우리는 신성한 개입이 있을 것이라고 가정한다. 성경의 인물 모르드개는 하만에 의해 수산Shushan 성의 유대 민족들이 말살될 위험에 처하자 에스더에게 도움을 구했다. 그녀가 도울 의지가 없는 것처럼 보이자, 모르드개는 그녀 역시 사악한 하만에 의해 죽임을 당할 것이며, 만일 그녀가 돕지 않는다 해도, "유대인은 다른 데로 말미암아 놓임과 구원을 얻으리라"(에스더 4:14)라는 메시지를 보낸다. 모르드개는 에스더의 도움을 요청하지만, 그것이 없어도 '다른 데'에서 도움을 받으리라 생각한다. 이반 투르게네프가 말했듯이, "사람이 무엇을 기도하든, 그는 기적이 일어나기를 빈다."

라바는 다른 접근법을 제시한다. 잠재적 문제에 직면하여 우리는 행동한다고 라바는 말한다. 우리는 신의 도움을 기다리거나 기대하지 않는다. 만일 그 문들이 닫혀야 하고, 사람들이 너무 붐비는 것이 문제가 된다면, 어떤 조치를 취하는 것은 우리의 책임이다. 라바라면 이렇게 말할 것이다. "'신이 주시리라'라는 말의 의미는 신이 우리에게 어려운 상황을 헤쳐나올 수 있는 동기와 수단을 주시리라는 것이다."

우리는 살면서 건강과 의료 문제를 다룰 때 상반된 접근법들을 본다. 어떤 이들은 의료상의 중대 고비에서 수동적 접근법을 취한다. "치료법이 발견될 거야. 도움을 받게 될 거야." 메리 베이커 에디Mary Baker Eddy는 인간이 전능하고 최고로 선한 신의 실재를 깨닫는다면 치유는 뒤따를 것이라는 철학에 입각하여 크리스천 사이언스주의자들의 본부인 크리스천 사이언스 제일교회를 설립했다. 많은 이들이 이것을 의학에 대한 수동적 접근법으로 여긴다. "신이 치유하시리라."

하지만 우리 대부분은 건강관리와 질병 치료에서 더 공격적이고 능동적인 역할을 맡는다. "우리는 치료법을 찾을 거야." "나는 다시 건강해지기 위해 할 수 있는 건 무엇이든 할 거야." 우리는 우리 자신을 신의 대리인으로 여기고, 신이 낫게 해주시기를 기다리지 않고 적극적으로 나서서 스스로를 낫게 한다. 그렇게 할 때, 우리는 신성모독을 범하는 것이 아니라 신을 섬기는 것이며, 우리 자신을 신성한 의지의 도구로 만드는 것이다.

오늘날 이 문제는 성전 뜰의 문들이 어떻게 닫혔는가 하는 물음만큼이나 불분명한 채로 남아 있다. 하지만 건강과 완치의 문들이 우리의 몫인 의식적 활동을 통해서 열려야 한다는 점은 확실해 보인다.

כַּמָּה חֲבִיבָה מִצְוָה בִּשְׁעָתָהּ

적절한 시기의 미츠바는
얼마나 소중한가

How precious is a mitzvah in its proper time

페사힘 65b, 68b

유대교는 토요일, 정확히는 금요일 해질 무렵부터 토요일 해질 때까지를 안식일로 삼는다. 안식일에는 어떠한 불도 피워서는 안 되며, 당연히 요리도 할 수 없다.

미슈나(6:1): 안식일[의 율법]보다 우선하는 유월절[제물]에 관한 것들이 있다. 양을 잡고, 피를 뿌리고, 내장을 다듬고, 기름을 태우는 것은 우선한다. 하지만 내장을 굽고 씻는 것은 안식일[의 율법]보다 우선하지 않는다.

게마라: 가르치기를, 랍비 시몬이 말했다. "적절한 시기의 미츠바는 얼마나 소중한지 와서 보라. 기름과 다리, 기름덩이들을 태우는 것은 밤새 허용되지만, 우리는 어두워질 때까지 기다리지 않는다."

예루살렘에 성전이 있었을 때, 유월절 절기는 유월절 어린 양의 희생으로 기념되었다. 여기에서 미슈나는 만일 유월절이 토요일 저녁에 시작된다면 그 희생을 어떻게 준비해야 하는가라는 물음을 다룬다. 문제는 절기 전날에 축제를 준비하기 위해 너무도 많은 일을 끝마쳐야 한다는 것이다. 그런데 유월절 전날이 많은 활동과 노동이 금지되는 안식일인 것이다.* 이 갈등을 어떻게 풀어야 할까?

양을 잡고 그 피를 제단에 뿌리는 의식은 토라에 따르면 니산Nisan월(유대력 7월) 14일에 행해진다. (유월절 전날로, 이 특별한 사례에서는 14일이 안식일인 경우다.) 토라가 14일로 명시했기 때문에**, 희생은 하루 앞선 금요일(니산월 13일)에 이루어져서도 안 되고, 하루 늦은 일요일(절기의 첫째 날인 15일)에 이루어져서도 안 된다. 일단 제물을 바치면, 내장을 손질하는 일도 같은 날 이루어져야 한다. 안식일 이후까지 연기하는 것은 동물 사체의 부패로 이어질 수 있기 때문이다. 결론적으로 이런 활동들은 모두 토요일에 행해져야 한다. 그것들을 행하는 미츠바가 평상시의 안식일 금지사항보다 우선권을 얻는다. 마지막으로, 랍비들은 다음과 같은 물음을 제기한다. 그 동물의 시체를 제단 위에서 태우는 것(번제)은 어떤가? 이 일은 어두워진 후(안식일이 끝날 때)까지 연기될 수 있는가, 아니면 다른 활동들처럼 토요일에 행해야 하는가? 엄밀히 따지면, 희생의 이 부분은 토요일 밤까지 미룰 수 있다. 희생제물의 지방을 태우는 것은 제물을 바친 후 밤 동안 언제든 행할 수 있기 때문이다. 하지만 랍비들은 다음과 같은 원칙에 따라 그 일이 안식일에 행해지도록 선택한다. "적절한 시기의 미츠바는 얼마나 소중한가." 양을 잡는 일이 안식일보다 중요한 것과 마찬가지로, 지방을 태우는 것 또한 안식일보다 우선하며, 따라서 니산월 14일 토요일에 행해질 것이다.

데라슈D'rash

어느 부부가 몇 달 동안 휴가를 준비해왔다. 마침내 출발하는 날이 되었다. 그들은 짐가방 싸는 일을 끝마치고 택시를 불러 공항으로 향한다. 하지만 탑승수속을 할 때, 출

"이스라엘 자손에게 유월절을 그 정한 기일에 지키게 하라. 그 정한 기일 곧 이 달 열넷째 날 해질 때에 너희는 그것을 지키되 그 모든 율례와 그 모든 규례대로 지킬지니라."(민수기 9:2-3)

발 화면에 적힌 자신들이 탈 비행기 번호 옆에 '지연'이라는 메시지가 깜빡이는 것을 보게 된다.

어떤 여자가 가슴에 있는 멍울이 양성인지 악성인지 밝혀내기 위한 수술 날짜를 잡았다. 그녀는 이 끔찍한 순간을 정신적으로 육체적으로 준비하며 2주를 보냈다. 그러고 나서 입원수속을 하기 한 시간 전, 담당의사의 사무실에서 전화가 걸려온다. 의사가 집안의 급한 일로 불려갔다는 것이다. 수술은 주말로 연기된다.

어느 피살자 가족은 그들의 딸을 살해한 자들을 마침내 법정에서 마주할 날을 기다려왔다. 그들은 1년 전의 모든 아픔과 괴로움을 되새길 감정적인 준비가 되어 있었다. 그러고 나서 재판이 열리기 전날 밤, 그들은 지방검사로부터 전화를 받는다. 판사가 재판을 한 달 더 연기해달라는 피고 측의 신청을 승인했다는 것이다.

우리 모두는 타이밍이 얼마나 중요한지 경험으로 안다. 이것은 단지 일이 우리가 원할 때 일어나지 않으면 실망하게 된다는 말이 아니다. 삶에서 많은 일들은 물질적인 혹은 감정적인 상당한 준비를 요구한다. 우리는 어떤 사건이나 경험에 대해 스스로 "마음의 준비를 할" 필요가 있다. 예기치 못한 지연은 엄청난 충격을 주고, 우리의 몸과 마음을 나쁜 상태로 몰아넣을 수 있다.

이러한 문제들은 자주 우리의 통제를 벗어난다. 외부의 힘과 사건들이 언제 어디에서 그러한 일들이 일어날지를 좌우하고, 일이 일어난 후 우리는 아무것도 하지 못한 채 무력하게 반응할 수밖에 없다. 한편 다른 경우에는, 일들이 정확히 완벽한 순간에 함께 이루어지는 것처럼 보인다. 타이밍이 너무나 적절하고, 어떠한 지연도 없고, 우리가 기다리고 계획했던 일들이 정확히 제 시간에 일어나면 얼마나 놀라운지 모른다.

하지만 때로 어떤 일들이 언제 일어날지를 결정하는 것은 행운 이상의 것이다. 이 게마라는 우리에게 유월절이 토요일 저녁, 즉 안식일 직후에 시작되는 달력을 보여준다. 토라는 특정한 일들이 언제 행해져야 하는지를 결정했지만, 특정한 미츠바를 늦지 않게, 더 일찌감치 행해야 한다고 결정한 것은 랍비들이었다.

그래서 그것은 우리의 삶에 있게 된다. 타이밍의 대부분은 우리의 통제를 벗어나 있다. 하지만 우리가 결정할 수 있는 것 또한 매우 많다. 우리가 완전히 수동적일 필요는 없다. 시간에 유의하고, 여러 가능성을 이해하고, 중요한 선택들을 해나감으로써, 우리는 우리 삶의 많은 순간을 만들어갈 수 있다. 그리고 그럴 때 우리 역시 랍비 시몬과 같이 말할 수 있다. "그것은 얼마나 소중한가!"

יוֹתֵר מִמַּה שֶׁהָעֵגֶל רוֹצֶה לִינַק
פָּרָה רוֹצָה לְהָנִיק

어미 소는 송아지가 젖을 빨기 원하는 것보다
더 젖 주기를 원한다

The cow wants to nurse more than
the calf wants to suckle

페사힘 112a

Shimon bar Yoḥai. 시메온 바르 요카이Simeon bar Yochai, 시메온 벤 요하이Simeon ben Yohai 라고도 한다. 랍비 아키바의 가장 뛰어난 제자 중 한 사람으로, 아키바가 순교당한 뒤 13년 동안 동굴에 숨어살다가 아카데미를 열었는데, 이때의 학생 중 한 명이 나중에 미슈나를 편찬한 유다 하나시다. 유대 율법의 세속적 실천보다 그것에 담긴 정신을 강조했는데, 이 때문에 오랫동안 유대 신비주의의 중요한 경전인 《조하르》의 저자로 알려졌다.

랍비 아키바는 감옥에 갇혀 있을 동안 랍비 시몬 바르 요하이*에게 다섯 가지를 가르쳤다. 그[시몬]가 그에게 말했다. "스승님, 저에게 토라를 가르쳐주십시오!" 그[아키바]가 말했다. "나는 가르쳐주지 않을 것이다." 그가 말했다. "만약 가르쳐주지 않는다면, 저는 아버지 요하이에게 말할 것이고, 당신은 로마정부에 넘겨질 것입니다." 그가 그에게 말했다. "얘야, 어미 소는 송아지가 젖을 빨기 원하는 것보다 더 젖 주기를 원한단다." 그가 그에게 말했다. "그러면 누가 위험한 것입니까? 송아지가 위험한 게 아닙니까?"

시몬 바르 요하이는 랍비 아키바의 가장 열성적인 학생 중 한 명이었다. 그는 토라를 배우려는 열정이 너무 강해서 감옥에 있는 스승을 찾아가 그곳에서 자신에게 가르침을 줄 것을 청했다! 아키바는 처음에 그렇게 하기를 거절했는데, 그것이 제자를 큰 위험에 빠뜨리리라는 것을 알았기 때문이다. 로마인들이 그들의

원전에 가장 가까운 탈무드

모습을 발견한다면, 시몬 또한 분명히 감옥에 던져질 것이다. 시몬 바르 요하이의 토라에 대한 열정은 스승에게 퍼붓는 위협에서 잘 드러난다. 나를 가르치지 않으면, 로마인들이 당신을 더 괴롭히도록 만들겠소! (이 위협을 심각하게 여기기는 어렵다. 로마인들에 대한 시몬의 증오는 스승과 토라에 대한 사랑만큼이나 크기 때문이다.) 아키바는 자신이 꺼리는 까닭을 설명한다. 그는 그 무엇보다 시몬에게 토라를 가르치는 일을 좋아한다. 하지만 그는 사랑하는 제자를 보호하려고 한다. 아키바는 그에게 말한다. 나는 네가 나에게 배우고 싶어하는 것보다 훨씬 더 너를 가르치고 싶다. 비유는 감동적이다. 스승은 그 유방이 젖으로 가득 찬 어미 소와 같다. 송아지(시몬)는 젖(토라)에 굶주려 있지만, 어미 소(아키바)는 그 어린 것에게 젖을 주고 싶은 마음이 더 강렬하다. 유방이 무거워진 어미는 새끼에게 젖을 먹여야만 편안해질 수 있다. 더 중요하게는, 어미 소에게는 엄마로서 자신의 소중한 송아지를 먹이고 키우려는 본능이 있기 때문이다.

시몬은 대답한다. 저는 송아지입니다. 그리고 위험한 것은 송아지이지 어미 소가 아닙니다. 저는 기꺼이 위험을 감수하겠습니다. 아키바는 마음을 고쳐먹고 제자에게 다섯 가지 교훈을 가르쳤다.

데라슈D'rash

아동병동의 사회복지사가 한 청소년 단체에게 병원을 방문해서 몇 시간 동안 환자들과 함께 보내달라고 요청했다. 십대들은 처음에 망설이는 듯 보였다. 몇몇은 아픈 아이들과 가까이하는 것이 자신들을 위험에 빠뜨릴까봐 걱정하기도 했다. 하지만 그 단체의 지도자는 그 일이 안전하고 경험해볼 가치가 있을 것이라고 그들을 설득했다.

그날이 되자, 십대들이 병원에 도착했다. 그들은 시설을 둘러보고 난 후, 병동의 아이들을 만나 간식을 나눠주었다. '공연' 시간이 되었다. 청소년들은 노래를 몇 곡 부르고, 간단한 연극과 몇 가지 마술을 보여주기도 했다. 공연이 이루어지는 동안, 청소년 지도자는 주변을 둘러보며 매우 걱정했다. 환자들이 그다지 즐기는 것 같지 않았기 때문이다. 몇몇 아이들은 잠들어버렸고, 한 아이는 공연 내내 울었다. 어떤 아이는 15분마다 화장실로 데려다줘야 했다. 한 어린 소녀는 몸 전체가 '아파와' 나가야 했다. 정신장애가 있는 어떤 아이는 한 청소년이 자신을 건드리자 "죽여버릴 거야!" 하고 고함을 내질렀다. 공연이 끝난 뒤 박수는 거의 없었다. 청소년 지도자는 십대 청소년들이 아주 속상하고 낙담했을 것이라고 예상했다.

모두가 놀랍게도, 그 십대들은 놀라운 경험을 했다. 그들은 자신들이 본 것에 깊이 감동받았다. 육체적으로 축복받고, 감정적으로 보호받았던 이 청소년들은 존재하는지 거의 알지 못했던 삶의 이면을 잠깐이나마 엿보았다. 그들은 아픔과 건강에 대해 아주 많은 것을 배웠다. 그들은 아마도 처음으로 자신들이 정말로 얼마나 운이 좋은지에 감사했다. 가장 중요한 것은, 그들이 스스로에 대해 멋지다고 느끼고, 그들이 다른 사람들을 위해 얼마나 많은 일을 할 수 있는지 느낀 것이다. 그들은 집으로 돌아오자마자 즉시 청소년 지도자에게 조만간 또 방문할 계획을 세우자고 졸랐다.

병원 병동에 있는 아이들에게, 그것은 그다지 대단한 인상을 남기지 않은 한 시간짜리 기분전환일 뿐이었다. 십대들에게,

그날은 앞으로 많은 날 동안 그들의 기억에 남을 하루였다. 나중에 밝혀졌듯이, 병원의 아이들은 그저 재미있는 시간을 원했지만 그 십대들은 그것보다 훨씬 더 많이 돕기를 원했다. 종종 이런 일이 일어난다. 주는 사람이 받는 사람보다 그 경험에서 더 많은 것을 얻는 일이. 냉소주의자들은 자주 인간을 궁핍하고 이기적인 존재로 여긴다. 하지만 우리 마음속에는 다른 사람과 함께 나누고, 그들을 돕고, 품으려는 진정한 욕구가 있는 것처럼 보인다.

수치로 시작하여 칭찬으로 끝내라

Begin with disgrace, and end with praise

페사힘 116a

"여호수아가 모든 백성에게 이르되 이스라엘의 하나님 여호와께서 이같이 말씀하시기를 옛적에 너희의 조상들 곧 아브라함의 아버지, 나홀의 아버지 데라가 강 저쪽에 거주하여 다른 신들을 섬겼으나."(여호수아 24:2)

미슈나(10:4): 아버지는 자식의 능력에 따라 가르쳐야 한다. 수치로 시작하여 칭찬으로 끝내고, "내 조상은 방랑하는 아람 사람으로서"[신명기 26:5]로 설명을 시작하여 그 전체 절로 마쳐라.

게마라: '수치'란 무엇을 의미하는가? 라브가 말하길, "처음에 우리 조상은 우상숭배자였다."● 슈무엘이 말하길, "우리는 노예였다." 라브 나흐만이 그의 종 다루에게 말했다. "주인이 종을 풀어주고 그에게 은과 금을 준다면, 종은 주인에게 뭐라고 말하겠느냐?" 그가 그에게 말했다. "그는 그에게 감사하며 칭송해야 합니다!" 그[라브 나흐만]가 말했다. "네가 우리에게 '이 밤은 어떻게 다른가……'라고 말하는 것을 면제해주었다" 그가 말하기 시작했다. "우리는 노예였다."

페사힘의 10번째 장은 유월절 식사(세데르)와 유월절 절기의 의식을 상당히 구체적으로 논의한다. 오늘날의 사람들은 이러한 의식 절차를 잘 인도하는 여러 이야기들, 성경 및 랍비의 원문,

원전에 가장 가까운 탈무드

노래들을 담고 있는 하가다를 따른다. 하지만 1~2세기에는 아직 확정된 공식적인 책이 없었다. 대신에 각 가정이 세데르의 기준으로 삼았던 일련의 지침이 있었다. 우리의 미슈나는 이러한 지침들 중 세 가지를 알려준다. 첫째, 아버지(또는 유월절 식사의 지도자)는 식탁에 둘러앉은 아이들과 다른 참석자들의 나이와 역량에 맞게 의식을 '조정'해야 한다. 두 번째 지침은 우리 과거의 슬픈 사건들을 말하는 것으로 이야기를 시작한 다음, 신의 해방에 대한 긍정적인 언급으로 끝내야 한다는 것이다. 마지막으로, 미슈나는 세데르에서 토론해야 할 핵심 구절이, 이집트에서 유대 조상들에게 닥쳤던 일을 요약한 신명기 26장 5~8절임을 가르친다.**

게마라는 두 번째 지침을 콕 집어서 '수치'가 의미하는 바가 정확히 무엇인지 묻는다. 두 가지 견해가 제시된다. 라브는 수치가 유대 민족이 오래전 과거에 행했던 부끄러운 일을 의미한다고 이해한다. 즉 그들은 우상을 숭배했다. 한편, 슈무엘은 수치를 이집트인들이 우리 조상에게 저질렀던 일이라고 본다. 즉 그들은 조상들을 박해하고 노예로 삼았다.

게마라는 라브 나흐만이 그의 종에게 만일 자유의 몸이 된다면 어떤 반응을 보일지 물어보는 이야기로 끝을 맺는다. 다루가 종은 주인에게 감사하며 높일 것이라고 대답하자, 라브 나흐만은 이스라엘 노예들이 분명히 느꼈을 것을 이해하고는 기뻐한다.

데라슈 D'rash

 한 미식축구 팀이 전반전을 엉망으로 치렀다. 그들은 3개의 터치다운 차로 뒤지고 있었다. 코치는 당혹스러

"내 조상은 방랑하는 아람 사람으로서 애굽에 내려가 거기에서 소수로 거류하였더니 거기에서 크고 강하고 번성한 민족이 되었는데, 애굽 사람이 우리를 학대하며 우리를 괴롭히며 우리에게 중노동을 시키므로, 우리가 우리 조상의 하나님 여호와께 부르짖었더니 여호와께서 우리 음성을 들으시고 우리의 고통과 신고와 압제를 보시고, 여호와께서 강한 손과 편 팔과 큰 위엄과 이적과 기사로 우리를 애굽에서 인도하여 내시고."(신명기 26:5-8)

웠고 화가 났다. 선수들은 많은 실수를 해댔고, 코치가 가르쳤던 수준이나 방식대로 플레이하지 않았다. 어쩌면 그 경기의 가장 중요한 순간은 코치가 선수들에게 해줄 말을 준비하며 후반전을 대비시키려 하는 바로 지금일지 모른다.

"아까는 정말로 끔찍했다…… 지금까지 우리 경기는 수치 그 자체야!" 그러고 나서 그는 선수들이 저지른 엉성한 플레이와 실수들을 계속 검토했다. 하지만 그는 이제 갈림길에 섰으며, 두 가지 매우 다른 방향으로 나아갈 수 있다.

"너희들이 정말 부끄럽다! 너희들은 할머니들처럼 플레이 했어. 이제 더 이상 너희들이 누군지 모르겠다! 내가 너희들의 코치라고 말하기도 창피해! 이게 너희들이 할 수 있는 최선이라 면, 지금 당장 옷 갈아입고 집에 가버리는 게 나아! 자, 경기장으로 나가서 다시는 아까처럼 망신당하지 마라!"

혹은 그는 이렇게 끝맺을 수도 있다. "나는 너희들을 잘 안 다. 너희들은 훨씬 더 잘할 수 있어. 너희들은 지금까지 몇 번이 고 훨씬 더 잘해왔다. 지난달 우리가 힘겹게 해냈던 승리 기억하 지? 그때 너희들 모두 정말 자랑스러웠다. 그래, 너희들이 전에 도 해냈다면, 이번에도 분명히 해낼 수 있을 거야. 자, 손을 뻗어 이걸 이겨낼 투지와 결의를 찾자. 너희들은 최고다! 나에게 보여 줘!! 나가서 해보자!!"

누군가의 행동에 화가 나고 속상하고 실망했을 때, 너무나 자주 우리는 두 가지 태도 중 하나를 취한다. 그들의 기분을 상 하게 하고 성난 대립으로 치달을까 두려워하여 아무 말도 않거 나, 아니면 그들의 실수를 혹독하게 비판하며 그들에게 책임을 '떠넘긴다.' 불행히도, 두 가지 접근법은 도움이 되지도 않고 건 설적이지도 않다.

랍비들은 완벽한 중도를 넌지시 알려준다. '수치' 즉 부정적인 것으로 시작하되 칭찬 즉 긍정적인 것으로 끝맺으라. 문제를 무시한다고 해서 그 문제가 사라지지는 않는다. 우리는 존재하는 어려운 문제를 솔직하게 직면해야 한다. 하지만 우리는 또한 그 사람의 존엄성을 손상시키지 않으면서 앞으로 나아가도록, 더 나아지고 더 잘하도록 동기를 부여해야 한다. 우리가 하는 마지막 말이 그 사람이 계속 마음에 지니는 것이 된다. 그들이 성장하고 다시 일어서는 것은 그 마지막 말에 의해서다.

우리는 역사를 읽으며 유대 민족이 한때 노예이자 우상숭배자였다는 것을 알게 된다. 하지만 그들은 그 과거를 딛고 일어나, 토라의 말씀처럼 "제사장의 나라와 거룩한 백성"(출애굽기 19:6)이 될 수 있었다. 아마도 그것은 부분적으로, 신이 우리에게 말하는 방식, 항상 우리가 무엇을 행하고 무엇이 되기를 열망할 수 있는지에 대한 메시지를 우리에게 남기셨기 때문이리라.

הַזְּרִיזִין מַקְדִּימִין לְמִצְוֹת

부지런한 사람은 최대한 일찍
미츠바를 행한다
The diligent do the mitzvot as early as possible

요마● 28b

Yoma. 세데르 모에드의 5번째
소논문으로, 8개의 장으로 이
루어져 있다. 욤키푸르(속죄일)
절기와 관련한 율법을 주로 다
룬다.

Minḥah. 또는 minha, mincha,
minchah라고도 쓴다. 유대교
에서는 하루에 세 번 기도를
드리는데, 아침기도를 샤하리
트shaharit, 오후기도를 민하, 저
녁기도를 마아리브maarib라고
한다. 전통적으로 샤하리트는
아브라함이("아브라함이 그 아
침에 일찍이 일어나 여호와 앞
에 서 있던 곳에 이르러", 창세기
19:27), 민하는 이삭이("이삭이
저물 때에 들에 나가 묵상하다
가", 창세기 24:63), 마아리브는
야곱이("한 곳에 이르러는 해가
진지라 거기서 유숙하려고", 창세
기 28:11) 시작했다고 말한다.

라브 사프라가 말했다. "아브라함의 기도는 벽이 어두워졌을 때부
터[암송한]다." 라브 요셉은 말했다. "우리가 아브라함으로부터 배
우고 그를 따라서 결정하는가?" 라바는 말했다. "탄나임들이 아브
라함으로부터 배웠는데, 우리 또한 그래야 하지 않겠는가? 가르치
기를, '여덟째 날에는 그 아이의 포피를 벨 것이요'[레위기 12:3]라
고 하였다. 이는 그날 종일토록 할례하기에 적절하다고 가르치지
만, 부지런한 사람은 최대한 일찍 그 미츠바를 행한다. 이는 '아브
라함이 아침에 일찍이 일어나 나귀에 안장을 지우고'[창세기 22:3]
라고 말한 것과 같다."

아브라함의 기도란 민하●● 곧 오후 예배다. 라브 사프라는 이 기
도를 읊을 수 있는 가장 이른 시간을 알고자 한다. 주어지는 답
은 정오 이후, 즉 동쪽을 향한 벽에 해가 더 이상 직접 비치지 않
을 때 암송할 수 있다는 것이다. 라브 요셉은 아브라함으로부터
할라카(율법)를 배울 수 있는지 묻는다(전통에 따르면, 아브라함
이 이 기도 예배 시간을 정했다고 한다). 이 질문의 속뜻은 아브라

함이 모세와 그가 토라를 받은 것(따라서 미츠바를 지켜야 하는 유대인의 의무)보다 앞선 인물이기 때문에, 미츠바의 근거를 아브라함의 행위에 두는 것은 논리적으로 부조리하다는 것이다.

라바는 아브라함이 실로 이후 유대 율법의 원천이라고 대답한다. 여기서 드는 예가 할례b'rit milah 의식이다. 토라는 그것을 여덟째 날에 행해야 한다고 명령하는데, 구체적인 시간은 언급하지 않았기 때문에 그날의 어느 때든 적절하게 된다. 하지만 할례를 아침에 할 뿐 아니라 그날 중 가능한 한 일찍 하는 것이 당시 만연한 풍습이었다. 이것의 바탕이 된 것이 아브라함의 행동이다(공교롭게도, 그는 그 미츠바를 행한 첫 번째 사람이었다). 하나님은 아브라함에게 아들 이삭을 데리고 가서 희생제물로 바치라고 명령했다. 우리가 들었듯이, 아브라함은 다음날 아침 일찍 일어나 이삭을 바로 데리고 가서 하나님의 명령을 지켰다.

데라슈D'rash

아브라함은 사랑하는 아들을 모리아 산으로 데리고 가서 칼로 그를 잡아 희생제물로 바치라는 하나님의 명령을 받는다. 아브라함은 이 어려운 명령에 응답하는 데 수많은 선택지가 있었다. 그는 따질 수도 있었고, 거부할 수도 있었고, 도망칠 수도 있었다. 고민하며 미룰 수도 있었다. 하지만 그는 하나님의 지시를 이행할 것을 택했고, 우리가 이해한 토라에 따르면 그는 가장 이른 시간에 그렇게 했다.

유대인 부모들은 사랑하는 아들에게 할례를 하라는 하나님의 명령을 받는다. 이것은 보통 아기를 모헬mohel에게 데려감으로써 지켜진다. 모헬은 칼을 들어 아기가 할례의 서약에 들어가게 하는 전문가다. 아마도 많은 부모들이 그들의 작고 소중한 아이의 정해진 할례bris 시간이 다가오면 그들의 선택지를 고민할 것이다. 하지만 유대인들은 3700년이 넘도록 하나님의 지시를 이행하기로 선택해왔고, 전통적으로 여덟째 날의 가장 이른 시간에 그렇게 해왔다.

대단히 어려운 결정에 직면할 때 어떻게 해야 할까? 여러 선택지를 고심하고, 올바른 선택을 했다고 100퍼센트 확신이 들 때까지 행동방침을 연기하는 것은 인간의 본성이다. 하지만 삶은 이렇게 심사숙고할 많은 시간을 우리에게 좀처럼 주지 않는다. 모든 일에서 너무나 자주, "망설이는 자는 기회를 놓친다."

성급한 결정을 내리는 것은 절대 장려되지 않지만, 그럼에도 게마라는 명령과 미츠바를 가능한 한 빨리 실행하는 자들을 칭찬한다. 라시는 탈무드(Ḥullin 107b)에 대한 해설에서 이렇게 가르친다. "부지런함(또는 민첩함)은 조심성보다 바람직하다." 조심성이 많은 사람은 실수하지 않기 위해 또는 죄를 짓지 않기 위해 매우 신중할 것이다. 반면에 부지런한 사람은 미리 계획하고 모든 만일의 사태에 준비할 것이며, 따라서 결정을 내릴 중요한 순간이 왔을 때 즉각 올바른 선택을 할 수 있을 것이다.

권위에 대한 맹목적 복종은 다음과 같은 악명 높은 대답으로 이어질 수 있다. "나는 단지 명령을 따랐을 뿐이다." 문명사회는 이러한 변명을 용납하지 않는다. 랍비들은 대단히 엄격하게 도덕적 책임을 각 개인의 몫으로 요구했다. 그렇다면 한편으로는 윤리적 결정을 내리고 다른 한편으로는 신속한 결정을 내리는 것 사이의 완벽한 균형을 어떻게 찾을까? 아브라함의 경우에는, 명령을 내리는 분 곧 하나님에 대한 완전한 믿음이 있었다. 할례에 관해서는, 유대인들이 의지할 수 있는, 이 관습을 따

라온 유대 민족의 약 4000년의 경험이 있다. 다른 상황에 대해서
는, 우리는 라시의 가르침을 따르고자 한다. 그는 우리에게 말한
다. 미래를 살피고 중요한 순간을 준비하라. 그러면 미츠바를 가
능한 한 빨리 행할 만큼 부지런해질 것이다.

התּוֹרָה חָסָה עַל מָמוֹנָן שֶׁל יִשְׂרָאֵל

토라는 이스라엘의 돈을 걱정한다
The Torah worries about Israel's money

요마 43b, 44b

미슈나(4:3): 그는 그것을 잡아 피를 은그릇에 받았다. 그리고 제단의 넷째 단에 서 있는 이에게 넘기자, 그는 그것을 휘저어 엉기지 않게 했다. 그는 부삽을 들고 제단 위로 올라갔다. 그는 위의 숯을 양쪽으로 치우고, 밑의 숯을 한 삽 펐다. 그는 내려와 성전 뜰의 넷째 단에 그것[부삽]을 놓았다. 다른 모든 날에는 은 부삽으로 숯을 치우지만, 오늘 그는 황금 부삽으로 그것을 치웠다.

게마라: "다른 모든 날에는 은 부삽으로 숯을 치우지만……." 이유가 무엇인가? 토라는 이스라엘의 돈을 걱정한다.

소논문 요마Masekhet Yoma는 요마의 율법과 의식을 다룬다. 요마란 아람어로 그날, 즉 속죄의 날인 욤키푸르를 가리킨다. 이 소논문의 많은 절들이 예루살렘 성전의 코헨 가돌 즉 대제사장이 행하는 욤키푸르 의식들을 다룬다. 이 의식의 세부사항은 흥미롭지만 오늘날 우리의 삶에는 적용할 수 없다. 사실, 서기 70년 두 번째 성전이 무너진 이후에 살았던 탈무드의 다수 랍비들에게도 성전에서 행한 이런 의식은 적용될 수 없었다. 그럼에도 그 것은 토라에 실렸고, 미슈나에서 가르쳤고, 게마라에서 상세히 설명했다. 토라는 이스라엘 민족들이 시나이 광야에서 사용했던 성막Tabernacle[•]에 대해 가르친다. 아론과 그의 아들들은 욤키푸르 의식에 참가했다. 이러한 의식은 이후 이동식 성막을 대신해 중요한 성소가 된 성전으로 옮겨졌다.

속죄일 의식 중에 특별한 부삽으로 숯불을 퍼내는 절차가 있었다. 토라에 따르면, 대제사장 아론은 두 손 가득 담은 향을 이 숯 위에 올려야 했다.^{••} 미슈나는 속죄일에 대제사장이 숯을 푸기 위해 황금 부삽을 사용했지만, 다른 모든 날에는 은 부삽을 사용했다고 가르친다. 우리는 왜 속죄일에 황금 부삽을 사용했는지 이해할 수 있다. 이날은 특별한 날, 어쩌면 유대력에서 가장 거룩한 날이기 때문이다. 하지만 왜 일 년 내내 황금 부삽을 사용하지 않는가? 게마라는 이렇게 답한다. 토라는 이스라엘의 돈을 걱정한다. 우리는 이렇게 물을지 모른다. 만일 대제사장이 일 년 중 다른 때에는 은 부삽을 사용했고 속죄일에는 황금 부삽을 사용했다면, 어디에서 절약이 되었는가? 황금 부삽을 만드는 비용은 동일하지 않은가? 주석가들은 이 부삽들이 마모되어 못 쓰게 된다는 점을 언급한다. 만일 황금 부삽을 매일 사용한다면, 그것을 더 자주 교체하는 데 큰 비용이 들 것이다. 그래서 토라는 유대 민족들의 물질적 부를 걱정한 것이다.

데라슈D'rash

 우리 대부분은 훌륭한 명분을 위해 후원금을 요청하는 조직들로부터 우편물을 받는다. 때로 그 요청은 꽤 직

[•] 출애굽기에 자세히 묘사된 성막은 처음에는 큰 뜰에 세운 단순한 천막이었다. 뜰 동쪽에는 번제를 드리는 제단이 있었고, 성막 내부는 다시 '성소'와 '지성소'로 나뉘었다. 바깥방인 성소에는 분향제단과 메노라(7개의 가지가 달린 촛대)가 놓였고, 안쪽방인 지성소에는 십계명이 기록된 돌판 두 개가 담긴 증거궤가 놓였다. 신이 실제로 거하신다고 믿은 지성소에는 1년 중 욤키푸르 때에만 들어갈 수 있었는데, 아론도 이때 들어가도록 허락받았다.

^{••} 아론은 자기를 위한 속죄제의 수송아지를 드리되 자기와 집안을 위하여 속죄하고, 또 그 두 염소를 가지고 회막 문 여호와 앞에 두고, 두 염소를 위하여 제비 뽑되 한 제비는 여호와를 위하고 한 제비는 아사셀을 위하여 할지며, 아론은 여호와를 위하여 제비 뽑은 염소를 속죄제로 드리고, 아사셀을 위하여 제비 뽑은 염소는 산 채로 여호와 앞에 두었다가 그것으로 속죄하고 아사셀을 위하여 광야로 보낼지니라. 아론은 자기를 위한 속죄제의 수송아지를 드리되 자기와 집안을 위하여 속죄하고 자기를 위한 그 속죄제 수송아지를 잡고, 향로를 가져다가 여호와 앞 제단 위에서 피운 불을 그것에 채우고 또 곱게 간 향기로운 향을 두 손에

─────•─•─────

이디시어로 '충분한'이라는 뜻
이다.

설적이고, 명분은 훌륭해 보인다(다음의 예시들은 허구다).

반유대주의가 성행하고 있습니다! 유대인의 자부심을 위해
박물관에 후원해주세요. 비유대인들을 교육하고, 유대인들
의 긍정적 정서를 재건하는 새로운 중심지가 되겠습니다.

때로 명분은 괜찮아 보이지만, 다른 조직과 추가 두문자가
필요한지는 의아스럽기도 하다.

유대인들이 다른 유대인들을 불법화합니다. 유대 공동체의
분열을 막지 않고 이대로 계속할 수는 없습니다. 우리는 유
대인들 간의 갈등을 끝내야 합니다. MAFTIR(종교분열경
향 반대운동)에 가입하십시오.

그리고 자신들이 싸우고 있는 바로 그 문제의 일부인 것처
럼 보이는 단체들도 있다.

너무 많은 유대인 조직, 충분치 않은 돈! 별의별 명분의 새
로운 조직에 진절머리가 나십니까? 그렇다면 GAINOJG●
(유대인단체증가 반대모임)를 후원할 때입니다.

이 예시들은 거짓이고 우스꽝스럽지만, 이러한 현상은 실제
이고 심각하다.

이러한 요청들은 훌륭해 보이는 조직, 공동체를 위해 많은
일을 하겠다고 약속하는 조직들로부터 자주 온다. 대개, 이러한
단체들은 필요하다. 하지만 때로 그들은 다른 기관과 중복되고,

이미 있는 조직과 유사한 기관들이 해온 일을 되풀이한다.

아마도 가장 불안한 점은 수년 간 공동체에서 일해온 기성 단체들이 자금 부족에 시달린다는 것이다. 많은 기관이 재정적 후원의 부족 때문에 문을 닫아야 했다. 이것은 모든 기존 단체가 훌륭한 목적에 기여한다거나, 각각의 새로운 협회가 불필요하거나 중복이라는 말이 아니다. 하지만 이것은 우리의 제한된 자원을 상기시킨다.

어떤 이는 "돈이 말랐다"라고 말한다. 역사상 일부 짧은 시기를 제외하고, 돈은 항상 부족했을 것이다. 게마라는 "토라는 이스라엘의 돈을 걱정한다"라고 단언하며, 유대교가 부족한 자원을 염려한다는 점을 상기시킨다. 우리는 돈을 지혜롭게 써야 한다. 하나님이 이스라엘 민족에게 일 년 내내 황금 부삽을 사용하라고 요구하셨다면, 그들은 그렇게 했을 것이다. 하지만 하나님―그리고 하나님의 율법을 해석한 랍비들―은 이스라엘이 황금 부삽에 너무 많은 자금을 쓴 나머지 다른 훌륭한 명분에는 자금을 별로 남겨놓지 않을까 염려하셨다. 만약 토라가 이스라엘의 돈을 걱정한다면, 그것이 함축하는 바는 우리 역시 돈을 걱정하면서, 우리의 한정된 자원이 현명하게 쓰이는지 살펴야 한다는 것이다.

휴게소

마라를 떠나 엘림에 이르니, 엘림에는 샘물 열둘과 종려 칠십 그루가 있으므로, 거기에 진을 쳤다.(민수기 33:9)

토라의 말씀은 물에 비유되니…… 이르기를, "오호라, 너희 모든 목마른 자들아, 물로 나아오라."[이사야 55:1]…… 물은 사람의 더러움을 깨끗하게 한다. 이르기를, "맑은 물을 너희에게 뿌려서 너희를 정결하게 하리라"[에스겔 36:25]. 토라 또한 불결한 자들을 그 불결함으로부터 깨끗이 씻는다. 이르기를, "여호와의 말씀은 순결함이라"[시편 12:6].(아가 라바 1, 3)

어느 학자가 레베rebbe('랍비'의 이디시어)를 찾아왔다. 그 학자는 더이상 젊지 않았고—서른에 가까웠다—전에 한 번도 레베를 찾아온 적이 없었다.
"당신은 평생토록 무엇을 했소?" 스승이 그에게 물었다.
"탈무드 전체를 세 번 통과했습니다." 학자가 대답했다.
"그래요, 하지만 탈무드의 얼마만큼이 당신을 통과했나요?" 레베가 물었다.
(아브라함 조슈아 헤셸Abraham Joshua Heschel. 《세상은 주님의 것이다 The Earth is the Lord's》. New York: Harper & Row, 1966, p.83)

세데르 모에드 II

SEDER MOED

세데르(순서)의 소논문들은 크기에 따라 배열된다. 따라서 모에드(절기)에 대한 소논문들은 우리가 예상하듯이 유대력과 한 해의 순서를 따르지 않는다. 가장 많은 미슈나 장이 있는 소논문이 제일 먼저 온다. 그래서 24개의 미슈나 장이 있는 샤바트 소논문이 모에드 소논문들의 첫 번째이고, 그 다음으로 각각 10개의 장으로 이루어진 에루빈과 페사힘, 8개의 장이 있는 요마가 뒤따른다. 우리는 세데르 모에드에 대한 우리의 공부를 두 부분으로 나누었는데, 그것이 모두 88개의 장으로 이루어져 있어 이 책의 많은 항목을 차지하기 때문이다. 둘로 나누면 앞에서 제시한 휴게소처럼 쉬어가는 학습이 가능하다. 이제 세데르 모에드의 남은 7개 소논문을 살펴보자.

하나의 미츠바를 행하는 자는
다른 미츠바를 행하는 것에서 벗어난다

One who is doing one mitzvah
is freed from doing another mitzvah

수카 25a-b

미슈나(2:4): 어떤 미츠바를 행하도록 보내진 자들은 초막에서 면제된다.

게마라: 이 말은 어디에서 왔는가? 우리의 랍비들이 가르치길, "너희가 집에 앉았을 때[이 말씀을 암송하라]"[신명기 6:7]. 이것은 어떤 미츠바를 행하고 있는 자는 제외한다…… "하나의 미츠바를 행하는 자는 다른 미츠바를 행하는 것에서 벗어난다"라는 원칙은 여기에서 나오는가? 그것은 거기에서 나온다. 가르치기를, "그때에 사람의 시체로 말미암아 부정하게 된 사람들이 있었다"[민수기 9:6]**. 그 사람들은 누구인가? 랍비 요세 하겔릴리에 따르면, 요셉의 관을 운반한 자들이었다. 랍비 아키바는 말한다. "그들은 나답과 아비후[의 시체]를 옮기느라 바빴던 미사엘과 엘사반이다."

이 미슈나는 초막절 절기 동안 어떤 미츠바(포로로 잡힌 인질을

Sukkah. 세데르 모에드의 6번째 소논문으로, 5개의 장으로 이루어져 있다. 초막절 절기에 관한 율법을 주로 다룬다. 유대인들의 추수감사제인 초막절은 욤키푸르 5일 후에 시작되며, 이스라엘 민족들이 광야에서 방황하는 동안 '초막Sukkot'에서 생활하던 것에서 유래했다. 초막절이 되면 유대인들은 초막을 세우고, 4가지 종류의 식물을 모아서 풍성한 수확에 대해 신께 감사기도를 드린다.

"모세가 이스라엘 자손에게 명령하여 유월절을 지키라 하매, 그들이 첫째 달 열넷째 날 해질 때에 시내 광야에서 유월절을 지켰으되 이스라엘 자손이 여

— ● —

풀어주러 가는 것 같은)를 하느라 바쁜 사람은 초막을 짓고 그 안에 거주하라는 계명*으로부터 면제된다는 말로 시작한다. 게마라는 이러한 면제의 근거를 토라에서 찾는다. 두 가지 가능성이 제시된다.

먼저, 셰마의 말씀(신명기 6:4 - 9)은 "너희가 집에 앉았을 때" 암송되어야 한다는 것이다. 이것은 만일 어떤 사람이 집을 떠나 다른 미츠바를 행하느라 바쁘다면, 그는 이 미츠바를 행하는 것에서 면제된다는 뜻을 함축한다.

두 번째 증거 구절은 희생제물을 바침으로써 유월절을 기념하기 원했지만 그럴 수 없었던 사람들의 이야기에서 나온다. 왜냐하면 그들은 시체와 신체적 접촉을 했기 때문이다. 희생제물은 의식적으로 정결한 자들만이 바칠 수 있었는데, 시체를 만지는 것은 사람을 의식적으로 부정하게 만들었다. 랍비들은 이 사람들이 하나의 미츠바(시체를 매장하는 것)를 행하느라 바빴기 때문에 다른 미츠바(적기에 유월절 희생제물을 바치는 것)를 행하는 것에서 면제된다고 추정했다.

그 사람들이 처리한 것이 누구의 시신인지 토라가 명쾌하게 말하지 않는다고 지적하는 것은 흥미롭다. 언급되었던 익명의 사람들의 신원을 확인하려 시도하는 것, 그리하여 모호한 상황을 구체적인 상황으로 바꾸는 것이 랍비들의 공통적인 성경독해법이다. 랍비 요세는 그 사람들이 요셉의 시체를 이집트에서부터 장례를 치를 이스라엘까지 운반했던 자들이라고 생각한다. 랍비 아키바는 그들이 아론의 사촌들인 미사엘과 엘사반이라고 여긴다. 그들은 아론의 아들들인 나답과 아비후가 성소에서 갑작스럽게 죽은 후 그들의 시체를 치우기 위해 불려왔다[레위기10:4].

데라슈 D'rash

우편배달부가 우편물을 배달한다. 편지와 청구서들 중에는 시청으로 오라는 소환장이 있다. 당신이 배심원으로 선정된 것이다. 이 의무를 기뻐하는 사람은 드물다. 많은 이들에게 이것은 경제적으로 그리고 다른 차원에서도 정말 부담이 되는 일이다. 하지만 우리 모두는 이 일이 시민의 의무 중 하나라는 것을 이해한다. 그것이 없다면, 우리의 사법제도는 제대로 기능할 수 없다. 온갖 어려움에도 대부분의 사람들은 가서 시민으로서의 의무를 다한다. 일부 사람들은 이 의무를 회피하려 하지만, 판사들은 보통 이해해주지 않는다. 그럼에도 정부는 개인들이 배심원 의무를 감당하기 대단히 어렵게 만드는 다른 긴급한 의무들이 있음을 인정한다. 갓난아기가 있는 부모는 면제된다. 장애가 있는 남편이나 아내를 돌보는 배우자도 마찬가지다. 이것은 마치 시청이 이렇게 말하는 듯하다. "하나의 미츠바를 행하는 자는 다른 미츠바를 행하는 것에서 벗어난다."

하지만 랍비들은 "다른 할 일이 있는 자는 미츠바를 행하는 것에서 벗어난다"라고 가르치지 않았다. 미츠바라는 단어가 방정식의 양변에 온다는 것을 알아차리는 것이 중요하다. 우리가 단지 어떤 다른 일을 하고 싶다고 해서 미츠바를 행하거나 맡은 일을 이행할 의무에서 벗어날 수는 없다.

고등학생들은 토요일에 SAT 시험을 본다. 특별히 일요일에 시험을 치르기도 하는데, 이것은 안식일을 지키기 때문에 토요일에 시험을 치를 수 없다는 것을 입증하는 성직자의 편지를 제출하는 학생들에게만 해당한다. 단지 그것이 더 편하다고 여기는 학생에게 일요일 시험이 허락되지는 않는다.

많은 항공사들이 비행기 예약을 취소하거나 변경하는 승객에게 특별요금을 부과한다. 이 위약금은 면제받을 수 있는데, 변경에 대한 정상 참작이 가능한 사정이 있었다는 것을 설명하는 (예를 들어, 의사가 써준) 공문서를 보내는 개인에 한해서다. 질병이나 가족의 죽음은 허용 가능한 변명으로 여겨지지만, 다른 날짜나 항공편을 선호한다는 이유는 받아들여지지 않는다.

우리를 의무와 약속에서 면제해주는 것은 오직 미츠바—안식일을 지키는 것, 병자를 돌보는 것, 친척의 죽음을 애도하는 것—뿐이다. 우리는 너무나 자주 의무와 편리함을 혼동한다. 랍비들은 우리가 빈번히 대는 변명의 본질을 직시하도록 만든다. 탈무드는 우리가 다른 미츠바를 행하는 일에 관련되어 있을 때에만 면제권이 주어진다는 것을 상기시킨다.

비상상황은 증거가 되지 않는다

An emergency situation does not constitute proof

수카 31a-b

만일 그가 에트로그*를 찾지 못했다면, 그는 모과나 석류 혹은 다른 어떤 것도 가져오지 못할 것이다. 시든 것들은 코셰르**지만, 바싹 마른 것들은 부적합하다. 랍비 예후다가 말하길, "바싹 마른 것조차[코셰르]다." 랍비 예후다는 말했다. "자신들의 종려나무 가지를 손주들에게 물려주던 도시 사람들의 사례가 있다." 그들이 그에게 말했다. "당신은 그것에서 증거를 가져오는가? 비상상황은 증거가 되지 않는다."

초막절을 기념하기 위해 토라는 명령한다. "첫날에는 너희가 아름다운 나무 실과와 종려나무 가지와 무성한 나무 가지와 시내버들을 취하여 너희의 하나님 여호와 앞에서 이레 동안 즐거워할 것이라"(레위기 23:40). 이 "4가지 종류"는 에트로그(시트론), 종려나무 가지(룰라브), 도금양 그리고 버드나무 가지로 알려져 있다. 예배자들은 초막절 날 아침 예배의 특정 부분 동안 이 4가지를 손에 들고 흔든다.

여기에서 랍비들은 이 4가지 종류의 품질이 코셰르인지(의

etrog. 성서에서 "아름다운 나무 실과"라고 언급한 과일로, 운향과 귤속에 속하는 시트론의 변종이다.

kosher. kasher라고도 한다. 유대교 의식에 사용하기 적합한 물건의 상태를 말한다. 이 용어는 음식과 기타 사물을 모두 가리키며, 반대말은 음식을 가리킬 때에는 테레파terefah('금지된'), 다른 사물을 가리킬 때에는 파술pasul('부적절한')이라고 부른다.

13번째 생일을 맞은 청소년의 종교적 성년을 기념하는 종교 의례로 소년의 경우에는 바르 미츠바Bar Mitzvah, 소녀의 경우에는 바트 미츠바Bat Mitzvah라고 부른다.

haftarah. 구약성서의 예언서들 가운데 일부를 발췌한 책으로, 유대교 회당에서 예배할 때 폭넓게 낭송된다.

식에 사용하기에 적합한지), 파술인지(적합하지 않은지)를 어떻게 결정하는가에 대해 논의한다. 우리는 신을 예배하는 데 쓸 수 있는 가장 좋고 아름다운 것을 찾기 위해 항상 노력해야 한다. 때로 그렇게 질 좋은 것들을 입수하지 못할 수도 있고, 혹은 예배자의 형편에 넘칠 수도 있다. 품질이 떨어지거나 결함이 있는 물건들일 경우, 그것들을 사용하도록 허용할 수 있는가 하는 문제가 제기된다.

랍비 예후다는 심지어 바싹 마른 에트로그나 종려나무 가지도 코셰르가 된 전례가 있다는 견해에 근거를 둔다. 그는 과수원에 가서 신선한 종려나무 가지를 입수할 수 없었던 도시 거주자들이 자신들이 쓰던 룰라브를 손주들에게 물려주곤 했다고 이야기한다. 여러 해를 거치며, 이 종려나무 가지들은 시들었을 뿐 아니라 완전히 말라버렸다. 하지만 그것들은 대대로 여전히 사용되었다. 이것은 질이 떨어지는 가지나 열매의 사용도 받아들여졌다는 증명처럼 보인다. 하지만 랍비들은 동의하지 않는다. 이러한 풍습이 일부 도시 거주자들 사이에 흔했다는 것은 인정하지만, 그것은 이례적인 상황이었다. 이들은 다른 선택이 없었던 사람들이었다. 그들에게 말라버린 룰라브나 에트로그를 사용하는 것은 비상조치였다. 하지만 율법과 일반 풍습은 극단적이고 이례적인 상황에 허용되는 것에 근거를 둘 수 없다.

데라슈D'rash

바르 미츠바와 바트 미츠바•는 정기 안식일 예배 동안에만 기념하는 것이 교외 유대교 회당들의 방침이다. 각 청소년들은 하프타라••를 낭송하고, 토라의 일부를 낭독하고, 예배의 일부를 이끈다. 어느 해, 한 가족이 의례위원회를 찾아 특별한 요청을 한다. 그들은 추수감사절 아침인 목요일에 아들의 의식을 거행할 수 있도록 허락받고 싶어한다. 그들은 친척들이 명절을 쇠기 위해 멀리서 오는데, 본래 바르 미츠바가 예정된 주말까지는 머물 수 없기 때문에 그날이 그들에게 더 편할 것이라고 설명한다. 그들은 월요일과 목요일 아침예배 때에도 토라를 읽으니, 그들의 아이도 의식을 이끌고 모세오경을 낭독할 수 있을 것이라고 지적한다.

칸토르는 목요일에 낭독하는 토라는 안식일에 하는 것보다 훨씬 짧으며, 평일 예배를 위한 곡조는 (학생들이 배워왔던) 토요일에 하는 것과 상당히 다르고, 평일 아침에는 하프타라를 낭송하지 않는다고 말한다. 의례위원회는 그 가족의 요청과 회당의 방침을 비교 검토하여, 예외를 인정하지 않기로 의결한다. 바르 미츠바는 토요일에 거행되어야 한다.

그 가족은 매우 화가 나서 다음 번 이사회 때 찾아가 이의를 제기한다. 의례위원회에 제시했던 주장들에 덧붙여, 그들은 한 가지를 더 추가한다. 유대교 회당이 불공정하다는 것이다. 왜냐하면 과거에 다른 가족에게는 토요일이 아닌 다른 날에 바르 미츠바를 기념하도록 허락했기 때문이다. 그들은 평일에 바르 미츠바를 치른 전례가 있으므로, 자신들이 그 규범을 어기는 것 또한 회당은 허용해야 할 도덕적 의무가 있다고 여겼다.

랍비는 몇 년 전 예외를 두었던 것은 사실이지만, 그때의 상황은 특별했다고 대답한다. 그 아이에게는 심각한 발달장애가 있었다. 그는 알리야•에 대한 축복문을 배우기 위해 매우 열심히 공부했는데, 그것이 그가 할 수 있는 전부였다. 하지만 그 어린 소년은 안식일에 회당의 많은 예배자들 앞에 서는 것을 두려

aliyah. 유대교 회당에서 예배를 올릴 때 연단에 올라 토라의 지정된 부분을 읽도록 부름받는 것을 일컫는다. 보통 그 구절을 최소 일곱 단락으로 다시 나누므로, 적어도 7명이 알리야로 부름을 받는다.

위했다. 그 가족이 생각하기에, 아들이 성년이 되는 것을 기념할 수 있는 유일한 방법은 직계가족과 소수의 가까운 친구들만 참석하는 절제된 의식이었다. 당시의 의례위원회는 이 가족이 아들을 키우면서 겪었던 어려움을 알고 있었고, 이 바르 미츠바가 아이와 부모 모두에게 얼마나 중요한지를 느꼈다. 그래서 그들은 그 규칙에 예외를 허용했고, 월요일 아침에 의식을 치렀다. 현재의 요청에 대해 대답하면서, 랍비는 이전의 사례는 극히 예외적이므로 그것을 다른 경우들에 대한 전례로 삼아서는 안 된다고 결론지었다.

의례위원회 앞에 출두한 그 가족은 랍비 예후다처럼 전례의 힘을 매우 강하게 믿었다. 만일 어떤 일이 전에 허용되었다면, 그것은 다시 허용되어야 한다. 일단 한번 예외를 두면, 일단 전례가 인정되면, 다른 사람들에게 똑같은 기회를 주지 않을 수 없다.

우리 게마라의 랍비들과 예화 속 유대교 회당의 랍비는 강경하게 이에 대해 동의하지 않는다. 그들은 랍비 예후다의 원칙을 따르면 거의 모든 규범이 무너지고 사실상 무엇이든 허용될 수 있음을 두려워한다. 랍비들은 율법이 허용되는 것과 허용되지 않는 것의 정도와 한계를 제공한다고 믿는다. 그들은 율법이 특별한 경우와 비상상황을 허용하도록 융통성이 있어야 하지만, 특수한 상황을 예외로 인정하는 것이 일반적인 경우들에 대한 전례가 되지는 않는다는 것을 안다. 예외를 언제 어디에서 허용할지를 아는 것이 리더십의 커다란 숙제 중 하나다.

원전에 가장 가까운 탈무드

그들이 고의로 죄를 짓는 것보다는
몰라서 죄를 짓는 편이 낫다

Better that they be uninformed transgressors
than deliberate transgressors

베차° 30a

라바Rava 바르 랍비 하닌이 아바예에게 말했다. "가르치기를, '손뼉을 치거나 옆구리를 때리거나 춤추지 않는다.' 하지만 오늘날 사람들은 이를 행하고, 우리는 그것에 대해 그들에게 아무 말도 하지 않는다!" 그가 그에게 말했다. "당신의 추론대로, 라바Rabbah가 말했듯이, 남자는 막대표지 바로 옆에 앉아서는 안 된다. 물건이 굴러가 그가 그것을 공적인 곳에서 4쿠비트°° 옮겨야 할까봐서다. 하지만 이 여자들은 항아리를 골목 입구까지 옮기고, 우리는 그것에 대해 그들에게 아무 말도 하지 않는다!" 이스라엘을 그냥 두어라. 그들이 고의로 죄를 짓는 것보다는 몰라서 죄를 짓는 편이 낫다. 여기서도 역시, 이스라엘을 그냥 두어라. 그들이 고의로 죄를 짓는 것보다는 몰라서 죄를 짓는 편이 낫다.

이 절은 절기와 안식일의 율법을 다루며, 특히 절기에 어떤 물건을 옮길 수 있는지를 다룬다. 라바는 말한다. 안식일이나 절기에

Betzah. 세데르 모에드의 7번째 소논문으로, 5개의 장으로 이루어져 있다. 여러 유대 절기들에 관한 율법을 다룬다.

cubit. 고대 이집트인들이 고안한 길이 단위로, 팔꿈치에서 손가락 끝까지의 길이를 기준으로 삼았다. 고대 그리스인과 로마인들, 히브리인도 사용했으며, 1쿠비트는 대략 45센티미터 내외다.

는 어떤 행동들―예를 들어, 손뼉 치기와 춤추기―에 대한 명확한 금지가 있다. 하지만 사람들은 이 율법을 무시하고, 랍비들도 그들의 위반을 무시한다. 이러한 행동들이 왜 금지되는가에 대해서는 주석자들 사이에 의견 차이가 있지만, 그것들은 예방책이라고 언급된다. 안식일과 절기 동안 완전히 금지된 행동(악기를 고치는 것 같은)에 참여하지 않도록 하기 위해서 그렇게 정한 것이다.

어떤 사람이 옆에 앉아 있는 "막대표지"는 한 영역이 끝나고 다른 영역이 시작되는 위치를 가리킨다. 그렇게, 표지의 이쪽인 사적 영역에서 표지의 저쪽인 공적 영역으로 물건을 옮기는 일은 금지된다. 아바예는 라바에게 묻는다. 왜 우리는 어떤 곳에 앉아 있는 남자에게는 관심을 갖고 그가 규칙을 위반할까 걱정하면서, 안식일에 물동이를 골목 입구까지 옮기는 여자들에 대해서는 신경 쓰지 않는가? 다시 말해, 왜 우리는 하나의 경우에는 율법뿐 아니라 우발적인 위반을 방지할 예방책까지 꼼꼼히 말하면서, 다른 경우에는 잠재적인 문제를 보고도 그것을 완전히 무시하는가?

대답은 간단하다. "이스라엘을 그냥 두어라"는 대략 "유대인들을 내버려두어라"라는 뜻이다. 만약 유대인들―이 경우에는, 안식일에 물동이를 든 여자들―이 우리가 그들에게 그것이 금지된 행위라고 말할지라도 어쨌든 옮긴다면, 그들이 율법을 고의적이고 노골적으로 위반하는 것보다는 율법에 무지해서 위반하는 편이 더 바람직하다. 랍비들은 율법을 염려하지만, 여기에서는 이 특정한 율법보다는 사법체계 전체를 더 염려한다. 그 체계가 작동하는 유일한 방법은 사람들이 랍비들이 제정한 법률을 따르는가다. 만약 사람들이 율법을 어기고 이 사실을 과시한다면, 사법제도 전체가 타격을 입는다. 곧 사람들은 더 많은 율법들을 무시할 것이고, 그러면 유대법 전체가 약화된다. 랍비들은 유대인들이 율법들을 지키기를, 유대인들이 삶에서 구체적이고 고유한 율법들을 준수하기를 원했다. 하지만 더 중요한 것은, 랍비들은 유대인들이 사법체계 전체를 준수하기를 원했다는 것이다. 어떤 율법이 준수되지 않는다는 것이 분명해졌을 때, 랍비들은 경우에 따라서는 사람들이 율법을 위반했다는 것을 말하지 않는 편이 더 낫다는 결론에 이르렀을 것이다. 그들이 고의로 죄를 짓는 것보다는 몰라서 죄를 편이 낫다고.

데라슈 D'rash

다른 사람이 심각한 비행을 저질렀을 때 우리가 그것을 눈감아주면 안 된다는 것은 두말할 나위가 없다. 심지어 더 사소한 성격상의 결점도 "네 이웃을 견책하라"(레위기 19:17)라는 성서의 명령 아래 포함된다. 탈무드의 랍비들은 이 말을 우리가 다른 사람들에게서 발견하는 결함, 우리가 스스로는 찾을 수 없는 인간적 결함을 바로잡아야 한다는 의미라고 해석한다. 종종, 외부인만이 이러한 단점을 지적할 수 있다.

하지만 우리는 이 이상을 극단으로 밀어붙이기도 한다. 우리가 알고 좋아하는 누가 어떤 잘못을 저질렀을 때 눈감아주기란 어렵다. 게다가 우리는 정의감으로 말미암아 타인의 아주 사소한 비행에 대해서도, 혹은 그들의 잘못을 시정할 수 없을 때에도 혹은 우리가 알지 못하는 사람들에 대해서도 억지로 바로잡으려 든다. 우리 대부분은 어떤 사람이 낯선 이에게 이렇게 말하는 것을 목격한 적이 있다. "손톱을 물어뜯으면 안 돼요." 혹은

"당신이 사려고 하는 이 과자는 정말 건강에 좋지 않아요. 과일과 채소를 드세요." 랍비들은 자신들뿐 아니라 타인들의 이러한 성향을 알고 있었다. 그들은 좀 더 사소한 행동들을 법으로 통제하거나 바꿀 수는 없으므로 불법이라 해도 그냥 놔두어야 한다는 것을 알았다. 그들은 유대인들이 안식일이나 도둑질 혹은 성에 관한 주요 금지사항을 고의로 위반하는 것은 허용하지 않을 것이다. 하지만 그들은 때로 다음과 같이 말하는 데 전혀 문제가 없었다. "우리가 모든 것을 바꿀 수는 없다. 이 경우에, 그들은 어쨌든 그것을 할 것이다. 그러니 그냥 내버려두어라.

기독교 신학자 라인홀드 니부어Reinhold Niebuhr는 언젠가 "평온을 비는 기도"를 썼다. 그의 말은 이러한 생각을 현대적으로 다시 들려주는 듯하다.

> 하나님, 우리에게 바뀔 수 없는 것들을 평온하게 받아들이는 은혜를 주시고, 바뀌어야 할 것들을 바꿀 수 있는 용기를 주시고, 그리고 이 둘을 분별하는 지혜를 주옵소서.

우리 모두는 이 신조를 아직 배우지 못한 사람들을 만나왔다. 기념식 만찬이나 기관의 연회에서 어느 지인은 형편없는 서비스와 음식의 질에 대해 계속 불평해댈지 모른다. 우리가 결정할 위치에 있지 않으므로, 일단 식사가 시작되면 상황을 바꾸기 위해 우리가 할 수 있는 일은 별로 없다. 바로잡을 수 없는 것들을 일부러 계속 비판하여 저녁을 망치기보다는 부족한 것을 받아들이는 편이 낫다.

우리의 아이들이 자랄수록 그들의 성격에서 단점들을 발견한다. 우리는 그들이 변하고, 성숙하고, 나아지도록 돕기 위해 부모로서 최선을 다한다. 그러다 어느 날, 우리는 우리의 비판으로 그들을 지금의 그들보다 더 나은 모습으로 바꿀 수 없다는 것을 깨닫는다. 그들은 스스로를 더 나은 사람으로 만들며 계속 성장해갈 것이다. 시간이 그들의 나쁜 습관 중 일부를 버리도록 도울 것이다. 그리고 다른 부분들은 틀림없이 그대로 남을 것이다. 이러한 결점을 계속 지적하는 것이 옳을까? 랍비들은 우리에게 이렇게 속삭인다. 우리가 아이들에게 그들이 고칠 수 없거나 고치려 하지 않는 것들을 계속 상기시키기보다는 그들의 모든 사소한 결점을 알리지 않는 편이 낫다고. 그것이 그들에게 더 낫고, 분명 우리에게도 더 낫다.

우리는 평범한 날을
신성한 날에 더한다

We add from the ordinary onto the sacred

מוֹסִיפִין מֵחֹל עַל קֹדֶשׁ

로시 하샤나 9a

Rosh Hashanah. 세데르 모에드의 8번째 소논문으로, 유대력에 관한 중요한 율법들과 뿔나팔의 사용법, 로시 하샤나(신년절)의 예배에 관한 율법을 주로 다룬다. '심판의 날' '기억의 날'이라고도 불리는 로시 하샤나는 종교적으로 새해를 시작하는 날로서 티슈리월(9월 혹은 10월) 1일에 온다.

"너는 엿새 동안 일하고 일곱째 날에는 쉴지니 밭 갈 때에나 거둘 때에도 쉴지며."(출애굽기 34:21)

유대인들이 유대교 율법에 따라 7년 마다 1년씩 모든 일을 놓고 쉬는 해를 말한다. 이 전통은 사람뿐 아니라 농토에도

우리는 평범한 날을 신성한 날에 더하는 것을 어디에서 배우는가? 가르치기를, "너는 밭 갈 때에나 거둘 때에도 쉴지라"[출애굽기 34:21]. 랍비 아키바는 말한다. "이 말씀은 안식년 동안 밭을 갈고 거두는 것[의 금지]을 가리킬 수 없다. 왜냐하면 이미 '너는 그 밭에 파종하지 말라'[레위기 25:4]라고 말하기 때문이다. 그러므로 그것은 안식년으로 바뀌어가는 안식년 전날에 밭 가는 것과 안식년의 이듬해로 바뀌어가는 안식년에 거두는 것을 가리킴에 틀림없다." 랍비 이슈마엘은 말한다. "밭을 가는 것이 선택이듯, 거두는 것도 선택이다. 곡식단Omer을 수확하는 것은 예외다. 그것은 미츠바다." 랍비 이슈마엘은 우리가 평범한 날을 신성한 날에 더한다는 원리를 어디에서 얻는가? 그는 그것을 "아흐렛날 너희는 스스로를 괴롭게 하라"[레위기 23:32]라는 가르침에서 배운다. 어떤 이는 그것이 아흐렛날이라고 생각할지 모른다. 그래서 말씀은 "저녁에"라고 말한다. 만약 "저녁에"라고 했다면, 어떤 이는 어두워진 후라고 생각할지 모른다. 그러므로 말씀은 "아흐렛날에"라고 말한다. 어떻게 이것이 가능한가? 우리는 여전히 낮 동안에 스스로를 괴롭

원전에 가장 가까운 탈무드

허기 시작한다. 이것은 우리가 평범한 날을 신성한 날에 더한다는 것을 가르쳐준다.

유대 종교의 특징 중 하나는 달력에 표시되는 신성시되는 시간 즉 절기들이다. 정의상, 하나의 절기는 24시간의 기간을 말한다. 하지만 랍비들은 이러한 절기들이 좀 더 일찍 시작되어 좀 더 늦게 끝난다고 정리했다. 우리는 절기 앞뒤의 평범한 날들로부터 시간을 '빌려' 그것을 절기에 더해야 한다. 예를 들어, 엄밀히 따지자면 안식일은 금요일 해가 질 때 시작되어 토요일 해질녘에 끝나야 한다. 대신에, 우리는 안식일을 조금 더 일찍 시작한다. 해가 지기 적어도 18분 전에 초를 밝히며, 하늘에 별이 세 개 나타난 뒤에야 끝낸다. 안식일은 24시간이 아니라 25시간 가까이 지속된다.

랍비 아키바와 랍비 이슈마엘은 이 풍습의 근거를 토라에서 찾고자 한다. 랍비 아키바는 안식년에 대한 율법에 의지해 그렇게 한다. 그 율법 자체에 대한 가르침이 레위기 25장●●●에 있으므로, 출애굽기 34장 21절이 말하는 것은 어떤 다른 율법이나 원칙을 가르치는 것임에 틀림없다. (랍비 아키바는 율법들이 단지 반복되는 것이 아니라, 어떤 것이 다시 언급될 때마다 틀림없이 특정한 새로운 교훈을 가르치는 것이라고 믿는다.) 그는 출애굽기 34장 21절이 다음과 같이 가르친다고 해석한다. 안식년은 실제로는 몇 달 일찍 시작되는데, 이때 6번째 해의 마지막 몇 주 동안은 경작하는 것이 금지된다. 그리고 몇 달 늦게 끝나는데, 이때 8번째 해의 첫 몇 주 동안은 추수하는 것이 금지된다.

랍비 이슈마엘은 이 특정 구절의 의미에 대해서 랍비 아키바의 의견에 동의하지 않는다. 아키바가 그 구절을 안식년과 연

적용되어, 7년 동안 농사를 지은 땅은 1년 동안 아무것도 심지 않고 그대로 놀려 지력을 되찾도록 했다. 이 개념이 확대되어 오늘날 학교나 기업 등에서 시행하는 재충전을 위한 휴식 기간을 가리키게 되었다.

━━━━━◆◆◆◆━━━━

"너희는 내가 너희에게 주는 땅에 들어간 후에 그 땅으로 여호와 앞에 안식하게 하라. 너는 육 년 동안 그 밭에 파종하며 육 년 동안 그 포도원을 가꾸어 그 소출을 거둘 것이나, 일곱째 해에는 그 땅이 쉬어 안식하게 할지니 여호와께 대한 안식이라 너는 그 밭에 파종하거나 포도원을 가꾸지 말며."(레위기 25:2 -4)

━━━━━◆◆◆◆◆━━━━

"일곱째 달 열흘날은 속죄일이니 너희는 성회를 열고 스스로 괴롭게 하며 여호와께 화제를 드리고…… 이는 너희가 쉴 안식일이라 너희는 스스로 괴롭게 하고 이 달 아흐렛날 저녁 곧 그 저녁부터 이튿날 저녁까지 안식을 지킬지니라."(레위기 23:27, 32)

━━━━━◆◆◆◆◆◆━━━━

"만일 너희가 말하기를 우리가 만일 일곱째 해에 심지도 못하고 소출을 거두지도 못하면 우리가 무엇을 먹으리요 하겠으나, 내가 명령하여 여섯째 해에 내 복을 너희에게 주어 그 소

출이 삼 년 동안 쓰기에 족하
게 하리라. 너희가 여덟째 해에
는 파종하려니와 묵은 소출을
먹을 것이며 아홉째 해에 그 땅
에 소출이 들어오기까지 너희
는 묵은 것을 먹으리라."(레위
기 25: 20 - 22)

결시킨 반면, 이슈마엘은 그것은 안식일과 연결하며, 유월절 둘째 날이 시작될 때 바치는 곡식단 제물을 안식일에도 베거나 추수할 수 있다는 것을 알게 된다. 랍비 이슈마엘은 "우리는 평범한 날을 신성한 날에 더한다"라는 원칙의 근거를 욤키푸르(티슈리월 10일)와 관련된 율법에서 얻는다. 토라는 금식이 티슈리월 아흐렛날, 우리의 예상보다 이른 오후 늦게 시작되어야 한다고 말한다.

데라슈D'rash

결혼식은 30분도 채 걸리지 않지만, 피로연은 몇 시간이나 계속된다. 하지만 사람들은 이 순간이 너무나 소중하고 멋지다고 느끼며, 그것을 가능한 한 오래 지속시키고 싶어한다. 전통 유대교는 결혼식 날이 너무 빨리 가버리는 것을 꺼린 나머지, "평범한 날을 신성한 날에 더한다." 결혼식 전 안식일에는 아우프루프*라는 의식을 한다. 신랑은(요즘에는 가끔 신부도) 토라를 암송하도록 호명되고, 공동체는 두 사람을 축복한다. 결혼 당일에는 양가가 공식 혼인계약서에 서명하는 테나임tenaim을 한 후, 접시를 깨뜨린다. 그런 다음, 남자들은 "신랑의 테이블ḥusan's tish"에 모여 친구들과 함께 노래 부르고 암송하고 축하한다. 면사포를 씌우는 의식Bedeken의 하나로, 여자들은 신부를 시중들며 기쁨과 찬양의 노래를 부르고, 춤을 추며 그녀를 결혼식 천막으로 이끈다. 피로연 후, 남편과 아내는 전통적으로 그 주 내내 마을에 머문다. 매일 밤, 그들은 여러 친척이나 친구들이 마련한 축하 만찬에 참석한다. 식사를 마칠 무렵, "7가지 축복기도Sheva Berakhot"라는 특별한 기도문이 일상적인 식후 감사기도에 추가된다. 세속적인 결혼문화에서는 총각파티, 결혼식 전날의 만찬, 만찬 전의 칵테일 아워 등이 결혼식 전에 유사한 기능을 하고, 결혼식 이후의 피로연과 "뒤풀이 파티들" 모두가 이 멋진 기념일을 좀 더 길게 지속시키려는 동일한 의도를 갖고 있다.

삶에는 두 종류의 순간이 있다. 평범한 날과 특별한 날. 전자의 나날이 후자보다 훨씬 많다. 하지만 우리의 삶에 의미와 기쁨을 주는 것은 후자, 그 유일무이하고 신성한 이벤트와 시간들이다. 우리가 당면한 과제는 그 순간들이 왔을 때 음미하는 방법이다. 랍비들은 이 순간들을 지키고 더 연장시키려고 노력했다. 안식일을 해지기 전에 시작해서 별들이 나온 후에야 끝냄으로써, 이 두 가지가 달성되었다. 그날을 둘러싸고 '울타리'를 세움으로써, 촛불을 밝히는 것 같은 평범한 주중의 노동이 사실상의 신성한 시간 동안 우연히 혹은 무심히 행해지지 않는다는 것을 분명히 했다. 그렇게 또 다른 시간이 일곱째 날에 더해졌다. 정규 24시간 외에 추가된 한 시간은 그리 많이 늘어나는 것이 아닐지 모른다. 하지만 랍비들은 늘어난 순간이 아주 잠시일지라도, 우리가 각각의 특별한 시간을 소중히 여기고, 주어진 그 시간을 꼭 붙들고, 지속시키라고 가르쳤다. 평범한 시간을 신성한 시간에 더하는 것이야말로 인생의 위대한 비결 중 하나다.

당대의 입다는
당대의 사무엘과 같다

Jephthah in his generation is
like Samuel in his generation

로시 하샤나 25a-b

"또 모세에게 이르시되 너는 아론과 나답과 아비후와 이스라엘 장로 칠십 명과 함께 여호와께로 올라와 멀리서 경배하고."(출애굽기 24:1)

"모세가 나가서 여호와의 말씀을 백성에게 알리고 백성의 장로 칠십 인을 모아 장막에 둘러 세우매, 여호와께서 구름 가운데 강림하사 모세에게 말씀하시고 그에게 임한 영을 칠십 장로에게도 임하게 하시니 영이 임하신 때에 그들이 예언을 하다가 다시는 하지 아니하였더라. 그 기명된 자 중 엘닷이라 하는 자와 메닷이라 하는 자 두 사람이 진영에 머물고 장막에 나아가지 아니하였으나 그

우리 랍비들이 가르치기를, "왜 장로들의 이름이 명쾌하게 언급되지 않았는가? 그러면 사람들이 '아무개는 모세와 아론과 같은가? 아무개는 나답과 아비후와 같은가?• 아무개는 엘닷과 메닷과 같은가?••'라고 묻지 않을 것이다. 이르기를, '사무엘이 백성에게 이르되 "모세와 아론을 세우신 이는…… 여호와이시니"[사무엘상 12:6]' 그리고 이르기를, '여호와께서 여룹바알과 베단과 입다와 나 사무엘을 보내사'[사무엘상 12:11]. 여룹바알은 기드온이다. 왜 그는 여룹바알로 불리는가? 왜냐하면 그는 바알과 싸웠기 때문이다. 베단은 삼손이다. 왜 그는 베단이라고 불리는가? 왜냐하면 그는 단 Dan 출신이기 때문이다. 입다는 입다다.

이르기를, '그의 제사장들 중에는 모세와 아론이 있고, 그의 이름을 부르는 자들 중에는 사무엘이 있도다'[시편 99:6]. 이 말씀은 세상에서 가장 중요한 세 사람을 동일시하는데, 이는 당대의 여룹바알은 당대의 모세와 같고, 당대의 베단은 당대의 아론과 같고, 당대

의 입다는 당대의 사무엘과 같다고 말하는 것과 같으며―세상에서 가장 덜 중요한 사람일지라도 일단 공동체의 지도자로 임명되면 위인 중의 위인으로 여겨진다고 가르치는 것과 같다."

이 게마라는 이스라엘의 지도자들을 언급하는 세 구절(사무엘서에서 두 구절, 시편에서 한 구절)을 한데 모은다. 먼저, 덜 알려진 이름들이 밝혀진다. 여룹바알은 기드온이고(사사기 6-8), 베단은 삼손이다(사사기 14-16). 입다(사사기 11-12)와 함께, 이들은 여호수아와 사울 왕 사이 기간에 이스라엘 백성을 이끈 세 명의 사사士師•••였다.

　　각각은 무엇보다 그들의 연약함으로 알려져 있는 인물들이다. 기드온은 용기가 부족하여 하나님에게 끊임없이 확약을 요구했다. 삼손은 여자들을 좇고 고르는 데서 나쁜 판단을 보였다. 입다는 하나님께 한 경솔한 맹세의 결과로 자기 딸을 희생시키고 말았다.

　　그러고 나서 게마라는 이 세 열등한 지도자들을 모세, 아론, 사무엘이라는 가장 위대한 세 지도자들과 함께 언급하는 부조화에 주목한다. (사무엘은 이스라엘을 이끌었고, 사울과 다윗을 왕으로 기름 부었던 예언자이자 사사였다.)

　　여기서 랍비식 방법론은 대단히 흥미롭다. 세 구절 모두 사무엘의 이름을 담고 있다. 랍비들은 세 구절에 언급된 모든 이름은 어떻게든 유사하거나 동일하다고 추론한다. 실제로, 그 구절들은 신이 그 지도자들을 지명했거나 보냈다고 명쾌하게 진술한다. 따라서 위대하든 평범하든, 그들은 그들 뒤에 계신 신의 권위를 갖는다.

들에게도 영이 임하였으므로 진영에서 예언한지라."(민수기 11:24-26)

Shoftim. 판관이라고도 한다. 가나안을 정복한 후 왕국 성립까지 이방인의 지배로부터 이스라엘을 구출한 영웅적 지도자들을 일컫는다.

데라슈D'rash

1973년 미국 부통령이 부적절한 자금 문제로 기소되자 불항쟁 답변서를 제출한 후 사임했다. 미국 대통령 리처드 닉슨은 공석을 채우기 위해 제럴드 R. 포드 하원의원을 지명했다. 포드는 의회에서 인기 있는 지도자였지만, 그의 명석함이나 언변은 전혀 알려져 있지 않았다. 취임선서를 한 후, 새로운 부통령은 겸손하게 자신을 소개했다. "저는 링컨이 아니라 포드입니다."* 1년도 안 돼 닉슨이 사임하자 포드는 38대 미국 대통령이 되었다. 포드의 겸손한 자기소개를 떠올리며 그의 인간적 품위에 감명받은 한 해설자는 말했다. "포드는 이 어려운 순간 바로 우리나라가 필요로 하는 사람일지 모릅니다."

우리는 우리 지도자들을 '헐뜯고' 그들의 모든 결함과 단점을 보여주는 것이 유행하는 시대에 산다. 우리는 "어떻게 위대한 지도자들이 쓰러져갔는지" 애통해하고, 강하고 도덕적이고 현명한 지도자들의 좋았던 옛 시절을 그리워한다. 우리는 한숨 쉬며 왜 우리 세대는 루스벨트, 링컨, 제퍼슨 혹은 워싱턴 같은 훌륭한 사람들로 축복받지 못했는지 궁금해한다.

공정하게 말하면, 우리는 역사의 판단이 매우 변덕스럽다는 것을 기억해야 한다. 살아생전에 링컨은 많은 대중뿐 아니라 미디어에게 비난과 조롱을 받았다. 오늘날 그는 미국의 가장 위대한 대통령으로 여겨지며, 그의 개인적 위상은 거의 성자에 근접할 정도다. 케네디는 플레이보이였으며 제퍼슨은 노예소유주였다는 사실이 폭로된 후, 한때 아주 깨끗했던 이 두 지도자의 명성은 바래고 말았다.

하지만 우리가 현재 우리의 지도자들을 폄하하는 것이 정당할 때에도, "당대의 입다는 당대의 사무엘과 같다"는 말을 기억하는 것은 현명하다. 입다만큼 부적절하고 흠 있는 사람도 그럼에도 적들을 물리치고 이스라엘에 승리를 안긴 수단이었다. 다른 대륙들의 많은 국가들을 괴롭히는 혼돈을 바라보며, 우리는 평범한 지도자라도 독재자나 어떤 실질적인 리더십의 부재보다는 더 나음을 명심해야 한다.

입다는 우리의 지도자들이 신이 보낸 이들일 수 있지만, 천국에서 온 것이 아니라 사람들 사이에서 일어선 이들임을 상기시킨다. 그들은 진정한 의미에서 우리 자신의 모습을 반영한다. 우리는 자주 지도자들이 우리를 실망시킨다고 비난한다. 국민은 그 수준에 맞는 지도자를 얻기 마련이라는 말을 우리는 명심해야 한다. 가끔 우리는 모세, 아론 혹은 사무엘과 같은 지도자를 받을 자격이 되지만, 어떤 때에는 여룹바알, 베단 혹은 입단과 같은 지도자를 얻는다. 탈무드는 입다조차 중요한 기능을 할 수 있다고 가르친다. 만일 우리의 지도자들이 못마땅하다면, 우리는 그 이유를 곰곰이 내성해야 할 것이다.

אֵין הַבְּרָכָה מְצוּיָה
אֶלָּא בְּדָבָר הַסָּמוּי מִן הָעַיִן

축복은 보이지 않는 곳에서만 발견된다

Blessing is found only in that which is hidden from the eye

타아니트 8b

Ta'anit. 세데르 모에드의 9번
째 소논문으로, 모두 4개의 장
으로 이루어져 있다. 금식에 관
한 율법을 주로 다룬다.

글자 그대로 옮기면, "눈으로부
터 숨겨진which is hidden from the
eye"이다.

"여호와께서 너를 대적하기 위
해 일어난 적군들을 네 앞에서
패하게 하시리라 그들이 한 길
로 너를 치러 들어왔으나 네 앞
에서 일곱 길로 도망하리라. 여
호와께서 명령하사 네 창고와
네 손으로 하는 모든 일에 복을
내리시고 네 하나님 여호와께
서 네게 주시는 땅에서 네게 복

랍비 이츠하크는 말했다. "축복은 보이지 않는 곳에서만 발견된
다. 이르기를, '여호와께서 명하사 네 창고에 복을 주실 것이다'[신
명기 28:8]." 랍비 이슈마엘 학파에서 가르치기를, "축복은 눈으
로 볼 수 없는 곳에서만 발견된다. 이르기를, '여호와께서 명하사
네 창고에 복을 주실 것이다'." 우리의 현자들은 가르쳤다. "양을 재
러 곡물창고에 들어가는 자는 말한다. '나의 주 하나님, 우리의 손
이 행한 일에 축복을 내려주소서.' 양을 재기 시작하면, 그는 말한
다. '이 곡물더미에 축복을 보내는 분은 찬양받을지어다.' 만일 그
가 양을 잰 후 축복을 받았다면, 이것은 소용없는 기도다. 왜냐하면
축복은 무게를 달 수 있는 것이나 양을 잴 수 있는 것이나 셀 수 있
는 것에서 발견되지 않고, 보이지 않는 곳에서 발견되기 때문이다."

이 절은 비의 필요성과 비를 요청하는 적절한 기도, 특히 언제
그 기도를 해야 하는지를 다룬다. 고대 농경사회에서 비는 매우

원전에 가장 가까운 탈무드

중요했다. 많은 비는 풍성한 수확을 의미했고, 신의 축복의 표시였다. 우리의 게마라가 나오는 것은 이 대목이다.

신명기의 구절에 대한 랍비 이츠하크의 설명은 랍비 이슈마엘 학파의 가르침에 바탕을 두고 있는데, 그 인용문을 문맥에서 약간 떼어낸다. 신명기에서 신은 순종하는 자들에게는 축복을 주고, 순종하지 않는 자들에게는 저주를 내리겠노라고 약속한다. 랍비 이츠하크는 그 구절을 좁은 의미로, 즉 신이 바른 길을 따르는 자들에게 다양한 축복을 주시리라는 의미가 아니라, 신이 "네 창고에" 축복을 내리시리라는 의미로 읽는다. 다른 곳이 아니라 왜 그곳인지, 랍비 이츠하크는 궁금해한다. 그는 "네 창고에ba-asamekha"라는 단어를 글자 그대로 이해해, 신의 축복은 창고 안에서, 닫혀 있으면서 밖에서는 명확하게 보이지 않는 장소에서 발견될 것이라고 말한다.

이 협의의 독해는 흔한 설교적 접근법이다. 랍비 이츠하크의 목적은 신명기의 그 장의 의미에 충실하기보다는 그 구절에 근거한 실천적 교훈을 가르치는 데 있다. 또한 랍비 이츠하크가 말장난을 하고 있다고 볼 수도 있다. "숨겨진samui"과 "네 창고asamekha"의 히브리어 단어 발음은 비슷하다. 아마도 그는 이 유사한 발음에 근거하여 말장난을 하는 것일지 모른다. 네 창고asamekha 안의 진정 가치 있는 것은 숨겨져samui 있다고.

데라슈D'rash

❀ 한 어머니가 딸의 활동들을 녹화하고 있다. 그녀는 생각한다. "이런 놀라운 아이를 가진 나는 정말 축복받았어! 이렇게 딸을 찍어, 나는 그녀가 얼마나 똑똑하고 아름답고

을 주실 것이며, 여호와께서 네게 맹세하신 대로 너를 세워 자기의 성민이 되게 하시리니 이는 네가 네 하나님 여호와의 명령을 지켜 그 길로 행할 것임이니라."(신명기 28:7-9)

귀여운지 기록하고 있어. 내가 받은 축복의 영원한 기록을 만드는 거야." 하지만 아마도 랍비 이츠하크는 의심할 것이다. 그는 축복에 대해 다른 정의를 갖고 있기 때문이다. 우리가 눈─혹은 비디오카메라─으로 볼 수 없는 것만이 우리의 축복이다. 우리의 축복을 세고, 열거하고, 계산할 실제적인 방법은 없다.

그 어머니가 아이에게서 그녀를 압도하는 어떤 것을 갑작스레 보게 되었다고 상상해보라. 그녀는 카메라를 내려놓고 놀라움에 입을 떡 벌리며 말한다. "맙소사! 도저히 믿을 수가 없어!" 랍비 이츠하크에게는, 이 순간이 그녀가 진정으로 축복을 발견하는 때다. 랍비 이츠하크는 우리가 축복의 목록을 작성하거나 기록할 수 없다고 주장한다. 우리는 그것을 깨달음과 경외감의 갑작스런 분출로 오직 경험할 수만 있다. 그러므로 우리는 아이를 녹화하고 있을 때가 아니라, 우리가 아이에게서 본 것에 갑자기 압도당할 때 축복을 느낀다.

랍비 이츠하크의 개념은 "경이"와 "근본적 놀라움"을 이야기했던 아브라함 조슈아 헤셸Abraham Joshua Heschel의 사상의 전조가 된다. 헤셸 박사는 경이와 놀라움이 시작되는 곳에서 종교적 의심이 끝난다고 생각했다. 우리는 "존재의 의외성", 우리와 세상과 그 안의 모든 것이 존재한다는 사실에 놀란다! 우리의 합리적으로 사고하는 능력과 심오한 지식에도 불구하고, 지성이 끝나고 경험이 시작되는 지점이 있다. 이것이 우리가 진정으로 축복받았다고 느끼는 때다. 우리 대부분은 우리의 정신을 통해서 배운다. 유대 전통이 우리가 되길 바라는 사람처럼, 우리는 지적이고 분별 있고 상식 있는 인간이다. 그럼에도 우리의 축복은 우리의 정신─혹은 우리의 눈, 우리의 지성, 카메라─에는 보이지 않고, 우리의 마음에만 보인다.

우리가 가진 축복을 셀 수 있고 목록을 작성할 수 있다고 생각할 때, 우리는 자주 핵심을 벗어난다. 우리의 축복은 근사하게 포장되거나 열거되지 않는다. 우리는 세상의 경이와 아름다움을 보도록, 삶을 기록하기보다 삶을 경험하도록 스스로를 훈련시켜야 한다. 우리가 얼마나 많은 축복을 받았는지 안다고 생각할 때, 우리는—랍비 이츠하크가 보기에—스스로를 자주 기만한다. 축복의 가장 큰 원천은 우리 눈에 숨겨져 있고, 근본적 놀라움을 우연히 발견하는 순간 속에 있다.

אֵין מַטְרִיחִין אֶת הַצִּבּוּר יוֹתֵר מִדַּאי

우리는 공동체에
과중한 부담을 주지 않는다
We do not overburden the community

타아니트 14a-b

탈무드에서 이름 없이 '랍비'라고만 쓰면 통상 미슈나를 편찬한 가장 위대한 스승 예후다(유다) 하나시를 가리킨다. 그는 '하나시(군주)' '라베누(우리 스승)' '라베누 하카도슈(거룩한 우리 스승)' 등으로도 불렸다.

랍비 예후다 네시아의 시대에 문제가 있었다. 그는 13일의 금식을 제정했지만 응답을 받지 못했다. 그는 더 많은 금식을 제정하려 생각했다. 랍비 암미가 그에게 말했다. "우리는 공동체에 과중한 부담을 주지 않는다고 배우지 않았던가?" 랍비 히야 바르 아바의 아들 랍비 아바가 말했다. "랍비 암미가 한 것은 그 자신을 위해 한 것이다." 이것은 랍비 히야 바르 아바가 랍비 요하난의 이름으로 말했던 것이다. "비에 대해서만 이렇게 배웠다. 다른 재난에 대해서, 그들은 하늘로부터 응답을 받을 때까지 금식을 계속한다!" 이를 지지하며 가르치기를, "그들이 3과 7을 말할 때, 이것은 단지 비에 대해서였다. 다른 재난에 대해서, 그들은 응답을 받을 때까지 금식을 계속한다." 하지만 이것은 랍비 암미와 모순된다! 랍비 암미라면 이렇게 말할 것이다. "우리는 공동체에 13일 이상의 금식을 제정하지 않는데, 왜냐하면 우리는 공동체에 과중한 부담을 주지 않기 때문이다. 이것은 랍비●를 따른 것이다." 랍비 시몬 벤 감리엘은 말한다. "이것은 그 이유 때문이 아니다. 비가 올 때가 지났기 때문이다."

이 원문의 출처인 타아니트 소논문은 금식과 그와 관련된 기도에 대해 가르친다. 게마라의 이 절 바로 앞에 있는 미슈나는 우리에게, 가뭄의 시기 동안 개인적 금식과 탄원이 효과가 없다면, 지역사회 스스로 금식을 시행하라고 가르친다. 공동체의 금식은 더 엄격하고 구속이 많아서, 개인의 금식보다 더 효과가 있으리라 여겼다. 하지만 공동체의 금식은 여전히 오직 해가 뜰 때부터 질 때까지의 금식이었다(해질녘부터 다음날 해질녘까지 금식하는 욤키푸르와 대조된다).

　　게마라의 '3'과 '7'은("그들이 3과 7을 말할 때……") 금식 일수를 가리킨다. 3일과 7일에 최초의 3일을 더해서, 공동체는 최대 13일의 (비연속적인) 금식 일수를 갖는다. 마지막 7일에는, 상점들 또한 문을 닫는다. 이 자기박탈 기간의 결과로 비가 내리지 않으면, 집을 짓고 농작물을 심고 결혼하는 것을 제한하는 등의 다른 조치들이 도입된다. 금식을 더 이상 추가하는 것은 효과가 없을 뿐 아니라―13일의 금식이 응답을 받지 못했으므로―공동체에게 부담이 된다.

데라슈 D'rash

❀ 자연재해를 바라보는 적어도 두 가지 다른 방식이 있다. 일부의 사람들은 그것을 신의 법령의 직접적인 결과로 보지만, 오늘날 대부분의 사람들은 신이 자연을 통제하는 방식에 대해 다른 견해를 갖고 있으며, 자연재해를 창조주의 특정한 작품으로 여기지 않는다. 이러한 사람들은 가뭄이 들면 인공강우를 시도하고, 강에 댐을 건설하고, 바닷물을 담수화한다. 그들은 국가적 금식일과 비를 비는 기도를 필요로 하지 않는다.

그럼에도, 우리가 공동체에 과중한 짐을 지우지 않는다는 랍비 암미가 알린 원칙은 신과 자연에 대한 우리의 신학적 이해와 상관없이 오늘날 우리의 삶에도 적용된다. 유대교 회당에서 이 이상은 토라 두루마리*가 사용되는 방식에서도 보인다. 정확한 위치까지 토라 두루마리를 마는 데는 꽤 많은 시간이 걸린다. 신도들이 앉아서 낭독을 기다리는 동안 그렇게 하는 것은 공동체에게 부담으로 여겨진다. 그래서 신도들이 도착하기 전에 그날 읽을 정확한 위치까지 토라 두루마리를 미리 말아 놓는다. 마찬가지로, 우리는 특별한 경우에 종종 둘이나 세 개의 토라 두루마리를 사용한다. 하나의 토라 두루마리에서 어느 한 곳을 읽고 다른 곳을 읽기 위해 마는 동안 신도들이 기다리지 않도록 하기 위해서다.

우리가 공동체에 과중한 부담을 주지 않아야 한다는 원칙은 또한 세속적 삶과도 연관된다. 의회에서 의결되는 전체 법안은 공식적으로 낭독하도록 되어 있다. 하지만 처음 몇 문장을 읽은 후, 보통 일부 의원들이 일어나 모든 사람이 그 법안을 인쇄물로 받아보는 데 동의하므로 공식 낭독은 생략하자는 동의를 제출한다. 의원들은 그들의 소중한 시간을 낭비하지 않기 위해 이에 동의한다.

다른 사람들이 우리에게 과중한 짐을 지우는 것을 원치 않듯이, 우리도 다른 사람들에게 과중한 부담을 주지 않도록 조심해야 한다. 직장과 조직 업무에서, 우리는 불필요한 문서작업과 끝없는 관료제를 만들어낸다. 그 서류를 정말로 세 통이나 작성해야 할까? 입구에 세운 표지판 하나로 직원들이 끝없이 메모를 작성해야 하는 부담을 피할 수 있지 않을까? 밑의 직원들을 조금만 더 신뢰한다면, 우리가 요구하는 무수한 반복 활동과 절차의 상당 비율을 제거할 수 있다.

　때로는 심지어 우리 스스로 일을 과도하게 하여, 스스로에게 부담을 끼치고 더 악화시키기도 한다. 좋은 의도에서 우리는 여러 다양한 위원회에 가입한다. 그와 관련된 일을 다 할 수도, 잘할 수도 없으면서 말이다. 우리는 유용한 자원봉사자나 유능한 일꾼으로 여겨지기보다는 '무거운 짐'이나 '골칫거리'가 되어버린다. 사업과 가정을 세우거나 키우고자 할 때, 우리는 너무 많은 빚과 부담을 떠맡는다. 결국, 이러한 것들은 우리의 노력을 좌절시키고 우리의 미래를 보장해주기보다 더 불안하게 만든다. 공동체에 무거운 짐을 지우지 말라는 랍비들의 명령은, 타인과 우리 자신의 욕구를 세심히 살필 때 우리가 짊어지고 있는 짐이 덜어질 수 있다고 일깨워준다.

טוֹבֵל . . . וְשֶׁרֶץ בְּיָדוֹ

그는 파충류를 쥐고서……
물에 몸을 담근다
He immerses… with a reptile in his hand

타아니트 16a

seah. 고대 히브리의 측량단 위로, 1세아는 7.7리터쯤이다. 40세아는 인공적으로 미크바 를 만들 때 담는 물의 최소 양 이었다.

라브 아다 바르 아하바가 말했다. "죄를 저지르고 그것을 고백하지 만 죄 짓기를 멈추지 않는 사람을 무엇에 비유할 수 있는가? 손에 파충류 한 마리를 쥔 사람에 비유할 수 있다. 그가 세상의 모든 물 에 몸을 담글지라도 정결의 효력은 없을 것이기 때문이다. 만일 그 가 그것을 놓고 40세아●의 물에 몸을 담근다면, 즉각 정결의 효력 이 있을 것이다. 이르기를, '[자기의 죄를 숨기는 자는 형통하지 못 하나] 죄를 자복하고 버리는 자는 불쌍히 여김을 받으리라'[잠언 28:13]. 그리고 이르기를, '우리의 마음과 손을 아울러 하늘에 계신 하나님께 들자'[예레미야애가 3:41]."

타아니트 소논문은 극심한 가뭄에 대한 반응으로서 유대 공동체 전체가 하게 된 금식을 다룬다. 많은 유대인들은 신이 비를 거둠 으로써 그들의 죄를 징계하는 것이라 믿었다. 이러한 위기 동안, 금식과 기도와 자선행위가 신이 노여움을 풀고 비를 보내도록 간청하는 최선의 방법으로 여겨졌다.

우리의 절에서, 랍비들은 무엇이 진정한 회개가 되는가라는 물음을 숙고한다. 라브 아다 바르 아하바는 죄를 고백하는 것이 회개 과정에서 중요한 첫 단계지만 유일한 단계일 수는 없다고 믿는다. 죄를 짓는 것 또한 멈춰야 한다. 라시는 이 게마라에 대한 주석에서, 여기서 문제가 되는 죄는 도둑질이라고 설명한다. 따라서 누가 어떤 것을 훔쳤다고 인정하는 것만으로는 충분한 회개가 될 수 없다. 도둑은 훔친 물건을 정당한 주인에게 또한 돌려주어야 한다.

탈무드는 정결의식과 관련된 생생한 비유를 언급함으로써 이 점을 납득시킨다. 성전에 들어가 희생의식에 참여하려는 사람은 의식적으로 정결한 상태여야 한다. 성기의 분비물을 통해서나, (레위기 11장에 열거된 파충류들과 같은••) 동물들의 사체와 접촉하거나, 사람의 시체와 접촉해서 차라트_{tzara'at}라고 알려진 피부병에 걸린 사람은 의식적으로 부정하게 된다. 부정한 사람은 미크바•••에 가서 물에 몸을 담가야 한다.

이제 랍비들은 어떤 사람이 파충류를 여전히 손에 쥔 채 미크바에 몸을 담그는 가상의 경우를 생각해본다. 그가 그 파충류를 놓기 전에는 세상의 어떤 물로도 미크바에서 정결의 효력을 얻을 수 없다고 그들은 결론내린다. 마찬가지로, 죄의 행동을 멈추지 않는 한 고백 행위 자체는 무의미하다.

성경의 두 구절이 진정한 회개의 양면성을 보충하기 위해 인용된다. 잠언에서 인용한 첫 번째 구절에서 랍비들은 죄를 "고백하는 것"과 죄 짓기를 "포기하는 것" 즉 훔친 물건을 돌려주는 것에 의해서 자비를 얻게 되리라고(다시 말해 신의 사함을 받으리라고) 말한다. 두 가지의 행위―자신의 잘못을 인정하는 것과 삶의 방식을 바꾸는 것―가 회개를 완전하게 하는 데 요구된다. 두 번째 구절에서 랍비들은 "우리의 마음을 하나님께 들어올

"땅에 기는 길짐승 중에 네게 부정한 것은 이러하니 곧 두더지와 쥐와 큰 도마뱀 종류와, 도마뱀붙이와 육지 악어와 도마뱀과 사막 도마뱀과 카멜레온이라. 모든 기는 것 중 이것들은 네게 부정하니 그 주검을 만지는 모든 자는 저녁까지 부정할 것이며."(레위기 11:29-31)

mikvah. 미크베_{mikveh}라고도 한다. 유대교에서 의식적 정결을 회복하기 위해 몸을 담그는 자연수로 된 못을 말한다.

리는 것"을 기도와 고백을 가리키는 것으로 해석하고, 더 육체적
행위인 "우리의 손을 들어올리는 것"을 우리 손이 타인에게서 훔
친 것을 돌려준다는 의미로 이해한다.

데라슈 D'rash

한 남자가 흡연으로 인한 폐기종으로 진단받은 지 6개
월 만에 의사를 다시 찾아왔다. 처음 진단과 치료를 받
은 이후 어느 정도 상태가 호전되었지만, 호흡곤란을 포함한 고
통스러운 증상들이 최근 다시 찾아왔다. 검사를 하던 중, 의사는
환자가 두 달 전부터 다시 담배를 피우기 시작했다는 것을 알게
되었다.

"의사 선생님, 저를 좀 도와주세요. 숨쉬기가 너무 어렵고,
기침은 거의 고문 수준이에요."

"존, 제가 전에 설명드렸죠? 담배를 끊기 전에는 제가 당신
을 도울 방법이 아무것도 없다고요. 이건 정말 당신에게 달렸어
요. 낫고 싶으세요? 그럼 먼저 담배부터 끊으세요."

앞으로 나아가고 더 나아지기 위해 노력하기 전에, 우리는
나쁜 것을 끊고 버려야 한다. 이 자연법칙은 정결의식과 의학뿐
아니라, 윤리의 영역에도 적용된다. 랍비들은 만일 우리가 신에
반하여 저지른 죄에 대해서 신의 용서를 구한다면, 우리가 자동
적으로 용서를 받으리라는 것이 바로 욤키푸르(속죄일)의 힘이
라고 가르친다. 하지만 우리가 저지른 모든 범죄와 위반 그리고
과거에 우리 이웃에게 행한 모든 잘못은 우리가 상처 주고 기분
상하게 만들었던 사람들에게 가서 보상을 해주지 않는다면 용서
받을 수 없다. 우리의 잘못을 인정하는 것은 첫 단계이지만 그것

만으로는 충분하지 않다. 만일 우리가 어떤 것을 망가뜨렸다면, 그것을 바꿔주어야 한다. 만일 우리가 다른 사람을 모욕했다면, 그 사람이 존엄을 회복할 방법을 찾아야 한다. 그렇게 하지 않는다면, 손에 여전히 파충류를 쥔 채 미크바에 몸을 담그는 것과 같다.

לְעוֹלָם יְהֵא אָדָם רַךְ כְּקָנֶה
וְאַל יְהֵא קָשֶׁה כְּאֶרֶז

사람은 백향목처럼 뻣뻣하지 말고,
늘 갈대처럼 잘 구부러져야 한다

A person should always be as bending as a reed,
not as rigid as the cedar

타아니트 20a-b

어느 이야기: 랍비 시몬의 아들 랍비 엘라자르가 게도르 망대에 있는 스승의 집에서 돌아오는 길에 당나귀를 타고 강을 지나고 있었다. 그는 토라를 많이 배운 후에 평판이 좋아져 매우 행복했다. 그 때 매우 추한 사내가 다가와 말했다. "평안하소서, 랍비여." 그는 인사에 대꾸하지 않고 [못생긴 남자에게] 말했다. "자넨 정말 형편없군! 이렇게 못생길 수가! 자네 마을 사람들도 모두 자네같이 못생겼나?" 그가 대답했다. "모르겠습니다. 나를 만든 장인께 가서 이야기해보는 게 어떻겠습니까?" 그[랍비 엘라자르]는 자신이 죄를 지었음을 깨닫고, 당나귀에서 내려 그의 앞에 엎드리며 말했다. "내가 당신에게 부적절한 말을 했소. 나를 용서해주시오!" 그가 그에게 말했다. "당신이 나를 만든 장인께 가서 '당신이 만든 이것은 얼마나 추한가!'라고 말하기 전까지 나는 당신을 용서하지 않을 것이오." 그[랍비 엘라자르]는 그[못생긴 사람]의 마을에 이를 때까지 따라갔다. 마을사람들이 그에게 인사하러 나와 말했다. "평안하소

원전에 가장 가까운 탈무드

서, 랍비, 랍비여! 선생님, 선생님이여!" 그[못생긴 남자]가 그들에게 말했다. "당신들은 누구를 '랍비, 랍비여'라고 부르는가?" 그들이 말했다. "당신 뒤에 걸어오는 이 사람이오." 그가 그들에게 말했다. "만약 이 사람이 랍비라면, 이스라엘에 그와 같은 사람이 더는 없기를!" 그들이 그에게 말했다. "어째서인가?" 그가 그들에게 말했다. "이것이 그가 나에게 한 짓이오……." 그들이 그에게 말했다. "그렇다 해도, 그를 용서하게나. 그는 토라를 아주 잘 아는 사람이니까." 그가 말했다. "그가 이런 짓을 다시는 하지 않는다면, 당신들을 위해 그를 용서하겠소." 그러자 즉시 랍비 시몬의 아들 랍비 엘라자르가 나와 설교했다. "사람은 백향목처럼 뻣뻣하지 말고, 늘 갈대처럼 잘 구부러져야 한다. 그리하여 갈대는 우리가 토라 두루마리와 성구함과 메주자*에 글씨를 쓰는 깃펜으로 사용될 자격을 얻는다."

이 게마라는 유대인과 갈대의 유사성에 주목한다. 둘 다 생존하려면 물을 절실히 필요로 한다. 게다가 유대인은 갈대처럼 소박하고 연약하고 초라했다. 강하고 키 크고 웅장한 백향목은 세상의 나라들, 특히 로마인들에 대한 상징으로 여겨졌다. 하지만 볼품없는 갈대가 최후의 생존자였다. 그것은 강한 바람이나 폭풍에 맞서 구부릴 수 있었다. 장대한 백향목은 유연하지 않았기 때문에 뽑히기 더 쉬웠다. 이 메시지는 박해에 대처하는 중요한 전략이 되었다.

　갈대는 그 "느긋한" 성질과 기꺼이 보여주는 유연함 때문에, 전통에 따라 토라 두루마리와 성구함과 메주자에 글씨를 쓰는 거룩한 일에 사용되는 특권을 보상받았다. (성구함은 주중 아침예배 동안 머리와 팔에 감는 두 개의 상자다. 이 상자들에는 토라의 구

mezuza, 복수형은 mezuzot. 유대인들은 신에 대한 의무를 늘 잊지 않기 위해, 토라의 구절(신명기 6:4~9, 11:13~21)을 작은 양피지에 적은 다음 말아서 금속이나 나무, 유리로 된 작은 상자에 넣고 대문의 문설주에 붙여둔다.

절들이 적힌 양피지가 들어 있다. 메주자는 문설주에 붙여놓는 용기로, 그 안에도 토라에서 발췌한 구절들이 적힌 양피지가 들어 있다.)

데라슈 D'rash

우리의 이야기는 약함과 강함이 항상 우리가 예상하는 대로가 아니라는 역설을 강조한다. 교사가 사실은 교훈을 배울 필요가 있는 사람이고, 우리를 조금도 가르칠 만하지 않을 것 같은 사람이 가르칠 것이 가장 많은 사람으로 드러난다. 강하고 키 큰 백향목이 바람에 제일 먼저 넘어지는 반면, 작고 빈약한 갈대는 어떠한 공격에도 살아남을 수 있다.

강함은 크기, 힘, 세력, 결의 혹은 불변성 같은 전통적 용어들로 정의되지 않을 때가 많다. 이것을 보여주는 고전적인 유대 이야기는 물론 다윗과 골리앗 이야기다. 이 이스라엘의 양치기 소년은 너무 어리고, 너무 작고, 무기도 없이, 전투 경험도 없이 나서지만 골리앗에게 승리한다. 그의 용기, 민첩함, 지략 그리고 신에 대한 믿음은 거인 전사를 물리치기에 충분했다. 이것은 다양한 방식으로 유대 역사에서 되풀이되는 주제가 되었다. 몇 번이고, 유대인들은 더 강력한 적들보다 수적으로 열세였지만, 그들은 가까스로 살아남고 승리한 반면, 적들은 결국 패배하고 사라졌다. 이스라엘 나라는 이집트인, 가나안인, 바빌로니아인과 그리스-시리아인보다 오래 갔다. 탈무드의 랍비들은 로마인들 역시 결국은 같은 길을 가리라 믿었고, 그것은 정확했다.

우리의 이야기는 국가의 차원에서 참인 것은 개인의 차원에서도 참임을 일깨운다. 진정한 힘은 어떤 이의 근육이 얼마나 크고, 그가 얼마나 많은 사람을 쓰러뜨리고 물리쳤는지로 측정되지 않는다. 벤 조마는 묻는다. "누가 힘센 자인가?" 그리고 예상치 못한 답을 준다. "자신의 충동을 제어하는 자다"(Avot 4:1). 어떤 사람이 자신의 얼굴에 대한 모욕적인 말을 듣는다. 하지만 모욕한 사람을 때리는 대신에, 그는 상대에게 존엄성과 독실함의 의미를 가르치기로 선택한다. 랍비는 도덕판단에서 순간적으로 실수를 범했다. 변명을 하거나 비난할 다른 누군가를 찾으려 하는 대신에, 그는 앞으로 나아가 말한다. "내가 당신에게 끔찍한 일을 저질렀소. 나를 용서해주시오." 이것들이 적어도 랍비들이 정의하는 강함의 본보기다. 자주 우리는 저항하고, 압력에 맞서고, 굳건함을 유지하려고 노력한다. 때로 이것들은 더할 나위 없이 좋은 자질이다. 하지만 만일 우리가 움직이지 않고 그대로 있으려는 바람에서 굽히지 않는다면, 우리 자신이 쓰러지거나 뿌리째 뽑힐지 모른다. 랍비들은 자연법칙에서 인간관계의 법칙을 이끌어낸다. 언제 구부러질지를 배우라. 그렇지 않으면 부러질 것이다.

אָם יֹאמַר לָךְ אָדָם
יָגַעְתִּי וְלֹא מָצָאתִי אַל תַּאֲמֵן

만일 누가 당신에게
"나는 애썼지만 알 수 없었다"라고 말한다면,
그 말을 믿지 말라!

If a person says to you:
"I have labored but did not find," do not believe it!

메길라 6b

Megillah. 복수형은 Megillot로 '두루마리'라는 뜻이다. 세데르 모에드의 10번째 소논문으로, 부림절과 토라 낭독에 관한 율법을 다루며, 특히 에스더서에 대한 해석을 제공한다.

랍비 이츠하크가 말했다. 만일 누가 당신에게 "나는 애썼지만 알 수 없었다"라고 말한다면, 그 말을 믿지 말라! "나는 애쓰지 않고도 알 게 되었다." 이 말도 믿지 말라! "나는 애썼고 알게 되었다." 이 말을 믿으라! 이 말들은 토라의 문제들을 가리킨다. 하지만 일에 관해서, 도움은 하늘에 달렸다! 그리고 토라에 관해서, 이것은 예리함만을 가리키지만, 배움을 유지하는 것에 관해서, 도움은 하늘에 달렸다!

랍비 이츠하크의 말은 한 탈무드의 현자가 성공에 대한 랍비식 접근법을 정의하려 한 간단한 시도다. 랍비 이츠하크가 보기에, 인생에서 성공은 간단명료하게, 노력의 결과다. 노력 없이 성공했다고 주장하는 사람을 믿어서는 안 된다. 그리고 성실히 애썼지만 달성하지 못했다고 주장하는 사람도 아마 진실을 말하는 것이 아닐 것이다.

물론 이 모든 것은 한 명의 현자, 랍비 이츠하크의 견해다.

그는 인생 전반에 대해 가르치는 듯 보인다. "나는 알게 되었다 matzati"라는 히브리어 단어가 많은 영역을 가리킬 수 있고, 다양한 의미를 가질 수 있기 때문이다.

게마라의 주장들이 대개 그렇듯, 이처럼 일반화된 진술을 할 때는 설명이 필요하다. 이것은 열심히 노력하는 것이 항상 성공을 낳는다고 정말로 말하는 것인가? 삶은 랍비 이츠하크가 그리듯 흑백논리일까?

이후의 논의는 앞의(글의 순서뿐 아니라 시간적으로도 앞선) 일반화를 제한하고 단서를 달 것이다. 따라서 게마라는 랍비 이츠하크가 노력이 결과를 낳는다고 한 것은 옳지만(그리고 이제 제한이 온다) 학문의 영역에서만 유효하다고 말한다. 우리 인생의 다른 영역에서, 성공은 랍비의 용어로 "하늘에 달렸으며", 우리로서는 어찌할 수 없다. 그리고 토라에 대해서, 노력은 오직 이해와 관련해서만 성과를 올릴 수 있다. 열심히 공부하는 자는 결국 이해하게 된다. 하지만 그 사람은 배운 것을 금방 잊을지 모른다. 기억력은 우리가 어찌할 수 없는, 하늘에 달린 것이기 때문이다.

어떤 후대의 주석자들은 묻는다. 우리가 열심히 공부하고 이해하려 노력할지라도 결과를 얻지 못하는 때는 없는가? 그들은 공부를 하여 얻은 불완전한 결과라도 보상 효과를 준다고 대답한다. 즉 그것은 우리의 정신을 예리하게 만든다. 성공하지 못하리라 생각하면서도 말씀을 이해하려고 노력하는 것만으로도 가치가 있다. 우리는 이후 그 위에 쌓아올릴 기초를 놓고 있는 것이다. 이러한 점에도 불구하고, 랍비 이츠하크의 견해에 대한 단순한 설명은 노력이 성공의 열쇠라는 일반적인 원칙이다.

데라슈 D'rash

이 게마라 자체는 이미 랍비 이츠하크의 말이 대체로 과잉일반화이며 다소 순진하다고 여긴다. 일반적으로, 노력은 결실을 맺는다. 하지만 우리가 운이라 부르는 것, 혹은 탈무드의 랍비들이 "하늘의 도움"이라 부르는 것이 삶의 모든 영역에 어느 정도 존재한다. 우리는 유대교의 원문을 공부하는 데에도 이것은 참이라고 덧붙일 수 있다. 우리의 이해를 넘어선 것을 알기 위해서 우리는 하나의 장, 자료나 책을 탐독하며 엄청난 공을 들여야 한다.

랍비 이츠하크의 말에 게마라가 덧붙이는 제한은 비즈니스에서의 큰 거래 역시도 노력과 인내심 못지않게 행운과 타이밍에 달렸다는 것을 잘 일깨워준다. 어떤 사람은 해마다 우리 삶을 근본적으로 바꿔놓을 혁신을 이루려고 엄청나게 노력하지만, 그 나라에서는 아직 이 도구를 사용할 준비가 안 돼 있음을 알게 될 뿐이다. 하지만 또 다른 발명가는 약간의 노력만으로 별로 혁신적이지도 않고 실용적인 가치도 거의 없는 장치를 만들어, 수백만 달러를 벌어들이며 하루아침에 돌풍을 일으키기도 한다.

하지만 교육의 영역에서, 랍비 이츠하크의 일반적 원리는 타당하다. 학습에서 노력 없이도 결과를 내는 경우는 거의 없다. 책을 공부하거나 기술을 배우려는 사람은 지적으로 만족스럽고 능숙함이라는 보상을 받기 위해서는 상당한 노력을 투자해야만 한다. 랍비 이츠하크의 원리는 유대 교육에서도 참이다. 다양한 조직들이 유대교 학습에 관한 '집중훈련 강좌'를 제공한다. 이것들은 두려움을 극복하고 관심을 자극하는 데 도움이 될 수 있다. 그것들은 기본적인 지식 토대를 만들고 공부에 대한 관심을 북

돋울 수 있다. 그럼에도 유대인의 삶과 관습에 대한 지식과 조예
는 지속적인 결연한 노력, 수년 혹은 수십 년 간의 훈련, 거듭되
는 노고의 산물이다.

어떤 사람들, 특히 사업에서 운이 없었던 사람들은 이런 현
실에 화를 내고 실망할지 모른다. 어쨌든 사업에서 "벼락부자가
되는 것"은 가능하다. 뿐만 아니라, 공부하는 사람들도 때로 그
들의 배움에 실망한다. 노력하지만 여전히 무지하다고 느끼고
좌절할 수도 있다. 하지만 대체로 랍비 이츠하크의 격언은 인생
의 많은 부분에 타당하다. 노력 없이는 보상을 받을 수 없을 것
이다.

מִלָּה בְּסֶלַע מַשְׁתּוּקָא בִּתְרֵין

말은 셀라 한 닢이고, 침묵은 두 닢이다

A word costs a sela, silence goes for two

메길라 18a

"하나님이여 찬송이 시온에서 주를 기다리오며 사람이 서원을 주께 이행하리이다. 기도를 들으시는 주여 모든 육체가 주께 나아오리이다."(시편 65:1 – 2) 이 중 1절을 저자가 새로 번역한 것으로 보인다. 참고로, 새미국표준성경NASB은 1절을 "오 하나님, 당신 앞에 침묵이 있고, 시온에서 찬양이 있을 것입니다There will be silence before You, and praise in Zion, O God ……"라고 옮긴다.

만일 120명의 장로들과 그들 가운데 몇 명의 예언자들이 이미 기도문[아미다]을 적절한 순서에 따라 정했다면, 시몬 하파쿨리가 한 일은 무엇이었나? 그것들[축복기도들]은 잊혔고, 그가 돌아와 그것들의 순서를 정했다. 그때부터 거룩한 분, 송축받을 분에 대한 찬양을 [추가로] 말하는 것은 금지되었다. 랍비 엘라자르가 말했듯이, "'누가 능히 여호와의 권능을 다 말하며 주께서 받으실 찬양을 다 선포하랴?'[시편 106:2]라는 구절의 의미는 무엇인가? 누가 주의 권능을 말할 자격이 있는가? 주께서 받으실 찬양을 다 선포할 수 있는 자다."

라바 바르 바르 하나가 랍비 요하난의 이름으로 말했다. "거룩한 분, 송축받을 분에 대한 찬양을 너무 많이 말하는 자는 세상에서 쫓겨날 것이다. 이르기를, '내가 말하고 싶은 것을 어찌 그에게 고할 수 있으랴? 삼켜지기를 바랄 자가 어디 있으랴?'[욥기 37:20]." 케파르 기보리야의(어떤 이는 케파르 기보르 하일이라고 말한다) 랍비 예후다가 설교했다. "'여호와께는 침묵이 찬양입니다'[시편 65:2]●라는 구절의 의미는 무엇인가? 최고의 약은 침묵이다." 라브 디미가 와서 말했다. "서쪽에서 사람들은 말한다. '말은 셀라** 한 닢이고, 침묵은 두 닢이다.'"

sela. 고대 히브리의 은화로, 1셀라(혹은 세켈)는 4주즈(혹은 디나르, 드라크마)에 해당했다.

이 게마라는 먼저 아미다 즉 '기도문'의 기원에 관한 두 가지의 다른 전통을 조화시키려고 시도한다. 요점은 일단 원문이 확정되고 고정되면, 하나님에 대한 즉석의 찬양을 추가하는 것은 더 이상 불가능하다는 것이다. (명백히, 아미다의 발전과정 중 어느 시점에서는 새로운 문구들이 기도문에 꽤 자주 추가되었다. 그때에는 각 지도자나 예배자들이 기도문의 고정된 주제를 개인적인 방식으로 표현하도록 요구되었다.)

이러한 변화의 한 가지 이유는 신에 대해 점점 더 많이 말할수록, 모순적이게도 실제로는 우리가 신의 위대함을 축소시킨다고 랍비들이 느꼈기 때문이다. 신은 너무나 위대하기 때문에 특정한 형용사들로 신을 찬양하려는 어떠한 새로운 시도도 신성을 규정하고 한정하는 데 기여할 뿐이다.

시편의 구절에 대한 랍비 엘라자르의 영리한 비틀기는 신에 대한 모든 찬양을 선포할 수 있는 자만이 확정된 기도문에 추가하도록 허용된다는 점을 강조한다. 물론, 그러한 인간은 존재하지 않는다. 욥기의 인용에 대한 라바 바르 바르 하나의 해석은 그러한 시도를 하는 사람에게 어떤 일이 벌어질지를 보여준다. 랍비 예후다는 때로 아무 말도 하지 않는 것이 너무 많은 말을 하는 것보다 낫다는 지혜를 준다. 침묵은 우리보다 월등히 위대한 권능에 반응하지 못하는 우리의 무능을 보여준다. 라브 디미가 소개하는 서쪽(이스라엘)의 속담도 동일한 점을 말한다. 셀라는 당시 흔한 동전이었다. 따라서 침묵의 값어치는 말의 두 배다.

데라슈 D'rash

최근 한 친구가 가족을 잃는 끔찍한 일을 겪었다. 장례식장에는 사람들이 너무 많아서, 우리는 "안타깝습니다"라는 말만 겨우 할 수 있었다. 하루 이틀이 지나고, 우리는 조문을 가야 했지만 그 방문에 대해서 매우 염려가 되었다. 죽음을 대해야 한다는 것은 극도로 불편한 일이다. 우리는 우리의 마음을 표현하기 위해 어떤 말을 해야 할지 알 수 없었고, 상주의 고통을 치유하고 위로하기 위해 그녀에게 무슨 말을 해줘야 할지 몰랐다.

사회관습에 따라 제시되는 표준적 어구들이 있다. "삼가 조의를 표합니다." "우리가 당신을 위해 할 수 있는 게 있거든 무엇이든 알려주세요." 유대 전통은 고유의 정형화된 문구를 제공한다. "시온과 예루살렘의 모든 상주들 가운데 당신에게 하나님의 위로가 있길."

하지만 때로 우리가 더 많은 말을 할수록 도움이 되지 않는다는 것을 알게 된다. 어떤 사람들은 진부한 이야기나 상투적인 문구를 내놓는다("걱정하지 마세요. 시간이 다 해결해줄 겁니다"). 다른 사람들은 부적절하게도 자신들에게 초점을 맞춘다("내 남편이 죽은 후에, 난 아주 오랫동안 무기력했어요"). 또 어떤 이들은 아주 무신경한 말을 하기도 한다("당신은 아직 젊어요, 아이는 또 가질 수 있잖아요").

사회적 혹은 종교적 전통이 우리에게 짧은 표준 어구들을 제공하는 것은 매우 현명한 것일지 모른다. 그것들을 개선하거나 덧붙이려는 시도는 우리가 하고자 하는 선의를 실제로는 축소시키는 것으로 드러날 수 있다. 우리의 친절한 의도가 결과적으로 이미 큰 고통을 겪고 있는 사람들에게 상처를 준다면, 그것은 아무런 가치가 없다.

우리가 하는 말들은 우리가 생각하는 만큼 중요하지 않을지 모른다. 실은 우리의 현존, 그 자리에 함께 있는 것이 우리가 하는 어떤 말보다 훨씬 더 중요하다는 것이 자주 드러난다. 우리가 할 수 있는 최선 중 하나는 죽은 이에 대해 묻고, 앉아서 정중히 들어주는 것이다. 상주들은 다른 이의 지혜를 경청하기보다 더 많이 말할 필요가 있다. 평소에 우리는 친구가 듣는 것이나 말하는 것을 잘하지 못한다고 느낄지 모른다. 그러나 그들은 함께 있어 줄 누군가가 절실히 필요하다. 손을 잡아주고, 안아주고, 기대어 울 수 있게 어깨를 내어주는 것이 필요로 하는 전부일 수도 있다.

특정한 상황에서 무슨 말을 할지, 무슨 말을 하지 않아야 할지 아는 것은 지혜의 징표다. 말은 은화 한 닢의 값어치가 나가지만 침묵은 곱절의 가치가 있다는 것을 아는 것은 훨씬 더 큰 이해의 징표다.

거룩한 분, 찬양받을 분의 힘을
어디에서 찾든, 그의 겸손을 발견하리라

Wherever you find the strength of the Holy One,
praised be He, you find His humility

메길라 31a

속죄일에 우리는 "죽은 후에"[레위기 16]를 낭독하고, "지극히 존귀하며 영원히 거하시는 이가 이와 같이 말씀하시되"[이사야 57:15]로 끝맺는다. 민하 때 우리는 금지된 관계[레위기 18]에 대해 읽고, 요나로 끝맺는다. 랍비 요하난은 말했다. "거룩한 분, 찬양받을 분의 힘을 어디에서 찾든, 그의 겸손을 발견하리라." 이것은 토라에 기록돼 있고, 예언서에서 반복되며, 성문서에서 되풀이된다. 이것은 토라에 기록돼 있다. "너희의 하나님 여호와는 신 가운데 신이시며 주 가운데 주시요"[신명기 10:17]. 그리고 바로 뒤에 "고아와 과부를 위하여 정의를 행하시며"라고 말한다. 이것은 예언서에서 반복된다. "지극히 존귀하며 영원히 거하시며 거룩하다 이름하는 이가 이와 같이 말씀하시되"[이사야 57:15]. 그리고 바로 뒤에 "통회하고 마음이 겸손한 자와 함께 있나니"라고 말한다. 이것은 성문서에서 되풀이된다. 이르기를, "하늘을 타고 행하시던 이를 찬양하라. 그의 이름은 여호와이시니"[시편 68:4]**. 그리고 바로 뒤에 "고아의 아버지시며 과부의 재판장이시라"라고 말한다.

특정 절기에 어떤 토라 낭독 부분을 읽을지 그리고 어떤 하프타라를 암송할지에 대해 논의하면서, 랍비 요하난은 신에 대한 각 언급("거룩한 분, 찬양받을 분")이 신의 힘뿐 아니라 신의 겸손과 인간에 대한 연민을 찬양한다는 데 주목한다. 그래서 속죄일 아침의 하프타라의 언급, 즉 이사야서에서 발췌하여 하나님을 존귀한 권능의 왕이라고 말하는 것은 랍비 요하난에게 다음과 같은 원칙을 상기시킨다. 신의 힘과 겸손은 항상 성경 말씀에 뒤얽혀 있다고. 수석교사이자 학자인 랍비 요하난은 신의 힘과 인간에 대한 염려가 밀접히 관련돼 있는 세 구절을 쉽게 찾아낸다.

　랍비 요하난의 미드라시에 따르면, 신의 힘과 권능은 최고이시고, 구름을 타고 다니시지만, 또한 겸손하시어 보호자가 필요한 사정에 있는 인간들을 보살피려 땅으로 내려오신다. 신의 힘과 그에 수반되는 친절함은 토라에 기록되어 있고, 예언서에 반복되며, 성문서에서 되풀이된다. 이것들은 우리가 거룩한 분의 힘을 어디에서 찾든, 신의 겸손 또한 발견하리라는 확증을 준다.

　히브리어에서 '기록되는' '반복되는' '되풀이되는'은 흥미로운 단어들이다. '기록되는'은 카투브katuv로 꽤 흔한 히브리어 단어다. '반복되는'은 샤누이shanui로, 히브리 숫자 2와 동일한 어근에서 유래했다. (그리고 미슈나mishnah라는 단어는 '반복되는' 가르침이란 뜻이다.) 우리가 '되풀이되는'으로 옮긴 메슐라슈meshulash는 '3'을 뜻하는 히브리어 어근에서 왔다. 그렇게, 신의 힘과 겸손이 성서의 세 부분—토라, 예언서, 성문서—을 통해 기록되고, 반복되고, 되풀이된다.

"하나님께 노래하며 그의 이름을 찬양하라. 하늘을 타고 광야에 행하시던 이를 위하여 대로를 수축하라. 그의 이름은 여호와이시니 그의 앞에서 뛰놀지어다. 그의 거룩한 처소에 계신 하나님은 고아의 아버지시며 과부의 재판장이시라."(시편 68:4 - 5)

데라슈 D'rash

우리는 자주 신을 압도적인 힘―창조, 홍해를 가름, 시나이 산에서의 계시―의 측면에서 생각한다. 랍비 요하난의 설명은 우리에게 신의 위대함에 대한 랍비들의 견해가 더욱 포괄적임을 일깨운다. 신은 신성한 초월성에서 힘과 위엄을 보여줄 뿐 아니라, 신성한 절박성에서 인간에 대한 끊임없는 염려와 사랑을 보여주신다.

어쩌면 랍비 요하난의 말과, 신의 속성에 대한 우리의 견해를 확장하려는 그의 시도는 위대함―신의 위대함뿐 아니라 우리 자신의 위대함까지―을 바라보는 관점을 다시 조정하도록 도울지 모른다. 만일 우리가 신의 방식을 따르고 신의 속성을 흉내내고자 한다면, 우리는 진정한 위업을 이해해야 한다. 진정한 위대함이란 강력하고 광대하며 광범위한 것이지만, 또한 잠잠하며 절제된 것이다. 힘이 있는 어느 곳이든, 측은지심이 또한 있어야 한다.

성공한 기업들에 대한 최근 연구들은 정확히 이 점을 강조한다. 탁월한 회사들은 강하고 영향력 있는 기업들일 뿐 아니라, 대개 사람들에 대한 돌봄과 배려를 보여주는 회사들이다. 그들은 직원들에게 보육 서비스를 제공하고, 고객들의 제안을 경청하고 실천하며, 또한 기업에서 직급이 가장 낮은 직원들조차 필요한 사람으로 환영받는다고 느끼게 하는 데 선두에 서 있다.

월마트의 창업자인 샘 월턴은 작은 상점을 전국적인 체인으로 바꾸며, 미국 최고의 부자 중 한 명이 되었다. 어떤 이는 월턴의 성공 요인을 각 고용인들에 대한 배려라고 설명했다. 이를 잘 보여주는 이야기가 있다. 어느 날 밤, 그는 잠을 이룰 수 없었다. 새벽 2시 30분에 밤새도록 여는 빵집에 차를 몰고 간 후, 월턴은 어느 월마트 물류센터에서 일하는 사람들에게 도넛을 가져다주고는, 그 늦은 시간에 그들과 함께 이야기를 나눴다. 그렇게 함으로써, 그는 직원들이 작업장에 새로운 샤워실이 설치되길 원한다는 것을 알게 되었고, 그렇게 조치해주었다. 샘 월턴의 위대함은 한 해 20억 달러의 상품을 판매하는 것뿐 아니라, 자기 상점들 중 한 곳의 심야 야근조로 일하는 외로운 사람들을 돌보는 것에도 있다.

랍비 요하난의 말이 오늘날 우리에게 말하는 것은 이렇다. 신의 위대함이 측은지심과 결합한 힘에서 나오듯이, 신의 형상으로 만들어진 우리 인간도 힘과 측은지심을 함께 보여야 한다. 따라서 기업체의 중역은 막중한 직책을 맡고 많은 돈을 벌고 힘을 휘두를 수 있지만, 회사와 관련 있는 사람들을 또한 돌보아야 한다. 유력한 정치인들은 표를 얻고 선거에서 이길 수 있지만, 진정한 도전은 그들이 대표하는 사람들의 마음을 얻는 것이다. 우리는 가족을 부양하기 위해 돈을 벌어야 하지만, 가족과 함께 시간을 보내는 것을 잊어서는 안 된다.

만일 평범한 사람, 심지어 고아나 과부처럼 가장 불행한 사회구성원들에게 신이 끊임없이 관심을 쏟는다면, 우리 인간들도 그들을 절대 잊지 말아야 할 동일한 책임이 있지 않을까? 랍비 요하난이 보기에 그리고 유대교의 관점에서도, 이것이 진정한 위대함이다.

אֵין מְעָרְבִין
שִׂמְחָה בְּשִׂמְחָה

하나의 행복한 행사를
다른 것과 섞지 않는다

One does not mix one happy occasion with another

Moed Katan. 세데르 모에드의
11번째 소논문으로 모두 세 개
의 장으로 이루어져 있다. 유월
절과 초막절 절기 기간 중의 율
법을 다루고, 특히 애도에 관한
율법을 다룬다.

娶嫂婚, levirate marriage. 형
제역연혼이라고도 한다. 고대
히브리 사회에서 자식 없이 죽
은 남자의 혈통을 계승하기 위
해서 죽은 남편의 형제를 미망
인의 재혼상대자로 택하도록
한 관습을 말한다.

모에드 카탄 8b

미슈나(1:7): 절기 동안 여자와 결혼하지 않는다. 그녀가 처녀든 과부든 안 되며, 취수혼도 안 된다. 왜냐하면 그것은 하나의 행복한 행사이기 때문이다…….

게마라: 그것이 하나의 행복한 행사라서 어떻다는 것인가? 라브 예후다가 슈무엘의 이름으로 말했으며, 또한 랍비 엘라자르가 랍비 오시야의 이름으로 말했다. 한편 다른 이들은 랍비 엘라자르가 랍비 하니나의 이름으로 말했다고 한다. "왜냐하면 하나의 행복한 행사를 다른 것과 섞지 않기 때문이다." 라바 바르 라브 후나는 말했다. "왜냐하면 그는 절기를 즐기는 것을 제쳐두고 아내와 즐기는 데 분주할 것이기 때문이다." 아바예가 라브 요셉에게 말했다. "라바 바르 라브 후나가 말한 것은 라브가 말한 것과 동일하다. 라브 다니엘 바르 카티나가 라브의 이름으로 말했듯이, '절기 기간 동안 여자와 결혼하지 않는다는 것을 우리는 어디에서 배우는가?

이르기를, "절기를 지킬 때에 즐거워하라"[신명기 16:14]. 절기를 지킬 때에이지, 너의 아내와가 아니다.'" 울라는 말했다. "모든 곤란함 때문이다." 랍비 이츠하크 나파하는 말했다. "번식을 소홀히 할까봐서다."

이 짧은 글을 읽자마자 우리는 언급된 랍비들의 많은 수에 놀란다. 어떤 가르침의 정확한 출처를 밝히려 노력하는 것이 랍비 문헌에서 매우 중요한 특징이다. 인용의 원저자를 밝히는 것, 혹은 저작의 대안적 주장들을 인용하는 것이 여기에 있는 많은 이름들을 설명해준다. 정확한 출처를 언급하는 것은 특정한 가르침의 권위를 세우도록 돕는다. 그것은 또한 저자에게 일종의 불멸성을 부여한다.

미슈나에 언급된 취수혼은 남자가 자녀 없이 죽은 형제의 미망인과 혈통을 잇기 위해 결혼하는 것을 일컫는다(신명기 25:5–6).

게마라는 절기 기간 동안 결혼을 금하는 것을 설명하는 4가지 이유를 제시한다. 라바 바르 라브 후나는 남자가 새 아내와 시간을 보내며 절기 의식을 소홀히 할까봐 염려한다. 라브는 성경 구절의 자구적 해석에서 그 금지를 끌어낸다. 울라는 결혼식이 많은 준비를 필요로 하는데, 그 일들의 많은 종류가 절기 때 금지된 것들임을 걱정한다. 랍비 이츠하크 나파하는 절기 준비에 많은 돈이 들 듯, 결혼식에도 큰돈이 지출된다는 데 주목한다. 만일 절기 기간 동안 결혼이 허용된다면, 많은 사람들은 그들의 결혼을 절기 때까지 미룰 것이다. 그러면 두 번 대신 한 번만 연회를 준비하면 되기 때문이다. 랍비 이츠하크는 결혼식을 연기함으로써 결국 저출산을 초래할까 우려한다.

데라슈 D'rash

✿ "두 결혼식에서 춤출 수는 없다"라는 이디시 속담이 있다. 문제는 물리적인 것—동시에 두 장소에 있기—뿐 아니라 정신적인 것이기도 하다. 인간은 일반적으로 한 번에 한 가지에만 집중할 수 있다. 만약 우리가 한 번에 두 가지를 하려고 한다면 둘 중 하나는 결국 다른 것에게 양보하게 될 것이다. 두 가지 모두가 매우 중요할 때, 상당히 가치 있는 것을 잃게 될 것이다.

라바 바르 라브 후나는 유대인들이 공적인 삶과 사적인 삶에서 직면했던 갈등들에서 이 원리가 작동하는 것을 보았다. 유대력의 절기들은 계절에 끼어들어 한 해의 달들에 특성을 부여한다. 절기들은 또한 유대인들에게 공통 역사를 상기시키고 되새김으로써 모든 유대 민족을 단합시키는 데 기여한다. 풍속, 전통, 관습 그리고 율법은 유대 민족에게 공동의 실천과 공유할 수 있는 가치체계를 준다. 유대인들이 전 세계 어디에 살든지 간에, 절기들은 그들을 시간의 차원에서 함께 살 수 있도록 한다.

절기는 모든 사람이 지켰던 반면, 결혼식은 두 사람과 그들의 직계가족과 친구들의 사적인 기념행사로 여겨졌다. 절기는 매년 돌아왔다. 즉 올해 하나의 절기를 놓치더라도, 내년에 항상 그것을 다시 기념할 수 있다. 반면에 결혼식은 바라건대 평생에 단 한 번뿐인 행사였다. 다른 모든 것은 이 가장 기쁜 행사simḥah를 축하하기 위해 제쳐둘 수 있었다.

유월절 기간 동안 결혼식 날짜를 잡았다고 상상해보라. 이두 행사를 기념하기 위해 준비할 것들이 너무나 많다. 두 가지 모두를 하려 드는 것은 물품을 조달하는 것만 해도 악몽일 것이다. 관계자들이 두 가지 행사를 모두 즐길 수 있는 방법은 없다. 물론 다른 가능성은 가족이 한 가지 행사에만 집중하기로 선택하고 다른 행사는 내버려두는 것이다. 이러한 갈등에서, 대부분의 사람들은 공적인 것보다 사적이고 개인적인 것을 택한다. 즉 결혼식은 절기를 손상시키며 거행될 것이다. 절기는 더 이상 모두가 다 같이 지키는 것이 아니게 되고, 공동체는 뿔뿔이 분열되고, 각 가정은 독자적으로 "자기만의 행사"를 거행할 것이다.

많은 유대인 부부들이 알고 있듯이, 한 해 동안 결혼식을 할 수 없는 많은 날들이 있다. 절기들에 덧붙여, 전통적으로 봄에는 세피라* 기간(유월절과 칠칠절** 사이)의 전부 혹은 일부 동안 그리고 여름에는 "3주"*** 동안(타무즈월 17일과 아브월 9일 사이) 결혼을 거행할 수 없다. 이러한 모든 제한은 준수하기 어렵고, 때로 이해하기도 어렵다. 랍비들이 생각한 것은 다른 무엇보다도, 단순히 유대력의 성스러운 날들의 온전함을 지키고 유대 민족의 통합과 본모습을 보전하기 위함이었다. 그렇게 함으로써, 그들은 또 다른 중요한 메시지도 전달했다. 곧 공동체, 집단, 국가의 안녕이 개인의 이해보다 우선한다는 것이다. 이런 접근법은 필연적으로 다음과 같이 결론에 이른다. 우리는 진정한 행복을 혼자서는 찾을 수 없고, 다른 사람들과 더불어 찾을 수 있다고 배운다.

◆

sefirah. 정식 명칭은 '곡식단 세기Sefirat HaOmer'로, 유월절에서 칠칠절까지 49일의 날짜를 세는 것을 말한다. 신이 토라를 주기를 영적으로 준비하고 기대한다는 의미를 담고 있다. "안식일 이튿날 곧 너희가 요제로 곡식단을 가져온 날부터 세어서 일곱 안식일의 수효를 채우고, 일곱 안식일 이튿날까지 합하여 오십 일을 계수하여 새 소제를 여호와께 드리되."(레위기 23:15 – 16)

◆◆

Shavuot. 유대력의 3대 절기 중 두 번째로, 밀 추수기의 시작을 알리는 농경축제다. 성전시대에는 추수한 햇곡식과 새로운 밀로 만든 빵 두 덩이를 바쳤다. 유월절에 한 다발의 추수 곡물을 바친 뒤 7주 뒤인 50일째 되는 날에 지키기 때문에 오순절Pentecost이라고도 부른다.

◆◆◆

The Three Weeks. 히브리어로는 Bein ha-Metzarim이라고 한다. 기원전 586년의 제1차 성전 파괴와 서기 70년의 제2차 성전 파괴를 기념하는 애도기간으로, 첫날과 마지막 날에는 금식한다.

하루의 일부는 하루 전체와 같다

Part of a day is like a whole day

모에드 카탄 20a-b

랍비 히야의 남자형제의 아들이며, 랍비 히야의 여자형제의 아들이기도 한 라브가 거기로 가자, 그가 그에게 말했다. "아버지는 살아계신가?" 그가 그에게 말했다. "어머니는 살아계십니다." 그가 그에게 말했다. "어머니는 살아계신가?" 그가 그에게 말했다. "아버지는 살아계십니다." 그[랍비 히야]가 수행원에게 말했다. "나의 신발을 벗기고 목욕탕으로 나를 따라오너라." 여기에서 우리는 세 가지를 배운다. 상주는 신발을 신는 것이 금지된다. 뒤늦은 소식[을 듣고 애도하는 것]은 오직 하루 동안만 행해진다. 하루의 일부는 하루 전체와 같다.

게마라의 이 절은 애도의 율법, 특히 '뒤늦은 소식sh'muah r'ḥokah'을 다룬다. 뒤늦은 소식이란 가까운 친척의 부음을 30일 이상 지나서야 받는 것을 말한다. 이와 같은 경우, 30일간의 애도기간이 이미 지나버리게 된다. 게마라는 랍비 히야의 행동으로부터 우리에게 뒤늦은 소식에 대한 가르침을 주려고 한다. 위의 대화에서, 랍비 히야는 '거기' 즉 이스라엘로 돌아왔다. (탈무드 바블리

즉 바빌로니아 탈무드의 편찬자들에게는 '거기'다.) 랍비 히야는 자신의 부모들에 대해 알고 싶어한 반면, 그의 조카인 라브는―삼촌에게 슬픈 소식을 말해주지 않으려 조심하며―랍비 히야의 친척이기도 한 자신의 부모에 대해서 대답한다. 일련의 결혼을 통해, 랍비 히야는 조카 라브와 이중으로 친척이 된다. 그는 그의 부계 쪽의 삼촌이자 모계 쪽의 삼촌이기도 하다. 이 대화에 대한 몇 가지 가능한 해석들이 있다. 우리의 목적상, 우리는 (괄호 안에 우리의 해석을 추가한) 다음의 것이 랍비 히야와 라브가 서로에게 말하고 있는 것이라고 가정할 것이다.

> 랍비 히야: "(나의) 아버지(아하)는 살아계신가?
> 라브: "(나의 친)어머니는 살아계십니다."
> 랍비 히야: "(너의 할머니이기도 한, 나의) 어머니는 살아계신가?"
> 라브: "(당신의 이복형제인, 나의) 아버지(아이부)는 살아계십니다."

  랍비 히야는 아하의 아내이자 랍비 히야의 어머니의 부음을 친절하고 부드럽게 알리려는 조카의 의도를 정확히 이해한다. 랍비 히야는 즉시 애도기간을 시작한다. 하지만 그는 꽤 오랫동안 이스라엘을 떠나 있었고, 랍비 히야의 어머니가 죽었다는 이 민감한 소식은 "뒤늦은 소식"이다. 랍비 히야가 수행원(짐꾼이나 노예라기보다는 그의 시중을 드는 제자였을 것이다)에게 한 말―"나의 신발을 벗기고 목욕탕으로 나를 따라오너라"―은 우리에게 세 가지를 가르쳐준다.

1) 상주는 가죽신발을 신는 것이 허용되지 않는다. 이 풍습은 오늘날까지도 지켜진다. "뒤늦은 소식"의 경우라도, 신발을 신는 것은 금지된다.

2) 목욕 또한 상주에게 허락되지 않는다. 랍비 히야가 수행원에게 목욕탕에서 보자고 말하는 것으로 보아, 랍비 히야의 애도기간이 곧 끝나리라는 것은 명백하다. 왜냐하면 "뒤늦은 소식"은 단 하루의 애도만을 요구하기 때문이다.

3) 그가 목욕탕으로 곧장 갈 것이기 때문에, 애도를 하는 그곳에서 "하루의 일부가 하루 전체와 같다"라는 것은 명백하다. 일단 랍비 히야가 그날 하루의 명목상의 시간 동안 애도를 했다면, 그의 전체 애도기간―"뒤늦은 소식"으로 인해 하루가 된―은 완료된다.

오늘날의 통신은 2세기의 이스라엘과 바빌로니아보다 훨씬 우수하기에 뒤늦은 부음은 드물 것이다. 그럼에도 여전히 사망에 대해 아주 늦게야 알게 되는 경우들이 있다. 만일 그 지연이 한 달 미만이라면 "때맞춘 소식"으로 간주되며, 모든 애도의식이 지켜진다. 하지만 만약 한 달 이상이 지난 후에야 죽음에 대해 알게 된다면, 이 경우는 "뒤늦은 소식"이 된다. 상주는 명목상의 애도 시간인 "하루의 일부" 즉 한 시간만 애도의식을 지키도록 요구된다. 그 시간 동안 상주는 등받이 없는 낮은 의자에 앉고, 사별의 상징으로서 가죽신발을 벗는다.

데라슈D'rash

우리 모두는 끝나지 않았으면 했던 결혼식이나 연주회, 연극에 가본 적이 있다. 우리 모두 한 번쯤은 자신에게 이렇게 말한 적이 있다. "그 기념행사는 너무 즐거웠어. 영원히 계속되었다면 좋았을 텐데." (혹은 〈마이 페어 레이디〉의 노랫말처럼, "나는 밤새도록 춤출 수도 있었어!") 우리는 그 음악이 너무나 감격적이고 활기차서 우리 머릿속에서 몇 시간이고 울려퍼지던 연주회에 가본 적이 있다. 우리는 그 연기가 너무나 감동적이고 줄거리에 생각할 거리가 많아서 그 후 며칠 동안 잊히지 않던 연극을 본 적이 있을 것이다. 이러한 기분은 모든 사람이 공유하는 정상적인 것이다. 이러한 경우들은 불가피하기도 하지만, 우리가 이 행복한 시간들을 연장하고 가능한 한 오래 확장하려고 노력하는 만큼, 시간이 늘어나고 더해지고 증가한다.

하지만 우리는 삶이 우리에게 슬픈 시간들 또한 준다는 것을 안다. 롱펠로가 썼듯이,

> 모든 삶에는 얼마간의 비가 내리는 법이며,
> 어떤 날들은 어둡고 음울한 법이다.

한 번쯤 우리 각자는 누군가의 죽음을 비통해하거나 애도해야 할 경우가 있을 것이다. 유대 전통은 "하루의 일부는 하루 전체와 같다"라는 원리에서 애도를 연장하거나 지나치게 슬퍼하지 말라고 우리를 일깨운다.

미국의 대통령이 죽으면(특히 재직 중에 사망하면), 위대한 지도자의 서거를 알리는 많은 의식을 거행한다. 관청들은 문을

닫고, 장기간 조기를 게양한다. 그러고 나면 나라는 다시 일상으로 돌아가야 한다. 많은 미국인들은 대통령에 대해 생각할 것이고, 일상의 일들을 하면서 개인적으로 애도할 것이다. 우리가 마음속으로는 슬픔과 비통함을 느낄지라도, 겉으로는 우리의 일상으로 돌아와야 한다. 삶의 위태로운 본질을 인지하고, 더 이상 살아있는 자들 가운데 존재하지 않는 이들을 추억하면서.

마찬가지로, 유대 전통은 우리에게 친척의 죽음을 애도하라고 요구한다. 우리는 거상기간shivah이라고 알려진 일주일의 시간을 따로 떼어 애도에 전념한다. 그렇다 하더라도, 꽉 찬 7일은 너무 과한 것일 수 있다고 율법은 말한다. 그래서 거상기간이 실제로 7일을 다 채우지는 않는다. 첫 날(매장하는 날)과 마지막 날은 항상 반나절이며, 이는 우리가 올바른 태도로 사별을 마주해야 한다는 것을 상기시켜주는 듯하다. 애도의 시간이 있듯이, 우리의 애도를 끝마쳐야 할 시간이 있다. 전통적으로 거상기간은 가족의 상실을 딛고 사회와 일상생활로 돌아간다는 상징적 행위로 동네 주변을 걷는 것으로 끝맺는다.

탈무드는 우리가 하루 종일 애도하는 대신에 하루의 일부만을 지킴으로써 우리의 슬픔을 조금이라도 줄일 수 있다면, 그것은 괜찮다고 가르친다. 행복은 연장되어야 하고, 슬픔은 단축되어야 한다.

חַיֵּי בָּנֵי וּמְזוֹנֵי
לָא בִּזְכוּתָא תַּלְיָא מִלְּתָא
אֶלָּא בְּמַזְּלָא תַּלְיָא מִלְּתָא

생명, 자녀, 음식은
공과가 아니라 운에 달린 문제다

Life, children, and food are matters that
depend not on merit, but on luck

모에드 카탄 28a

라바Rava가 말했다. "생명, 자녀, 음식은 공과가 아니라 운에 달린 문제다. 라바Rabbah와 라브 히스다는 둘 다 의로운 랍비들이었기 때문이다. 한 명이 기도하자 비가 내렸고, 다른 한 명이 기도하자 역시 비가 내렸다. 라브 히스다는 92년을 살았고, 라바는 40년을 살았다. 라브 히스다의 집에서는 결혼식이 60번 있었고, 라바의 집에서는 장례식이 60번 있었다. 라브 히스다의 집에는, 개들에게 먹일 가장 좋은 밀가루로 만든 빵이 있었고, 부족하지 않았다. 라바의 집에는 사람들이 먹을 보리빵만 있었고, 그것조차 부족했다."

이 글 바로 앞의 절에는 요절의 의미를 이해하고자 하는 논의가 온다. 어떤 랍비들은 만일 사람이 어린 나이에 죽었다면, 그것은 그들이 신의 눈 밖에 났다는 표시라고 믿었다. 한 견해에 따르면, 만일 사람이 50세에 이르기 전에 죽었다면 그것은 그 사람이

카레트•의 처벌을 받은 것을 의미했다. 만일 어떤 사람이 60세에 이르기 전에 죽었다면, 그것은 또 다른 범주의 징계인 "하늘의 손에 의한 죽음"이었다.

라바는 이를 반박한다. 그의 견해는 사람의 수명이 의로움이나 독실함에 의해 결정되지 않는다는 것이다. 그것은 결국 운의 문제다. 증거로, 그는 유명한 두 랍비인 라브 히스다(라바Rava의 스승)와 라바Rabbah를 예로 든다. 두 사람은 그들의 의로움으로 잘 알려져 있었다. 가뭄이 있을 동안, 둘 다 비를 기도할 수 있었고, 신은 즉시 그들의 기도에 응답하여 가뭄을 끝내고 비를 내렸다. 하지만 한 사람은 비극적인 삶을 살았고, 다른 한 사람은 축복받은 삶을 살았다. 라바는 오직 운에 의해서만 이 차이를 설명할 수 있었다.

데라슈D'rash

규칙을 따르고 옳은 일을 행하는 것이 아무런 도움이 되지 않는다면, 당신은 어떻게 하겠는가?

학교에서 한 학생이 열심히 공부하고 매일 밤 숙제를 했다. 그런데 그녀는 수업을 듣는 학생들의 절반이 기말시험을 치르는데 훔친 답안을 이용하는 것을 본다. 그녀는 B학점을 받은 반면, 부정행위를 한 학생들은 그 시험에서 'A학점'을 받는다.

어떤 가게주인은 손님들에게 질 좋은 물건과 친절한 서비스를 제공하며 사업을 꾸려나가려 열심이다. 길 아래의 경쟁자는 시장 전체를 차지하고 사업에서 상대방을 몰아내기 위해서라면 합법적이든 아니든 어떠한 짓도 할 태세다. 상품들의 낮은 품질

---

karet. 글자 그대로는 '잘라내기'라는 뜻으로 kareth라고도 한다. 육체적 처형뿐 아니라 공동체에서의 추방, 더 나아가 영혼의 소멸, 내세에서의 자리 없음까지를 의미했다. "본토인이든지 타국인이든지 고의로 무엇을 범하면 누구나 여호와를 비방하는 자니 그의 백성 중에서 끊어질 것이라. 그런 사람은 여호와의 말씀을 멸시하고 그의 명령을 파괴하였은즉 그의 죄악이 자기에게로 돌아가서 온전히 끊어지리라."(민수기 15:30 – 31)

과 무신경한 고객 응대로 악명이 높음에도, 그의 사업은 성공적인 것처럼 보인다.

어떤 가족은 회당에 열심히 참석하고, 많은 자선활동에도 후하게 기부한다. 독실한 마음으로 신과 이웃들에게 헌신했음에도, 그들은 잇따른 비극으로 고통받는다.

우리 대다수는 선한 사람은 선행에 대한 보상을 받고, 악한 사람은 죄악에 대한 징계를 받으리라 기대한다. 우리는 종교 교사들이 이러한 기대를 강화하고, 따라서 우리에게 선행을 권하리라 예상한다. 하지만 삶은 종종 순리대로 혹은 우리가 기대하는 대로가 아니라는 것을 우리는 경험을 통해 알게 된다. 우리의 절에서, 라바는 당위와 현실 사이에 큰 괴리가 있음을 인정하는 용기를 보여준다.

라바의 인정의 핵심에는 채 묻지 않은 질문 하나가 있다. 만일 선행이 ─라바Rabbah의 경우와 같이─좋은 일이 우리에게 일어나리라 보장하지 않는다면, 왜 선해지려 애써야 할까? 무슨 의미가 있을까? 당신이 부자일지 가난뱅이일지, 장수할지 단명할지, 많은 결혼식을 축하할지 많은 장례식에 참석할지는 모두 운의 문제라고 라바는 말한다. 그렇다면 왜 규칙을 따르거나 옳은 일을 하려고 신경써야 할까?

아마도 이 질문에 대한 한 가지 답은 라바Rabbah의 삶이 우리에게 가르쳐주는 것에서 찾을 수 있을 것이다. 우리가 들었듯이, 라바는 가뭄이 들자 라브 히스다와 마찬가지로 신께 비를 기도했고 응답을 받았다. 우리는 사람들이 어려움에 처했을 때 신께 의지했던 동일한 라바가, 그와 그의 가족이 힘겨운 궁핍에 처했을 때에도 신께 의지했다는 것을 상상해야 한다. 하지만 신은 명백히, 이 의로운 사람의 공동기도에만 응답하고 그의 개인적인 기도에는 응답하지 않았다. 만일 여기에 어떤 논리가 있다면, 그것은 우리의 이해를 넘어선다. 교훈은 라바가 계속해서 신께 의지했고, 그가 도울 수 있는 이들을 돕기 위해 자신의 힘을 사용했다는 것이다. 그의 개인적 기도에 대한 부정적 응답은 그가 다른 이들을 돕기 위해 신께 의지하는 것을 막지 못했다. 그렇다면 아마도 우리에게 어떤 일이 일어날지 결정하는 것은 단순히 운이 아닐지 모른다. 그것은 바로 다른 이들의 삶이 더 나아지고, 부유해지고, 행복해지도록 돕는 라바 같은 선하고 훌륭한 사람들의 존재다. 그들의 기도와 그들의 선행은 우리를 이롭게 한다. 비록 그들 자신은 똑같이 이롭게 할 수 없을지라도. 따라서 생명, 자녀, 음식에 영향을 미치는 것은 단순히 운이 아니라 기꺼이 자신을 헌신하는 사람들이다. 그들은 그 일에 대한 보상을 받기 때문이 아니라 그것이 해야 할 옳은 일이기 때문에 그렇게 한다.

רִמּוֹן מָצָא
תּוֹכוֹ אָכַל קְלִפָּתוֹ זָרַק

그는 석류를 찾아
속은 먹고 껍질은 버렸다

He found a pomegranate:
The inside ha ate; its peel he threw away

하기가° 15b

라바Rava는 설명했다. "'골짜기에 순이 났는가 알려고 내가 호두 동산으로 내려갔다'[아가서 6:11]라는 구절의 의미는 무엇이었나? 왜 학자들을 호두에 비유하는가? 말하건대, 호두가 진흙과 오물에 더럽혀져도 그 속에 든 것은 망가지지 않듯이, 학자들 또한 마찬가지다. 그들이 죄를 지었을지라도, 그들의 토라는 망가지지 않은 채 그대로다."

라바Rabbah 바르 셀라가 엘리야를 만났다. 그가 그에게 말했다. "거룩한 분, 찬양받으실 분은 무엇을 하고 계십니까?" 그가 말했다. "그분은 모든 랍비들의 이름으로 성전聖傳을 말씀하시고 계시다. 하지만 랍비 메이어°°의 이름으로는 성전을 말씀하시지 않는다." 그가 말했다. "그는 왜 안 됩니까?" "왜냐하면 그는 다른 사람Aher에게서 성전을 배웠기 때문이다." 그[라바]가 말했다. "왜 안 됩니까? 랍비 메이어는 석류를 찾아, 그 속은 먹고 껍질은 버렸습니다."

Hagigah. 세데르 모에드의 마지막 소논문으로 3개의 장으로 이루어져 있다. 3대 절기와 희생제물에 대해서 다룬다.

Meir. 서기 2세기에 활동한 탄나임 중 가장 위대한 랍비의 한 사람으로 꼽히며, 미슈나에서 세 번째로 많이 인용된다. 처음에는 엘리샤 벤 아부야의 제자였으나 그가 신앙을 버린 후 랍비 아키바의 제자가 되었다. 아키바의 작업을 이어받아 율법을 주제별로 종합했고, 이것이 그의 제자 랍비 예후다 하나시에 의해 미슈나로 통합되었다.

Elisha ben Avuyah. 1~2세기경
팔레스타인에서 활동한 구전
율법 교사 집단의 일원(탄나임)
이었지만, 지적 교만 때문에 유
대교를 저버렸고, 이 때문에 대
표적인 이단자로 평가받는다.
그가 배교한 이유를 놓고 필론
의 추종자였다. 그리스도교 개
종자였다. 영지주의 분파의 신
자였다. 사두가이파였다는 등
의 다양한 이설이 있다.

엘리샤 벤 아부야*는 랍비 아키바와 동시대인이자 랍비 메이어
의 스승이었다. 2세기 동안의 어느 시기에, 그는 이단자가 되었
고 유대인들에게서 등을 돌렸다. 이 급격한 변화를 설명하려는
몇 가지 이야기들이 있다. 어떤 이들은 그가 다른 종교나 철학
사상에 사로잡혔다고 말하고, 어떤 이들은 그가 의로운 사람들
이 끔찍하게 고통받는 세상을 보고 외견상의 정의의 결핍에 얼
마나 심각하게 괴로워했는지를 보여준다.

이러한 이유 때문에 그는 탈무드에서 아헤르After라는 이름
으로 언급되는데, 이는 "어떤 다른 사람" 혹은 "또 다른 사람"을
의미한다. 대부분의 유대인들이 그에게 등을 돌렸지만, 그의 제
자 랍비 메이어는 여전히 스승을 다시 무리로 데려오기 위해 전
념했다.

라바는 아가서의 한 구절을, 스승들이 죄를 지었더라도 그
들의 가르침은 여전히 타당한 것으로 남는다는 뜻으로 해석하면
서 논의를 시작한다.

엘리샤 벤 아부야를 최소한 존중하는 이 주장을 마치 반박
하려는 것처럼, 우리는 또 다른 랍비인 라바 바르 셸라가 우연히
예언자 엘리야를 만난 이야기를 듣게 된다. (전승에 따르면, 엘리
야는 결코 죽지 않았다. 그는 하늘에 계신 하나님이 생각하고 행하는
일들을 아는 사람으로서 랍비들 앞에 자주 나타났다.) 엘리야는 라
바에게 랍비 메이어는 신에게 존중받지 못하는데, 왜냐하면 그
가 아헤르에게서 가르침을 배웠기 때문이라고 말한다. 라바는
메이어가 엘리샤 벤 아부야로부터 타당한 가르침만을 취했고,
이단의 믿음과 견해는 달콤한 석류의 쓴 껍질처럼 버렸다고 말
함으로써 랍비 메이어를 변호한다.

데라슈 D'rash

어머니가 직장에서 늦게 집으로 돌아와서 6살, 9살, 12살 난 세 어린 자녀가 텔레비전 화면에 "딱 달라붙어 있는 것"을 발견했다. 경악스럽게도, 그녀는 아이들이 케이블 TV에서 성폭행을 생생하게 묘사한 미성년자관람불가 영화를 보고 있었음을 알게 되었다. 잠시 후, 남편이 집에 오자 큰 말다툼이 일어났다.

"저 텔레비전을 이 집에서 없애고 싶어요!" 그녀는 소리쳤다.

"여보, 진정해. 당신이 화내는 건 이해해. 나도 화가 나. 하지만 TV를 없애는 것은 좀 극단적이잖아? 케이블 영화 채널들을 차단할 수도 있는데."

"아니요! 당신은 이해 못해요." 그녀가 대답했다. "단지 케이블 영화가 문제가 아니에요. TV 자체가 문제라고요! 아이들이 텔레비전을 너무 많이 봐요. 학교 가기 전에 한 시간, 그리고 정말 최악인 건 얘네들이 집에 돌아와서부터 자러가기 전까지 계속 본다고요! 얘네들이 매주 얼마나 많은 잔인한 살인들을 보는지 알기나 해요? 그것들이 아이들의 마음과 영혼을 어떻게 만들겠어요? 성적인 농담과 말장난 없는 시트콤은 요즘 찾아볼 수도 없죠. 우리 아이들이 보는 대부분은 빌어먹을 쓰레기 같은 것들 뿐이에요. 그러고는 '이것을 사라' '이것을 가져야 해'라고 세뇌시키는 상업광고들이 나오죠. 우리는 가족끼리 더 이상 대화하지 않고 한 방에서 TV만 볼 뿐이에요. 난 정말 진절머리가 나요! 난 저 물건을 없애고 싶다고요!"

정말 설득력 있는 주장이다. 하지만 이 맹렬한 주장에서 잊고 있는 한 가지는 텔레비전에는 또한 많은 가치 있는 것이 있다는 것이다. 예를 들어 교육적인 프로그램들, 문화 프로그램들, 역사적 사건들을 다룬 보도 등이 있다. 집에서 텔레비전을 아예 없애는 것은 이 가족에게 긍정적인 것일 수 있다. 하지만 그것은 TV가 가정에 가져다주는 일부 긍정적인 것들을 버리게 되는 대가가 따른다.

이것은 어려운 결정이다. 대부분의 사람들은 귀찮게 이 문제와 싸우지 않는다. 그들은 제공되는 것이 무엇이든 생각 없이 받아들인다. 텔레비전은 보모 역할을 하고, 많은 가정에서 실제 대화를 대신하고 있다. 어떤 부모들은 이 어머니처럼 반응하고, 그들의 가정을 지키고 보호하는 유일한 방법은 TV 자체를 없애버리는 것이라고 결정한다.

랍비 메이어가 제안하는 제3의 접근법이 있다. 좋은 것은 유지하고, 나쁜 것은 버리는 것이다. 이것은 따르기에 어려운 길이다. 이것은 많은 생각과 아주 어려운 선택들을 요구한다. 모든 결정에는 긍정적인 것뿐 아니라 부정적인 것도 따른다. 우리는 끝없이 경계하며, 우리가 무엇을 제공받고 있는지 파악하고, 무엇을 선택할지 판단해야 한다. 양자택일의 접근법을 택하는 것은 훨씬 쉬운 일이지만, 랍비 메이어가 했던 방식을 취하는 것이 더 올바른 길이다. 그는 모든 것에 얼마간의 진리와 유익함이 있다고 이해했다. 항상 유익하고, 항상 긍정적이고, 항상 훌륭한 멘토, 롤모델, 정보원을 찾기란 극히 드문 일이다. 완벽함을 찾는 것은 바보짓이다. 그런 것은 (신 외에는) 존재하지 않는다. 비결은 우리에게 제공할 것이 많은 어떤 사람 혹은 어떤 것을 찾고, 받아들이고, 가치가 없는 것은 버리는 것이다. 게마라의 말처럼, 우리는 속은 먹고 껍질은 버려야 한다.

너무 많이 움켜쥐면, 하나도 잡지 못한다

If you grab too much, you haven't grabbed a thing

하기가 17a

랍비 엘라자르는 말했다. "랍비 오시야가 말하길, '칠칠절[에 빠뜨린 희생제물]을 [절기 다음의] 7일 동안 언제든지 채울 수 있다는 것을 우리는 어디에서 배우는가?' 성서에 '무교절과 칠칠절과 초막절에'[신명기 16:16]*라고 하였다. 그것은 칠칠절을 무교절과 나란히 놓는다. 무교절[에 빠뜨린 희생제물]을 [절기 다음의] 7일 동안 언제든지 채울 수 있는 것처럼, 칠칠절[에 빠뜨린 희생제물] 또한 [절기 다음의] 7일 동안 언제든지 채울 수 있다."

왜 이렇게 말하지 않는가? "그것은 칠칠절을 초막절과 나란히 놓는다. 초막절[에 빠뜨린 희생제물]을 [절기 다음의] 8일 동안 언제든지 채울 수 있는 것처럼, 칠칠절[에 빠뜨린 희생제물] 또한 절기 다음의 8일 동안 언제든지 채울 수 있다." 왜냐하면 [초막]절기의 여덟째 날을 독립적인 절기로 여기기 때문이다.

우리가 [초막]절기의 여덟째 날을 독립적인 절기라고 말할 때, 우리가 뜻하는 것은 P.Z.˝R. K.S.˝B.와 관련해서다. 하지만 [빠뜨린 희생제물을] 채우는 것에 관해서, 그것[여덟째 날]은 첫째 날[에 빠뜨린 희생제물]을 채우는 데 쓰일 수 있다. 가르치기를, "절기 첫날

"너의 가운데 모든 남자는 일 년에 세 번 곧 무교절과 칠칠절과 초막절에 네 하나님 여호와께서 택하신 곳에서 여호와를 뵈옵되 빈손으로 여호와를 뵈옵지 말고, 각 사람이 네 하나님 여호와께서 주신 복을 따라 그 힘대로 드릴지니라."(신명기 16:16 – 17)

에 희생제물을 가져오지 않은 사람은 절기 기간 동안 언제든지, 혹은 절기의 마지막 날에도 그것을 가져올 수 있다." 너무 많이 움켜쥐면, 하나도 잡지 못한다. 조금만 움켜쥐면, 어떤 것을 잡게 된다.

랍비들은 어떤 사람이 3대 순례절기 즉 무교절(유월절), 칠칠절(오순절), 초막절(장막절) 중 어느 하나의 첫째 날에 정해진 희생제물을 가져오는 것을 게을리했을 경우 어떻게 해야 할지에 대한 질문을 제기한다. 이 세 절기는 한 문장(신명기 16:16)에 언급되어 있기 때문에, 랍비들은 그것들이 공통점을 공유해야 한다고 추정했다. 즉 유월절 희생제물을 절기의 7일 동안 어느 날에든지 가져올 수 있듯이, 칠칠절의 희생제물 역시 절기 다음의 7일 동안 가져올 수 있다는 것이다. (칠칠절은 토라에서 하루 동안의 절기다.)

또 다른 가능성이 제기된다. 만일 우리가 같은 구절에 유월절과 가까이 있다는 점에서 칠칠절의 절차를 배울 수 있다면, 왜 동일한 문장에 또한 언급되어 있는 초막절 절기의 절차는 배우지 않는가? 그리고 초막절은 8일 동안의 절기이기 때문에, 칠칠절 희생제물도 절기 다음의 8일 동안 어느 날에든지 가져올 수 있지 않을까.

게마라는 먼저, 안 된다고 말한다. 초막절은 표면상으로는 8일간의 절기지만, 실제로는 셰미니 아체레트Shemini Atzeret라고 불리는 특별한 여덟째 날을 가진 7일 동안의 절기다. 즉 초막절 부분과 분리된 독립적 절기가 합쳐진 것이다. 따라서 게마라는 결국 이 제안을 거부하고, 셰미니 아체레트가 오직 6가지에 대해서 구별된다고 말한다. 하지만 빠뜨린 희생제물을 채우는 문제에 관해서, 우리는 여덟째 날을 초막절의 일부로 여긴다는 것을 알게 된다. 그 결과, 빠뜨린 칠칠절 희생제물을 추가된 8일 동안 바칠 수 있게 된다.

셰미니 아체레트를 독립적 절기로서 특성짓는 6가지 부분은 게마라에서 두 단어로 된 연상기호(P.Z."R. K.S."B.)로 언급된다. 이 약어들은 다음을 의미한다.

she-he-ḥeyanu. 탈무드에 기록되어 2000년 넘게 암송되어온 축복기도로, 특별한 행사를 기념하고 새롭고 특이한 경험에 감사하기 위해 흔히 행해진다. 글자 그대로는 '우리에게 생명을 주신 분'이란 뜻이다.

P.(Payis=제비뽑기): 초막절의 첫 7일에는 24명의 제사장 무리들이 차례로 의식을 집행했다. 여덟째 날에는 누가 의식을 집행할지 제비뽑기로 결정했다.

Z.(Z'man=시간): 별도의 셰헤헤야누* 축복기도가 셰미니 아체레트에 암송되었다.

R.(Regel=절기): 여덟째 날은 독자적인 이름―셰미니 아체레트―을 가지며, 초막절이라 불리지 않는다.

K.(Korban=희생제물): 이날 바치는 것은 초막절의 7일 동안 바치는 것과 달랐다.

S.(Shir=노래): 레위 지파들은 셰미니 아체레트 때 특별한 노래인 시편 12편을 낭송했다.

B.(Berakhah=축복기도문): 사람들은 이날 왕을 위한 특별한 축복기도문을 낭송했다. (열왕기상 8:66 참고.)

이 질문에 대한 게마라의 마지막 대답은 격언의 형식으로 나온다. "너무 많이 움켜쥐면, 하나도 잡지 못한다." 모든 사람이 칠칠절에 빠뜨린 희생제물을 다음의 7일 중 어느 날에 가져올 수 있다는 데 동의한다. 의견이 다른 것은 그것을 여덟째 날에 가져올 수 있느냐다. 그러므로 위험을 피하려면 우리는 희생제물을 절기 다음의 7일 중 어느 하루에만 바쳐야 한다. 만일 우리가 논란이 있는 여덟째 날까지 기다린다면, 우리는 결국 너무 늦은 날에 희생제물을 바치게 될 것이다.

데라슈D'rash

아이들은 잡화점에 떼지어 가서 사탕통 주변에서 그들의 소중한 동전을 어떻게 쓸지, 어떤 사탕을 고를지 몽상하며 몇 시간이고 보내곤 했다. 한 특별한 상인이 아이들에게 욕심에 대한 교훈을 가르쳐줄 영리한 방법을 생각해냈다. 사탕을 무게를 달아 파는 대신에, 그는 새로운 방법을 제시했다. "1페니만 내고 너희가 움켜쥘 수 있는 대로 잡아봐!" 아이들은 귀를 의심했다. "농담이 아니야. 1페니만 내고 통 속에 손을 찔러넣은 다음 손바닥을 펼쳐. 너희가 움켜잡는 건 뭐든지 가져도 돼!"

아이들은 기뻤다. 마침내 꿈이 실현된 것이다. 그들은 줄지어 서서 보물을 잡을 자신의 차례를 간절히 기다렸다. 아이들은 통에 손을 찔러넣었다. 그들은 작은 손가락들을 펼 수 있는 한 멀리 뻗고는 사탕을 잡기 위해 주먹을 오므렸다. 하지만 손을 빼기 전에, 모두들 생각했다. '내가 최대한 많이 잡은 걸까? 조금 더 많이 잡아보자.' 그래서 그들은 다시 움켜쥐기 위해 꽉 쥔 손을 풀었다. 그렇게 함으로써, 그들은 이미 잡은 것이 무엇이든 잃게 되었다. 더 많이 움켜쥐려 할수록, 아이들은 항상 결국은 더 적게 가지게 되었다. 상인은 아이들이 이 인생 교훈을 이해하는 데 얼마나 오래 걸릴지 궁금해하며, 미소를 지으며 그들을 바라보았다.

우리 중 일부는 결코 성장하지 않는다. 어른이 되어서도 우리는 계속해서 더욱 더 많은 것을 잡으려 한다. 물질적 소유, 권력과 통제력, 명예 등등. 우리는 얼마나 많이 가졌든 간에 결코 만족해하지 않는 것 같다. 하지만 결국에는 우리가 인생에서 얻은 것들을 평가하기 위해 멈춰야 할 시점이 온다. 그리고 우리는 정말로 중요한 것들을 손가락에서 빠져나가게 두었을지 모른다는 두려움에 사로잡힌다.

휴게소

Zusha of Hanipol(1718 – 1800).
18세기 폴란드에서 유행한 유
대 경건주의 운동인 하시디즘
의 초기 선각자이자 유명한 차
디크tzaddiq(`의로운 자`)였다.

"그들은 엘림을 떠나 홍해 가에 진을 쳤다."(민수기 33:10)

토라의 말씀은 물에 비유된다. 이르기를, "오호라, 너희 모든 목마른
자들아, 물로 나아오라."[이사야 55:1]…… 물이 한 방울씩 떨어져 많
은 강을 이루듯이, 토라 또한 그러하다. 장대한 강이 될 때까지 오늘
두 가지 율법을 배우고, 내일 두 가지 율법을 배운다.(아가 라바 1, 3)

하니폴의 랍비 주샤•가 언젠가 탈무드 한 권을 공부하기 시작했다.
하루가 지나고, 제자들은 그가 여전히 첫 페이지에 머물러 있음을
알아차렸다. 그들은 그가 틀림없이 어려운 구절에 맞닥뜨렸고 그
것을 풀어내기 위해 노력하고 있는 것이라고 추측했다. 하지만 수
일이 지난 후에도 그가 여전히 첫 페이지에 몰입해 있자, 제자들은
깜짝 놀랐지만 감히 스승에게 물어보지 못했다. 마침내 그들 중 한
명이 용기를 내어 그에게 왜 다음 페이지로 넘어가지 않는지 물었
다. 그러자 랍비 주샤가 대답했다. "나는 여기가 너무 좋다. 왜 다른
곳으로 가야 하느냐?" (아브라함 조슈아 헤셸,《세상은 주님의 것이
다》. New York: Harper&Row, 1966, p.50)

때로는 게마라 한 쪽을 10시간 동안 공부해야 하고, 때로는 게마
라 10쪽을 한 시간 동안 공부해야 한다. (하임 벤 이츠하크Hayyim-ben
Yitzhak,《선집Geklibene Shritfn》Ⅰ, 36. 조지프 배런Joseph L, Baron,《유
대 인용문의 보고A Treasury of Jewish Quotations》, Aronson/B'nai B'rith,
1985, p.480에서 인용.)

세데르 나심
SEDER NASHIM

미슈나의 세 번째 순서는 '여자들'을 뜻하는 나심이다. 이 순서에 있는 7개의 소논문은 결혼(혼인서류들과, 남자가 자식 없이 죽은 형제의 미망인과 결혼하도록 하는 취수혼을 포함한다), 이혼, 간음 같은 중요한 쟁점들과, 서원과 나실인nazir 제도 같은 별로 관계없는 주제들을 다룬다. (나실인은 하나님에 대한 헌신과 경건함의 행위로서 머리를 자르지 않고, 포도주를 마시지 않고, 시체와 접촉하지 않기로 서원한 사람을 말한다.)

יֵשׁ נָאֶה דּוֹרֵשׁ
וְנָאֶה מְקַיֵּם

설교를 잘하고
실천도 잘하는 사람들이 있다

There are those who preach well and practice well

예바모트 •Yevamot 63b

가르치기를, 랍비 엘리에제르는 말한다. "종을 번식시키는 데 참여하지 않는 사람은 누구든 피를 흘리는 사람과 같다. 이르기를, '다른 사람의 피를 흘리면, 그 사람의 피도 흘릴 것이니'[창세기 9:6] 그리고 다음 구절에 기록되기를, '생육하고 번성하라'[창세기 9:7]." 랍비 야코브는 말한다. "그것은 마치 그가 [하나님의] 형상을 약화시키는 것과 같다. 이르기를, '하나님이 자기 형상대로 사람을 지으셨음이니라'[창세기 9:6] 그리고 다음 구절에 기록되기를, '생육하고 번성하라'[창세기 9:7]." 벤 아자이는 말한다. "그것은 마치 그가 피를 흘리고 [하나님의] 형상을 약화시키는 것과 같다. 이르기를, '생육하고 번성하라'." 그들이 벤 아자이에게 말했다. "설교를 잘하고 실천도 잘하는 사람들이 있고, 실천은 잘하지만 설교는 잘하지 못하는 사람들이 있다. 당신은 설교는 잘하지만 실천은 잘하지 못한다!" 벤 아자이가 그들에게 말했다. "어쩌겠소? 나의 영혼이 토라와 사랑에 빠졌는걸. 세상은 다른 사람들에 의해 계속 나

Yevamot. 세데르 나심의 첫 번째 소논문으로, 모두 16개의 장으로 이루어져 있다. 예바모트는 '형제의 미망인'이란 뜻으로, 취수혼Yibbum의 율법을 주로 다룬다.

아갈 수 있소."

랍비들에 따르면 토라에는 613개의 계명이 있다. 아담과 이브에게 그리고 대홍수 후 노아와 그의 가족에게 다시 주어진 가장 첫 번째 계명은 "생육하고 번성하라"라는 것이다. 랍비들은 이 계명을 아주 진지하게 받아들였다. 결혼하지 않고 이 세상에 자녀를 출산하지 않는 것을 랍비 엘리에제르는 살인에 비유했다. 두 행위 모두 세상의 인구 감소라는 결과를 초래했다. 이것은 우리 귀에는 이상하게 들릴 수 있지만, 2000년 전에는 인구폭발에 대해 최근의 우려가 존재하지 않았다는 것을 기억할 필요가 있다. 게다가, 유아 사망률이 극도로 높아서 많은 아이들이 성인이 될 때까지 결코 자라지 못했다. 각 가정 혹은 한 민족으로서의 유대인들이 생존할 수 있을지에 대한 실질적인 우려가 있었다.

　랍비 야코브는 랍비 엘리에제르보다 한 걸음 더 나아간다. 그는 아이를 갖지 않는 것이 실제로 세상에서 신의 현존을 감소시키는 것이라 믿는다. 인간은 하나님의 형상으로 창조되었다. 따라서 더 적은 수의 사람은 이 땅에 신의 나타남이 줄어드는 것을 의미한다.

　시몬 벤 아자이는 아이들을 세상에 태어나게 할 필요성을 강력하게 믿었기 때문에 랍비 엘리에제르와 랍비 야코브의 의견에 동의한다. 하지만 랍비들은 독신으로 아이가 없던 벤 아자이에게 달려들어 그를 위선자라고 비난한다. 어떻게 그는 자신이 실천하지 않는 것에 대해 설교할 수 있는가? 그는 자신이 실로 이상에는 한참 못 미치지만, 토라를 향한 갈망과 사랑 때문에 누군가의 남편이자 아버지가 될 시간이 전혀 없었노라고 대답한다.

데라슈D'rash

'마약 경각심 주간' 동안, 한 고등학교가 연사를 초대해 학생들에게 강연을 한다. 그는 10년 동안 재활 프로그램을 경험한 마약 중독자다. 연사는 학생들 대부분과 놀랍도록 유사한 자신의 성장배경을 이야기한다. 그는 자신이 어떻게 고등학교 시절 처음 마약을 경험했는지 그리고 이후 어떻게 중독되었는지 말한다. 그리고 마약이 어떻게 자신의 삶을 지옥에 떨어지게 만들었는지에 대한 끔찍한 이야기를 들려준다. 그는 청중들에게 자신이 그 습관을 완전히 떨쳐버렸다고 자신할 수 없다고 솔직히 털어놓는다. 너무나 자주 그는 약에 '취하는' 세계로 돌아가곤 한다. 그는 십대들에게 다음과 같이 강력히 호소하며 이야기를 마무리한다. "마약을 멀리하세요. 아직 해보지 않았다면, 앞으로도 하지 마세요. 해본 적이 있다면, 다시는 하지 마세요. 그리고 만약 중독되었다면, 가서 도움을 받으세요. 마약을 절대 가까이 하지 마세요!"

교장이 질의응답 시간을 시작한다. 얼마간의 정적이 흐르고, 한 학생이 손을 들고는 다소 화가 난 듯 그 연사를 공격한다. "당신이 뭔데 우리한테 와서 마약을 멀리하라고 합니까? 당신이 인정했듯, 여전히 가끔 마약을 하고 있잖아요! 나로서는, 당신은 신뢰를 잃었어요. 이봐요, 자신이 설교하는 걸 실천하지 못한다면, 우리에게 이래라저래라 말할 권리가 없어요!"

그 학생의 태도는 오늘날 흔한 관점을 대표한다. 즉 자신이 설교하는 것을 실천하지 않는 자는 위선자이고, 위선자는 어느 누구에게도 어떻게 하라고 말할 도덕적 권위가 전혀 없다는 것이다.

시몬 벤 아자이는 우리에게 인간 본성의 취약성을 좀 더 이해하고 관용을 베푸는 입장을 취하라고 말한다. 말과 행동이 완전히 일치하는 사람은 드물다. 진리는 많은 곳과 다양한 원천에서 나올 수 있다. 우리는 '위선자들'의 메시지에 너무 빨리 신경을 꺼서는 안 된다. 우리가 기꺼이 귀 기울이려 한다면, 그들 역시 우리에게 가르쳐줄 수 있는 많은 것들을 갖고 있다. 우리는 벤 아자이가 자녀 갖는 것을 꺼렸다고 추정한다. 또한 그가 아이를 가질 수 없었던 사람일 가능성도 있다. 어쩌면 그는 고통과 비통함을 토로한 것일지 모른다. 그가 우리에게 말한다. 내가 실천하지 않을지라도 나는 여전히 설교할 권리가 있고, 여전히 나눌 가치가 있는 것들을 가지고 있다고.

　　그 중독자는 학생의 공격에도 흔들리지 않았다. 그는 편안히 앉아 미소지었다. "이봐, 너는 내 말을 들을 수도 있고 안 들을 수도 있어. 그것은 내 알 바 아니지. 하지만 네가 나와 내 경험을 보고, 내 메시지를 마음에 새긴다면, 많은 비통한 일을 피할 수 있어. 네가 마약으로 겪게 될 지옥에 대해서 나보다 더 전문가는 없어. 하지만 내 말을 들을지 안 들을지는 너한테 달려 있어."

שְׂפְתוֹתָיו דוֹבְבוֹת בַּקֶּבֶר

그의 입술이 무덤에서 속삭인다

His lips whisper from the grave

예바모트 96b-97a

라브 예후다가 라브의 이름으로 말했다. "왜 성서에 '내가 영원히 [le-olamim] 주의 장막에 머물며'[시편 61:4]라고 기록되어 있나? 사람이 두 세상에서 사는 것이 가능한가? 오히려 다윗은 그 거룩한 분의 앞에서 말했다. '만물의 여호와여! 그들이 이 세상에서 나로부터 들었던 것을 말하게 하소서.' 이는 랍비 요하난이 랍비 시몬 벤 요하이의 이름으로 말한 것과 같다. '이 세상에서 인용되는 모든 학자, 그의 입술이 무덤에서 속삭인다.'"

라브 예후다의 해석은 히브리어에서 일어나는 말장난 없이는 이해되지 않는다. "영원히forever"의 히브리어는 레올라밈le-olamim으로, "세상"을 뜻하는 올람olam에서 취한 것이다. 레올라밈의 의미는 문자 그대로는 "세상들 동안for worlds"이며, 아마도 "영원들 동안(영원히)for eternities"이라는 영어 어구로 가장 잘 표현될 것이다. 즉 하나의 세상인 각각의 영원을 가리킨다. 랍비들은 이 히브리어 복수형이 "이 세상과 다음 세상"을 의미한다고 해석한다. 시편 61편은 다윗 왕의 것이므로, 이 게마라의 설명은 다윗의 말로 표현된다. 왕은 하나님에게 두 세상에서 살게 해달라고 간청한다. 하지만 이것은 단순히 부활의 호소가 아니다. 다윗 왕은―게마라에 따르면―이 세상에서 학자가 인용될 때마다, 원래의 스승의 입술이 다음 세상에서 움직인다는 개념을 말하고 있다. 따라서 다윗은 사후에 시편의 자신의 말들이 이 세상에서 인용되어 다음 세상에서 은혜를 입기를 부탁한다.

랍비식 유대교는 내세에 대한 강한 믿음을 가지고 있다. 그럼에도 이 이야기의 주요 강조점은 탈무드 이후 유대인의 삶과 마찬가지로 이 세상에 대한 것이다. 다윗 왕의 입술이 다음 세상에서 움직일지라도, 주요 영향은 여기 이 땅에 있는 학생들에게 여전히 미칠 것이다.

데라슈 D'rash

 《카라마조프 가의 형제들》에서 도스토예프스키는 이렇게 썼다.

> 만일 당신이 인간에게서 불멸에 대한 믿음을 파괴한다면, 사랑뿐 아니라 세상의 생명을 유지하는 모든 활력은 즉시 말라버릴 것이다.

도스토예프스키의 견해는 극단적인 것이지만, 대부분의 인간이 일종의 불멸, 영원히 사는 것을 갈망한다는 것은 분명해 보인다. 많은 사람들이 예언자나 어떤 신에 대한 믿음을 통해 불멸을 약속하는 종교적 신념을 받아들음으로써 영혼이 계속 살 수 있다고 글자 그대로 생각한다. 인도의 지배자 샤 자한은 자신이 총애한 아내에 대한 영원한 기념비로서 타지마할을 지었다. 그녀는 죽지 않고 이 장엄한 건축물 안에서 계속 산다고 여겼다. 어떤 사람들은 거대한 부동산을 물려주며 이자만으로 사는 방법에 관한 구체적인 지침을 남기기도 한다. 그리하여 원금은 영원히 그대로 남도록 말이다.

전통적인 유대인에게 영생은 더 단순할 수 있다. 그것은 어떤 신념체계가 아니라 행동체계를 요구한다. 거대한 기념비를 세울 필요도 없고, 신탁기금을 설립할 필요도 없다. 유대인은 전통에 대한 계속되는 가르침들을 통해서 영원을 본다. 성경과 탈무드의 말씀들은 나이를 먹지 않고 세월이 흘러도 변하지 않는다. 우리가 그것들을 인용할 때, 우리는 어느 정도의 불멸성을 얻는다. 우리가 그것들의 가치와 전통에 따라 살아갈 때, 우리는 자신을 "영원한 사람들"과 불멸의 전통에 연결한다. 각각의 유대인은 죽지만, 유대교는 계속 살아간다. 그리고 더 중요한 것은, 유대교의 이상과 행동양식의 대부분이 무척 오래되었고 세월의 검증을 거쳤기에, 그 기원이 고대 과거의 특정한 시대일지라도 '영원하다'라고 불린다.

랍비들은 어느 제자가 혹은 그 제자의 제자가 스승의 이름을 언급할 때, 그 스승의 말이 계속 살아있으며, 그 입술이 "무덤에서 속삭인다"는 것을 매우 잘 알고 있었다. 따라서 학습한 것을 "그것을 말했던 이의 이름으로b'shem om'ro" 인용하는 공인된 관습이 있었다. 오늘날의 스승들 또한 그들의 가르침이 제자가 교실을 떠나는 순간을 넘어, 심지어 스승이 이 세상을 떠나는 순간을 넘어 계속해서 가르쳐지고 영감을 준다는 것을 알면 커다란 위안을 느낄 것이다.

우리가 멘토와 사랑하는 사람들의 말을 인용할 때, 그들의 생명은 우리를 통해 계속된다. 진정한 불멸은 조각상이나 상속받은 재산에서 오는 것이 아니라, 무덤을 넘어 살아있는 법과 유산에서 온다. 에드거 리 매스터스Edgar Lee Masters는 이렇게 썼다.

> 불멸은 선물이 아니요,
> 불멸은 하나의 성취다.
> 그리고 열심히 분투하는 자들만이
> 그것을 가지리라.

수세기 전, 라브 예후다와 랍비 요하난은 이 동일한 개념을 두 단계로 가르쳤다. 먼저, 우리가 조상들을 언급할 때, 그들은 우리 안에서 그리고 우리를 통해서 계속 살아있다. 두 번째이자 똑같이 중요한 것은, 우리는 후대 자손들이 우리를 불러 찾을 그러한 방식으로 우리의 삶을 살아야 한다. 우리에게 전해진 영원한 가치들을 실천함으로써 불멸을 성취하려고 열심히 분투하는 것이 우리의 몫이다. 그리하면 미래의 언젠가 우리의 입술 또한 무덤에서 속삭일 것이다.

כּוֹפִין אוֹתוֹ עַד שֶׁיֹּאמַר רוֹצֶה אֲנִי

우리는 그가 "나는 원한다!"라고
말할 때까지 강요한다

We force him until he says: "I want to!"

예바모트 106a

랍비들은 가르쳤다. 속이는 할리차*는 유효하고, 속이는 게트**는 무효다. 강요된 할리차는 무효고, 강요된 게트는 유효하다. 이것은 어째서 그러한가? 만일 그가 할리차에 대해 "나는 원한다"라고 말했다면, 만일 그가 게트에 대해 "나는 원한다"라고 말하지 않았다면, 그것은 그러하다. 아니, 그것이 의미하는 바는 이렇다. 속이는 할리차는 항상 유효하고, 속이는 게트는 항상 무효다. 강요된 할리차 혹은 강요된 게트는 때로는 유효하고 때로는 무효다. 한 가지 경우에 그는 "나는 원한다"라고 말했고, 다른 경우에 그는 "나는 원한다"라고 말하지 않았다. 그리고 가르치기를, "그는 그 예물을 드릴지니라"[레위기 1:3]. 이것은 우리가 그에게 강요할 수 있다고 가르친다. 이것은 그의 뜻에 반하는 경우도 의미할 수 있는가? 원문은 "기쁘게by his will"라고 말한다**—우리는 그가 "나는 원한다!"라고 말할 때까지 강요한다. 그리고 유사하게, 여자의 게트를 발견하면, 우리는 그가 "나는 원한다!"라고 말할 때까지 강요한다.

원문의 이 절을 이해하려면, 우리는 결혼과 이혼에 관한 두 가지

ḥalitẓah. 취수혼의 의무에서 벗어나기 위해 치르는 유대 의식을 말한다. 미망인은 혼인을 거부하는 남편의 형제에게 다가가서 신발을 벗기고, 얼굴에 침을 뱉으며, '제 가문을 잇지 않는 자는 이런 꼴로 되리라'라고 말한다.

---

get. gett라고도 쓰며, 복수형은 gittin이다. 규정된 형식에 따라 아람어로 쓴 유대인의 이혼서류를 말한다. 유대인들은 전통에 따라 이혼을 신의 뜻에 위배되는 일로 여기기 때문에, 아직도 일부 정통파 유대인은 민법상 이혼을 했더라도 게트가 결혼의 효력을 없애는 유일한 방법이라고 믿는다.

"그 예물이 소의 번제이면 흠

없는 수컷으로 회막 문에서 여호와 앞에 기쁘게 받으시도록 드릴지니라."(레위기 1:3)

─────── ♦ ───────

"사람이 아내를 맞이하여 데려온 후에 그에게 수치되는 일이 있음을 발견하고 그를 기뻐하지 아니하면 이혼증서를 써서 그의 손에 주고 그를 자기 집에서 내보낼 것이요. 그 여자는 그의 집에서 나가서 다른 사람의 아내가 되려니와, 그의 둘째 남편도 그를 미워하여 이혼증서를 써서 그의 손에 주고 그를 자기 집에서 내보냈거나 또는 그를 아내로 맞이한 둘째 남편이 죽었다 하자. 그 여자는 이미 몸을 더럽혔은즉 그를 내보낸 전남편이 그를 다시 아내로 맞이하지 말지니, 이 일은 여호와 앞에 가증한 것이라. 너는 네 하나님 여호와께서 네게 기업으로 주시는 땅을 범죄하게 하지 말지니라."(신명기 24:1-4)

─────── ♦♦ ───────

"형제들이 함께 사는데 그 중 하나가 죽고 아들이 없거든 그 죽은 자의 아내는 나가서 타인에게 시집 가지 말 것이요. 그의 남편의 형제가 그에게로 들어가서 그를 맞이하여 아내로 삼아 그의 남편의 형제 된 의무를 그에게 다 행할 것이요. 그 여인이 낳은 첫 아들이 그 죽은 형제의 이름을 잇게 하여 그 이름이 이스라엘 중에서 끊어지지 않게 할 것이니라. 그러나

율법을 명확히 이해해야 한다. 먼저, 토라(신명기 24장●)는 남자가 아내에 대해서 싫어하는 어떤 것을 발견한다면 그녀에 대한 이혼증서를 쓸 수 있다고 말한다. 따라서 랍비들의 문헌에서 게트라고 불리는 형식적인 문서가 결혼생활을 끝내는 데 필요하다. 위의 게마라의 첫 번째 질문은 강요에 의해 얻었거나 속임수에 의해서 얻은 게트가 유효한지의 여부다.

두 번째 율법은 신명기 25장●●에 서술되어 있다. 만일 남자가 자식을 낳지 못하고 죽었지만 형제가 살아있다면, 그 형제는 혈통을 잇기 위해 죽은 형제의 미망인과 결혼해야 할 의무가 있다. 이것을 "취수혼yibum"이라 부른다. 하지만 그 형제가 과부가 된 형수(혹은 제수)와 결혼하기를 거부한다면, 할리차라고 불리는 신발 '벗기기' 의식을 행한다. 즉 과부는 죽은 남편의 형제를 성문에 있는 장로들에게 데리고 가서 그의 거부를 공개적으로 알린다. 그러고 나서 그녀는 그의 샌들을 벗기고, 그의 얼굴에 침을 뱉으며 말한다. "그의 형제의 집을 세우지 아니하는 자에게는 이렇게 할 것이라!" 게마라의 두 번째 질문은 강요에 의해 행해졌거나 속이기 위해 행해진 할리차 행위가 유효한지의 여부다.

그렇게 게마라는 많은 중요한 질문을 던진다. 만일 남편에게 (예를 들어, 법원이) 게트를 강요한다면 어찌되는가? 이것은 의무를 이행하는 것인가? 혹은 만일 할리차가 사기행위로 수행되었다면 어찌되는가? 예를 들어, 과부가 죽은 남편의 형제를 받아들일 수 없어서, 그녀의 가족이 그에게 돈을 주면서 취수혼(형제의 아내와 결혼할 의무)이 아닌 할리차(그녀와 결혼하기를 거부하는 것)를 택하라고 한다면? 그리고 그 돈이 아직 지불되지 않았는데 할리차를 이미 행했다면 어떤가? 이 할리차는 유효한가, 아니면 약속된 돈이 아직 전해지지 않았기 때문에 사기인가?

적어도 게마라의 한 가지 의견은 우리가 남자에게 이러한 행동을 하도록 강제할 수 있다고 말한다. "우리는 그가 '나는 원한다!'라고 말할 때까지 강요한다." 후대의 몇몇 주석가들은 이러한 강제가 남편이 율법 아래 그의 의무를 행하도록 강요되기 때문에 허용된다고 설명한다. 따라서 그것은 단지 부분적 강제다. 간단히 말해서, 남편은 이렇게 말하고 있는 것이다. "나는 올바르고 정당한 일을 하기를 원한다. 내가 그 일을 받아들이도록 강요될지라도."

데라슈D'rash

우리 모두는 한 번쯤 하고 싶지 않은 일을 하도록 강요받은 적이 있다. 정부는 우리에게 납세의 의무를 지운다. 우리가 세금의 구체적인 액수와 종류에 대해 논쟁할지라도, 전반적으로 세금에 의해 정부가 우리에게 서비스를 제공할 수 있기에 우리는 어쨌든 세금이 긍정적인 것임을 안다. 우리는 공원, 치안, 공공도서관 혹은 주간 고속도로 시스템을 누리기 전까지는 강제적이라고 느낀다. 하지만 그 후에는, 우리는 그렇게 하도록 강요된다고 느끼기보다는 마치 우리가 그 서비스들을 원한다고, 그것들을 위해 기꺼이 세금을 낸다고 느낀다.

우리는 직업적 책임과 기대 때문에 하기 싫은 사회적 행사들에 억지로 참여하도록 요구된다. 우리의 직업이 우리에게 익숙해진 생활방식을 제공한다는 것을 깨달을 때 우리의 강요된 느낌은 사라지곤 한다. 의무를 이행하는 것이 즐거움도 없다는 것을 의미하지는 않는다.

다른 사람들—특히 부모들—이 지나치게 밀어붙일 때가

그 사람이 만일 그 형제의 아내 맞이하기를 즐겨하지 아니하면 그 형제의 아내는 그 성문으로 장로들에게로 나아가서 말하기를 내 남편의 형제가 그의 형제의 이름을 이스라엘 중에 잇기를 싫어하여 남편의 형제된 의무를 내게 행하지 아니하나이다 할 것이요. 그 성읍 장로들은 그를 불러다가 말할 것이며 그가 이미 정한 뜻대로 말하기를 내가 그 여자를 맞이하기를 즐겨하지 아니하노라 하면, 그의 형제의 아내가 장로들 앞에서 그에게 나아가서 그의 발에서 신을 벗기고 그의 얼굴에 침을 뱉으며 이르기를 그의 형제의 집을 세우기를 즐겨 아니하는 자에게는 이같이 할 것이라 하고, 이스라엘 중에서 그의 이름을 신 벗김 받은 자의 집이라 부를 것이니라."(신명기 25: 5-10)

있다. 하지만 종종 밀어붙이기는 정말로 필요한 것이다. 비록 "나는 원한다"라는 말을 수년간 들을 수 없고, 그런 단어들로 표현되지 않을지라도, 밖에서 노는 것 대신 음악 레슨을 받도록 회유된 아이가 펄쩍 뛰며 "고마워요, 엄마!"라고 소리치지는 않을 것이다. 하지만 그 아이가 자라서 음악의 진가를 이해하게 되고 기량이 뛰어난 음악가가 되었을 때, "나는 원한다!"라는 선율이 음들 사이로 들릴 것이다.

한 청소년은 부모가 사랑을 줄 뿐 아니라 그녀의 혼란스러운 십대 시절을 이해해줄 것을 기대한다. 사랑으로 그러나 단호하게 규칙들을 부과하는 부모는 사실 아이의 진정한 욕구를 이해한다. 부모의 통제를 억지로 받아들여야 하는 그 반항적인 십대는 수년 뒤 자신의 가정을 꾸릴 때 부모의 염려에 감사하게 될지 모른다.

우리 모두 "알겠어, 내가 할게!"라고 말해야 하는 상황에 놓일 때가 있다. 그 억울함이 사라지고 쓰라림이 가신 후, 우리는 상황을 올바른 관점에서 바라볼 수 있게 된다. 그때 우리는 우리 자신을 위해서 어떤 것을 하도록 강요되었던 것을 깨닫고 감사하게 된다.

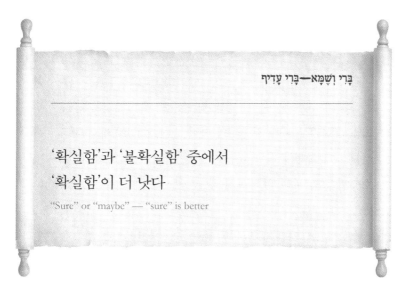

בָּרִי וְשֶׁמָּא—בָּרִי עָדִיף

'확실함'과 '불확실함' 중에서 '확실함'이 더 낫다
"Sure" or "maybe" — "sure" is better

케투보트 12b

이렇게 쓰여 있다. [어떤 사람이 말하기를,] "당신이 내 돈 1마네●●를 가지고 있다." 다른 사람이 말하기를, "나는 모른다." 라브 예후다와 라브 후나는 말한다. "그는 지불할 의무가 있다." 그리고 라브 나흐만과 랍비 요하난은 말한다. "그는 면제된다." 라브 후나와 라브 예후다는 말한다. "그는 의무가 있다. '확실함' 혹은 '불확실함'의 경우에—'확실함'이 더 낫다." 라브 나흐만과 랍비 요하난은 말한다. "그는 면제된다. 그 돈은 그것을 가진 사람의 소유로 남는다."

한 사람(그를 레우벤이라 부르자)이 (시몬이란 이름의) 다른 사람에게 말한다. "너는 나에게 1마네를 빚졌어." (마네는 화폐단위로, 약 100주즈zuz 혹은 100디나르dinar와 같다.) 시몬은 자신이 레우벤에게 그만큼의 액수를 빌렸는지 기억이 나지 않는다고 대답한다. 이러한 상황에서 율법은 어떻게 되는가? 두 가지 가능한 답변이 제시되는데, 서로 아주 다른 법리에 근거해 있다. 라브 예후다와 라브 후나는 레우벤이 그 사실을 확신하고 시몬은 확신하지 못하는 경우, 율법은 레우벤을 지지하며 시몬은 그 돈을 지

● Ketubbot. 세데르 나심의 두 번째 소논문으로, 13개의 장으로 이루어져 있다. 결혼의 다양한 책임과 특히 혼인계약 ketubbah을 주로 다룬다.

●● maneh. 고대 근동 지방의 무게단위이자 화폐단위. 아람어로는 메네mênê, 그리스어로는 미나mina라고 한다.

불해야 한다고 주장한다. '확실함'과 '불확실함'이 맞설 경우에, '확실함'이 더 낫다.

라브 나흐만과 랍비 요하난은 "가진 사람이 임자다"라는 우리의 표현과 유사한 정반대의 관점을 취한다. 즉 왜 돈을 거두어 다른 사람에게 주어야 하는지를 입증하는 납득할 만한 증거를 제시하지 않는 한, 현재 돈을 갖고 있는 사람이 소유권을 갖는다.

데라슈D'rash

놀이터에서 친구들끼리 하던 농구시합이 격렬한 말다툼으로 비화된다. 수비를 하던 로버트는 스티브가 드리블을 하다가 경기장을 벗어났다고 지적한다. "내가 분명히 봤어!" 로버트가 소리친다. "네가 선을 밟았다고! 우리 공이야!" 스티브는 어느 쪽으로도 확신하지 못한다. "누구 본 사람 있어?" 그가 묻는다. 침묵이 흐른다. "그럼 난 공 소유권을 포기하지 않겠어. 단지 네가 그렇게 말할 뿐이잖아." 로버트는 화가 치민다. "하지만 내가 봤다고! 네가 나갔다고!" 그렇게 언쟁이 계속된다.

라브 후나와 예후다는 비슷하지만 다소 더 심각한 상황을 다룬다. 그들의 대답은 더 나은 증거가 부재할 경우, 우리는 현재 우리가 갖고 있는 것으로 최선을 다한다는 것이다. 확신하는 사람 대 확신하지 못하는 다른 사람 사이에서 선택할 때 우리는 후자보다 전자를 지지하는 결정을 내릴 필요가 있다. 물론, 이러한 행동방침에는 근본 원칙이 있다. 즉 우리는 그들이 진실을 말하고 있다고 믿으면서, 그들의 말을 곧이곧대로 받아들인다. 라브 후나와 라브 예후다는 아마도 우리가 완전히 공정한 평결을 내릴 수 있도록 해줄 중립적 외부인의 분명하고, 문서로 기록된,

객관적 증거를 갖게 되는 경우는 무척 드물다고 주장할 것이다. 그리고 그러한 것이 부재한 상황에서, 우리는 결정을 내려야 한다. 삶(그리고 게임)은 계속되어야 한다. 우리는 할 수 있는 최선을 다하고, 사람들이 정직할 것이라고 믿는다.

라브 나흐만과 랍비 요하난은 이러한 접근법을 우려한다. 무엇보다, 우리는 사람들이 진실을 말하는지 어떻게 알 수 있는가? 게임이 위태롭거나 많은 돈이 걸려 있을 때, 사람이 완전히 정직하기란 매우 어려울 수 있다. 감정 혹은 욕심이 때로 실제로 벌어진 일을 말하는 것을 방해할 수 있다. 하지만 어떤 사람이 진실을 말하고 있다고 할지라도, 그가 봤거나 기억하는 것이 실제로 벌어진 일이라고 우리는 어떻게 확신할 수 있는가? 시력이나 기억 모두 이따금 우리를 속인다. 라브 나흐만과 랍비 요하난은 스티브에게서 공을 빼앗기 전에, 시몬으로부터 돈을 거두기 전에 더 설득력 있는 증거를 요청하라고 우리에게 조언한다. 목격자나 문서가 필요하다. 그렇지 않다면, 우리는 그것들을 그대로 내버려둔다. 유대법은 이 더 요구가 많은 접근법을 취한다. 하지만 라브 예후다와 라브 후나가 우리에게 가르치는 것, 즉 '확실함' 혹은 '불확실함'의 경우에 '확실함'이 더 낫다는 말에는 여전히 타당한 지혜가 있다. 우리는 인생에서 너무나 자주 쉬운 길을 택한다. 우리는 검증되지 않은 정보나 입증되지 않은 루머에 의지한다. 우리는 "무슨 차이가 있겠어?"라고 느끼는 듯하다. 우리는 "이만하면 됐어"로 만족한다. 놀이터 친선게임에서, 이것은 별로 중요하지 않을지 모른다. 하지만 환자를 치료하는 의사, 의뢰인을 변호하는 변호사, 고층빌딩을 디자인하는 건축가에게 '확실함'과 '불확실함'의 차이는 생명과 죽음의 차이를 의미할 수 있다. 우리는 항상 최선을 다해 확실성과 진실을 얻으려고 노력해야 한다.

לֹא כָּחָל וְלֹא שָׂרָק וְלֹא פִּרְכּוּס
וְיַעֲלַת חֵן

화장을 하지도, 연지를 바르지도,
머리를 물들이지도 않았지만
매력을 내뿜는다

Neither paint, nor rouge,
nor hair dye, yet radiating charm

케투보트 17a

라브 디미가 와서 말했다. "서쪽 사람들은 신부 앞에서 이렇게 노래
부른다. '화장을 하지도, 연지를 바르지도, 머리를 물들이지도 않았
지만 매력을 내뿜는구나.'" 랍비들이 랍비 제이라를 서임했을 때,
그들은 이 노래를 그에게 불러주었다. "화장을 하지도, 연지를 바르
지도, 머리를 물들이지도 않았지만 매력을 내뿜는구나."

우리의 절 바로 앞의 절에서, 랍비들은 결혼식에서 신부에게 해
줘야 할 적절한 말들에 대해 논의한다. 4세기의 스승인 라브 디
미는 바빌로니아와 이스라엘 사이를 많이 여행했다. 탈무드의
많은 상황에서, 그는 '서쪽' 즉 바빌로니아의 서쪽인 이스라엘의
유대인들 풍습에 대해 보고한다.

결혼식에서 부르는 찬양의 노래들 중 하나는 랍비의 서임식
에도 행해졌다. 랍비 제이라에 대한 이야기들은 그가 매우 키가
작고, 화상으로 얼굴이 흉했으며, 아마도 다소 불구인데다 신체

적으로 변변찮은 외모였음을 우리에게 알려준다. 의심할 여지없이, 그는 이러한 특징들을 고통스러울 만큼 잘 인지하고 있었다. 하지만 랍비들이 그를 서임하러 와서 그가 정말로 어떤 사람인지 요약해줄 수 있는 한 문장을 찾아보려 했을 때, 그들은 그에게 아주 아름다운 어떤 것이 존재하고 있음을 강조하기로 결정했다. 외적인 특징들에도 불구하고, 그의 스승들은 그의 안에서 외부의 추함을 뚫고 빛나는 내적인 훌륭한 자질들을 발견했다.

데라슈 D'rash

랍비 시몬 벤 감리엘이 언젠가 아름다운 여자가 지나가는 것을 보았을 때의 이야기다(Avodah Zarah 20a). 그녀를 보며, 그는 시편의 한 구절(시편 104:24)을 인용했다. "여호와여, 주께서 하신 일이 어찌 그리 위대한지요!" 실제로 유대 율법은 나중에, 빼어나게 아름답고 잘생긴 사람들을 보았을 때 암송할 축복기도문을 규정했다. "하나님의 세상에 이와 같은 것들을 만드신 하나님은 영광 받으소서." 랍비들은 아름다운 사람들에게 무심하지 않았다. 그리스인들이 아름다움을 보고 그것을 찬양하며 가치 있게 여길 때, 유대인들은 아름다움에 이끌려 그것을 만든 신을 찬양했다.

우리가 살고 있는 세상은 랍비의 가치보다 그리스의 가치에 더 신세를 지고 있다. 우리 사회는 사람의 생김새를 엄청나게 중시한다. 아름답거나 잘생긴 것이 똑똑한 것보다(그리고 확실히 선한 것보다) 더 귀하게 여겨지고 찬양받는다. 랍비들은 외적인 생김새는 빈번히 우리를 속인다고 가르치려 했다.

"랍비[예후다 하나시]는 말한다. '그릇을 보지 말고, 그 안에 담긴 것을 보라. 새 그릇에 오래된 것[와인]이 채워져 있을 수도 있고, 오래된 그릇에 새 것이 들어 있지 않을 수도 있다'[Avot 4:27]." 혹은 오늘날 우리가 말하듯이, "표지만 보고 책을 판단해서는 안 된다."

특별히 추한 누군가를 보았을 때 암송하라고 랍비들이 우리에게 가르치는 또 다른 축복기도문이 있다. "모든 각기 다른 종류의 존재를 창조하신 하나님은 영광 받으소서." 어떤 사람들은 기형이나 추함을 보고서 공포로 움츠러들지 모른다. 또 어떤 사람들은 얼굴을 찌푸리거나 비명을 지를지 모른다. 랍비들은 이런 사람 또한 신의 피조물임을 상기시키는 축복문을 낭송하라고 가르친다. 겉으로 보이는 추함의 이면에서 하나님의 형상으로 창조된 사람을 발견할 수 있다.

이러한 동일한 태도가 우리 구절의 기원에서도 발견된다. 위의 격언은 신부를 위해 부르던 결혼식 노래였다. 이에 대한 게마라에서는, 힐렐 학파와 샴마이 학파 사이의 이견이 뒤따른다. 전자는 우리가 모든 신부를 아름답다고 칭찬해야 한다고 믿는 반면, 후자는 그녀가 정말 아름다울 때에만 우리는 그렇게 할 수 있으며, 만일 그렇지 않다면 우리는 거짓말을 하는 것이 될 것이라고 주장한다. 우리의 결혼식 노래는 완전히 다른 의견도 제시한다. 화장을 하지 않아도 그녀를 특별하고 매력적으로 만드는 내적 아름다움과 매력을 내뿜는다고 그녀에게 말하라고.

이 원문에는 대단히 흥미로운 다른 이야기도 있다. 보통 신부를 찬양하기 위해 부르는 이 결혼식 노래는 랍비로 막 서품을 받으려는 남자를 찬양하는 경우에도 사용된다. 우리는 대개 매우 다른 방식으로 남자들과 여자들을 판단하고 칭찬한다. 전자는 똑똑하고 강하다고 생각하고, 후자는 예쁘고 사랑스럽다고 여긴다. 랍비들은 모든 상황에서 두 성에 어울리는 독특한 칭찬을 찾았다. 즉 당신은 외적인 가면을 쓰고 있지 않다. 당신은 당신이 아닌 다른 사람인 척하지 않는다. 당신에게는 빛을 발하는 내적인 아름다움이 있다.

이 얼마나 다른 사람을 '바라보는' 신선한 방식인가! 그리고 이것을 남자들과 여자들 모두에게 적용할 수 있다니 얼마나 참신한가.

כֵּיוָן שֶׁהִגִּיד שׁוּב אֵינוֹ חוֹזֵר וּמַגִּיד

일단 한번 말했다면, 취소할 수 없다

Once he spoke, he cannot revoke!

케투보트 18b

미슈나(2:3): 만약 증인들이 "이것은 우리의 필체지만 [서명하도록] 강요받았다" "우리는 미성년자였다" 혹은 "우리는 자격이 없었다"라고 말했다면, 그들은 신뢰받는다. 만일 그것이 그들의 필체라고 말하는 다른 증인들이 있거나, 그들의 필체가 다른 곳에서 확인된다면, 그들은 신뢰받지 못한다.

게마라: 라미 바르 하마는 말했다. "이것[그들이 신뢰받지 못하는 것]은 '우리는 돈 때문에 [서명하도록] 강요받았다'의 경우만이고, '우리는 목숨 때문에 강요받았다'의 경우에는 그들은 신뢰받는다고 우리는 배웠다." 라바는 말했다. "그[증인]의 주장이 받아들여졌는가? 일단 한번 말했다면, 취소할 수 없다!"

앞의 미슈나는 증언에 대한 규칙들을 제시한다. 우리의 미슈나는 이 주제를 계속 이어간다.

결혼식을 했다고 입증하는 문서인 혼인계약서ketubbah에 두 명의 증인이 서명한다. 하지만 어떤 사람들은 효력이 없는 증인들인데, 예를 들어(우리 미슈나의 경우처럼) (1)서명하도록 강요받은 사람, (2)미성년자 (3)친척 같은 이들이다. 만일 혼인계약서 같은 문서에 서명한 증인이 이후 법정에서 심문을 받다가 이러한 세 가지 진술—"우리는 강요받았다" "우리는 미성년자였다" "우리는 부적격자였다"—중 하나를 말한다면, 그들은 신뢰를 받는다. 그 문서는 무효가 되고, 혼인계약서의 경우에는 그 결혼의 합법성이 의심받는다. 그들을 믿는 이유는 그들이 서명인이자 동시에 자신들의 서명에 관해 처음으로 의문을 제기한 이들이라는 것이다.

하지만 만일 또 다른 증인들이 나와서 그것이 그 증인들의 유효한 서명이라고 입증한다면, 혹은 그들의 서명이 또 다른 문서에서 확인되고 증명된다면, 그 증인들의 주장과는 반대로 그 서명은 적법하다고 간주된다. 그 독립적인 증거는 공식적인 확인에 달린 문제가 되고, 그 증인들의 말은 중요하지 않게 된다. 외적인 증거가 내적인 증거보다 더 강력하다.

게마라에서 라미 바르 하마는 증인들의 주장을 불신하는 경우를 돈을 이용한 강압으로 한정하려고 시도한다. 생사의 문제에서는("우리는 목숨 때문에 강요받았다"), 그것이 그들의 유효한 서명이 아니라는 증인들의 말을 우리가 믿어야 한다고 라미 바르 하마는 주장한다.

라바는 라미 바르 하마의 추론에 반대한다. 일단 한번 한 증언은 철회할 수 없다는 다른 무엇보다 중요한 규칙이 있다. 그들의 서명 자체는 그 문서가 유효하다는 것을 표명한다. 그와 반대되는 어떠한 주장도 "사후에 말하는 것"이므로 자동적으로 무시된다.

일단 한번 말했다면, 취소할 수 없기 때문이다.

데라슈 D'rash

✤ 한 정치인이 지역구민들에게 연설한다. "친애하는 미국 시민 여러분, 저는 지난주 공개토론회에서 당면한 문제에 대해서 특정한 사실과 수치를 언급했습니다. 분명히, 저는 이 주제에 대해 감정적이었고 충분히 조사하지 않았습니다. 그 이후, 제가 사용했던 일부 통계가 시대에 뒤진 연구에 바탕하고 있음을 알게 되었습니다. 다른 정보는 편향된 이해관계자에게 받은 것이었습니다. 따라서 제 발표는 편파적이고 불공평한 것이었습니다. 지역구민 여러분을 불쾌하게 해드린 데 대해 사과드립니다. 그리고 이 위대한 주의 유권자 여러분께 다시 한 번 기회를 주실 것을 부탁드립니다."

우리는 "자기가 한 말을 취소"해야 했던 이러한 정치인에 대해 비판적인 만큼이나, 그에 대해 얼마간 공감한다. 어쨌든 우리 모두는 한 번쯤 우리가 한 말을 취소해야 했던 적이 있다. 그것이 중대한 정치적 파문을 일으키거나 그다지 공적인 것은 아니었지만, 우리는 그것이 해롭고 철회되어야 한다는 것을 알았다. 우리는 사람들─가족, 직장 동료, 심지어 완전히 낯선 사람─을 향해 다시 한 번의 기회를 요청한다.

문제는 어떤 말들은 철회할 수 없고, 어떤 행동들은 돌이킬 수 없다는 것이다. 일단 피해가 발생하면, 또 한 번의 기회를 요청할 수 없게 된다. 예를 들어, 만일 부모가 아이를 공개적으로 비판하면 어떤 일이 벌어질지 생각해보라. 그 비판이 아무리 타당하다 해도, 때와 장소는 합당하지 않을 수 있다. 이후 부모는 죄책감을 느낄 것이다. 부모가 사과하고 설명할 때마다, 아이는 마음의 상처를 입을 것이다. 사랑하는 아이가 공개적으로 창피를 당했다. 그 상처는 절대 치유되지 않을 것이다.

　말에 적용되는 것은 또한 행동에도 적용된다. 어느 늦은 밤 집에 혼자 있던 한 십대가 아래층에서 나는 소리를 듣는다. 그가 알기로, 부모님은 휴가를 떠나 있고 여동생은 친구 집에 머무르고 있다. 그는 "거기 누구야?"라고 외치지만, 아무런 대답이 없다. 집에 도둑이 든 걸까 두려워진 그는 아버지의 옷장서랍에서 총을 꺼낸다. "누구야?" 그가 다시 소리치지만, 아무런 대답도 들리지 않는다. 어둠 속에서 어떤 인물이 그를 향해 다가온다. 그는 총을 들어 방아쇠를 당긴다. 누군가 바닥에 쓰러진다. 이 어린 소년은 불을 켜고, 자신이 여동생을 쐈다는 것을 알고 충격에 빠진다. 그녀는 그의 옆, 피바다 속에 누워 있고, 손에는 여전히 여행가방을 쥐고 있다. 보아하니, 그녀는 오빠를 귀찮게 하지 않고서 옷가지를 챙겨가려고 집에 몰래 들어온 듯하다. 이미 저지른 일은 돌이킬 수 없다.

　대부분의 실수들은 바로잡을 수 있는 반면, 어떤 것은 되돌릴 수 없다. 라바의 말은 우리에게 경고의 역할을 한다. 일단 한 번 했다면 취소할 수 없는 어떤 말들과 행동들이 있다.

לֹא רְאִינוּהָ אֵינָה רְאָיָה

"우리는 그녀를 보지 못했다"는
증거가 아니다

"We did not see her" is no proof

케투보트 22b-23a

우리의 랍비들은 가르쳤다. 만일 두 명[의 증인]은 그녀가 약혼했다고 말하고, 두 명은 그녀가 약혼하지 않았다고 말한다면, 그녀는 결혼할 수 없다. 만일 그녀가 결혼한다면, 우리는 그녀에게 이혼을 강요하지 않는다. 만일 두 명은 그녀가 이혼했다고 말하고 두 명은 그녀가 이혼하지 않았다고 말한다면, 그녀는 결혼할 수 없다. 만일 그녀가 결혼했다면, 우리는 그녀에게 이혼을 강요한다. 첫 번째 경우와 두 번째 경우의 차이는 무엇인가? 아바예는 말했다. "오직 한 명의 증인만 사용하여 그것을 설명하라. 만일 한 명의 증인은 그녀가 결혼했다고 말하고 한 명의 증인은 그녀가 결혼하지 않았다고 말한다면, 둘 다 결혼하지 않은 여자에게 불리한 증언을 하는 것이다. 하지만 '그녀가 결혼했다'라고 증언하는 사람은 단 한 명이고, 한 명의 말은 두 명의 말에 맞서지 못한다! 두 번째의 경우에, 한 명의 증인은 그녀가 이혼했다고 말하고 한 명의 증인은 그녀가 이혼하지 않았다고 말한다면, 둘 다 결혼한 여자에게 불리한 증언을 하는 것이다. 그리고 '그녀가 이혼했다'라고 말하는 사람은 단 한 명이고, 한 명의 말은 두 명의 말에 맞서지 못한다!" 라브 아시는 말했다. "이것은 틀림없이 각각의 경우에 두 명의 증인을 다루고, 그것은 상반된다! 만일 두 명이 '우리는 그녀가 약혼한 것을 보았다'라고 말하고, 다른 두 명이 '우리는 그녀가 약혼한 것을 보지 못했다'라고 말한다면, 그녀는 결혼할 수 없다. 만약 그녀가 결혼한다면, 우리는 그녀에게 이혼을 강요한다." 이것은 확실하다! "우리는 그녀를 보지 못했다"는 증거가 아니다.

이 게마라는 다양한 증언을 바탕으로 어느 여자의 결혼을 허락할지 말지를 검토하는 것을 다룬다.

　　예를 들어, 만일 그녀가 스스로에 대해 "나는 결혼했고 이혼했다"라고 말한다면 ― 우리가 앞의 미슈나(케투보트 22a)의 사례에서 보듯 ― 그녀의 말은 신뢰를 얻는다. 왜냐하면 "금지했던 입이 허락하는 입이기 때문이다." "금지했던 입"은 그녀의 것이다. 즉 그녀는 자신이 결혼했다고 표명했고, 그럼으로써 다른 남자들에게 금지했다. "허락하는 입" 또한 그녀의 것이다. 즉 그녀는 자신이 이혼했다고 표명했고, 그럼으로써 다른 남자들에게 허락했다. 우리는 그녀가 하는 한 가지 설명("금지했던 입")을 믿기 때문에, 마찬가지로 우리는 그녀가 하는 다른 설명("허락했던 입")도 믿는다.

　　우리 게마라의 첫 번째 경우에는, 증언들이 상충한다. 한 쌍의 증인들*은 그녀가 결혼하지 않았다고 주장하는 반면, 또 다른 증인들은 그녀가 결혼했다고 주장한다. 그녀는 다시 결혼해서는 안 되는데, 그녀의 신상이 의심스럽기 때문이다. 하지만 그럼에도 그녀가 결혼한다면, 그녀가 그 남편과 결혼생활을 유지하는 것은 허용된다. 왜냐하면 그녀가 전에 결혼하지 않았다는 증언이 있었기 때문이다. 하지만 만일 그녀가 이혼했는지 여부

토라는 우상숭배와 같은 중죄를 다룰 때 반드시 두 명의 증인에게서 증언을 취하라고 명시하고 있다.

"네 하나님 여호와께서 네게 주시는 어느 성중에서든지 너희 가운데에 어떤 남자나 여자가 네 하나님 여호와의 목전에 악을 행하여 그 언약을 어기고, 가서 다른 신들을 섬겨 그것에게 절하며 내가 명령하지 아니한 일월성신에게 절한다 하자. 그것이 네게 알려지므로 네가 듣거든 자세히 조사해 볼지니. 만일 그 일과 말이 확실하여 이스라엘 중에 이런 가증한 일을 행함이 있으면, 너는 그 악을 행한 남자나 여자를 네 성문으로 끌어내고 그 남자나 여자를 돌로 쳐죽이되, 죽일 자를 두 사람이나 세 사람의 증언으로 죽일 것이요, 한 사람의 증언으로는 죽이지 말 것이며."(신명기 17:2-6)

에 대해 상충하는 증언이 있다면, 그녀가 여전히 다른 남자의 아내일 가능성이 있다. 이러한 경우에, 그녀는 새 남편과 이혼하도록 강요받는다.

하지만 아바예는 이 게마라의 사례를 단 한 명의 외부 증인만 관련된 것으로 이해한다. 남자가 죽고 그의 아내가 재혼하도록 허락하는 경우에, 한 명의 증인의 증언은 물론, 그 아내의 증언도 받아들여진다. 아바예에 따르면, 이 한 명의 증인에 아내를 더하여 한 쌍의 증인을 이룬다. 그들의 증언은 상충하는 한 명의 증인의 증언보다 더 중요하다. 따라서 만일 아내와 한 명의 증인이 그녀가 결혼하지 않았다고 말한다면, 그들의 증언은 그녀가 결혼했다고 주장하는 또 다른 증인의 증언보다 중요하다. 마찬가지로 만일 아내와 한 명의 증인이 그녀가 이혼하지 않았다고 주장한다면, 그들의 증언은 그와 반대되는 단독 증인의 증언보다 중요하다.

라브 아시는 이 게마라를 다른 관점에서 본다. 그는 우리가 두 명의 외부 증인을 다루고 있다고(그리고 아내는 증인이 아니라고) 추정한다. 이러한 경우, 사건이 발생했다는 증거는 사건이 발생한 증거가 부족하다는 것보다 더 중요성을 갖는다. 이에 대한 게마라의 대답은 이렇다 "이것은 확실하다!" "우리는 그녀를 보지 못했다"라는 것은 증거의 부재다. 아마도 이 후자의 한 쌍의 증인은 알지 못했을 것이다. 하지만 그들이 보지 못했더라도, 그럼에도 그 일은 일어났을 수 있다. 우리는 어떤 것을 보았던 두 증인의 증언을 받아들인다. 게마라는 불완전한 증거나 부정적인 증언에 근거하여 결정을 내리지 않는다. "우리는 그녀를 보지 못했다"가 증거가 아니라는 것은 확실하다.

데라슈 D'rash

"당신은 빨간불에 지나갔다!" "아니다, 거짓말이다!" 교통사고에 연루된 두 사람은 일어난 일에 대해 서로 다른 주장을 한다. 소리치고 밀치다가 서로를 거짓말쟁이라고 비난하기에 이른다. 몇 분 이내에, 경찰관이 도착해 세세한 사항들을 정리하기 시작한다. 한 사람은 말한다. "나는 큰 트럭 뒤를 따라가고 있었어요. 이 사람이 방향을 트는 것을 보고 브레이크를 밟았지만 이미 늦었죠. 만일 그가 어디로 향해 가는지 주시했다면, 내가 그를 박지 않았을 겁니다."

상대방이 대답한다. "그렇게 일어난 게 아닙니다. 나는 교차로에서 대기하고 있었고, 견인 트레일러가 방향을 틀 때 불이 노란색으로 바뀌었어요. 그가 방향을 틀 때 그의 불이 빨간색으로 바뀌는 것을 내가 분명히 봤습니다." 경찰관은 두 운전자와 긴 실랑이 끝에, 한 명은 사고가 일어난 걸 본 반면, 다른 한 명은 자신이 사고를 일으키지 않았다고만 주장한다는 것을 알아낸다. 그는 언제 신호등이 바뀌었는지 기억해낼 수 없다. 사실 그는 신호등을 보았는지조차 기억할 수 없는데, 그의 시야 일부가 트럭에 가려져 있었기 때문이다.

이것은 "우리는 그것을 보지 못했다"는 증거가 아니라는 격언의 현대적 예화다. 경찰관은 첫 번째 운전자의 진술을 바탕으로 보고서를 작성할 것이다. 왜냐하면 첫 번째 운전자가 무슨 일이 일어났는지 봤기 때문이다. 두 번째 운전자의 설명은 자신이 결백하다는 주장에 기초해 있다. 그의 말을 뒷받침해주는 증거는 그가 보지 못한 것이다. 부정적인 증거 즉 못 본 것은 긍정적인 증거 즉 본 것보다 더 중요성을 갖지 않는다.

이 게마라의 가르침은 증언뿐 아니라, 다른 이들을 보고 그들에 대해 아는 인간으로서의 우리의 능력도 가리킨다. 우리의 개인적·주관적 경험은 실재의 일부분일 뿐이다. 하지만 우리의 이기심, 냉담함, 자기 본위에 대한 변명으로서 "나는 그것을 보지 못했다"라는 말을 우리는 자주 듣는다. 한 세대 전, 유럽에 살던 사람들은 무지를 주장함으로써 나치의 잔혹행위들에 대한 비난을 모면했다. 세상 사람들은 말했다. "당신들은 어떻게 그런 일이 일어나도록 놔두었는가?" 유럽의 많은 사람들은 대답했다. "우리는 무슨 일이 일어나고 있었는지 몰랐다. 우리는 보지 못했다!" 세상 사람들은 대답했다. "'우리는 그것을 보지 못했다'라는 말은 변명이 되지 못한다!"

인간의 병폐가 사회의 표면 아래 존재할지라도 그것을 보지 못하는 것은 우리 시대에도 흔한 일이다. 우리나라의 모든 대도시 지역에는 노숙자와 거지들이 있다. 그럼에도 우리는 도시에 살면서 그들 곁을 지나가면서도, 우리의 무관심 때문에 실제로 그들을 보지 못하기도 한다. 그들의 수는 엄청나고, 그들의 옷은 남루하다. 그들의 불행은 너무나 딱해서 우리는 실제로 주목하지 않으며, 그들이 인간 아닌 존재가 되도록 내버려둔다. 만약 우리가 그들의 가난, 망가진 삶과 절망을 진짜 본다면, 그것은 우리의 마음을 아프게 할 것이다. 그래서 우리는—걷고, 차를 타고, 기차를 타고 다니며 그리고 그들의 이야기가 텔레비전이나 신문에 나올 때조차—그들을 지나치고, 우리는 보지 않기로 선택한다. 하지만 "우리는 그들을 보지 못했다"라는 말은 변명이 되지 않는다. 이것은 유대 전통의 시각에서는 아무런 의미가 없다. 유대 전통은 볼 수 있지만 보지 않기로 선택하는 사람들에게 입증의 책임을 지운다.

원전에 가장 가까운 탈무드

우리는 우리가 보기 원하는 것보다 세상의 더 많은 것을 캐내고, 발견하고, 볼 의무가 있다. 만일 우리가 그렇게 하지 않는다면, 만일 우리가 이 추한 진실을 외면한다면, 우리는 결국 얼마간의 죄책감과 비난을 감당해야 한다. 왜냐하면 "우리는 보지 못했다"라는 말은 증거도, 변명도 될 수 없기 때문이다.

הַכֹּל כְּמִנְהַג הַמְּדִינָה

모든 것은 현지 풍습에 따른다

Everything is according to local custom

케투보트 66b

미슈나(6:4): 만약 그녀가 돈을 가져오기로 동의했다면, 셀라는 6디나르와 같다. 남편은 상자를 위해 마네 당 10디나르의 용돈을 약속한다. 라반 시몬 벤 감리엘은 말한다. "모든 것은 현지 풍습에 따른다."

게마라: 하지만 이것은 "그는 15마네를 가져오는 데 동의해야 한다"와 같은 것이다! 먼저, 그것을 큰 거래에 대해서 가르쳤고, 작은 거래에 대해서 가르쳤다. 그리고 우리는 둘 다 필요하다. 만일 그것을 큰 거래에 대해서만 가르쳤다면, 이익이 많은 큰 거래에만 적용되고, 이익이 적은 작은 거래에는 적용되지 않을 것이기 때문이다. 그리고 만일 그것을 작은 거래에 대해서만 가르쳤다면, 관리비용이 부수적인 작은 거래에만 적용되고, 관리비용이 많이 드는 큰 거래에는 적용되지 않을 것이기 때문이다. 따라서 우리는 둘 다 필요하다.

미슈나의 이 절은 케투보트 6번째 장의 이와 유사한 토세프타처럼, 남편과 아내가 결혼에 가져오기로 동의한 금액에 대해 가르친다. 아내의 지참금("그녀는 돈을 가져오기 동의했다……")은 보통 시세와는 다른 값이 매겨진다. 왜냐하면 랍비들이 지참금을 의도적으로 과대평가하기 때문이다. 먼저, 셀라는 보통 4디나르의 가치를 지닌 동전이다. 하지만 이 경우에, 랍비들은 그것에 6디나르의 가치를 부여한다. 두 번째로, 마네는 보통 100디나르의 가치가 나가는 동전인데, 아내가 결혼할 때 가지고 오는 마네당 남편은 10디나르를 가져와야 한다. 이 돈은 아내의 "상자"에 충분한 자금이 있도록 보장해줄 것이다. 상자란 '용돈' 즉 아내가 개인적으로 쓸 수 있는 돈을 가리킨다.

그런 다음 게마라는 묻는다. 이 규칙은 우리가 앞의 미슈나에서 배운 것, 즉 그녀가 1000디나르를 가져온다면 "그는 15마네를 가져오는 데 동의해야 한다"는 것과 같지 않은가? 각각의 경우에 남편은 보통 시세보다 50퍼센트의 평가액을 더하기 때문에, 이후 게마라는 이 미슈나와 앞의 미슈나의 차이를 계속해서 설명한다. 우리에게 각각의 미슈나가 필요한 이유는 큰 액수와 작은 액수 둘 다에 대해 가르치기 위함이다. 만일 우리에게 앞의 미슈나만 있다면, 우리는 남편이 거액을 거래할 경우에는 50퍼센트를 추가하지만, 푼돈의 경우에는 환율이 보통이라고 생각할 것이다. 그리고 만약 우리에게 이 미슈나만 있다면, 우리는 "상자"에 있는 아내의 돈처럼 증가액이 부수적일 때에만 시세를 부풀리고, 50퍼센트의 추가금액이 거액일 때에는 과대평가하지 않아도 된다고 생각할지 모른다. 따라서 우리는 두 가르침이 모두 필요하다.

이 미슈나와 게마라는 결혼 때 가져오는 관례적 금액을 남편은 줄이지도 말고, 늘리지도 말라고 우리에게 가르친다. 남성 위주의 사회에서, 결혼에 대한 남편의 재정적 책임을 줄이는 것은 틀림없이 아내에게 불이익이 될 것이다. 장차 그녀는 먹고 살

것이 없을지도 모른다. 쉽사리 이해되지 않는 것은 그 금액을 늘리는 것이 어떻게 불이익이 될 수 있느냐다. 남편이 금전적 분담금을 어느 정도 늘리는 것이 여자에게 이익이 되지 않을까? 우리의 미슈나는 모든 관대한 행위가 진정으로 유익하거나 바람직한 것은 아니라는 개념에 바탕을 둔다. 미슈나는 이 부부가 외부와 단절된 채 살아가는 것이 아니라 어떤 역할과 기대를 가지고 사회의 일부로서 살아간다고 여긴다. 만일 이 남편이 결혼에 대한 금전적 분담금을 늘려 아내에게 더 많이 준다면, 동시에 그는 다른 신부들에게 해를 끼칠 수 있다. 남편이 액수를 늘릴 수 없는 다음 신부에게는 무슨 일이 일어나겠는가? 얼마나 많은 신부들이 추가금액을 받지 못해 상처받겠는가? 다른 남편들이 기본금액을 이 새로운 높은 수준까지 늘리지 못한다면, 결혼제도 자체가 손상되지 않겠는가? 우리가 "돈을 올리고" 새롭고 더 엄격한 행동규범—표면적으로는 긍정적이고 호의적인 행위—을 세우려 할 때마다, 우리는 새로운 기준이 부담이 될 수 있는 사람들에게 미치는 영향을 신중히 고려해야 한다.

데라슈 D'rash

"모든 것은 현지 풍습에 따른다"라는 말은 "로마에 가면 로마법을 따르라"와 상당히 비슷하게 들린다. 물론 차이가 있는데, 이 탈무드의 격언은 로마의 관습뿐 아니라 모든 공동체의 관습에 대해서도 말하며, 신부와 신랑의 돈뿐 아니라 유대의 여러 다른 일상적 풍습과 관습에 대해서도 말한다는 것이다. 시간과 공간을 초월하여 변함없는 율법들이 있다. (그러므로 "모든 것"이라는 단어는 사실 과장된 것이다.) 하지만 현지 지역사회 사람들의 의지와 실천에 좌우되는 관습도 엄존한다.

　　일반적으로 유대인들이 회당에 갈 때 차려입는 방식은 현지 관습의 문제다. 이스라엘에서 사람들은 안식일에도 격식을 별로 차리지 않는 경향이 있어, 예배 때 자주 샌들을 신거나 (남자의 경우) 오픈칼라 셔츠를 입는다. 미국의 현지 관습은 더 의례를 갖추며, 특히 남자의 경우가 그렇다. 때때로 우리는 이스라엘에 처음 여행온 미국인 관광객이 얼굴에 충격을 나타내는 것을 본다. 현지 관습을 알지 못한 채, 그는 미국에서 안식일 때의 적절한 복장인 정장과 넥타이를 갖춰 입고 이스라엘의 회당에 들어간다. 그는 아마도 어울리지 않는 곳에 있는 듯 느낄 것이다. 하지만 우리는 또한 미국 회당의 안식일 예배에 처음 참석한 많은 이스라엘인을 본다. 그는 마치 이스라엘로 돌아온 듯 캐주얼 바지, 반팔 흰색 셔츠, 오픈칼라 셔츠 그리고 발에는 샌들을 착용하고 있다. 그는 똑같이 불편함을 느낀다. 아마도 가장 불편한 이는 이스라엘을 방문한 후 캐주얼 바지와 샌들을 신고 미국의 회당을 찾은 미국인일 것이다. 모든 사람은 정장을 착용했는데 말이다. 그는 말한다. "이스라엘에서는 이런 식으로 입어요!" 우리는 필시 그에게 이렇게 대답할 것이다. "그래요, 이스라엘에서는 그것이 안식일에 회당에 갈 때 적절한 의복일 수 있겠죠. 하지만 당신은 더 이상 이스라엘에 있지 않아요. 당신은 미국으로 돌아왔어요. 그러니 이 나라에 맞게 적절히 차려입고 회당으로 오세요."

　　이와 같이, 안식일 예배에 적절하게 갖춰 입는 방식은 형식적인 규제나 우리의 개인적 선호보다는 우리가 어디에 있느냐에 따라 좌우된다. 이스라엘에는 그들만의 방식이 있고, 미국에는 전혀 다른 방식이 있다. 그리고 미국 전체에서도 공동체들 간에,

구역들 간에 지역적 차이가 있다. 어떤 곳에서는 여자들이 캐주얼 바지를 입고 예배에 참석하는 것이 적절하다 여겨지고, 심지어 유행하기도 한다. 다른 지역사회에서는, 최신 유행하는 바지를 입고 회당에 들어가는 것조차 상당히 부적절할 수 있다. 우리가 입고 싶어하는 것과 우리가 하고 싶어하는 것이 그 지역의 관례적 풍습보다 더 의미 있지는 않다. 어쨌든 "모든 것은 현지 풍습에 따른다."

원전에 가장 가까운 탈무드

דִּרְחֵם לֵיהּ לָא חָזֵי לֵיהּ חוֹבָה
דְּסָנֵי לֵיהּ לָא חָזֵי לֵיהּ זְכוּתָא

사랑하는 사람의 결점을 보지 못하고, 싫어하는 사람의 장점을 보지 못한다

A loved one—one does not see his faults;
a hated one—one does not see his merits

케투보트 105b

라바는 말했다. "선물[을 받는 것을 판사에게 금하는 것]에 대한 이유는 무엇인가? 일단 그가 그에게 선물을 받는다면, 그의 의견은 그에게 더 가까워지고, 그는 그와 같이 된다. 그리고 사람은 자신의 죄를 볼 수 없다. '쇼하드shoḥad[선물]란 무엇인가?' 셰드 후하드 Shed-hu ḥad, 즉 '그는 [선물을 주는 사람과 함께 있는] 사람이다.'" 라브 파파는 말했다. "사람은 그가 사랑하는 누군가의 소송을 판결해서는 안 되고, 그가 싫어하는 누군가의 소송을 판결해서도 안 된다. 왜냐하면 사람은 사랑하는 사람의 결점을 보지 못하고, 싫어하는 사람의 장점을 보지 못하기 때문이다."

라바와 라브 파파는 재판의 공정성에 대해서 가르친다. 라바는 판사가 그의 앞에 서게 될 사람들로부터 선물을 받는 것을 금하는 신명기의 구절*에 근거를 둔다. 그는 자신의 요지를 강조하기 위해 말장난을 이용한다. 선물 혹은 뇌물에 해당하는 단어

"너는 재판을 굽게 하지 말며 사람을 외모로 보지 말며 또 뇌물을 받지 말라. 뇌물은 지혜자의 눈을 어둡게 하고 의인의 말을 굽게 하느니라."(신명기 16:19)

가 쇼하드shohad다. 그는 이 단어를 원래의 것과 비슷하게 소리 나는 두 단어로 쪼갠다. 랍비들의 이 유명한 방법론은 노타리콘 notarikon이라 불리는데, 이 단어는 속기사들의 속기법을 가리키는 그리스어에서 유래했다.

탈무드는 계속해서 일부 판사들이 공정성을 유지하기 위해 얼마나 애썼는지를 보여준다. 한번은 슈무엘이 배를 타고 강을 건너고 있었다. 그가 땅에 발을 디디려 할 때, 한 남자가 다가와 도와주려고 슈무엘에게 손을 내밀었다. 슈무엘이 물었다. "당신은 누구십니까?" 그 남자가 대답했다. "내게는 법정에서 당신 앞에 서게 될 소송이 있습니다." 그러자 슈무엘은 그 소송의 판사를 맡는 것을 스스로 배제시켰다. '선물'은 뇌물뿐 아니라, 판사가 어느 한쪽에 특별대우를 하도록 만드는 말이나 행동도 포함한다고 여겨졌다.

데라슈 D'rash

수년 동안 어린이 야구 리그를 감독한 아버지가 자기 팀에 아들을 입단시킨다. 몇몇 친구들은 자기 아이의 감독이 되는 것이 꼭 최선은 아니라고 말했지만, 아버지는 자신이 감당할 수 있다고 생각한다. 우승 여부가 걸린 중요한 시합에서, 감독은 아들의 기록이 썩 좋지 않은데도 선발투수로 기용한다. 아이의 출전 결과는 나빴다. 상대편은 사실상 그가 던지는 모든 공을 쳐낸다. 다른 팀원들의 불만과, 관중석에 있는 많은 부모들의 항의에도 불구하고, 감독은 아들을 내리고 새 투수를 투입하지 않는다. 이후 그는 패배를 심판의 오심과 선수들의 서투른 수비 탓으로 돌린다. 이 감독이자 아버지가 인정하지 않으려 했던 것은 우리가 사랑하는 이들의 단점을 보기가 정말 어렵다는 것이다. 감독은 모든 선수를 동등하게 대우해야 한다. 반면에 아버지는 자기 자식에게 특별한 관심을 보여야 한다. 때로 이 두 역할은 서로 양립할 수 없다.

한 직장의 관리자가 승진이 고려되고 있는 직원들 중 한 명에 대한 평가서를 작성하는 일을 맡는다. 하지만 작년에 그 두 여자는 일 처리 방식을 놓고 격렬하게 싸웠다. 심한 말들이 오갔고, 감정이 상했다. 그 직원은 관리자의 역량에 대해 의구심을 제기했고 사장에게 불만사항을 제출했다. 관리자는 그 일을 결코 잊어버리거나 용서하지 않았다. 이제 그녀가 최종 결정권을 갖게 되자, 그 직원이 자신에게 했던 일에 대한 대가를 치르게 하리라 다짐한다. 모두가 그 직원을 높이 평가하고 그녀의 업무에 대해 극찬하지만, 그 관리자는 그녀에 대해 긍정적으로 말할 어떠한 점도 찾을 수 없다.

라브 파파는 우리 모두가 편견을 가지고 있음을 상기시킨다. 정직은 우리에게 그 편견을 알아차리고 인정하라고 요구한다. 공평은 편견이 어떤 상황에서도 우리의 행동방식에 영향을 미치도록 허용하지 말라고 요구한다. 어떤 사람들은 감독이자 부모인 사람에게 요구되는 어려운 균형 잡기를 훌륭히 해낸다. 어떤 사람들은 다른 사람의 작업을 객관적으로 평가한다. 그가 비록 개인적으로 몹시 싫어하는 사람일지라도. 하지만 우리 대부분은 그렇게 하지 못한다. 라브 파파는 우리가 이것을 인정하고 한쪽으로 비켜서서, 더 객관적이고 덜 관련 있는 누군가가 상황을 판단하고 어려운 결정을 내리도록 하라고 권한다. 토라는 이미 뇌물과 다른 영향들이 올바른 선택을 하지 못하게 우리의 눈을 가릴 수 있다고 경고했다. 핵심은 사안이 우리와 매우 가까울 때에도 우리가 이것을 기꺼이 볼 수 있느냐다.

אַל יִשְׁתֶּה אָדָם בְּכוֹס זֶה
וְיִתֵּן עֵינָיו בְּכוֹס אַחֵר

남자는 한 잔을 마시면서
다른 잔을 쳐다봐서는 안 된다

A man should not drink from one cup
while looking at another cup

네다림 20b

Nedarim. 세데르 나심의 세 번째 소논문으로 11개의 장으로 이루어져 있다. 모든 형태의 서약neder과 그 법적 결과를 주로 다룬다.

"이 술은 너희가 보고 여호와의 모든 계명을 기억하여 준행하고 너희를 방종하게 하는 자신의 마음과 눈의 욕심을 따라 음행하지 않게 하기 위함이라."(민수기 15:39) 해당 구절의 새번역은 "그래야만 너희는 마음 내키는 대로 따라가거나…… 아니할 것이고"이다.

"그리하여 너희는 너희의 마음을 따르지 않는다[민수기 15:39]••." 이 말씀에 근거하여 랍비는 말했다. "남자는 한 잔을 마시면서 다른 잔을 쳐다봐서는 안 된다." 라비나는 말했다. "그 두 가지가 그의 아내일지라도 이것은 필요하다."

이 원문은 네다림의 3번째 장에 나온다. 남편과 아내 사이에 허용되고 금지되는 성관계에 관한 긴 여담이 있는 장이다. 이 격언의 저자는 서기 3세기 이스라엘 지역의 유대인 공동체 지도자였던 랍비 예후다 하나시다. 그는 랍비들 가운데서도 가장 중요한 인물이어서 탈무드는 그를 그저 '랍비'라고 부른다.

탈무드의 랍비들이 유대 율법 즉 궁극적으로 하나님의 법인 할라카가 유대인의 모든 행동을 제어해야 한다고 여겼던 것은 명백하다. 할라카의 범위와 가치체계를 넘어서는 것은 아무것도 없다. 예를 들어, 탈무드는 먹고 마시고 자고, 심지어 볼일을 보는 적절한 방법을 우리에게 설명한다. 이것들 각각은 전체 세계관에 바탕한 일련의 가치를 반영한다. 이 체계와 가치에 포함되는 것이 인간의 성관계다. 랍비들은 성적 친밀감에 대해 이야기하거나, 할라카가 남편과 아내 사이에 허용한 것을 묘사하는 데 두려워하지 않았다. 그럼에도 랍비들은 자주 완곡어법을 썼다. 이 경우, "한 잔을 마시는 것"은 아내와 성관계를 하는 것에 대한 랍비식 은유다.

따라서 "쳐다봄"은 눈으로 응시하는 신체적인 것이라기보다는 "공상에 잠기는 것"으로 이해하는 것이 아마도 가장 좋을 것이다. 탈무드는 남자가 다른 여자를 생각해서는 안 된다고 가르친다. 그 여자가 그의 두 번째 아내일지라도. 랍비들은 이것이 성관계에 대한 유대인의 판타지 속에 존재한다고 여기지는 않았다. 탈무드 시대 동안, 유대인 남자들이 실제로 동시에 한 명 이상의 아내를 갖는 일은 드물었다. 비록 두 번째 부인에 대한 공상에 잠길 가능성이 거의 없었을지라도, 유대인의 성윤리는 그럼에도 모든 인간관계에 같은 원칙을 적용했다. "란Ran"이란 약칭으로 알려진 14세기 북아프리카의 랍비 니심 제론디[●]는 탈무드의 이 절에 대해 다음과 같은 주석을 단다.

● Nissim Gerondi(1320~1376). 본명은 니심 벤 레우벤Nissim ben Reuven으로, 보통 머릿글자를 따서 '란RaN'으로 불린다. 카탈루냐 히로나를 중심으로 활약한 중세 탈무드 연구의 권위자였다.

> 그가 [첫 번째] 아내와 [성적으로] 관여되었을 때 다른 여자를 쳐다봐서는 안 된다. 그녀가 그의 [두 번째] 아내일지라도.

이에 대한 성서적 근거가 랍비에 의해 민수기의 구절로 주어진다. "그의 마음" 즉 그의 상상 속 판타지를 따라서는 안 된다. 이 논의가 주로 남자에게 향한다는 데 주목하라. 이것은 아마도 탈무드를 배울 기회가 여자에게는 제한적이었음을 반영할 것이다.

데라슈 D'rash

오늘날 많은 성 전문가들은 판타지가 부부 성생활의 건강한 일부라고 받아들인다. 공상에 잠기는 것은 정상적 행동, 심지어 기대되는 행동으로 여겨진다. 루스 웨스트하이머 Ruth Westheimer 박사는《닥터 루스의 결혼한 연인들을 위한 안내서》에서 "좋은 성 기능에는, 이미지와 판타지를 만드는 이 능력이 생식기가 있는 것 혹은 살아있는 것만큼이나 중요하다"라고 말한다. 이것이 현대의 지혜인 듯하다.

탈무드는 약간 다른 접근법을 택한다. 한편으로, 랍비는 간통에 대한 예방책을 제공한다. 만일 남자가 다른 여자들에 대해서 생각하지 않는다면, 그는 또 다른 여자와 관계를 가지려는 유혹을 받지 않을 것이다. 따라서 우리는 부도덕한 생각이 부적절하고 금지된 행동으로 이끈다고 말할 수 있다.

하지만 랍비와 라비나가 다루는 경우는 간통이 아니다. 이 게마라의 남자는 두 명의 여자와 결혼한 상태다. 그러므로 그가 다른 아내에 대해 생각하는 것은 허용된다. 그럼에도 랍비 예후다 하나시는 첫 번째 아내와 성교하는 동안 이러한 생각을 하지 말라고 말한다. 랍비와 라비나와 그 동료들에게 육체적 쾌락은 결혼생활의 중요한 부분이다. 랍비들은 아내가 남편에게 얼마나 자주 성관계를 요구할 수 있는지까지 처방해주었다. 하지만 랍비들의 결론은 쾌락이 아니라 거룩함이다. 우리는 랍비와 라비나가 이렇게 덧붙일 것이라고 짐작할 수 있다. 한 여자와 육체적 만족을 찾으면서 다른 여자를 생각하는 남자는 실제로 그 경험을 최대한 완전한 기쁨으로 여기지 못할 것이다. 왜냐하면 성적 기쁨은 육체적 가까움과 관능적인 만족 이상이며, "마음속에 있는 어떤 것" 이상이기 때문이다.

이 게마라는 배우자 이외의 다른 누군가에 대한 판타지가 건강하다는 현대의 많은 성 치료사들의 가르침을 직접적으로 반박한다. 미국 사회 대부분의 결론은 어떤 대가를 치르든, 무슨 짓을 하든 쾌락이다. 탈무드의 랍비들은 (적어도 이런 종류의 판타지에) 동의하지 않는다. 미국인들이 '안전한 섹스'를 이상으로 여긴다면, 랍비들은 '신성한 섹스'를 주장한다. 왜냐하면 거룩함에 초점을 두지 않는 섹스는 탈무드가 보기에 불완전한 경험에 지나지 않기 때문이다.

כָּל מִי שֶׁאֵינוֹ מְבַקֵּר חוֹלִים
כְּאִלּוּ שׁוֹפֵךְ דָּמִים

병문안을 가지 않는 사람은
피를 흘리는 사람과 같다

Anyone who does not visit the sick
is like one who spills blood

네다림 39b-40a

라브 헬보가 병이 났다. 라브 카하나가 가서 알렸다. "라브 헬보가 아프다!" 하지만 아무도 오지 않았다. 그가 그들에게 말했다. "랍비 아키바의 한 제자가 아프자 현자들이 그를 방문하지 않았는데, 랍비 아키바가 그를 방문해서 그들이 그의 앞에서 쓸고 청소했기 때문에 그가 나았던 일이 있지 않은가? 그[제자]가 그[랍비 아키바]에게 말했다. '당신은 나에게 생명을 주었습니다!' 랍비 아키바가 나아가 설명했다. '병문안을 가지 않는 사람은 피를 흘리는 사람과 같다.'"

라브 디미가 와서 말했다. "누구든 병자를 찾아가는 자는 그를 살게 하고, 누구든 병자를 찾아가지 않는 자는 그를 죽게 한다!" 원인은 무엇인가? 병자를 찾아가는 사람은 그가 살도록 자비를 빌고, 병자를 찾아가지 않는 사람은 그가 죽도록 자비를 빈다고 말할 수 있는가? 당신은 정말로 "그가 죽도록"이라고 생각하는가??!! 그렇다기보다는, 병자를 찾아가지 않는 사람은 그가 살아야 할지 혹은

원전에 가장 가까운 탈무드

죽어야 할지에 대해 자비를 빌지 않는 것이다!

이 절은 유명한 랍비 아키바에게 일어났던 일을 통해 랍비식 유대교에서 병문안의 중요성을 설명한다. 라브 헬보는 배움의 집의 정식 학생들 중 한 명이었지만, 그가 병이 났다는 소식이 그곳에 알려졌을 때 동료 학생들은 아무런 행동도 취하지 않았다. 이것이 얼마나 잘못인지 보이기 위해, 라브 카하나는 그들에게 아키바가 개인적으로 제자 중 한 명을 병문안한 후 그 제자가 곧 회복되었던 때를 상기시킨다. 이 회복에 대해 탈무드는 랍비 아키바를 예우하기 위해 그 방을 청소했기 때문에, 그 아픈 제자가 이 영광으로부터 이로움을 얻고 병이 나았다고 설명한다.

　　랍비 아키바는 그 후 이렇게 공표한다. 병문안을 가지 않는 것은 환자를 죽이는 것이나 다름없다! 바빌로니아에서 팔레스타인까지 여행했던 라브 디미는 아키바와 비슷한 주장을 이스라엘의 현자들에게서 가져온다. 즉 병문안을 가는 것은 환자를 살리고, 가지 않는 것은 그들을 죽게 한다는 것이다. 원인이 무엇인지는 명확하지 않다. 다시 말해, 방문이 어떤 사람을 더 좋게 만드는 것은 어째서인가? 우리는 아마도 타인의 걱정이 환자의 기분을 더 좋게 만든다고 말할 것이다. 하지만 랍비들은 방문에 동반되는 기도 때문이라고 여긴다. 만약 그렇다면, 랍비들은 묻는다, 병문안을 외면하는 사람은 그 사람이 죽어야 한다고 기도하고 있는 것이라고 우리는 추정할 수 있는가? 그들은 아니라고 대답한다. 방문하지 않는 사람은 그 사람을 위해 기도하지도, 저주하지도 않는다. 그는 단지 그 사람을 자신의 기도에 포함시키지 않을 뿐이다.

데라슈 D'rash

월리 넬슨은 그의 유명한 노래에서 자신이 연인에게 저질렀던 모든 잘못에 대해 사과하며 이런 변명을 댄다. "당신은 항상 나의 마음속에 있었어요." 비록 편지를 쓰거나 전화하지는 않았지만, 적어도 나는 당신을 생각했다. 다시 말해, 나는 당신에게 상처 주는 일은 하지 않았다. 그저 당신이나 우리 관계를 돕기 위해 무언가를 할 기회가 없었을 뿐이다. 이 가수에게, 이것은 덜 악의적인 죄, 즉 작위가 아닌 부작위의 죄다.

18세기의 의사 테오도르 트론친Theodore Tronchin은 한 의학 회보에서 "의학에서 작위의 죄는 대죄고, 부작위의 죄는 소죄다"라고 말했다. 다시 말해, 의사가 하는 치료는 누군가를 해칠 수 있지만, 그가 치료를 빠뜨리거나 잊는다고 해서 더 해를 끼치지는 않는다는 것이다. 이러한 추론은 많은 상황에서 이해할 만하고 의심의 여지없는 사실이지만, 우리 가운데 이러한 의학적 처치를 받아들일 사람은 거의 없을 것이다. 우리는 너무나 많은 사람들이 의학적 부작위의 죄에 의해 해를 입는 것을 보거나 들어왔다.

행동을 취한 것보다 행동을 취하지 않은 것의 잘못이 더 적다고 말하는 월리 넬슨과 테오도르 트론친은 과연 옳은가? 우리는 어떤 사람이 행동하지 않음을 통해 의도나 계획을 가졌다고 말할 수 있는가? 랍비 아키바와 라브 디미는 이러한 접근법에 대해 회의적인 견해를 취할 것이다. 아마 우리도 마찬가지일 것이다. 이웃사람을 도울 기회가 있었지만 돕지 않는 사람은 관련되지 않기를 어느 정도 선택하는 것이다.

"적극적으로 관련되지" 않으려는 것은 우리가 항상 하는 행동이다. 골칫거리가 된 예전 친구가 전화를 걸어오면, 우리는 식구들에게 자신이 집에 없다고 이야기하라고 말한다. 비록 우리가 직접 통화하지 않을지라도, 이러한 속임은 우리로서도 상당한 노력을 요하는 일이다. 우리 중 거리의 걸인들과 거지들을 지나친 적이 있는 사람들은 그들에게 돈을 주지 않는 것이 매우 적극적이고 의식적인 선택임을 안다. 그들에게 적선하지 않는 그럴듯한 이유가 있을지 모르지만, 그것은 무시의 행동이다. 부작위의 모든 행동은 또한 자유의지의 행동이다.

도움이 필요한 사람을 우리가 알아차리지 못할 때가 있는 것은 사실이다. 우리는 이러한 것들 때문에 비난받을 수 없다. 랍비 아키바가 말하는 것은 다른 기회들이다. 시인 매리언 무어 Marianne Moore는《시 전집》개정판에서 이에 대해 말했다. 그녀는 하나의 시에서 몇 줄을 지운 다음, "생략●은 우연이 아니다"라는 개인적 주를 추가했다. 아주 많은 경우들에서, 부작위는 우연이 아니다.

omission에는 '생략'이라는 뜻과 '부작위'라는 뜻이 있다.

בִּנְיַן יְלָדִים סְתִירָה
וּסְתִירַת זְקֵנִים בִּנְיָן

아이들에게 짓는 것은 실은 허무는 것이요,
노인들에게 허무는 것은 실은 짓는 것이다

The building up of children is really tearing down,
while the tearing down of elders is really building

네다림 40a

Gehinnom. 게헨나Gehenna라
고도 한다. 원래는 일부 유다의
왕들이 아이들을 불태워 바치
던 곳이었으나, 나중에는 죽은
뒤 저주받아 가는 곳을 가리키
게 되었다.

개역개정본은 "가난한 자를 보
살피는 자에게 복이 있음이여
재앙의 날에 여호와께서 그를
건지시리로다"라고 옮긴다.

"나의 거처는 목자의 장막을 걷
음 같이 나를 떠나 옮겨졌고 직
공이 베를 걷어 말음 같이 내가
내 생명을 말았도다. 주께서 나
를 틀에서 끊으시리니 조석간
에 나를 끝내시리라."

라브는 말했다. "병자를 찾아가는 자는 게힌놈•의 징계로부터 구원받는다. 이르기를, '불쌍한 자를 배려하는 자는 행복할지라. 곤경의 날에 여호와께서 그가 해를 당하는 것에서 지켜주실지라[시편 41:1••].' '불쌍한[dal]'은 오직 병자를 가리킨다. 이르기를, '주께서 나를 병[dalah]에서 끊으시리니[이사야 38:12]•••.' 또 이 구절에도 이르기를, '왕자여, 당신은 어찌하여 날마다 이렇게 파리하여[dal] 가느냐?[사무엘하 13:4]' '해඘'는 오직 게힌놈을 가리킨다. 이르기를, '여호와께서 온갖 것을 그 쓰임에 적당하게 지으셨나니 악인도 악한 날에 적당하게 하셨느니라[잠언 16:4].'" 만약 그가 [병자를] 찾아간다면, 그의 보상은 무엇인가? 무엇이 그의 보상인가?! 이르기를, "그는 게힌놈의 징계로부터 구원받는다!" 하지만 이 세상에서 그의 보상은 무엇인가? "여호와께서 그를 지키사 살게 하시리니 그가 이 세상에서 복을 받을 것이라. 그를 그 원수들의 뜻에 맡기지 마소서[시편 41:2]." "여호와께서 그를 지키사"는 악에 빠지는 것

원전에 가장 가까운 탈무드

으로부터다. "……살게 하시리니"는 고통으로부터다. "……그가 이 세상에서 복을 받을 것이라"는 모든 사람이 그를 통해 영광을 받으리라는 뜻이다. "그를 그 원수들의 뜻에 맡기지 마소서"는 그가 나병에서 나았던 나아만 ❖❖ 같은 친구들과 마주치고, 자신의 왕국을 갈라놓은 르호보암 ❖❖❖ 같은 친구들과는 마주치지 않으리라는 뜻이다.

가르치기를, 랍비 시몬 벤 엘라자르는 말한다. "만약 당신에게 아이들은 '지으라!' 말하고 노인들은 '허물라!' 말한다면, 노인들의 말을 듣고 아이들의 말은 듣지 말라. 아이들에게 짓는 것은 실은 허무는 것이요, 노인들에게 허무는 것은 실은 짓는 것이기 때문이다. 이것의 하나의 예가 솔로몬의 아들인 르호보암이다."

라브는 병문안bikkur ḥolim의 미츠바에 대해 말하며 우리의 절을 시작한다. 이것은 매우 중요한 친절함의 행동으로 여겨진다. 이 미츠바에 대한 보상으로 사람은 사후에 "게힌놈"의 징계를 면하게 된다. 게힌놈이란 명칭은 본래 몰록Moloch 신에게 제물로 아이들을 불태워 바치던 곳인 예루살렘의 남쪽, "힌놈Hinnom의 아들들의 계곡"에서 유래했다. 이 때문에, 나중에 이곳은 죽은 사람이 그들의 죄에 대한 징계를 받기 위해 보내지는 장소를 의미하게 되었다. (랍비들의 말을 담은 문헌들에 흔한 "지옥불"이라는 개념은 성서에서는 언급되지 않는다.) 라브는 자신의 주장을 증명하기 위해 몇몇 구절들을 든다. dal(아픈, 병약한, 불쌍한)이라는 동일한 키워드가 그것들 모두에 나타나기 때문에, 하나의 문맥이 다른 것들에도 적용된다.

그리고 나서 병문안의 미츠바를 행한 데 대한 이 세상에서의 보상은 무엇인지 묻는다. 마지막 답변은 이러한 사람은 나아

"아람 왕의 군대 장관 나아만은 그의 주인 앞에서 크고 존귀한 자니 이는 여호와께서 전에 그에게 아람을 구원하게 하셨음이라. 그는 큰 용사이나 나병환자더라…… 엘리사가 사자를 그에게 보내 이르되 너는 가서 요단 강에 몸을 일곱 번 씻으라, 네 살이 회복되어 깨끗하리라 하는지라…… 나아만이 이에 내려가서 하나님의 사람의 말대로 요단 강에 일곱 번 몸을 잠그니 그의 살이 어린 아이의 살 같이 회복되어 깨끗하게 되었더라."(열왕기하 5:1, 10, 14)

"무리가 사람을 보내 그를 불렀더라. 여로보암과 이스라엘의 온 회중이 와서 르호보암에게 말하여 이르되. 왕의 아버지가 우리의 멍에를 무겁게 하였으나 왕은 이제 왕의 아버지가 우리에게 시킨 고역과 매운 무거운 멍에를 가볍게 하소서. 그리하시면 우리가 왕을 섬기겠나이다…… 르호보암 왕이 그의 아버지 솔로몬의 생전에 그 앞에 모셨던 노인들과 의논하여 이르되 너희는 어떻게 충고하여 이 백성에게 대답하게 하겠느냐. 대답하여 이르되 왕이 만일 오늘 이 백성을 섬기는 자가 되어 그들을 섬기고 좋은 말로 대답하여 이르시면 그들이 영원히 왕의 종이 되리이다 하나, 왕이 노인들이 자문하는 것을 버리고 자기 앞에 모셔 있는

자기와 함께 자라난 어린 사람들과 의논하여…… 함께 자라난 소년들이 왕께 아뢰어 이르되 이 백성들이 왕께 아뢰기를 왕의 부친이 우리의 멍에를 무겁게 하였으나 왕은 우리를 위하여 가볍게 하라 하였은즉 왕은 대답하기를 내 새끼손가락이 내 아버지의 허리보다 굵으니, 내 아버지께서 너희에게 무거운 멍에를 메게 하였으나 이제 나는 너희의 멍에를 더욱 무겁게 할지라 내 아버지는 채찍으로 너희를 징계하였으나 나는 전갈 채찍으로 너희를 징계하리라 하소서."(열왕기상 12:3-4, 6-8, 10-11)

만 같은 친구를 얻고, 르호보암 같은 친구는 피하게 되리라는 것이다. 르호보암은 아버지 솔로몬의 뒤를 이어 왕이 되었다. 솔로몬이 백성들에게 무거운 세금을 부과했기에, 그들은 르호보암의 정책에 대해 심히 걱정했다. 왕이 백성들에게 모질게 대하라는 어린 친구들의 나쁜 조언을 따랐기 때문에, 북쪽 10개 지파들이 이탈해 그들만의 왕국을 세웠고, 이것이 여로보암이 다스리는 이스라엘로 알려졌다. 르호보암은 남쪽의 2개 지파만을 다스리게 되었고, 이것이 유다로 알려졌다.

데라슈D'rash

많은 사람들이 젊음은 에너지, 성장 같은 것을 의미하고 완전히 긍정적인 것이라고 생각하는 반면, 나이 드는 것은 약함, 쇠퇴를 의미하고 피하고 멀리해야 하는 것이라고 생각한다. 랍비 시몬 벤 엘라자르는 우리에게 속단하지 말라고 이야기한다. 젊음은 미숙함과 조급함을 가져올 수 있다. 순간의 충동에 따라 행동한 억제되지 않은 에너지는 끔찍하고 대가가 큰 실수로 이어질 수 있다. 반면에 나이 듦은 흔히 경험과 심사숙고에서 기인하는 지혜의 이점을 갖는다.

랍비 시몬이 도전하는 또 다른 가정이 있다. 짓는 것은 항상 좋은 것인 반면, 허무는 것은 의미상 항상 나쁜 것임이 틀림없다. 건축가들과 도시계획가들은 너무 많이 짓는 것이 인구 과밀을 만들 수 있다는 것을 알고 있다. 잘못된 곳에 건축하는 것은 사람들의 쇼핑과 직장과 여가에 대한 접근성을 떨어뜨릴 수 있다. 날림 공사는 안전상의 커다란 위험이 될 수 있다. 미학에 대한 고려 없이 건축하는 것은 사람들이 자신들의 환경을 바라보는 방식과 스스로에 대해 갖는 느낌에 커다란 부정적 영향을 미칠 수 있다. 더 많이 짓는 것이 항상 더 좋은 것은 아니다.

punt. 미식축구에서 네 번의 공격 기회 중 마지막에 공을 최대한 상대편 진영 멀리 차 보내는 것을 말한다.

물리적 영역에 해당하는 것은 또한 자주 사회적 영역에도 참이다. 사람들 및 조직과 관계를 맺는 것은 좋은 것이지만, 우리 대부분은 더 많은 것이 항상 더 낫다고 가정하는 실수를 범한다. 직장이나 조직에 매우 열성적인 나머지 고장이 날 정도로 바쁜 사람들이 많다. 그들은 관계, 개입, 의무 등 한꺼번에 너무 많은 일을 하려고 하다가 정말로 중요한 것들을 위한 시간을 갖지 못한다.

반면에 때로는 파괴가 예상치 못한, 하지만 매우 건설적인 결과들로 이어질 수 있다. 파괴는 흔히 변화, 혁신, 회생 과정의 첫 단계다. 허무는 것은 숨 돌릴 공간을 만들고 새로운 성장을 하게 한다. 과학자들의 관찰에 따르면, 산불은 매우 파괴적이지만 실제로는 더 비옥한 토양의 토대를 만들고, 궁극적으로 이전보다 더 튼튼하고 건강한 생태계로 거듭나게 한다. 18세기에 의학은 질병에 대한 예방접종이 장차 그 질병의 더 심각한 발병을 막을 수 있다고 제안함으로써 커다란 도약을 이뤄냈다. 당신이 천연두를 적당량 환자에게 투여함으로써 그 병을 없앨 수 있다고 제안했을 때 대다수 사람들의 첫 반응이 어땠을지 상상해보라. 틀림없이 미친 짓처럼 보였을 것이다! 하지만 때로는 파괴처럼 보이는 것이 실제로 매우 긍정적인 어떤 것으로 이어질 수 있다.

훌륭한 미식축구 코치는 4번째 다운에서 펀트*하는 것이 항상 실패를 의미하지는 않음을 안다. 그것은 상대 팀이 좋지 않은 위치에서 시작하도록 공을 내어주는 더 큰 전략의 일부일 수 있다. 그 순간은 그것이 득점판에 점수를 올리는 목적에 파괴적인 것처럼 보일지라도, 최종 점수를 만들어가는 한 방법인 것이다.

랍비 시몬은 우리에게 다음과 같이 조언한다. 누가 그것을 하는지, 혹은 첫눈에 그것이 어떻게 보이는지에 의해 너무 조급히 판단하지 말라. 활기차고 건설적으로 보이는 것이 실은 그렇지 않을 수 있다. 파괴적이고 낡아 보이는 것이 실은 좋고 오래 가는 것으로 이어질 수 있다.

גְּדוֹלָה עֲבֵרָה לִשְׁמָה
מִמִּצְוָה שֶׁלֹּא לִשְׁמָה

올바른 이유에서 행한 죄는
그릇된 이유에서 행한 미츠바보다 낫다

A sin done for the right reason is better than
a mitzvah done for the wrong reason

나지르 23b

라브 나흐만 바르 이츠하크는 말했다. "올바른 이유에서 행한 죄는 그릇된 이유에서 행한 미츠바보다 낫다." 하지만 라브 예후다는 라브의 이름으로 이렇게 말하지 않았던가? "사람은 그릇된 이유에서 행할지라도 항상 토라와 미츠바에 전념해야 한다. 그릇된 이유라도 그것들을 행함으로써 그는 결국 올바른 이유에서 그것들을 행하게 될 것이기 때문이다." 그러므로 [올바른 이유에서 행한 죄는] 그릇된 이유에서 행한 미츠바와 같다고 말한다. 이는 "겐 사람 헤벨의 아내 야엘은 다른 여인보다 복을 받을 것이니, 장막에 있는 여인들보다 더욱 복을 받을 것이로다"[사사기 5:24]라고 기록된 것과 같다. 장막에 있는 여인들은 누구인가? 사라, 리브가, 라헬, 레아다.••

올바른 이유에서 행한 죄란 야엘이 가나안의 장군인 시스라를 죽인 것이다.•• 이스라엘의 손에 의해 전쟁터에서 참혹한 패배

Nazir. 세데르 나심의 4번째 소논문으로 모두 9개의 장으로 이루어져 있다. 여러 서약에 관한 율법을 다루고, 특히 나실인에 대해 논의한다.

"아브람의 아내 사래는 출산하지 못하였고 그에게 한 여종이 있으니 애굽 사람이요 이름은 하갈이라. 사래가 아브람에게 이르되 여호와께서 내 출산을 허락하지 아니하셨으니 원하건대 내 여종에게 들어가라. 내가 혹 그로 말미암아 자녀를 얻을까 하노라 하매 아브람이 사래의 말을 들으니라."(창세기 16:1-2) "라헬이 자기가 야곱에게서 아들을 낳지 못함을 보고 그의 언니를 시기하여 야곱

에게 이르되 내게 자식을 낳게 하라 그렇지 아니하면 내가 죽겠노라…… 라헬이 이르되 내 여종 빌하에게로 들어가라 그가 아들을 낳아 내 무릎에 두리니 그러면 나도 그로 말미암아 자식을 얻겠노라 하고."(창세기 30:1, 3) "레아가 자기의 출산이 멈춤을 보고 그의 시녀 실바를 데려다가 야곱에게 주어 아내로 삼게 하였더니."(창세기 30:9)

◆◆◆

"시스라가 물을 구하매 우유를 주되 곧 엉긴 우유를 귀한 그릇에 담아 주었고, 손으로 장막 말뚝을 잡으며 오른손에 일꾼들의 방망이를 들고 시스라를 쳐서 그의 머리를 뚫되 곧 그의 관자놀이를 꿰뚫었도다. 그가 그의 발 앞에 꾸부러지며 엎드러지고 쓰러졌고 그의 발 앞에 꾸부러져 엎드러져서 그 꾸부러진 곳에 엎드러져 죽었도다."(사사기 5:25-27)

를 겪은 후 시스라는 도망쳤고, 야엘의 피난처를 찾았다. 성서의 이야기에 따르면, 그녀는 숨을 곳을 제공했지만 그가 곯아떨어지자 그를 죽여, 이스라엘의 적을 멸하고 평화와 안전의 시기를 가져왔다. 미드라시에 의하면, 야엘은 그에게 잠 잘 곳만 제공한 것이 아니라, 그를 잠들게 하기 위해 그와 성관계를 맺었고, 그리하여 그를 죽일 수 있었다.

그릇된 이유에서 행한 미츠바란 위의 여성 가장들이 자신들의 남편에게 하녀를 그의 첩이 되도록 내어준 것이다. 표면상 이와 같은 행동은 여성 가장이 아이를 가질 수 없었고, 남편이 자식을 낳아 가족이 늘어나고 번성하게 하고 싶었기 때문이다. 하지만 랍비들에 의하면 여성 가장들은 숨은 동기를 가지고 있었다. 그들은 사실 자신의 경쟁자들 사이에 질투를 불러일으키는 데 관심이 있었다. 그 선물은 가족의 생존을 위해서가 아니라, 자존심과 이기심이 원인이었다.

데라슈 D'rash

✿ 우리가 하는 행동과 그러한 행동을 하는 이유 중 무엇이 더 중요할까? 라브 예후다는 일반적인 유대인의 관점을 취한다. 즉 행동이 가장 중요하다는 것이다. 옳은 일을 하는 것이 더 낫다. 비록 그릇된 이유에서 하는 것일지라도. 상사가 병원에 있다. 우리는 그를 실제로는 그다지 좋아하지 않아서, 우리에게 선택권이 있다면 그를 찾아가지 않을 것이다. 만일 우리가 그를 방문한다면, 그것이 그의 환심을 사고 "점수를 따는" 방법이기 때문일 것이다. 즉 우리는 그에게 임금 인상을 요구할 생각을 하면서, 이 작은 방문으로 그가 우리에 대해 더 호의적으

로 생각하게 되길 바란다. 라브 예후다는 말할 것이다. "그를 만나러 가라. 병문안은 미츠바다. 행동이 의도보다 더 중요하다. 비록 그릇된 이유에서일지라도, 선한 행동을 하는 사람들로 가득한 세상에서 사는 것이 더 낫다."

라브 나흐만은 아주 다른 접근법을 택한다. "중요한 것은 생각이다. 사람들을 그들이 해낸 것으로 판단하지 말라. 그들을 그들의 의도로 판단하라." 엄마가 퇴근하고 집에 돌아와 부엌이 난장판이 된 것을 발견했다고 상상해보라. 싱크대의 물이 넘쳐 폭포처럼 바닥으로 흐르고 있고, 접시들은 깨져 있다. 설탕은 사방에 쏟아져 있고, 냉장고 문은 활짝 열려 있다. 엄마는 그 엉망진창인 곳에 아이들의 발자국이 찍혀 있는 것을 보고 화가 치민다. 그녀가 막 아이들에게 소리치려는 찰나, 아이들은 엄마를 위해 처음으로 직접 만든 생일케이크로 그녀를 깜짝 놀라게 한다. 비록 부엌―과 케이크―은 엉망이었지만, 그녀는 이제 그것을 그녀가 여태껏 받아본 것 중 가장 소중한 선물로 여긴다.

라브 나흐만이 드는 예들은 다소 놀라운데, 그것이 성윤리를 다루기 때문이다. 그 예들은 우리에게 미드라시에 있는 격언을 상기시킨다. "그녀는 사과를 위해 몸을 판다. 그러고는 그것들을 병자들에게 나누어준다"(레위기 라바 3, 1). 랍비들이 사라, 라헬, 레아의 동기를 의심하고 비난하는 것 그리고 동시에 시스라를 유혹한 야엘을 칭찬하는 것은 꽤 대담하다.

결국, 라브 나흐만과 라브 예후다 모두 우리에게 올바른 이유로 옳은 일을 하도록 힘쓰고, 선한 행동과 선한 동기를 결합하려고 노력하라고 가르친다. 인간의 본성을 알았던 그들은 반쪽만으로도 기꺼이 만족했다. 우리는 이 이상을 성취하고 나머지 반쪽을 더하기 위해서 우리의 삶 내내 분투한다.

בְּמִדָּה שֶׁאָדָם מוֹדֵד
בָּהּ מוֹדְדִין לוֹ

사람이 조치하는 조치에 의해서,
그 또한 조치된다

By the measure that a person measures,
so is he measured

소타● 8b

Sotah. 세데르 나심의 5번째 소
논문으로 모두 9개의 장으로
이루어져 있다. 간음 혐의가 있
는 여자에 대해 다룬다.

"여호와께서 모세에게 말씀하
여 이르시되, 이스라엘 자손에
게 말하여 그들에게 이르라. 만
일 어떤 사람의 아내가 탈선하
여 남편에게 신의를 저버렸고,
한 남자가 그 여자와 동침하였
으나 그의 남편의 눈에 숨겨 드
러나지 아니하였고 그 여자의
더러워진 일에 증인도 없고 그
가 잡히지도 아니하였어도, 그
남편이 의심이 생겨 그 아내를
의심하였는데 그의 아내가 더
럽혀졌거나 또는 그 남편이 의
심이 생겨 그 아내를 의심하였

미슈나(1:7): 사람이 조치하는 조치에 의해서, 그 또한 조치된다. 그
녀는 죄를 짓기 위해 차려입었고, 거룩한 분은 그녀를 초라하게 입
허셨다. 그녀는 죄를 짓기 위해 몸을 노출했고, 거룩한 분은 그녀를
드러내셨다. 그녀는 먼저 허벅지로 죄를 지었고, 나중에는 배로 죄
를 지었다. 그러므로 허벅지가 먼저 고통받고, 나중에 배가 고통받
는다. 그리고 육체의 나머지도 징계를 벗어나지 못한다.

게마라: 라브 요셉은 말했다. "조치는 폐지될지라도, '조치에 의해
서'는 폐지되지 않는다."

여기서 미슈나는 토라가 민수기 5장 11~31절●●에서 그 율법을
기술한 "탈선한 아내" 즉 간음으로 의심받는 여인의 경우에 대해
부연 설명한다. 사실, 탈무드의 이 소논문 전체의 이름이 소타
Sotah 곧 "탈선한 [여자]"인데, 이것은 남편 몰래 바람을 피운 것

으로 의심받는 여자에게 붙이는 전문용어다.

토라는 그녀가 해야만 하는 의례를 자세히 설명한다. 여자는 제사장에게 불려가 "쓴 물"을 마신다. 그런 다음 제사장은 다음과 같은 정형화된 문구를 낭송한다. "만일 네가 네 남편에게 충실했다면, 이 물로 인해서 네게 아무 일도 일어나지 않을 것이다. 만일 네가 충실하지 않았다면, 여호와께서 병으로 너를 저주할 것이다."

그 의식의 효과로 가능한 것은 그 여자가 간음의 죄책감으로 인해 저절로 생긴 병으로 고통받는 것이다. 이 병의 구체적 특성은 알려지지 않지만, 일부 학자들은 "허벅지"가 생식기의 완곡어법이라고 믿는다. 따라서 이 저주는 그녀의 생식 기능을 손상시킬 것이니, 성서시대에는 물론 오늘날에도 심각한 저주다.

원문의 "앙갚음measure for measure" 원리는 죄와 징계 사이에 대칭을 취한다. 즉 그 여자는 정부에게 아름다워 보이려고 한 죄를 지었다. 따라서 그녀는 구경꾼의 눈에 추해 보이도록 하는 징계를 받는다. 그녀의 머리를 깎고, 추레한 옷을 입히고, 장신구를 없앤다. 그리고 그녀가 남자를 유혹하기 위해 몸을 노출했던 것처럼, 신은 그녀를 드러내어 모든 구경꾼의 눈에 공개적으로 수치를 당하게 하신다. 그녀의 죄가 그녀의 성적 기관들과 관련 있기 때문에, (저주의 말로 행해지는) 그녀의 징계도 바로 이 동일한 생식기에 대한 것이어야 한다.

게마라에서 라브 요셉은 우리가 더 이상 실질적 조치에 따라 처벌하지 않을지라도(게마라의 시대에는 사형이 폐지되었기 때문이다), 명백히 천벌을 가리키는 "조치에 의해"는 폐지되지 않았다고 설명한다. 우리가 징벌을 부과하는 데 엄격할 수 없을지라도, 우리는 결국 정의가 승리하리라고 확신할 수 있다.

으나 그 아내가 더럽혀지지 아니하였든지, 그의 아내를 데리고 제사장에게로 가서 그를 위하여 보리 가루 십분의 일 에바를 헌물로 드리되 그것에 기름도 붓지 말고 유향도 두지 말라 이는 의심의 소제요 죄악을 기억나게 하는 기억의 소제라. 제사장은 그 여인을 가까이 오게 하여 여호와 앞에 세우고……여인을 여호와 앞에 세우고 그의 머리를 풀게 하고 기억나게 하는 소제물 곧 의심의 소제물을 그의 두 손에 두고 제사장은 저주가 되게 할 쓴 물을 자기 손에 들고, 여인에게 맹세하게 하여 그에게 이르기를 네가 네 남편을 두고 탈선하여 다른 남자와 동침하여 더럽힌 일이 없으면 저주가 되게 하는 이 쓴 물의 해독을 면하리라. 그러나 네가 네 남편을 두고 탈선하여 몸을 더럽혀서 네 남편 아닌 사람과 동침하였으면─제사장이 그 여인에게 저주의 맹세를 하게 하고 그 여인에게 말할지니라─여호와께서 네 넓적다리가 마르고 네 배가 부어서 네가 네 백성 중에 저줏거리, 맹셋거리가 되게 하실지라."(민수기 5:11-16, 18-21)

Pirkei Avot. 세데르 네지킨의
9번째 소논문 '아보트'는 율법
이 아니라 모세 이후 랍비들에
게 구전된 윤리적 격언들을 모
은 독특한 성격의 편으로 탈무
드 문학 중 가장 인기 높다. 이
아보트에 하나의 장을 추가한
것으로, 보통 '아버지들의 윤
리'라고 번역된다.

데라슈 D'rash

토라에서 묘사되고 미슈나와 게마라에서 설명되는 성
서의 시련은 현대인의 귀에 가혹하고 편향된 것으로 들
린다. 우리는 피고의 권리를 믿는다. 우리는 사람이 유죄로 입증
될 때까지는 무죄라고 주장하지만, 우리의 미슈나와 민수기 5장
에 나온 그 여자는 단지 남편의 고소에 근거하여 공개적인 망신
에 노출된다. 그리고 그 질투심 많은 남편의 고소가 근거가 없다
면 어찌되는가? "그러나 여인이 더럽힌 일이 없고 정결하면 해
를 받지 않고 잉태하리라"(민수기 5:28). 그 시험의 끝이 그녀의
결백을 입증할 수도 있지만, 오직 이 모든 공개적 시련을 겪은 이
후에나 가능하다!

유죄인 사람들이 그들이 저지른 잘못에 대해 공개적으로
수치를 당해야 한다고 주장할 사람은 거의 없겠지만, 우리는 사
람들이 그들의 범죄에 대해 처벌받아야 한다고 요구한다. 우리
는 '앙갚음'이 있을 때 만족감을 느낀다. 이를 테면, 이런 경우들
이다. 탈세한 사람이 파산을 겪는다. 다른 사람들을 조롱하는 남
자가 모욕을 당한다. 다른 사람들을 결코 도운 적이 없는 여자는
위급한 상황에 기댈 누군가가 필요할 때 어찌할 바를 모르고, 아
무도 그녀를 도와주지 않는다.

하지만 우리는 또한 세상이 항상 공평하고 대칭적이지는
않다는 것을 안다. 문자 그대로 그리고 비유적으로 사람들은 처
벌을 요리조리 피한다. 랍비 얀나이가 피르케이 아보트•(4:19)에
서 가르치듯, "우리는 악인의 평온이나 의인의 고통을 설명할 수
없다." 선과 악의 문제는 사람들이 사고하기 시작한 이래로 인류
를 괴롭혀왔다.

따라서 우리는 우주적 수준에서 이루어지는 '앙갚음'을 볼 수 없을지 모른다. 그럼에도 우리는 보통 대인관계의 수준에서 그것이 기능하게 할 수 있다. 사람들은 그들이 대우받는 대로 '앙갚음'으로 반응한다. 우리는 사람들이 우리에게 친절하게 대할 때, 보통 그들에게 친절하게 반응한다. 당신이 물건을 살 때 마음이 통하는 여성판매원이 당신을 보고 웃으면, 당신도 미소로 응답하고, 당신이 다음에 만나는 몇몇 사람에게도 미소 짓게 된다.

마찬가지로, 만일 우리가 적대감을 풍긴다면, 우리의 얼굴도 적대적이고 화난 표정을 짓게 된다. 우리가 "특별한 이유 없이 종일 기분이 안 좋다"라고 부르는 것은 대개 단순히 울상의 연쇄반응이다. 당신이 기분이 별로 좋지 않다면 당신은 만나는 첫 번째 사람에게 빽 소리를 지르며 명령한다. 그는 거꾸로 당신에게 고함을 치며 응수한다. 곧 당신은 주변의 모든 사람들이 화난 어조로 큰 소리로 말하는 것을 알게 된다. "오늘 대체 왜 이래?" 당신은 생각한다. "왜 사람들이 나한테 소리를 지르지?"

우주적인 수준에서, '앙갚음'은 우리의 통제를 넘어선다. 하지만 대인관계의 조치들에서, 우리가 날마다 보는 사람들에서, 주고받기의 황금률은 보통 적용된다. 매일 사람들은, 우리가 그들이 반응하기 전에 정하는 어조를 기다린다. 만일 우리가 세상에 긍정적으로 조치한다면, 만일 우리가 모든 사람을 기분 좋게 맞는다면, 만일 우리가 상대방에게 정직하게 행동한다면, 우리는 타인들 대부분이 친절하게 반응하리라고 합리적으로 확신할 수 있다.

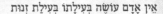

אֵין אָדָם עוֹשֶׂה בְּעִילָתוֹ בְּעִילַת זְנוּת

남자는 가볍게 성교하지 않을 것이다

A man would not have casual sex

기틴● 81a-b

Gittin. 세데르 나심의 6번째 소논문으로 모두 9개의 장이 있다. 이혼의 개념과 관련 문서들을 다룬다.

미슈나(8:9): 그는 아내와 이혼하고서 그녀와 함께 여관에서 밤을 보냈다—샴마이 학파는 그녀가 그로부터 두 번째 게트를 받을 필요가 없다고 말하지만, 힐렐 학파는 그녀가 그로부터 두 번째 게트를 받을 필요가 있다고 말한다. 어떤 상황에서 그러한가? 만일 그녀가 결혼에서 이혼당했다면 그렇다. 하지만 그녀가 약혼에서 이혼당했다면, 그녀는 두 번째 게트가 필요 없다는 데 모든 사람이 동의한다. 왜냐하면 그는 아직 그녀와 친밀하지 않기 때문이다.

게마라: 라바 바르 바르 하나가 랍비 요하난의 이름으로 말했다. "의견 차이는 오직 그녀가 성교하는 것이 목격되었을 때만이다. 샴마이 학파는 남자가 가볍게 성교할 것이라고 생각하는 반면, 힐렐 학파는 남자가 가볍게 성교하지 않을 것이라고 생각한다. 하지만 그녀가 성교하는 것이 목격되지 않았다면, 그녀는 두 번째 게트가 필요 없다는 데 모든 사람이 동의한다."

게트는 남편이 결혼을 끝내기 위해 아내에게 주는 유대인의 이혼증서다. 탈무드 시대에, 게트는 공식적인 약혼을 끝내는 데에도 사용되었다. 이 미슈나에서, 힐렐 학파와 샴마이 학파는 모두(위의 논의에서 '모든 사람') 남자가 전 약혼녀와 성관계를 하지 않을 것이라는 데 동의한다. 따라서 우리는 그들이 함께 여관에서 밤을 보냈을지라도, 그들 사이에 성관계가 없었을 것이라고 추정한다. 따라서 두 번째 게트는 불필요하다. 만일 우리가 그들이 성관계를 했다고 추정한다면, 두 번째 게트가 필요할 것이다. 왜냐하면 미슈나의 랍비들은 성교가 남자와 여자의 관계를 공식화하는 한 가지 방법이라고 가르치기 때문이다. 키두신[••]의 첫 번째 미슈나도 이것을 가르친다. 즉 여자는 세 가지 방법 중 하나로 결혼하는데, 그것은 돈(남편이 여자에게 선물을 준다), 계약, 성교다. 위 미슈나의 사례에서, 두 사람의 성교는 서로를 결혼의 끈으로 다시 묶을 것이다.

우리의 미슈나가 두 사람이 혼전 성관계를 하지는 않겠지만, 예로 드는 전 부부의 경우처럼 혼인이 해소된 후의 성관계는 할 수도 있다고 추정한다는 데 우리는 주목해야 한다. 만일 이혼 후에 두 사람이 여관에서 함께 밤을 보냈다면, 우리는 그들의 행동에 대해 어떻게 추측해야 할까? 그들의 동거 행위는 서로를 애초의 결혼서약으로 다시 맺어주는가? 만일 그렇다면, "그녀는 그로부터 두 번째 게트를 받을 필요가 있다." 이것이 힐렐 학파의 관점이다. 흔히 그렇듯, 게마라는 미슈나를 설명할 뿐 아니라 율법의 적용 가능성을 제한하기도 한다. 즉 게마라는 누군가 실제로 그들이 성교하는 것을 보았을 경우에만 그렇다고 말한다. 다시 말해, 그들이 단순히 방을 같이 쓴 것이 아니고, 그들이 성교를 했다고 우리가 추정할 경우에만 그렇다.

Kiddushin. 세데르 나심의 7번째 소논문으로 모두 4개의 장으로 이루어져 있다. 결혼의 초기 단계인 약혼과, 유대 혈통에 관한 율법을 다룬다.

힐렐 학파의 랍비들은 남자들이 가볍게 섹스하지 않을 것이라고 여긴다. 따라서 그 남자(전 남편)와 그 여자(전 아내) 사이의 성교는 어쩌다 이루어진 일회성 불륜일 수 없고 반복적인 행동으로 보아야 한다. 두 사람이 그렇다고 말하지 않더라도 말이다. 왜냐하면 어떤 남자도 가볍게 섹스하지는 않을 것이기 때문이다.

샴마이 학파의 랍비들은 다른 관점을 취한다. 남자는 다양한 이유에서 성관계를 가질 수 있다. 때로 그는 진지한 관계를 맺고 싶어하지만, 또 어떤 때에는 육체적 만족 외에는 다른 의도가 없기도 하다. 샴마이 학파는 후자의 경우가 그 여관에서 일어났던 일이라고 추정한다. 그 남편과 아내는 이미 서로에게 익숙했고 아무런 책임 없이 성관계를 했다. 샴마이 학파의 관점을 따른다면, 우리는 우리가 보는 것 이상을 추측할 수 없다. 그 남편의 명쾌한 선언("나는 이 성교 행위를 통해 이 여자와 결혼할 것입니다")이 없다면, 그들은 원래의 결혼으로 다시 맺어지지 않으며, 게트도 요구되지 않는다.

힐렐 학파와 샴마이 학파 사이의 이러한 의견 차이는 이 두 학파의 견해 사이에서 종종 일어나듯, 특정한 사안을 넘어서 사람들에 대한 가정과 세계관을 포함한다. 샴마이 학파는 사람들이 그들이 분명히 표명하는 이유들 때문에 어떤 일들을 한다고 말하는 것처럼 보인다. 증거 없이, 우리는 행동의 어떠한 긍정적인 동기도 추측할 수 없다. 하지만 힐렐 학파는 인간 본성에 대해 다른 관점을 취하며, 사람들은 가장 긍정적이고 건전하고 독실한 이유들로 인해 행동한다고 추정한다. 비록 현실이 이 추정과 상충하는 듯 보이더라도 말이다. 이것은 힐렐 학파의 순진함에 근거하는 것이 아니라 현실에 대한 정교한 재작업에 근거한다. 힐렐 학파는 인간 행동에 대한 자신들의 이상적인 관점을 바탕으로 세계관을 구축하는 듯 보인다. 따라서 힐렐 학파는 두 사람의 섹스를 순전히 가볍고 문란하고 즐기려는 행위로 볼 수 없다.

데라슈D'rash

우리 시대가 가볍게 즐기는 성관계를 염려한 최초의 시대가 아니다. 사람들이 다양한 이유로 성관계를 한다는 것을 알았던 탈무드의 랍비들은 우리가 성관계를 신성하게 해야 한다고 가르치려 노력한다. 성관계에서 신성함과 단정함을 증대시키고, 그 관계가 부도덕하거나 상스럽지 않도록 지켜줄 매우 구체적인 규율들이 작성되었다.

그럼에도 사람들이 이러한 가르침의 한도를 벗어나 성관계를 가졌다는 것은 분명하다. 바로 위의 논의가 그 증거다. 그렇다면 이런 의문이 제기된다. 우리는 사람들의 동기, 목적, 의도를 무엇이라고 추정하는가? 샴마이 학파와 힐렐 학파는 두 가지의 다른 관점을 가지고 있는데, 이는 성에 대한 것일 뿐 아니라 일반적인 인간 행동에 관한 것이다.

힐렐 학파의 랍비들은 사람들의 동기가 삶의 많은 부분에서처럼 성에서도 항상 순수하지만은 않다는 것을 알았다. 그럼에도 그들은 사실은 제쳐두고, 사람들에 대해 최상을 가정하도록 선택한 듯하다. 세상이 곧 이 이상에 가까워지길 소망하면서 말이다. 그들은 현실이란 우리가 만들어가는 것이라고 말한다. 만일 우리가 사람들에 대해 최상을 가정한다면, 세상은 우리의 이상을 더 가까이 반영하기 시작할 것이다.

우리 모두가 미심쩍은 동기를 가진 사람들의 예를 떠올릴 수 있다. 우리는 그들에게 어떻게 반응해야 할까? 예를 들어, 새로 들어온 직원이 관리자에게 어떤 근무조건에 대해 말할 때 우리는 어떻게 생각해야 할까? 만약 우리가 최악을 가정한다면, 우리는 그가 상사에게 점수를 따려 한다고, 집단을 희생시켜 자기만 승진하려 한다고 생각할 것이다. 우리는 그 신입이 자기만을 위해 애쓴다고 추측할 것이다.

하지만 힐렐 학파의 접근법은 우리에게 타인에 대한 가장 긍정적인 가정에 근거하여 행동하고, 그들의 동기를 더욱 신뢰하라고 요구한다. 어떠한 반대 증거도 없다면, 우리는 타인에 대해 최선을 가정해야 한다. 이러한 상황에서 만일 우리가 힐렐 학파를 따라 행동한다면, 우리는 이 새 직원이 작업조건을 향상시킬 수 있는 어떤 점을 발견했다고 추측할 것이다. 아마도 그는 신입이라는 지위 때문에 고참은 할 수 없었던 변화를 요구할 수 있을 것이다. 그 직원은 모든 사람의 최선의 이익을 위해 행동할 수 있고, 실제로 주변 사람들을 도울 수 있다.

우리가 현실을 바라보는 더 긍정적인 방법을 찾으려 하는 것은 순진함에 근거하는 것이 아니라 더 나은 세상을 만들려는 진실한 욕구에 근거한다. 힐렐 학파가 (사실은 반대일지라도) "남자는 가볍게 성교하지 않을 것이다"라고 가정하는 것처럼, 우리 역시 우리의 세상과 그 안에 살고 있는 사람들에 대해 긍정적이고 낙관적인 가정을 할 수 있다. 이것이 흔히 타인들에서 최상의 것을 찾아내는 방법이다. 우리의 낙관적 추정이 때로 틀릴 수도 있지만, 우리의 이상에 부응하는 사람들을 우리는 자주 발견할 것이다. 우리가 세상을 더 긍정적으로 보기 시작할 때, 세상은 우리가 마음속에 그리는 이상적인 곳과 조금씩 더 닮아갈 것이다.

גָּדוֹל מְצֻוֶּה וְעוֹשֶׂה
מִמִּי שֶׁאֵינוֹ מְצֻוֶּה וְעוֹשֶׂה

명령받고 행동하는 자는
명령받지 않고 행동하는 자보다
더 칭찬받을 만하다

One who is commanded and acts is more praiseworthy
than one who is not commanded and acts

키두신 31a

라브 예후다가 슈무엘의 이름으로 말했다. "그들이 랍비 엘리에제르에게 물었다. '부모를 공경하는 것●의 한계는 무엇인가?' 그가 그들에게 말했다. '가서 네티나의 아들로 다마라는 이름을 가진, 아슈켈론에 사는 어느 우상숭배자가 했던 일을 보아라. 한번은 현자들이 그에게 6만의 이문—라브 카하나는 8만이라 가르쳤다—을 주고 제의용 보석들을 사려 했다. 하지만 열쇠가 그의 아버지 머리 밑에 있었고 그는 그를 방해하지 않았다. 이듬해, 거룩한 분은 그의 소떼에 붉은 소●●가 태어날 때 그에게 보상하셨다.' 현자들이 그에게 왔을 때, 그가 그들에게 말했다. '나는 만약 내가 세상의 모든 돈을 요구한다 해도, 당신들이 그것을 나에게 주리라는 것을 압니다. 하지만 나는 나의 아버지를 공경하므로 놓쳐버린 돈만을 요구할 것입니다.'" 랍비 하니나는 말했다. "만일 명령받지 않고 행동하는 자가 이렇다면[칭찬받을 만하다고 여겨진다면], 명령을 받고 행동하는 자는 얼마나 더 그렇겠는가!" 랍비 하니나가 말하기를, "명령

● "네 부모를 공경하라. 그리하면 네 하나님 여호와가 네게 준 땅에서 네 생명이 길리라."(출애굽기 20:12)

●● "여호와께서 모세와 아론에게 말씀하여 이르시되, 여호와께서 명령하시는 법의 율례를 이제 이르노니 이스라엘 자손에게 일러서 온전하여 흠이 없고 아직 멍에 메지 아니한 붉은 암송아지를 네게로 끌어오게 하고."(민수기 19:1-2)

받고 행동하는 자는 명령받지 않고 행동하는 자보다 더 칭찬받을 만하다."

어떤 미츠바를 준수하려면 어느 정도까지 해야 하는가? 부모를 공경하는 것―십계명에 언급된 유명한 미츠바―과 관련하여 이 질문을 받자, 랍비 엘리에제르는 이야기로 대답한다. 랍비들은 대제사장이 성전에서 예배를 볼 동안 입는 제의ephod●에 쓸 보석을 사고자 네티나라는 이름의 이방인을 찾아간다. 네티나가 아니라 그의 아들인 다마가 그들을 맞이한다. 비유대인인 다마는 부모를 공경하라는 미츠바를 지킬 필요가 없다. 하지만 그는 보석함의 열쇠를 머리 밑에 두고 마침 자고 있던 아버지를 존중한다. 다마의 행동으로 그의 아버지는 6만(혹은 8만)의 이득을 놓치게 된다. (6만이나 8만의 단위가 무엇인지는 알 수 없으나 틀림없이 주화였을 것이다.) 다마가 받는 보상은 "붉은 소"인데, 이것은 토라의 민수기 19장에 언급된 소중한 동물로, 정화의식에 사용된다. 이 동물은 극히 드물어 상당히 비쌌다(주화 6만 개 이상의 가치다!). 다마는 자신이 특별한 보상을 받았다는 것을 깨달을 만큼 분명히 유대교에 대해 충분히 알고 있다. 그럼에도 그는 작년에 처음 판매하지 않아 놓쳤던 금액(6만 혹은 8만 개의 주화)만을 다시 지불하라고 요구한다.

　이 전체 절은 미츠바의 명령을 받고서 행동하는 사람이 명령을 받지 않은 사람보다 더 칭찬받을 만하다고 여겨진다는 랍비 하나나의 추정에 기초해 있다. 따라서 부모를 공경하라는 미츠바를 준수할 필요가 없는 비유대인 다마 벤 네티나가 이 의무를 진지하게 받아들여 랍비들에게 칭찬을 받는다면, 부모를 공경하라는 명령을 받은 유대인은 그 미츠바를 이행하기 위해 어느 정도까지 해야 할지, 그리고 그의 보상은 얼마나 클지 상상해보라!

데라슈 D'rash

매일 우리는 자원봉사하는 사람들, 이 세상에서 커다란 선행을 하는 사람들에 대한 이야기를 듣는다. 이러한 이야기들은 우리를 고취시키며, 랍비들은 요구받지 않고도 행동하고, 보살피고, 돕는 이러한 사람들을 오직 칭찬할 것이다. 우리의 본문은 이러한 사람들을 조금도 폄하하지 않는다. 자원봉사자들은 정말 칭찬받을 만하다. 하지만 이 게마라는 행동의 의무가 있는 사람들, 날마다 그들에게 기대되는 것을 단순히 행하는 이들을 칭송한다. 그들의 행동은 영예롭거나 뉴스거리가 될 만한 것은 아니지만, 그들은 인정받고 칭찬받을 만하다.

매일 사람들은 일하러 가서 정당하게 돈을 벌어 가족을 부양하고 세금을 낸다. 그들이 그렇게 하는 이유는 어느 정도 그것이 그들에게 기대되고 요구되는 일이기 때문이다. 그들이 날마다 해야 할 일을 정확히 하고 있다는 사실 외에, 그들의 행동에는 별 차이가 없다.

매일 대부분의 부모는 고된 일과 정직한 삶 그리고 종종 한 가지 이상의 일을 묵묵히 견디는 것을 통해 그들의 아이들에게 긍정적인 가치를 전한다. 이들은 생계를 꾸려가려고 고군분투하는 사람들이지만, 생계 수단으로서 부정행위와 사기행위는 한 번도 생각해보지 않는다. 신문은 아이들을 먹이기 위해서가 아니라 자신이 마약을 하기 위해서 도둑질을 한 어느 엄마의 이야기와, 가족을 부양할 의무를 저버리고 일하지 않는 어느 아버지의 이야기를 전할 것이다. 정직하고 근면한 사람들의 일상의 영웅적 행위는 신문에 나지 않지만, 그럼에도 칭찬받을 가치가 있다.

　어느 미혼모는 배우자의 도움 없이 아이들을 키우며 아이들에게 사랑과 자부심을 가르친다. 부모들이 종교에 관심이 없거나 시간이 없다면, 조부모가 아이를 회당에 데려가 전통을 잊지 않도록 도와줄 사람이 될 수 있다. 홀어미나 홀아비는 '짝 짓기'에 몰두하는 세상에서도 어떻게든 착실하고 활기찬 모습을 유지하려고 노력한다. 즉 홀어미들과 홀아비들은 슬픔과 외로움을 극복하고, 스스로 새롭고 활동적인 삶을 만들어간다. 부모는 학업의 불성실에 대해 시류에 맞지 않을지라도 단호한 태도를 취한다. 어느 가족은 살림이 빠듯하고 많은 이웃이 이기적일지라도 후하게 자선을 베푼다.

　평범하지만 정직하고 성실하게 살아가는 소박한 사람들의 예는 이외에도 수없이 많다. 랍비 하니나는 매일의 책임과 일상의 삶에 대해 이야기하며, 우리 사회의 대장들이 아니라 보병들에게 말을 건다. 비록 그들이 명사 인명록에 이름을 올리거나 그들의 행동에 대해 상을 받지 못할지라도, 우리는 그들을 평범한 사람들로 폄하하거나 중요하지 않은 사람들로 묵살해서는 안 된다. 이러한 사람들이 세상의 소금이고, 그들의 힘과 인내가 그들을 현재 삶의 진정한 영웅으로 만든다.

랍비가 공경받기를 그만뒀다면,
그의 공경은 중단된다

The rabbi who gave up his honor,
his honor is given up

키두신 32a-b

라브 이츠하크 바르 셸라가, 라브 히스다의 이름으로 말한 라브 마트네의 이름으로 말했다. "아버지가 공경받기를 그만뒀다면, 그의 공경은 중단된다. 랍비가 공경받기를 그만뒀다면, 그의 공경은 중단되지 않는다." 하지만 라브 요셉은 말했다. "랍비가 공경받기를 그만뒀을 때에도, 그의 공경은 중단된다. 이르기를, '여호와께서 낮에는 구름기둥으로 그들 앞을 가셨다'[출애굽기 13:21]." 라바는 말했다. "이것은 저것[과 같은 경우]인가? 저기에서는, 거룩한 분, 찬양받을 분과 관련된다. 세상은 주의 것이고, 토라는 주의 것이다. 그분은 그것을 그만둘 수 있다. 여기에서는, 토라가 그의 것인가?" 라바가 돌아와 말했다. "그렇다. 토라는 그의 것이다. 기록되기를, '그의 율법을 주야로 묵상하는도다'[시편 1:2]."

유대의 전통은 아이와 학생이 부모와 교사에게 존경과 공경을 보여야 한다고 요구한다. 우리의 절은 그 부모와 교사(즉 랍비)

가 전통이 요구하는 형식적 절차를 없앨 수 있는지 여부에 대한 질문을 제기한다. 첫 번째 결론은 부모는 그렇게 할 수 있다는 것이다. 게마라는 계속해서 라브 이츠하크 바르 셸라와 라브 요셉 사이의 의견 차이를 소개한다. 전자는 랍비는 다르다고 주장한다. 스승과 제자 사이의 형식적 관계는 항상 유지되어야 한다. 후자는 랍비도 부모처럼 학생에게 기대되는 엄격한 행동규칙을 완화할 수 있다고 믿는다. 라브 요셉은 이러한 관점의 증거를 출애굽기의 한 구절에서 가져온다. 이스라엘 백성들이 40년 동안 광야를 떠돌 때 하나님이 그들의 보호자로서 행하신 것을 설명하는 대목이다. 하나님은 밤에는 불기둥이 되었고, 낮에는 구름기둥이 되었다. 위대함을 버리고, 하나님은 이스라엘 민족들을 보호하고 돕기 위해 한낱 기둥이 되었다. 만약 하나님이 학생을 돕기 위해 영광을 포기할 수 있다면, 당연히 인간인 랍비도 같은 일을 할 수 있다.

라바는 이 비유가 정말 적절한지 묻는다. 하나님은 영광을 포기할 수 있다. 왜냐하면 영광은 하나님이 기뻐하시는 대로 하는 것이기 때문이다. 하지만 랍비에게 주어지는 공경(영광)이 정말로 랍비가 기뻐하는 대로 하는 것일까? 라바는 처음에는, 랍비에게 부여되는 공경이 율법(토라)에 통달했기 때문에 그에게 주어진 것이며 그 율법은 하나님의 것이라고 믿는 쪽으로 기운다! 따라서 랍비는 진짜로 자기 것이 아닌 것들을 생략할 권리가 없다. 나중에, 라바는 성서의 한 구절에 대한 해석에 기초하여 이 의견을 재고하고 명백히 생각을 바꾼다. 시편 1편은 의인(랍비)에 대해 이야기한다. "오직 여호와의 율법을 즐거워하여 그의 율법을 주야로 묵상하는도다." 2절의 전반부는 "여호와의 율법torat Adonai"을 말한다. 하지만 후반부는 토라토torato라고 모호하게 말하는데, 이것은 "그의 율법" 혹은 "주의 율법"으로 번역될 수 있다. 라바는 토라토라는 단어가 의인의 가르침을 가리킨다고 해석하기로 한다. 그렇다면 이때의 율법은 랍비의 것이므로, 그는 평소 자신에게 주어지는 공경을 버리기로 선택할 수 있다.

데라슈 D'rash

갓 대학을 졸업한 후 처음 고등학교로 부임한 교사가 경험 많은 '구식' 관리자인 교장과 심각한 철학적 갈등을 빚는다. 그 교사는 자신의 역할을 규율을 강조하거나 권위적인 인물이 아니라, 학생들의 친구가 되어줌으로써 최선의 결과를 이루는 멘토이자 안내자로 여긴다. 그는 격식을 차리지 않고 청바지와 스웨터를 입는다. 그는 학생들에게 자신을 부를 때 성이 아니라 이름을 부르도록 시킨다. 그리고 그는 수업 시간이나 방과 후에도 학생들과 소통할 수 있는 시간을 가지려고 한다.

교장은 이러한 접근법이 분명히 혼돈과 재앙을 가져오리라 확신한다. 그녀는 교사들에게 재킷과 넥타이를 착용하고, '미스터'라는 호칭을 사용하도록 주장한다. 그리고 교사와 학생은 절대로 어울려서는 안 된다고 말한다. 하지만 그 교사는 학생들이 자신을 한 사람으로 대하고, 그가 그들을 사실상 동등한 개인으로 대할 때 최고의 성공을 이루어낼 수 있다고 강하게 믿는다. 의복이나 호칭 같은 형식적인 것은 그와 학생들을 멀어지게 할 뿐이다. 그는 양측이 더 가까워질 수 있도록 그러한 형식을 생략할 수 있게 해달라고 교장에게 요구했다. 교장은 학교와 대부분의 사회조직이 일반적으로 받아들이는 인간관계 규율이 있기 때문에 제대로 기능한다고 역시 강력하게 믿고 있다. 학생들은 그들이 어떤 식으로 행동해야 하는지 안다. 한 명의 교사가 하고 싶은 대로 떠들고 놀려고 하는 30명의 학생들을 가르치고 통제할 수 있게 해주는 것은 이러한 양측의 기대다. 그 교사는 자신에 대한 학생들의 존경이 그들을 동등하게 대우함으로써 생길 것이라고 느낀다. 교장은 존경이란 처음에는 일반적으로 수용되는 규범을 충실히 지킴으로써 얻을 수 있고, 나중에는 학생들이 선생님을 잘 알게 되면 얻을 수 있다고 확신한다. 그 교사는 애원한다. "저는 한 명의 개인입니다. 제가 가장 잘할 수 있는 것을 하도록 허락해주세요!" 교장은 대답한다. "당신은 선생님이고 교사의 일원입니다. 당신의 행동은 당신의 반뿐 아니라 모든 다른 반들 그리고 다른 선생님들에게도 영향을 끼칩니다!"

어떤 개인에게 주어지는 '공경'에 대한 랍비들의 논쟁은 사실 훨씬 더 근본적인 질문에 관한 것이다. "우리는 정말로 누구인가?" 우리 모두는 인생에서 다양한 역할―'자녀' '형제자매' '친구' '학생' '배우자' '부모' 그리고 '직원' 혹은 '상사'―을 맡는다. 각각의 역할에 우리는 우리 인격의 서로 다른 요소들을 불어넣는다. 때로 이러한 역할들은 우리에게 개성의 여지를 거의 남기지 않는 아주 엄격한 행동양식을 부과한다. 자아가 끝나고 역할이 시작되는 지점을 발견할 때에야 비로소 우리가 진정 누구인지 정의할 수 있게 될 것이다.

אֵין שָׁלִיחַ לִדְבַר עֲבֵרָה

범법행위에 대한 대리인은 없다

There is no agent for wrongdoing

키두신 42b

가르치기를, 농아나 정신이상자나 미성년자라는 대리인을 통해 불이 일어나도록 한 사람은 인간의 법에 따르면 책임이 없지만, 하늘의 법에 따르면 책임이 있다. 만일 어떤 사람이 온전한 능력을 지닌 사람을 대리인으로 하여 그것을 일으켰다면, 온전한 능력을 지닌 그 사람에게 책임이 있다. 이것은 왜 그러한가? 우리는 어떤 사람의 대리인은 그 사람처럼 간주된다고 말할 수 없는가? 그 경우는 다르다. 범법행위에 대한 대리인은 없기 때문이다. 우리가 말하기를, "스승의 말과 제자의 말 중 우리는 누구의 말을 따르는가?"

이 게마라는 다른 사람의 집에 불을 내 입힌 손해에 대해 누가 책임이 있는지를 규정하는 미슈나(바바 캄마● 6:4)를 인용하며 시작한다. 첫 번째는, 정신능력이 떨어지는 사람이 뜨거운 석탄에 입김을 불다가 불을 낸 경우다. 석탄을 준 사람은 ("인간의 법에 따르면") 법적 책임은 없지만, ("하늘의 법에 따르면") 그 손해에 대한 도덕적 책임은 있다. 하지만 만일 석탄을 받은 사람이 정상적인 정신능력을 가졌다면, 그 사람이(그에게 석탄을 준 사람

Bava Kamma. 세데르 네지킨의 첫 번째 소논문으로 모두 10개의 장으로 이루어져 있다. 민사상의 손해 유형과 그에 대한 배상 문제를 주로 다룬다.

이 아니라) 모든 손해에 대해 법적 책임이 있다.

이 두 번째 경우와 관련해서 의문이 제기된다. 왜 석탄을 받은 사람을 탓하는가? 왜 먼저 그에게 석탄을 준 사람을 탓하지 않는가? 궁극적으로 그 사람이 화재와 그로 인한 손해에 대해 책임이 있지 않은가? 이 추론방식은 "어떤 사람의 대리인은 그 사람처럼 간주된다sh'luḥo shel adam k'moto"라는 법리를 따른다. 탈무드는 "범법행위에 대한 대리인은 없다"라는 또 다른 법리에 의거하여 이 접근법을 거부한다. 석탄을 받은 사람이 정신이 멀쩡하다면 시비를 분별할 수 있었고, 뜨거운 석탄이 일으킬 수 있는 잠재적 위험을 알고 있었다. 그러므로 개인이 일단 그 석탄을 소유했다면, 그것에 대한 책임과 어떤 재산에 입힌 파괴의 책임은 그것을 준 사람이 아니라 받은 사람에게 있다. 도덕적 책임이나 법적 책임은 전가될 수 없다.

우리 절의 마지막 물음에서 "스승의 말"은 신의 가르침을 가리키고, "제자의 말"은 사람들이 우리에게 하는 지시들(우리의 사례에서는, 이웃집에서 뜨거운 석탄을 가져오라는 잠재적으로 위험한 명령)이다. 옳은 일을 하라는 도덕적 명령은 누군가 우리에게 하라고 시키는 어떤 것들보다 우선권을 갖는다.

데라슈D'rash

해리 트루먼은 백악관 대통령 집무실의 책상 위에 "책임은 내가 진다"라는 유명한 명패를 놓았다. 그는 그렇게 자신에게 그리고 국민을 위해 일하는 사람들에게 어떤 일이 잘못된다면 그들의 책임이라는 것을 상기시켰다. 어떠한 변명도 할 수 없고, 희생양을 찾을 수도 없고, 책임 전가도 할 수 없다고.

원전에 가장 가까운 탈무드

기꺼이 책임을 지려는 마음은 우리 사회에서 드물어지고 있다. 우리는 위법행위에 대해 변명을 대는 사람들이 갈수록 늘어나는 것을 본다. 가장 극단적인 예가 소위 '트윙키 정당방어Twinkie Defense'인데, 샌프란시스코의 두 정치인을 살해한 남자가 자신의 행동을 정크푸드 탓으로 돌리며, 그것이 자신의 자제력을 잃게 만들었다고 주장한 데서 유래한 말이다. "나는 책임이 없다"라는 이러한 접근법은 우리 주변 어디에나 있다. 어느 음주운전자는 보행자를 치어 사망케 하고는 알코올중독을 탓한다. 어느 소아성애자는 자신이 저지른 범죄에 대해 어린 시절 자신을 성적으로 학대한 아버지를 탓한다. 어느 강도는 자신을 범죄의 길로 내몬 가난과 사회를 비난한다. 어느 총기 소지자가 만원 열차 안에서 총격을 가하자, 변호사들은 의뢰인이 인종차별의 희생자였기 때문에 그 폭력사태가 발생했다고 설명한다. 어느 여자는 식당에서 자신이 커피를 엎질러 심각한 화상을 입고는, 그 패스트푸드 체인점이 음료를 너무 뜨겁게 만들었다고 주장하며 고소한다. 어느 강간범은 '자업자득'이라고 말하며 피해자를 탓한다.

피고가 법정에 서서 유죄를 인정한다고 상상해보라. "존경하는 재판장님, 제가 그랬습니다. 저는 제가 잘못했다는 것을 압니다. 제가 끔찍한 일을 저질렀습니다. 제가 한 짓과 제가 초래한 고통에 구역질이 납니다. 저는 저의 죄를 인정하기 위해, 저의 행동에 대해 책임지기 위해 그리고 마음속 깊이 죄송하다고 말하기 위해 이 자리에 섰습니다. 저는 처벌을 받아들일 준비가 되어 있습니다." 이러한 진술이 우리 사회에서 얼마나 어처구니없게 들리겠는가. 그리고 얼마나 참신하겠는가.

랍비들은 우리에게 범법행위에 대한 대리인은 없다고, 책임을 돌릴 다른 누군가를 찾아서는 안 된다고 가르친다. "당신은 시비를 분별할 수 있다. 당신은 당신의 행동에 결과가 따름을 안다. 당신이 하는 일에 책임을 져라!" 하루 세 번 하는 아미다에서, 전통을 지키는 유대인은 자신의 죄를 '고백'한다. "우리 아버지, 우리가 지었던 것에 대해서 용서하소서. 우리의 왕이여, 우리가 어겼던 것들에 대해서 용서하소서." 이 두 행 사이에 많은 사람들은 가슴을, 심장을 두 번 상징적으로 두드린다. 이것은 우리 자신이 한 일에 대해 변명거리나 탓할 다른 사람을 찾기 위해 우리의 시간을 낭비해서는 안 된다는 것을 날마다 상기시켜준다. 범법행위에 대한 대리인은 없다. 책임은 우리에게 있다.

원전에 가장 가까운 탈무드

사람은 망치기 위해 상을 차리지 않는다

A person does not prepare a meal to ruin it

키두신 45b

어떤 남자가 말했다. "내 친척에게[우리 딸을 시집보내자]." 반면에 그녀는 "내 친척에게"라고 말했다. 그녀는 그를 압박했고 결국 그는 그녀의 친척에게 보내기로 동의했다. 그들이 먹고 마실 때, 그의 친척이 지붕으로 가서 그녀와 결혼했다. 아바예는 말했다. "기록되기를, '이스라엘의 남은 자는 악을 행하지 아니하며 거짓을 말하지 아니한다'[스바냐 3:13]." 라바는 말했다. "사람은 망치기 위해 상을 차리지 않는다고들 여긴다." 어디에서 그들은 의견이 다른가? 그들은 상을 차리지 않은 경우에 대해 의견이 다르다.

아버지("어떤 남자")와 어머니가 말다툼을 한다. 각자 이렇게 말한다. "우리 딸을 내 친척에게 시집보내자!" 마침내 아버지는 딸을 아내의 친척과 결혼시키기로 하는 데 동의한다. 결혼 축하연회가 준비되었지만, (이 예비행사에서) 실제 약혼을 거행하기 전에, 아버지 쪽 친척이 신부가 될 사람을 붙잡고 지붕으로 데리고 가서 그곳에서 그녀와 결혼해버린다. 우리는 엄마가 어떤 기분일지 상상할 수 있다. 그렇다면 자신의 딸을 어머니 쪽 친척과

세데르 나심

333

결혼시키기로 약속한 아버지는 어떻게 반응할까?

　　아바예와 라바는 그 아버지가 일어난 일을 못마땅해하리라는 데 동의한다. 하지만 못마땅해하는 이유는 두 사람이 다르다. 아바예는 스바냐 예언서의 한 구절("이스라엘의 남은 자는 악을 행하지 아니하며 거짓을 말하지 아니한다")에 근거하여, 그 아버지가 아내에게 약속했을 때 거짓말을 하지 않았다고 추정한다. 그는 딸을 어머니 쪽 친척과 결혼시키기로 진심으로 동의했고, 이제 자신의 친척이 한 일에 대해 속상했다. 라바 역시 그 아버지가 속상했을 것이라고 생각하지만, 아바예와 같은 도덕적 관심 때문이 아니다. 라바는 훨씬 더 냉정하고 현실적으로 접근한다. 만일 어떤 사람이 결혼이 계획대로 진행되지 않으리라는 것을 안다면 결혼연회에 큰돈을 쓰지 않을 것이다. 그 아버지가 자신의 친척이 딸과 결혼한 후 달아나려 한 계획과 자신은 아무 관련이 없다고 주장할 때 우리는 그의 주장을 믿어야 한다고 라바가 주장하는 것은 바로 이러한 금전적 고려 때문이다.

　　아바예와 라바의 의견 사이에 어떤 실질적 차이가 있는가?("어디에서 그들은 의견이 다른가?") 있다. 다만 결혼식을 전혀 준비하지 않았을 경우에만 그렇다. 그러한 경우에, 아바예에 따르면 그 아버지는 여전히 속상해할 것이다. 왜냐하면 "이스라엘의 남은 자는…… 거짓을 말하지 아니하며", 즉 유대인은 거짓말을 하지 않으며, 그는 딸을 아내의 친척과 결혼시키려 했기 때문이다. 그 아버지와 어머니 모두 속상해하고, 그의 친척이 속였을지라도 그 어머니는 아버지에게 불평하지 않는다. 하지만 라바는 아버지의 주된 관심이 돈이었다고 믿는다. 아무런 상도 차리지 않고 어떠한 돈도 지출하지 않았다면, 그 아버지는 그가 공모했을지 모른다는 아내의 의심을 피할 수 없을 것이다.

데라슈 D'rash

혼잡한 교차로에 정지 표지판이 있다. 차 세 대가 멈춘다. 각각의 운전자가 동일한 동기를 가지고 있다고 추정하는 것은 옳은가? 거의 아닐 것이다. 첫 번째 운전자는 법 때문에 멈춘다. 법이 멈추어야 한다고 말하고, 그는 법규를 준수하기 때문이다. 두 번째 운전자는 이전에 주행 위반을 한 적이 있어서 운전면허를 영구적으로 잃을까 두려워하기 때문에 멈춘다. 세 번째 운전자는 빨간불에도 부주의하게 달린 운전자 때문에 다쳤던 사촌이 떠올라서 멈춘다. 이 사람들 각자는 길모퉁이에 차를 멈추지만, 정지의 이유는 모두 다르다.

아바예와 라바 사이의 의견 차이는 동기에 대한 질문으로 심화된다. 무엇이 사람들을 그들이 하는 방식대로 행동하게 만드는가? 정직과 가치, 법의 준수 그리고 법을 위반할 때 우리 주변의 다른 사람들에게 미치는 영향인가? 아니면 사리사욕과 돈 같은 이면의 동기들인가?

많은 경우에, 두 가지 관점 모두 우리의 동기가 된다. 우리는 돈을 잃고, 시간을 낭비하고, 손해보고, 불이익을 당하기를 원치 않는다는 라바의 추정은 옳다. 우리는 이러한 일 중 어느 것이라도 우리에게 일어난다면 분명히 화를 낼 것이다.

우리에게 던져진 숙제는, 유대인은 "거짓을 말하지 아니한다"라는 아바예의 도덕적 이상주의와, 사람은 가장 가까운 가족이 연루되었을 때에도 물질적 관심에 의해 움직인다는 라바의 현실주의 사이에서 양자택일하지 않는 것이다. 돈이 쪼들리고 모든 종류의 자원이 제한적인 세상에서, 우리 대부분은 마음속에 라바와 같은 생각을 상당 부분 가지고 있다. 우리의 과제는 아바예의 낙관적인 견해를 조금이나마 우리의 삶에 포함시키는 것이다.

우리 가운데 원리원칙대로만 사는 사람은 거의 없다. 그 아버지처럼, 우리는 금전적인 걱정, 사회적 압력, 시간 제약을 가지고 있다. 우리는 라바가 넌지시 말하는 많은 동기들이 우리를 압박한다는 것을 잘 안다. 이 게마라의 메시지는 양자택일이 아니다. 오히려, 우리는 우리 행동의 이기적이고 자기중심적인 이유들을 인식하고, 이상주의적인 것들을 또한 우리 삶에 가미하기 위해 노력할 필요가 있다.

우리가 라바의 이유들에서 행동하리라는 것은 현실이다. 우리는 또한 아바예의 윤리적 목표들을 위해 행동하기로 선택할 수 있다.

דְּבָרִים שֶׁבַּלֵּב אֵינָם דְּבָרִים

마음속에 있는 말들은 말이 아니다

Words that are in the heart are not words

키두신 49b-50a

이스라엘 땅으로 가려는 의도를 가지고 자신의 소유를 판 사람이 있었다. 하지만 그는 팔 때 [이러한 의도에 대해서] 아무 말도 하지 않았다. 라바는 말했다. "이것은 마음속에 있었던 말들이고, 마음속에 있는 말들은 말이 아니다." 라바는 어디에서 [이것을 배웠나]? 우리는 그것이 "[그 예물이 소의 번제이면 흠 없는 수컷으로 회막 문에서 여호와 앞에 기쁘게 받으시도록] 드릴지니라"[레위기 1:3]라는 말씀에서 온 것이라 말하리라. 이것은 그들[회막]이 그에게 드리도록 강요할 수 있다고 가르친다. 우리는 그의 의지에 반하여 말할 수 있나? 말씀은 "기쁘게 받으시도록"이라고 말한다. 이것은 어떻게 그럴 수 있나? 그들은 그가 "내가 원한다"라고 말할 때까지 그에게 강요한다. 그가 마음속으로 원하지 않는데, 어떻게 그럴 수 있나? 그렇다면 그것은 우리가 말한 것, "마음속에 있는 말들은 말이 아니다" 때문이 아니겠는가?

땅을 판매한 남자는 마음속에 이런 조건을 생각하고 있었다. "내가 정말로 이스라엘에 갈 때에만, 이 판매는 변경할 수 없게 될 것이다. 만일 내 계획이 실현되지 않아 가지 못한다면, 이 판매는 법적 구속력이 있는 것으로 여겨지지 않을 것이다." 라바는 마음속의 조항은 법적 구속력이 없다고 가르친다. 탈무드는 이 원칙의 근거를 레위기의 첫 장에 있는 한 구절에 대한 해석에서 찾는다. "드릴지니라"에 해당하는 원문에는 명백히 불필요한 두 단어 yakrivenu/yakriv ─ "그는 그의 제물을 바칠 것이다/그는 그것을 가져올 것이다" ─ 가 쓰였는데, 이것은 회막이 어떤 사람이 바치기로 약속한 제물을 가져오도록 압박해야 한다는 의미로 해석된다. 하지만 그렇다면 이것은 희생제물을 반드시 기꺼이 가져와야 한다는 개념과 충돌하게 된다. 이것은 "내가 기꺼이 그렇게 하겠다"라고 그가 말할 때까지 회막이 압박할 수 있다는 원칙에 의해 해결된다. 하지만 어떤 일을 하도록 외적으로 강요당한 사람에게는 여전히 심중 유보가 있을 수 있다. 랍비들은 심중 유보 ─ 마음속에 있는 말들 ─ 은 실체로 간주되지 않는다고 판결을 내린다. 라바는 그의 원칙의 근거를 이 초기 가르침에 둔다.

데라슈 D'rash

어느 부부가 한 전문치료사의 사무실에 앉아 있다. 그들은 결혼생활 상담 때문에 그곳에 왔다. 아내는 남편이 애정 표현을 잘 하지 않는 것에 대해 몹시 불평한다. "나는 항상 그에게 내가 얼마나 그를 사랑하는지 말해요. 외출할 때면 내가 항상 먼저 손을 내밀어 그의 손을 잡고 걸어요. 집에서, 나는 아무 이유 없이 그저 그를 안아주고 그의 머리에 입맞춤해주기 위해 다가가지만, 돌아오는 건 아무것도 없어요! 그가 나에게 사랑한다고 말하는 유일한 때는 우리가 잠자리에 있을 때나 제 생일, 아니면 그가 여행을 떠나기 전이에요. 우리가 함께 외출할 때, 그는 내 손을 잡으려 하지 않고, 팔짱을 끼지도 못하게 해요. 내가 독처럼 느껴지나 봐요. 그것이 어떤 기분이 들게 하는지 그는 모르나 봐요? 나는 그에게서 더 많은 애정을 받고 싶어요. 그가 나를 사랑한다는 것을 내가 알게끔 해줬으면 좋겠어요. 최근에는 가끔, 그가 나를 더 이상 사랑하지 않는 건 아닌지 하는 의문이 들어요."

남편이 끼어든다. "당신이 어떻게 그렇게 말할 수 있죠? 나는 항상 당신에 대한 나의 마음을 당신에게 보여준다고요. 말로는 안 한다 해도, 그런 감정이 없다는 의미는 아니잖소. 내가 무슨 말을 하든, 당신은 항상 내 마음속에 있다고요." 치료사가 불쑥 끼어든다. "당신의 마음속에 무엇이 있나요? 당신은 그녀에 대해 어떻게 느끼죠? 아내를 사랑하시나요?"

"물론 사랑합니다! 어떻게 그녀는 그런 질문을 할 수 있는 거죠?" 남편이 대답한다.

"나는 단지 그것을 모르기 때문에 물어본 거예요. 당신은 나에게 말해주지 않아요. 가끔 난 당신이 그렇게 말하는 걸 듣고 싶은 거라고요. 직접 말로!"

라바는 "마음속에 있는 말들은 말이 아니다"라는 원칙을 법리적 의미에서 사용한다. 하지만 이 원칙이 다른 영역에서도 유효하다는 것은 분명하다. 그것은 우리에게 소통의 중요성, 우리가 생각하고 느끼는 것을 사람들이 알게 하는 것의 중요성을 가르친다. 어떤 사람들은 "중요한 것은 마음이다"라고 믿는다. 라바는 그렇게 생각하지 않는다. 그가 보기에, 생각을 우리 마음속에 놓아두는 것으로는 충분하지 않다. 생각은 반드시 표현되어야 하고, 다른 이들과 공유되어야 한다. 만약 그러지 않는다면, 말하지 않은 채로 그대로 둔다면, 우리는 흔히 "하지만 내 진짜 의도는……"이라고 너무 늦게야 해명하게 된다. 얼마나 슬픈 일인가.

휴게소

거기서 떠나 세렛 골짜기에 진을 쳤다. [민수기 21:12]

토라의 말씀은 물에 비유된다. 이르기를, "오호라, 너희 모든 목마른 자들아, 물로 나아오라."[이사야 55:1]…… 물이 황금그릇이나 은그릇에서 발견되지 않고 오히려 가장 초라한 그릇에서 발견되는 것처럼, 토라는 자신을 질그릇처럼 만드는 사람 외에서는 발견되지 않는다. (아가 라바 1,3)

어느 랍비가 잠이 들어 낙원에 들어가는 꿈을 꾸었다. 거기에서 놀랍게도, 그는 현자들이 탈무드의 난해한 문제를 논의하고 있는 것을 발견했다.
"이것이 낙원의 보상인가?" 랍비는 외쳤다. "왜 그들은 지상에서 하던 것과 똑같은 일을 하는가!"
이때 그는 자신을 꾸짖는 목소리를 들었다. "어리석은 인간이여! 너는 현자들이 낙원에 있다고 생각하는구나. 정반대로다! 낙원이 현자들 안에 있도다."
(네이선 오스벨Nathan Ausubel. 《유대 전승의 보고A Treasury of Jewish Folklore》, New York: Crown Publishers, 1960, p.55)

원전에 가장 가까운 탈무드

세데르 네지킨

SEDER NEZIKIN

미슈나의 네 번째 순서는 네지킨, 곧 '손해'다. 민사소송과 형사소송을 논의하는 10개의 소논문이 있다. 첫 세 개의 소논문은 원래 기다란 하나의 글이었다. 그것을 더 다루기 쉽게 나누면서 각각에 "첫 번째 문" "가운데 문" "마지막 문"이라는 이름을 붙였다(아람어로는 각각 바바 캄마Bava Kamma, 바바 메치아Bava Metzia, 바바 바트라Bava Batra라고 부른다). 이 순서의 두 개의 소논문에는 게마라가 없다. 그중 하나가 피르케이 아보트Pirkei Avot 즉 "아버지들의 장章(혹은 윤리)"인데, 모든 랍비 문헌들에서 가장 유명하고 인기 있는 절들을 모은 윤리적 격언집이다.

אָדָם מוּעָד לְעוֹלָם

사람은 항상 미리 경고받았다

A man is always forewarned

바바 캄마 26a

미슈나(2:6): 사람은 항상 미리 경고받았다. 무심코든 일부러든, 깨어있었든 자고 있었든. 만일 그가 다른 사람의 눈을 멀게 했거나 그의 도구를 깨뜨렸다면, 그는 모든 손해에 대해 배상금을 지불해야 한다.

이 장과 앞의 장의 미슈나는 손해배상금에 관한 책임에 따라 생물과 사물들의 범주를 규정한다. 어떤 것들은 "책임 없음"(히브리어로 tam)에 속한다. 즉 그것들이 부상을 입혔을 때 아무런 손해배상금도 부과되지 않는다. 다른 것들은 "미리 경고받음"(히브리어로 muad)이라고 불린다. 주의를 기울여야 하지만, 그러지 않았다면 책임 당사자에게 손해배상금이 부과될 수 있다.

그렇다면 예를 들어, 만약 어떤 사람의 황소가 다른 사람의 동물을 뿔로 들이받는다면, 황소의 주인은 그 손해에 대해서 얼마나 책임을 져야 할까? 황소가 뿔로 들이받는 건 잘 알려져 있으며, 황소의 주인은 그 동물의 습성으로부터 다른 동물을 보호하기 위해 필요한 예방조치를 취해야 한다. 만일 그가 그렇게 하지 않는다면, 그는 손해배상의 책임이 있다. 황소가 뿔로 들이받는 것에 관한 한, 주인은 "미리 경고받았다."● (혹은 엄밀히 말하자면, 그 동물은 "미리 경고받음"의 범주에 속한다.)

길들여진 동물들은 다르다. 만약 암소가 물거나 발로 차거나 밀친다면, 그 주인에게는 손해배상금이 부과되지 않는다. 이것들 중 어느 것도 암소의 평범한 습성이나 예상되는 행동이 아니다. 주인은 그 동물의 일반적인 습성과 손해의 흔한 형태에 대해서만 예방조치를 취하도록 요구받을 수 있다. 이 경우에, 주인은 미리 경고받지 않았고 책임이 없다. 왜냐하면 그러한 손해가 발생하는 것은 있음직하지 않았기 때문이다. 미슈나는 암소의 주인이 상상할 수 있는 모든 피해를 예방하기 위해 비상한 노력을 기울여야 한다고 요구하지 않는다.

사람들이 일으킨 손해는 어떠한가? 바바 캄마에 나오는 위의 미슈나 원문은 우리에게 말한다. 손해와 관련해서, 사람은 항상 "미리 경고받았다." 이것은 "무심코든 일부러든, 깨어있었든 자고 있었든" 다른 사람에게 피해를 끼친 사람은 손해배상금을 지불하도록 요구된다는 것을 의미한다. 예를 들어, 레우벤이 자고 있는데, 시몬이 그의 곁에 눕는다. 잠결에 시몬이 레우벤의 눈을 찌른다. 비록 잠결에 무심코 했을지라도, 시몬은 자신이 레우벤에게 입힌 피해에 대해 책임이 있다. 왜냐하면 손해에 관하여 "사람은 항상 미리 경고받았기" 때문이다.

데라슈 D'rash

어느 여자가 길을 걷다가 보도의 갈라진 틈에 발이 걸려 넘어져 다리가 부러진다. 누가 책임을 져야 할까? 이러한 사고를 보장한다며 그녀에게 많은 보험료를 부과해왔던 보

원전에 가장 가까운 탈무드

험회사가 그녀의 의료비를 지불해야 할까? 아니면 그녀가 넘어진 보도에 가까운 집 주인과 그의 보험회사에게 손해배상금을 부과해야 할까?

오늘날 미국에서 이러한 사건은 결국 법정으로 가게 되고, 그곳에서 논의는 의무에 대해서가 아니라 과실에 대해서 누가 잘못했는가에 맞춰질 가능성이 높다. 그 콘크리트의 틈새는 새로 생긴 것이었나? 시청은 깨어진 보도에 대해서 과거에 소환장을 발부했나? 집 주인은 집 앞 보도에 문제가 있다는 것을 알고 있었나? 그 여자는 갈라진 틈을 쉽사리 피해갈 수 있었나? 그녀는 넘어질 때 안경을 쓰고 있었나? 그녀는 걷기 전에 음주를 했나? 양측이 사고에 대한 책임과 결과적으로 의료비에 대한 책임을 돌리려 함에 따라, 이 사건은 몇 주 혹은 몇 달 동안 심리예정표를 가득 채우리라 상상할 수 있다.

이 미슈나의 랍비들은 이러한 경우에 누구의 잘못이고 책임인지를 결정할 수 있을 것이다. 그러나 손해에 대한 그들의 접근법은 우리 사회의 접근법과 많이 다르다. 이 미슈나는 사회와 맺은 계약에 대해, 우리 각자가 주변 사람들에게 갖는 암묵적 책임에 대해 말한다. 미슈나는 "사람은 항상 미리 경고받았다"라고 말함으로써, 우리에게 이 의무를 상기시킨다. 우리는 다른 사람에게 해를 끼치지 말라는 특별한 사전 통고가 필요 없다.

우리의 일상생활에서 이 사회계약은 종종 불분명하며, 우리는 이 공동책임을 별로 심각하게 여기지 않는다. 랍비들은 보도에 금이 갔다면, 비록 아무도 거기에 걸려 넘어지지 않더라도, 소환장과 소송과 진정서와 상관없이, 그것을 고치는 것이 우리의 의무라고 말할 것이다.

이것이 많은 사람들이 받아들이는 "모르는 게 약이다"라는 생각에 대한 유대인의 응답이다. 사람들은 많은 과실과 위반에 대한 변명으로 "나는 몰랐다"라고 주장한다.

"애야, 사탕 값을 내야지. 막 마음대로 가져가면 안 돼!" "그러면 안 된다는 표시가 없었는데요!"

"도대체 무슨 생각으로 12년 동안 소득세를 내지 않았습니까?" "판사님, 저는 세금을 내야 하는지 몰랐습니다."

"왜 이렇게 복잡한 보도에서 자전거를 타셨죠? 누군가를 다치게 할 수 있다고 생각하지 못하셨나요?" "아무도 제게 안 된다고 말하지 않았어요."

사람들이 무책임하게 행동하며 피해나 손해를 입힐 때 우리는 불안해진다. 따라서 우리는 타인에게 책임감 있는 행동을 요구하고 기대할 권리, 주변 사람들이 우리의 안전을 지키기 위해 최선을 다한다고 가정할 권리가 있다. 하지만 가장 중요한 점은, 짐은 결국 우리가 짊어져야 한다는 것이다. 결국 사회의 안녕에 책임을 져야 하는 것은 우리 자신이다. 우리 주변 사람들의 안녕을 보장해주는 것은 사회구성원들 간의 암묵적 책임 안에서 이루어지는 우리의 행동이다.

כֵּיוָן שֶׁנִּתְּנָה רְשׁוּת
לַמַּשְׁחִית
אֵינוֹ מַבְחִין
בֵּין צַדִּיקִים לִרְשָׁעִים

파괴자에게 일단 허락이 떨어지면, 그것은 의인과 악인을 구별하지 않는다

Once permission has been given to the Destroyer,
it does not differentiate between righteous and wicked

바바 캄마 60a

랍비 슈무엘 바르 나흐마니가 랍비 요하난의 이름으로 말했다. "처벌은 세상에 악인들이 있을 때에만 세상에 온다. 그러나 그것은 의인부터 시작한다. 이르기를, '불이 나서 가시나무에 댕겨'[출애굽기 22:6]*. 불은 언제 나는가? 주변에 가시나무가 있을 때다. 그것은 오직 의인부터 시작하는데, 이는 '낟가리……를 태우면'이라고 말한 것과 같다. '낟가리를 태운다면'이라고 하지 않고 '태우면'이라고 말한다—이것은 이미 태워버렸다는 뜻이다."

라브 요셉은 가르쳤다. "'아침까지 한 사람도 자기 집 문 밖에 나가지 말라'[출애굽기 12:22]. 이 구절의 의미는 무엇인가? 파괴자에게 일단 허락이 떨어지면, 그것은 의인과 악인을 구별하지 않는다. 뿐만 아니라 의인부터 시작한다. 이르기를, '내가 의인과 악인을 네게서 끊을지라'[에스겔 21:3]."

"불이 나서 가시나무에 댕겨 낟가리나 거두지 못한 곡식이나 밭을 태우면 불 놓은 자가 반드시 배상할지니라."

우리의 절 바로 앞의 미슈나와 게마라는 한 개인이 놓은 불로 인해 발생한 손해에 누가 책임이 있는가라는 법적 문제를 논의한다. 법의 근거는 가시나무로 번진 불에 관한 출애굽기 22장의 구절이다. 랍비들은 그 구절을 설교적으로 해석한다. 즉 가시나무는 악인을 대표하고, 낟가리는 의인을 나타낸다. 선한 이가 불의 첫 번째 희생자이고, 랍비들이 보기에 불은 파괴자, 세상을 징벌하도록 신이 보낸 파괴의 천사 혹은 파괴적인 힘이다.

라브 요셉은 파괴가 시작될 때 대개 의인이 가장 먼저 고통받는다는 주장을 뒷받침하기 위해 유월절의 이야기를 꺼낸다.● 이집트에 10번째 재앙이 떨어지던 날 밤에 집을 나선 죄 없는 이스라엘인은, 이집트인들만이 죄가 있었음에도, 파괴자의 희생자가 되었을 것이다. 랍비들은 추가 증거로 에스겔의 구절을 인용하는데, 그것이 파괴의 문맥에서 악인보다 먼저 의인을 언급한다는 점, 따라서 죄 없는 자들이 죄인들보다 앞서 고통을 겪는다는 데 주목한다.

데라슈D'rash

에이즈 유행 당시, 많은 사람들은 이 질병으로 고통받는 이들을 '자업자득'이라고 여겼다. 오염된 주사바늘을 같이 쓰는 마약복용자나 음란하고 난잡한 행동을 벌인 동성애자들이 스스로 뿌린 것을 거두는 것이라고. 많은 사람들이 그 바이러스를 죄가 되는 행동에 대한 신의 처벌로 보았다. 그러한 죄를 짓지 않은 사람은 그 처벌을 두려워하지 않았다. 하지만 에이즈에 대한 이러한 흑백논리식 관점은 정확하지 않다는 것이 곧 명백해졌다. 혈우병 환자인 어린 소년이 수혈로 이 병에

원전에 가장 가까운 탈무드

걸렸다. 같은 일이 심장수술을 받은 테니스 슈퍼스타와 유명한 텔레비전 배우의 아내에게도 일어났다. 세 사람 모두 에이즈로 사망했다. 충실한 아내들은 그들 몰래 문란한 생활을 한 남편들에 의해 감염되었다. "파괴자에게 일단 허락이 떨어지면, 그것은 의인과 악인을 구별하지 않는다."

우리는 기술이 '정정당당한' 전쟁을 치르도록 해준다고 생각하고 싶어한다. 걸프전 동안 텔레비전을 지켜본 미국민들은 특정 목표물을 향해 나아갈 수 있고 심지어 선택된 창문이나 문으로 유도될 수 있는 '스마트 폭탄'에 매료되었다. 우리는 목표물만을 공격하고 어떠한 '부수적 피해'도 일으키지 않을 것이라고 믿게 되었다. 그러나 새로운 전쟁에 대한 우리의 추측은 환상으로 밝혀졌다. 몇몇 스마트 폭탄은 오작동을 일으켰고, 다른 것들은 바람이나 기후 조건에 의해 악영향을 받았다. 물론 인간의 실수는 항상 있었다. 진실은, 부적절한 시간에 부적절한 장소에 우연히 있게 된 무고한 시민들이 계속해서 전쟁에서 죽어나간다는 것이다. 무차별성이 바로 폭탄과 전쟁 자체의 본질이다. "파괴자에게 일단 허락이 떨어지면, 그것은 의인과 악인을 구별하지 않는다."

두 사람이 흥미진진한 험담을 나누고 있다. 한 사람이 다른 사람에게 말한다. "비밀을 지킬 수 있나요? 제가 어제 들은 얘기를 해드릴게요. 하지만 누구에게도 이 얘기를 하지 않겠다고 약속해야 해요!" 다음날, 비밀을 지키겠다고 맹세한 사람은 또 다른 사람에게 비밀로 간직하라는 말과 함께 그 이야기를 한다. 곧 그 비밀은 모두가 아는 사실이 되고, 한 사람에게서 다른 사람으로 전해질 뿐 아니라 윤색되기도 한다. 그것이 사실인지 거짓인지, 비밀을 지켜야 하는지 아닌지는 이제 상관없다. 몇몇 사람들은 매우 당황해할 것이다. 명성이 무너질지 모른다. 누군가는 해고당할지 모르고, 또 다른 사람의 결혼생활이 파탄날 수도 있다. 일단 지니가 병 밖으로 나오면, 다시 넣을 수 없다. 이것이 험담의 본질이다. "파괴자에게 일단 허락이 떨어지면, 그것은 의인과 악인을 구별하지 않는다."

이것이 진실임을 알고서, 우리 자신이 삶과 인간 존엄성의 다양한 '파괴자들'에게 '허락'을 해주는 이가 되지 않도록 극도로 조심해야 한다.

양쪽에서 대머리

Bald from both sides

바바 캄마 60b

라브 암미와 라브 아시가 랍비 이츠하크 나파하 앞에 앉아 있었다. 한 명이 말했다. "우리에게 법을 말해주십시오!" 다른 이가 말했다. "우리에게 전설을 말해주십시오!" 그는 전설을 말하기 시작했으나 허용되지 않았다. 그는 법을 말하기 시작했으나 허용되지 않았다. 그가 그들에게 말했다. "내가 너희에게 우화를 얘기해주겠다. 이것을 무엇에 비교할 수 있을까? 한 남자가 두 아내를 두었다. 한 아내는 나이가 많았고 다른 한 명은 젊었다. 젊은 아내는 그의 흰 머리카락을 뽑았고, 나이 많은 아내는 그의 검은 머리카락을 뽑았다. 그래서 그는 양쪽에서 대머리가 되었다!"

그가 그들에게 말했다. "그렇다면, 내가 너희 둘 다에게 좋은 한 가지를 말해주마. '불이 나서 가시나무에 댕겨'[출애굽기 22:6], 즉 저절로 '불이 나서' '[낟가리나 거두지 못한 곡식이나 밭을 태우면] 불을 놓은 자가 반드시 배상할지니라.' 거룩한 분, 송축받을 분이 말씀하셨다. '나는 내가 놓은 불에 대해 반드시 배상할지라. 내가 시온에 불을 놓았다. 이르기를, "시온에 불을 지르사 그 터를 사르셨도다"[예레미야애가 4:11]. 그리고 내가 언젠가 불로 다시 세울지

라. 이르기를, "내가 불로 둘러싼 성곽이 되며 그 가운데에서 영광이 되리라[스가랴 2:5].' 율법은 이것이다. 불은 그의 책임이라는 것을 보이기 위해서, 그 구절은 재산 피해로 시작하여 인적 피해로 끝낸다."

이 게마라에서는, 자주 함께 인용되는 두 현자인 라브 암미와 라브 아시가 랍비 이츠하크 나파하와 함께 공부를 하고 있다. 각 학생은 그들의 멘토가 각자가 가장 좋아하는 내용을 가르치길 원한다. 한 명은 전설/미드라시를 요구하고, 다른 한 명은 법/할라카를 요구한다. 랍비 이츠하크는 곤경에 처한다. 그가 미드라시를 가르치기 시작하자, 한 학생이 가로막으며 선생님에게 법을 청한다. 하지만 랍비 이츠하크가 법으로 바꾸자, 다른 학생이 그가 계속하지 못하게 막는데, 그는 전설을 더 좋아하기 때문이다.
　　수석교사인 랍비 이츠하크는 자신의 곤경을 설명하려고 우화를 이용한다. 한 사내에게 두 명의 아내가 있는데, 한 명은 젊었고 한 명은 늙었다. 그중 한 아내는 남편이 더 젊게 보이길 원하고, 다른 아내는 더 성숙한 남편을 원했다. (랍비 이츠하크는 젊은 아내가 더 나이 많은 남자를 원하고, 나이 많은 아내가 더 젊은 남편을 선호할 가능성은 실제로 생각하지 않은 듯하다.) 각 아내들이 그의 머리카락을 일부만 뽑는다. 그럼에도 그 결과 그 남자는 "양쪽에서 대머리"가 된다. 따라서 이 표현은 대략 영어표현 중 "승산 없는 상황" 혹은 더 현대적인 표현인 "진퇴양난"과 같은 것이다.
　　랍비 이츠하크는 유능한 교사로서 미드라시/전설과 할라카/법이라는 두 가지 목적에 맞는 성서의 한 구절을 찾아내 두 학생을 만족시킨다. 미드라시는 불을 놓은 사람이 배상해야 한

다면 하나님도 그렇게 하실 것이라고 말한다. 하나님은 (예레미
야애가Eikha의 구절이 증언하듯) 예루살렘을 불로 멸망케 하셨고,
하나님은 그 책임을 지시고 (스가랴의 구절처럼) 예루살렘을 다
시 불로 세우실 것이다. 랍비 이츠하크가 가르치는 율법이란 출
애굽기의 그 구절에 재산 피해와 물리적 피해 둘 다가 언급된다
는 것이다. 재산 피해는 "불이 나서 가시나무에 댕겨"라는 말에
있고, 인적 피해는 "불을 놓은 자" 곧 불을 일으킨 누군가에 암시
되어 있다(이것은 그 구절의 앞머리와 반대되는데, 거기에서는 마
치 불이 저절로 붙은 것처럼 보이기 때문이다). 비록 화재가 저절로
시작된 것처럼 보일지라도, 여전히 배상해야 하는 책임 당사자
가 존재한다.

"불은 그의 책임이다"로 번역한 것은 히브리어 글자 그대로
는 "불은 그의 화살이다"인데, 이것은 그 사람이 스스로 했다는
뜻이다. 화살을 쏘는 것이 의도하지 않았고 예상치 못했던 전체
과정을 일으킬 수 있지만 그럼에도 사수의 책임인 것처럼, 불을
놓은 사람도 다른 사람의 밭으로 불이 번진 데 대해 책임이 있다.

데라슈D'rash

어느 중년 여성이 어머니와 함께 많은 시간을 보내기로
결심한다. 그녀는 최근 어머니를 소홀히 하고 더 많은
시간을 보내지 않은 것에 대해 죄책감을 느낀다. 그녀가 아이들
과 직장생활에 더 많은 관심을 쏟느라, 어머니는 그녀의 일상생
활에서 더 적은 부분만을 차지하게 되었다. 그녀는 마침내 어머
니와 함께 하루를 보내며 이때까지의 잘못을 바로잡겠다고 결심
하지만, 그날은 결국 가장 힘든 날이 되고 만다. 두 사람이 서로

많은 시간을 보내는 것은 오랜만이었기 때문에, 비록 많이 사랑했지만 갈등도 있었다. 그들의 관계는 바뀌었고, 그들이 함께 보내는 하루는 예상만큼 보람 있지 않았다.

그녀가 집에 돌아오자, 할머니가 오늘 더 많은 관심을 받았다는 사실에 아이들은 떼쓰고 들러붙고, 남편은 분해하며 질투한다는 것을 알게 된다. "우리가 마지막으로 하루 종일 함께 한 것이 언제야?" 남편은 불평하며, 아내가 외출한 동안 아이 돌보미가 늦게 도착했고 아이 중 한 명이 아팠다고 말한다. 그들이 가족의 상황에 대해 대화하려는 순간 전화가 울린다. 그녀의 직장 상사가 그녀만이 해결할 수 있는 급한 문제가 생겼다며 연락해온 것이다. 그녀는 통화를 마치자마자 아이들이 비명을 지르고 남편이 난리를 치는 가운데 가정은 위기에 직면하리라는 것을 잘 알지만, 당장의 회사 일을 해결하기 위해 미친 듯이 일하기 시작한다.

"양쪽에서 대머리"가 된다는 느낌은 부모와 자식 모두를 감당하려 노력하고, 직장과 가정, 부모에 대한 의무와 사랑 그리고 아이들에 대한 책임과 사랑을 동시에 곡예하듯 해내야 하는 "샌드위치 세대"에 속하는 사람들에게 일반적이다. 그러한 사람들은 랍비 이츠하크의 이야기 속 남편과 마찬가지로, 서로 다른 세대와 다른 요구들에 의해 양쪽에서 궁지에 몰린다. 모든 사람을 기쁘게 하고 양쪽 모두에게 상처를 주었다는 죄책감 없이 하루를 끝마치기란―전적으로 불가능하지는 않더라도―대개 어렵다.

어떻게 이런 상황에 대처할 수 있을까? 먼저, 랍비 이츠하크 나파하는 어떤 상황들은 "승산이 없다"는 것을 인정한다. 그의 학생들은 그가 전설이나 율법 어느 하나만을 가르친다면 결코 만족하지 못할 것이다. 이러한 곤경에서, 이 인정은 중요한 첫걸음이다.

랍비 이츠하크는 천재성을 발휘하여 양쪽 모두를 완전히는 아니라 해도 적어도 충분히 만족시킬 수 있는 구절을 찾아낸다. 아마도 우리 중 샌드위치 세대에 속하는 이들도 그의 천재성을 흉내낼 수 있을 것이다. 위에 예를 든 여자가 다음번에 하루 중 일부 동안 가족 모두를 함께 데려간다면, 모두들 할머니의 관심을 조금씩 받을 것이고 어느 누구도 엄마의 사랑을 빼앗겼다고 분해하지 않을 것이다.

그러나 모든 갈등이 이렇게 솜씨 좋게 해결될 수 없다는 것은 분명하다. 만약 랍비 이츠하크 나파하가 그렇게 창의적인 생각을 해내지 못했다면 어떻게 되었을까? 만약 그가 그 구절을 생각해내지 못했다면? 인생의 언젠가 우리 각자는 진퇴양난의 상황에 놓일 것이다. 만약 우리가 천재적 영감이라는 축복을 받는다면, 우리는 탈출구를 만들 수 있을 것이다. 그렇지 않다면, 우리는 어느 한쪽 혹은 다른 쪽에게(그리고 우리 자신에게도) 우리가 모두를 만족시킬 수는 없다는 것을 시인해야 한다. 어떤 날은 이렇게 말해야 할 것이다. "얘들아, 오늘은 할머니를 만나야 한단다. 너희들을 사랑하고 함께 시간을 보내고 싶지만, 지금은 그럴 수 없어." 또 다른 때에 우리는 이렇게 말하고 싶을 것이다. "엄마, 나도 내일 같이 갔으면 좋겠어요. 하지만 그날은 아이들과 함께 보내야 해요. 요즘 절 거의 못 봤거든요. 함께 보내자고 오래전에 약속했어요."

때로 상황이 정말 모두에게 안 좋을 수도 있다. 우리가 바랄 수 있는 최선은 우리의 손실을 줄이는 것이다. 그럴 때, 랍비 이츠하크가 들려준 이야기 속 두 아내를 떠올린다면 도움이 될 것이다. 두 아내 중 누구도 남편이 대머리가 되길 원하지 않았다.

각자는 남편의 머리카락 일부만을 뽑았지만, 그 결과 그는 완전히 대머리가 되었다. 승산 없는 상황을 인정하는 것은 이 위기를 극복하고 균형 잡힌 시각에서 바라보도록 도울 것이다.

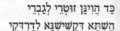

כַּד הֲוֵינַן זוּטְרֵי לְגַבְרֵי
הַשְׁתָּא דְקַשִׁישְׁנָא לְדַרְדְקֵי

어렸을 때는 어른처럼 [대우받았고],
나이 드니까 아이처럼 [대우받는다]

When we were young, [we were treated] like grown-ups;
now that we are elderly, [we are treated] like children

바바 캄마 92b-93a

라바가 라바 바르 마리에게 말했다. "그들이 말하는 이것의 출처
는 무엇인가? '만약 네가 짐을 든다면 나도 들 것이고, 그러지 않는
다면 나도 들지 않을 것이다.'" 그가 그에게 말했다. "기록되기를,
'바락이 그에게 이르되, "만일 당신이 나와 함께 가면 내가 가려니
와, 만일 당신이 나와 함께 가지 아니하면 나도 가지 아니하겠노
라"'[사사기 4:8]."

라바가 라바 바르 마리에게 말했다. "그들이 말하는 이것의 출처는
무엇인가? '어렸을 때는 어른처럼[대우받았고], 나이 드니까 아이
처럼[대우받는다].'" 그가 그에게 말했다. "처음에 기록되기를, '여
호와께서 그들 앞에서 가시며 낮에는 구름기둥으로 그들의 길을
인도하시고 밤에는 불기둥을 그들에게 비추사'[출애굽 13:21]. 하
지만 나중에 기록되기를, '내가 사자를 네 앞서 보내어 길에서 너를
보호하려 하리니'[출애굽기 23:20]."

게마라의 이 두 짧은 절은 라바Rava가 라바 바르 마리Rabbah bar
Mari에게 다양한 격언의 기원에 대해 던지는 일련의 긴 질의의
일부다. 각각의 경우에, 라바는 널리 알려진 속담의 어원을 성서
의 구절에서 찾아달라고 청한다. 그럴 때마다, 라바는 라바에게
그 격언에 대한 성서의 실례를 제공한다.

위의 첫 번째 질문에서 라바는 "만약 네가 짐을 든다면 나
도 들 것이고, 그러지 않는다면 나도 들지 않을 것이다"라는 격
언의 성서적 근거를 요청한다. 분명히 이것은 대중적인 격언이
었고, 물리적 짐뿐 아니라 군사적인 작전과 사업적인 모험을 가
리킬 때에도 쓰였다. 라바는 이스라엘의 장군 바락이 시스라와
적군을 무찌르기 위해 드보라를 설득하려고 노력하는 사사기의
구절을 인용한다.• 만약 두 사람이 기꺼이 짐―이 경우에는, 적
군과의 전투―을 짊어진다면, 그것은 가능할 것이다. 만약 한 사
람만 기꺼이 짐을 짊어진다면, 그것은 너무 과중하여 불가능할 것
이다.

두 번째 질문에서 라바는 "어렸을 때는 어른처럼 [대우받았
고], 나이 드니까 아이처럼 [대우받는다]"라는 관용구의 기원을
묻는다. 라바는 이 말의 기원을 이스라엘인들이 이집트를 떠날
때 하나님의 보호하심을 설명하기 위해 성서가 쓴 두 구절로 설
명한다. 그들이 어려서 하나님의 세심한 주의와 보호가 필요했
을 때, 하나님은 (틀림없이 그들을 칭찬하시며) 그들을 더 나이 많
고 성숙한 양 대우하시어 낮에는 구름기둥을, 밤에는 불기둥만
을 보내셨다. 하지만 나중에 그들이 아마도 도움과 안내를 덜 필
요로 하게 되었을 때, 하나님은 그럼에도 그들을 길에서 보호하
기 위해 더 많은 보호 천사를 보내셨다.

데라슈D'rash

한국어판 제목은 《기다리는 부모가 큰 아이를 만든다》이다.

어느 여자에 대한 출처가 불분명한 이야기가 있다. 전날 밤 임신을 했다고 생각한 그녀는 다음 날 아침 일찍 급하게 전화를 걸었다. 산부인과나 가족에게 연락을 한 것이 아니라 지역 유치원에 했는데, 자신의 '아이'를 유치원에 등록하기 위해서였다. 그녀는 자신의 '아기'가 5년 후에 유치원에 입학하지 못할까봐 두려웠던 것이다.

이 이야기가 사실이든 아니든, 이것은 오늘날 우리 세계에서 아이들이 처한 현실을 반영한다. 즉 그들은 인생 내내 재촉당한다. 심리학자 데이비드 엘킨드David Elkind는 그의 저서 《재촉당하는 아이》에서 너무 빨리 성장하도록 강요당하는 아이들, 신체적으로나 심리적으로 채 준비되기도 전에 어른의 삶을 살도록 강요되는 이이들의 사례를 보여주었다. 우리 또한 인생 내내 재촉당하고 서서히 참을성 있게 성숙하도록 허락받지 못하는 아이들의 수많은 사례를 떠올릴 수 있다.

5살 때 유치원에서 뛰어나지 못했던 아이에게는 인생의 나머지 동안 문제라는 딱지가 붙는다. 일단 딱지가 붙으면, 그 아이는 이 장애물을 극복할 기회를 결코 갖지 못할 것이다.

어린이 야구팀의 감독은 아이들에게 모든 것을 승자와 패자로만 평가하는 가치관을 심어주며, 게임을 재미가 아니라 전쟁으로 인식하게 만든다. 그들이 팀 스포츠를 하며 자라더라도, 그것을 즐기지는 못할 것이다.

이혼 가정의 아이가 어른의 역할을 하도록(요리를 하고, 어린 동생을 돌보도록) 그리고 어린 나이에 어른의 책임을 짊어지도

록 강요당한다. 불행하게도, 집에 또 다른 일손이 필요해지면
이 아이는 그 추가 부담을 피할 수 없을 것이다.

엘킨드는 신경쇠약 때문에 학교를 그만둬야 했던 7살 아이
를 예로 든다. 그는 허약했고, 친구가 없었으며, 운동을 못하는
데다 특이한 버릇까지 있었다. 일찌감치 그는 문제아로 낙인찍
혔다. 이러한 어린아이가 역경을 극복하고 사회의 가치 있는 일
원이 될 기회를 얻으리라고는 좀처럼 생각되지 않는다. 하지만
다행히도 이 아이는 이 모든 부정적 고정관념을 극복하고 성장
해서, 위대한 물리학자 알베르트 아인슈타인이 되었다.

아이들에게 미치는 부정적 영향은 종종 긍정적 의도의 부
산물로 생긴다. 우리는 아이들이 앞서 나가기를 원하고, 그래서
그들에게(그리고 우리 자신에게) 책과 비디오를 사주고, 삶의 '경
쟁우위'를 잡는 데 도움이 되는 컴퓨터 프로그램까지 사준다.
"하루 만에 끝내는 배변 훈련!" 혹은 "미취학 아동을 위한 미적분
학" 같은 것들 말이다.

때로는 우리 아이들이 더 많은 것을 감당할 준비가 되어 있
을 수도 있고, 그들이 도전을 원할 때도 있다. 그러나 우리는 아
이들이 감당할 수 있는 한도 이상으로 우리의 아이들을(그리고
손자들을) 재촉하는 함정에 자주 빠지곤 한다. 우리의 사랑과 두
려움 때문에 이런 행동을 한다. 우리는 그들을 사랑하기에 최고
의 것을 주고 싶어한다. 우리는 그들이 이 빠르게 변화하는 세상
에서 뒤처질까 두려워한다. 우리는 그들이 인생에서 성공하길
바라고, 전통적 가치를 골라 천천히 교육방법을 강화해가기보다
는 빠른 해결책과 유행을 선택한다.

마찬가지로, 우리는 때로 노인들을 애 취급한다. 우리는 귀

가 잘 들리지 않는 사람은 생각 또한 잘할 수 없다고 여긴다. 우리는 오래전에 태어난 사람들은 변화에 대처할 수 없다고 생각한다. 실은 그들이 살아오면서 여러 차례 변화를 헤쳐와야 했는데도 말이다. 우리는 은퇴했거나 더 이상 직업이 없는 사람들은 삶에 목적이 없다고 부당하게 생각한다. 이러한 각각의 예들이 노인을 아이처럼 취급하는 것이다.

어떤 이들은 젊은이들이 젊음을 낭비한다고 생각하지만, 우리는 젊음이 젊은이들의 것임을 안다. 노년기가 노인들의 것이듯. 어린이를 아이로 대하고 노인을 연장자로 대하는 것이 우리가 정확히 해야 할 일이다. 우리 아이들의 경우에, 이것은 그들에게 성장이라는 절대 서두를 필요가 없는 과정의 기쁨, 기회, 특권을 허락할 것이다. 우리 어른들의 경우에, 이것은 그들에게 마땅히 받아야 할 위엄과 존경을 부여할 것이다.

거룩함에 쓰이던 그릇이
평상시에 쓰이겠는가?

Should a vessel that was used for holy
be used for everyday?

바바 메치아 84b

Bava Metzia. 세데르 네지킨의
두 번째 소논문으로, 모두 10개
의 장으로 이루어져 있다. 재산
법, 고리대, 위탁 같은 민사 문
제를 주로 다룬다.

죽음에 임박해, 그[랍비 시몬의 아들 랍비 엘라자르]가 아내에게
말했다. "랍비들이 나에게 화가 나 있어 날 제대로 대우하지 않으
리라는 걸 아오. 다락방에 나를 눕히고 두려워하지 마오." 랍비 슈
무엘 바르 나흐마니가 말했다. "랍비 요나탄의 어머니가, 랍비 시
몬의 아들인 랍비 엘라자르의 아내가 그녀에게 한 말을 내게 들려
주었다. '나는 그를 다락방에 18년 넘게, 24년 못 되게 놓아두었다.
내가 올라가 그의 머리카락을 확인하니, 머리카락이 빠질 때 피가
흘렀다. 하루는 그의 귀에서 벌레가 나오는 걸 보고 마음이 약해졌
다. 그가 꿈에 내게로 와서 말했다. "이것은 아무것도 아니오! 언젠
가 나는 어떤 학자가 모욕당하는 것을 들었는데, 항의했어야 했음
에도 나는 하지 않았소." 두 사람이 재판을 받으러 와서 입구에 서
서 각각 자기 주장을 펼치자, 목소리가 다락방에서 들려왔다. "아무
개, 당신은 유죄다! 아무개, 당신은 무죄다!"" 하루는 그녀가 이웃
과 다투었는데, 이웃이 그녀에게 말했다. "너도 너의 남편처럼 묻힐

자격이 없기를!" 랍비들이 말했다. "이것은 옳지 않다." 어떤 이는 랍비 시몬 벤 요하이가 꿈에 그들에게 나타나 이렇게 말했다고 한다. "너희 가운데 한 쌍의 비둘기 중 외톨이가 있는데, 왜 나에게 오게 하지 않는가?" 랍비들이 그를 처리하러 갔다. 하지만 아크바리야 사람들이 그들을 들여보내지 않았는데, 랍비 시몬의 아들 랍비 엘라자르가 그곳에 머물던 오랜 세월 동안 야생동물들이 그들에게 오지 않았기 때문이다. 속죄일 전날 그들이 분주할 때, 랍비들은 비리Biri 주민들에게 전갈을 보내 그의 상여를 들고 가게 했다. 그들이 그를 그의 아버지의 매장굴로 데려갔지만, 그들은 그곳을 둘러싸고 있는 뱀을 발견했다. 그들이 말했다. "뱀이여! 뱀이여! 너의 입을 열어 아들을 그의 아버지와 함께 들게 하라." 그것은 그들에게 열어주었다. 랍비가 그[랍비 엘라자르]의 아내에게 [결혼] 이야기를 하려고 사람을 보냈다. 그녀는 그에게 돌려보내며 말했다. "거룩함에 쓰이던 그릇이 평상시에 쓰이겠는가?"

이 이야기는 랍비 엘라자르 벤 시몬의 죽음을 들려준다. 많은 사람들은 이 학자가 로마군의 이스라엘 점령기 동안 이들의 정복을 도운 배신자라고 여기고 있었다. 랍비 엘라자르는 자신의 죽음에 동료들이 어떻게 반응할지, 그들이 자신을 정중하게 대하지 않을까 두려웠다. 그래서 그는 아내에게 자신이 죽으면 시신은 땅에 묻지 말고 집의 다락방이나 위층 방에 놓아두라고 부탁했다. 그녀는 그렇게 했다. 그녀는 시신을 거기에 두었을 뿐 아니라 본래의 자연적 상태로 보존해서 (수년이 지나자) 머리카락이 빠질 때 피가 흘러나올 정도였다.

　한번은 남편을 제대로 묻어주지 못한 것에 대해 그녀는 죄책감이 들었다. 하지만 그는 자신의 귀에서 기어나온 벌레는 동료 랍비가 모욕을 당할 때 지켜주지 않은 벌이라고 그녀를 안심시켰다. 시신이 부패되지 않은 것보다 더 놀라운 건, (이야기에 따르면) 랍비 엘라자르가 죽은 후에도 사법 판결을 내렸다는 사실이다. 사람들은 그의 문 앞에 와서 그들의 소송을 제출하고, 평결을 내리는 어떤 목소리가 들려왔다.

하지만 한 이웃이 그 아내를 조롱하자, 그녀는 이제 남편을 묻어줘야 할 때라는 것을 알았다. 어떤 전승은 랍비들이 랍비 엘라자르를 묻어주려 했다고 말한다. 또 다른 전승은 그의 아버지 랍비 시몬이 그들의 꿈에 나타났다고 말한다. 그의 말—"너희 가운데 한 쌍의 비둘기 중 외톨이가 있는데, 왜 나에게 오게 하지 않는가?"—은 "아들과 나는 한 쌍이다. 나는 이미 내세에 있다. 여기서 내 아들이 나와 함께 하기를 왜 허락하지 않는가?"라는 뜻이다. 아크바리야 사람들은 랍비 엘라자르를 매장하면 그의 시신이 다락방에 있는 동안 그들이 받았던 보호가 끝날지 모른다고 두려워했다. 그럼에도 랍비들은 엘라자르를 장사지내려 했다. 다음 장애물은 매장굴 입구를 막아선 뱀이었다.

매장이 끝나고 얼마 지나서, 랍비 예후다 하나시('랍비')가 랍비 엘라자르의 미망인('그의 아내')에게 사자들을 보냈다. 그들이 가져온 메시지는 청혼이었다. 즉 너의 죽은 남편이 이제 묻혔으니, 나와 결혼할 수 있다는 것이었다. 그녀는 랍비를 퇴짜놓았고, "거룩함에 쓰이던 그릇이 평상시에 쓰이겠는가?"라는 그녀의 답변은 고전이 되었다. 그 이름 모를 아내의 말뜻인즉, 당신은 그런 성스러운 남자를 대신할 자격이 있는가? 랍비 예후다 하나시는 당대에(그리고 유대 역사 전체에서도, 그 칭호와 위상이라는 양면에서) 가장 위대한 랍비 중 한 명이었지만, 랍비 엘라자르의 아내는 사랑하는 자신의 거룩한 남편과 비교했을 때 랍비 예후다를 그저 평범한 사람으로 여겼다.

데라슈 D'rash

실질적 차원에서, "거룩함에 쓰이던 그릇이 평상시에 쓰이겠는가?"라는 말은 신성한 목적에 쓰이는 물건들을 가리키는 것으로 해석된다. 유대 전통은 이러한 성스러운 물건을 나중에 세속적 혹은 일상적 목적으로 사용하는 것을 부적절하다고 여긴다. 따라서 탈리트*나 성구함 한 벌을 담을 때 쓰는 가방은 (종교적 의미를 갖는 탈리트와 성구함 자체와는 대조적으로) 어떠한 진정한 의식적 가치도 없는 천에 불과하지만, 그럼에도 나중에 세속적 목적으로 사용되지 않는다. 일단 그 물건이 탈리트와 성구함을 담아 일정한 신성함을 획득하면, 그것은 거룩함을 유지한다.

물론 우리는 거룩한 일에 사용하던 그릇을 일상생활에 사용해서는 안 된다는 규칙을 은유적 차원에도 적용할 수 있다. 우리는 미국 대통령이 퇴임한 후에도 어느 정도의 존경과 경의를 표한다. 예를 들어, 미국의 전직 대통령은 존경의 표시로 여전히 '미스터 프레지던트'라고 불린다. 마찬가지로, 조직 차원에서도 회장이나 의장에게 평생 동안 그들을 따라다니는 일정한 명예를 부여한다. 우리는 때로 이것을 잊고 언짢아하기도 한다. 그러한 명예와 영광은 공직에 딸려 있는 것이라는 생각에 익숙해져 있기 때문이다. 하지만 은퇴한 사람은 재임 중 주어진 것과 같은 (더 많이는 아니라 해도) 존경을 받아야 한다. 은퇴한 교수나 랍비에게는 이러한 존경의 표시로 '명예'라는 호칭이 붙는다.

야구와 같이 평범한 영역에서도, 우리는 더 이상 실력이 없

tallit. 유대인 남자들이 매일 아침예배(샤하리트) 때 두르는 기도용 어깨걸이로, 검은색이나 파란색 줄무늬가 있으며, 네 모서리에는 치치트 *tzitzit*라는 긴 술이 달려 있다.

다는 이유로 나이 든 선수들을 완전히 '내쫓지' 않는다. 대부분의 팀은 매년 '은퇴선수 초청 경기Old Timers Day'를 개최해, 한때 위대했던 선수들이 과거 차지했던 위상에 경의를 표한다. 많은 사람들이 한때 그들의 졸업 사각모를 장식했던 술을 간직하는 것은 그것이 추억거리일 뿐 아니라 하나의 상징이기 때문이다. 즉 그 술은 특별한 날에 사용되었고, 그때를 상기시켜준다. 그것은 버려지거나 일상적 용도로 사용되어서는 안 되고, 보존되어 그 특별한 위상을 유지해야 한다.

우리는 매우 격식에 얽매이지 않는 세상에 살고 있다. 신성한 것은 정말로 드물다. 그러나 일정한 명예와 신성을 성취한 물건들―그리고 특히 그러한 사람들―이 그 위상을 잃어서는 안된다. 거룩함에 쓰이던 그릇이 평상시에 쓰여서는 안 되기 때문이다.

גְּדוֹל הַמְעַשֶׂה
יוֹתֵר מִן הָעוֹשֶׂה

다른 사람들이 행하도록 하는 자는 행하는 자보다 위대하다

One who causes others to do is greater than one who does

바바 바트라 9a

랍비 엘라자르가 말했다. "다른 사람들이 행하도록 하는 자는 행하는 자보다 위대하다. 이르기를, '공의의 열매는 화평이요, 공의의 결과는 영원한 평안과 안전이라'[이사야 32:17]. 만약 그가 자격이 된다면, '주린 자에게 네 양식을 나누어주며'[이사야 58:7], 만약 그가 자격이 되지 않는다면, '유리하는 빈민을 집에 들이라'." 라바가 마호자의 사람들에게 말했다. "당신들에게 부탁하노니, 서로에게 선을 행하라. 그리하면 정부와 좋은 관계를 맺으리라." 랍비 엘라자르도 말했다. "성전이 서 있을 때, 사람은 돈을 떼어놓아 속죄했다. 이제 성전은 더 이상 없으나, 그들이 자선행위를 한다면 좋은 것이다. 하지만 그러지 않는다면, 세상의 나라들이 와서 그들에게 강제로 가져갈 것이다. 그럴 때에도 그것은 자선이라 여겨진다. 이르기를, '관원으로 번영을 세우며'[이사야 60:17]."

Bava Batra. 세데르 네지킨의 3번째 소논문으로 10개의 장으로 이루어져 있다. 탈무드 전체에서 가장 긴 소논문으로, 재산 소유의 책임과 권리를 주로 다룬다.

"공의의 열매는 화평이요 공의의 결과는 영원한 평안과 안전이라 내 백성이 화평한 집과 안전한 거처와 조용히 쉬는 곳에 있으려니와."(이사야 32:17-18)

"이것이 어찌 내가 기뻐하는 금식이 되겠으며 이것이 어찌 사람이 자기의 마음을 괴롭게 하는 날이 되겠느냐 그의 머리를 랍비 엘라자르의 생각은 매우 간단하다. 즉 스스로 선을 행하는 사람들이 있고, 다른 사람들이 선을 행하도록 하는 사람들이 있다. 전자는 칭찬할 만하지만, 후자는 훨씬 더 모범적이다. 하지만 랍비 엘라자르의 공리에 대한 대부분의 증거는 성경 구절에 쓰인 히브리어 단어들에 근거한 미드라시를 통해서다. 랍비 엘라자르의 공리는 "다른 사람들이 행하도록 하는 자"에 대해 말한다. 이 긴 영어 어구는 사실 히브리어로는 단 한 단어, 하메아세 ha-measeh라는 강조 동사다. "다른 사람들이 행하도록 하는" 자는 단순히 행하는 자보다 위대하다. 랍비 엘라자르는 말장난을 이용해 자신의 생각을 이사야 32장의 구절과 연결한다. 이사야서의 "공의의 열매"는 히브리어로 마아세 체다카 ma'aseh tzedakah다. 랍비 엘라자르는 같은 히브리어 어근을 가진 두 단어, 즉 "행하는 자"를 의미하는 메아세 measeh와 "일(작품)"을 의미하는 마아세 ma'aseh를 연관시킨다. 둘은 똑같은 히브리어 문자를 쓰고 모음만 다르기 때문이다.

그런 다음 이사야의 구절이 다음의 사실을 보이기 위해 소개된다. 만일 당신이 운이 좋아 돈이 풍족하다면 그리고 만일 당신이 다른 사람들에게 선을 행한다면, 당신은 "주린 자에게 네 양식을 나누어줄" 것이다. 만약 당신이 자발적으로 신념에 따라 다른 사람들을 돕지 않는다면, 당신은 "유리하는 빈민을 집에 들여야" 할 것이다. 여기서 "유리하는 빈민"이란 궁핍한 사람들 자신이거나 당신에게 와서 돈을 가져가는 정부의 세금징수원을 가리킨다.

라바는 바빌로니아의 티그리스 강변 마을 마호자의 주민들에게 서로를 도우라고 부탁함으로써 이 생각을 보완한다. 만일 그들이 그렇게 하지 않는다면, 정부가 개입하여 그들의 필요를 처리할 것이기 때문이다. 이 점을 되풀이하기 위해 랍비 엘라자르가 재차 인용된다. 성전이 서 있었을 때, 사람들은 제사장에게 직접 기부할 수 있었다. 이것은 메아세, 즉 집약적이고 사려 깊은 기부 행위였다. 랍비 엘라자르는 두 가지 형태의 위안을 준다. 첫째, 성전에 직접 기부할 수 없는 사람들에게, 그는 가난한 사람들에게 하는 그들의 자발적 기부가 여전히 긍정적 자선행위로 간주된다고 가르친다. 그리고 그는 공권력에 기부해 다른 사람들을 돕는 이들에게도 위안을 준다. 즉 그들의 도움은 여전히 체다카tzedakah로 간주된다. 체다카란 이사야서의 "관원으로 번영을 세우며"에서처럼, 자선과 번영 둘 다로 해석된다. 정부가 당신의 돈을 강제로 빼앗아 그것을 가난한 사람들에게 분배하는 것조차 번영의 행동으로 간주된다.

데라슈D'rash

우리는 보통 위대한 자선가들을 세상에서 가장 관대한 사람으로 생각한다. 대학교, 의대 또는 도서관에 기부하는 부유한 사람은 그 관대함에 대해 칭찬받을 만하다. 이것은 이론의 여지가 없다. 하지만 랍비 엘라자르는 다른 사람들이 행하게 하는 사람이 행하는 사람보다 훨씬 위대하다고 말한다. 이는 보조금을 얻어낸 기금모금가가 실제 기부자보다 더 칭찬받을 만하다는 뜻이다. 자식 없는 부유한 미망인에게 그 재산을 지역 도서관에 맡기도록 조언한 재정자문가가 어느 면에서는 그 후원자보다 더 위대하다. 부유한 신자들에게 신학대학 후원회의 한 자리를 맡으면 사람들의 마음에 가장 좋게 기억될 것이라고 제안하는 요령 있는 성직자는 랍비 엘라자르의 말에서 위안을 찾을 수 있다. 이들 각각의 조언자는 기부자들보다 훨씬 위대한데, 이들이 다른 사람들을 행동하게 만들기 때문이다.

우리는 여기서 한 걸음 더 나아갈 수 있다. 랍비 엘라자르의 말은 재정적 기부와 행동에만 국한되지 않기 때문이다. 우리는 특별한 학생을 격려하고, 열심히 공부하도록 자극하고, 과학 공부를 계속할 수 있도록 자신감을 심어준 생물 선생님에게 주목하지 않을지 모른다. 하지만 우리는 그 학생이 결국 위대한 의학적 발견을 하도록 해준 그 선생님을 주목하고 칭찬해야 한다. 영문학 교수가 침체에 빠진 작가와 많은 시간을 보내며 도운 끝에 그 작가가 유명한 소설을 쓸 수 있게 되었다면, 그 소설과 관련된 명성의 일부를 그 교수가 받아야 한다. 유명한 스포츠 스타의 고등학교 시절 코치가 그 선수의 전기에는 거의 언급되지 않을지라도 상당 부분 칭찬받을 만하다.

우리는 부자들과 유명인들이 모든 공을 가로채고, 평범한 사람들의 지루하고 그리 빛나지 않는 일들은 주목받지 못하는 것에 자주 낙담한다. 이런 종류의 노력은 신문이나 노벨상에 별로 언급되지 않는다. 그럼에도 랍비 엘라자르의 말은, 다소 과장하자면, 위대한 사람들의 성공은 다른 이들의 막후 노력 없이는 불가능했음을 우리에게 상기시켜준다. 랍비 엘라자르의 가르침은 우리 가운데, 상을 타거나 신문의 헤드라인을 장식하지는 못하지만 그럼에도 다른 사람들이 위대한 업적을 이룰 수 있게 하는 사람들에게 격려가 될 것이다.

קִנְאַת סוֹפְרִים תַּרְבֶּה חָכְמָה

교사들 간의 질투는 지혜를 늘린다
Jealousy among teachers will increase wisdom

바바 바트라 20b 21a

미슈나(2:2): 뜰에 가게를[누군가 연다면], 다른 사람은 반대하며 그에게 말할 수 있다. "오가는 사람들의 소리 때문에 잠을 잘 수 없다." 하지만 그는 도구를 만들어 시장에서 그것들을 팔 수 있고, 다른 사람은 반대하며 이렇게 말할 수 없다. "망치, 맷돌, 아이들 소리 때문에 잠을 잘 수 없다."

게마라: 와서 들어라. 만약 두 사람이 뜰에 살고, 한 사람이 의사, 장인, 직공, 또는 아이들의 교사가 되고 싶어한다면, 다른 사람들은 그를 막을 수 있다. 하지만 이것은 유대인이 아닌 아이들을 다룬다! 와서 들어라. 뜰을 일부 임대한 사람은 그곳을 의사, 장인, 직공, 유대인 교사 또는 비유대인 교사에게 빌려 주어서는 안 된다. 이것이 우리가 다루고 있는 사건, 곧 마을 교사의 경우다. 라바는 밀했다. "여호수아 벤 감라의 판결이 주어졌기에, 우리는 학생들을 이 마을에서 저 마을로 보내지 않는다. 그러나 우리는 그들을 이 회당에서 저 회당으로는 보낸다. 만약 사이에 강이 있다면, 우리는 그들을 보내지 않는다. 만약 다리가 있다면, 우리는 그들을 보낸다. 하지만

판자 하나만 있다면 보내지 않는다." 라바는 또 말했다. "교사 한 명당 학생 수는 25명이다. 만약 50명이 있다면, 우리는 두 명을 임명한다. 만약 40명이 있다면, 우리는 보조교사를 임명하고 마을 경비로 지출한다." 라바는 또 말했다. "만약 학생들을 공부시키는 교사와 그들을 더 잘 공부시키는 교사가 있다면, 우리는 그가 낙담하지 않도록 대체하지 않는다." 네하르데어에서 온 라브 디미는 말했다. "그는 그들을 더 많이 공부시킬 것이다. 교사들 간의 질투는 지혜를 늘릴 것이기 때문이다."

바바 바트라의 이 장은 자유시장의 법을 다룬다. 탈무드의 율법은 이미 설정된 권리에 근거하여 영역권을 조정한다. 즉 그저 원한다고 아무 곳에나 새 가게를 열거나, 공예품점을 차리거나, 기타 사업을 벌일 수 없다. 새로운 장인으로 인해 기존의 장인이 가게 문을 닫을 수도 있기 때문이다. 뿐만 아니라 공동체를 보호하기 위한 규칙과 규제도 있었다. 무두질 공장은 악취 때문에 기피되었고, 새로운 비둘기장은 인접한 둥지들에서 비둘기들을 훔칠 수도 있기에 규제되었다.

따라서 우리의 미슈나는 공유지 뜰에 가게를 차리려는 사람은 손님의 왕래가 이웃에게 방해가 될 것이므로 제지당할 수 있다고 가르친다. 게마라는 이 개념을 외부 출처에서 가져온 예시들로 반복하는데, 논의의 초점이 되는 것은 틀림없이 많은 학생들이 오고 갈 "마을 교사"의 사례다.

라바는 각 마을이 자체 경비를 들여 지역 전문교사를 임명하도록 한 것은 여호수아 벤 감라의 공이라고 말한다. 이전까지 아이들을 가르치는 것은 아버지의 책임으로 여겼다. 그렇다면 '학군'은 어떻게 될까? 아이를 공부시키려면 얼마나 멀리 보내야 할까? 그리고 교사 한 명은 얼마나 많은 학생을 감당할 수 있을까? 라바는 전통적으로 교사 한 명 당 학생 25명이 허용 가능한 비율이라고 전한다.

그러고 나서 라바는 교사의 자질에 대해 언급한다. 만약 더 훌륭한 교사를 찾는다면 어찌할까? 우리는 학생들에게 의욕을 고취시키지 못하는 먼젓번 교사를 대체해야 할까? 두 가지 의견이 있다. 라바는 이 교사를 대체하는 것은 그를 의기소침하게 만들지 모른다고 주장한다. 학생들에게는 도움이 될지 모르지만, 교사─그리고 더 중요하게는, 토라 학습─는 이 과정에서 피해를 당할 것이다. 하지만 라브 디미는 정반대를 주장한다. 그는 경쟁은 좋은 것이라고 생각한다. 교사가 더 잘 가르치는 동료에게 느끼는 질투심은 사기를 꺾는 것이 아니라 오히려 더 잘 가르치도록 하는 자극제가 될 것이다.

데라슈 D'rash

근본적으로 어떠한 동기가 사람을 변화시킬까? 라바와 라브 디미는 두 가지 다른 생각을 갖고 있다. 라바에게, 변화의 촉매는 내면에 있다. 즉 사람들은 자신을 향상시키기 원하기 때문에 변화한다. 따라서 외적인 비교는 자신이 부족하다는 느낌을 키울 뿐이다. 라바가 보기에, 우리는 외적인 기준이 아니라 개인적인 기준으로 평가받을 때 최선을 다한다.

라브 디미는 동기를 상당히 다른 어떤 것, 일종의 "창조적 긴장"과 관련 있는 것으로 생각한다. 우리는 다른 사람들이 어떻게 하는지를 볼 때, 우리 자신을 향상시키려고 더 밀어붙이며, 다른 사람이 제시한 이상과 기준에 도달하려고 노력한다.

대학 교수들의 종신재직제도에서 보이듯, 각각의 접근법에는 긍정적인 것이 있다. 어떤 사람들은 종신제가 교수들이 뛰어난 학문적 성취를 이루는 데 필요한 안정감을 준다고 말한다. 종신재직권을 가진 교수는 대학생활에서, 학문을 신장시키기보다 긴장만 높이는 제도인 "출간 아니면 퇴출"*을 걱정할 필요가 없을 것이다. 다른 이들은 교수진이 평가에서 제외되어서는 안 되며, 끊임없는 압박이 긍정적인 힘이 되어 창조성과 학습을 고취할 것이라고 주장한다. 이러한 긴장감이 없다면, 교수들은 한가롭게 현실에 안주할 것이다.

우리는 라브 디미식 접근법의 한 가지 결과를 입법부 임기 제한에 대한 압력에서 볼 수 있다. 이 입장의 지지자들은 입법자들을 오직 끊임없이 책임지게 함으로써 긍정적인 결과를 얻을 수 있다고 믿는다. 종신직처럼 보이는 국회의원들은 결국 게으름을 피우고 맡은 일은 잘 하지 않는다. 반대자들은 입법제도를 배우는 데 수년이 걸린다고 말한다. 다선 의원들은 요령을 잘 알뿐 아니라, 청탁을 할 수도 있고, 다선의 경력을 유권자들을 이롭게 하는 데 다양한 방식으로 활용할 수 있다.

탈무드가 그 주제에 대해 서로 다른 접근법을 소개하듯이, 우리 또한 양쪽 관점에서 이익을 취할 수 있다. 우리와 함께 일하거나 우리를 위해 일하는 어떤 사람들은 경쟁에 의해 동기가 부여될 것이다. 다른 사람들에 맞서 일할 때 생기는 마찰은 그들을 더 열심히 일하게 만든다. 또 다른 사람들은 협력적인 환경에서 더 잘한다. 대개 이런 사람들은 해롭고 심지어 위협적인 동료들 사이에서도 경쟁관계를 찾는다. 때로는 우리 스스로 탁월한 실력을 발휘하려는 내적 충동에 의해 동기가 부여될 것이고, 또 때로는 "그녀는 나를 능가하지 못할걸!"이라고 말하며 친구나 동료와 경쟁할 것이다.

모든 사람 혹은 모든 상황에서 개인적 동기부여에 절대적으로 옳고 그른 것은 없다. 우리는 무엇이 다른 이들에게—그리고 우리 자신에게—동기를 부여하는지 알아야 한다. 그럴 때 이를 위한 적절한 환경이 조성되고 적절한 방법이 활용될 수 있을 것이다.

אֵין גּוֹזְרִין גְּזֵרָה עַל הַצִּבּוּר
אֶלָּא אִם כֵּן רֹב הַצִּבּוּר
יְכוֹלִין לַעֲמֹד בָּהּ

___

공동체 대다수가 따를 수 없는 법령을
공동체에 부과해서는 안 된다

A decree should not be imposed upon the community
unless the majority of the community can follow it

바바 바트라 60b

우리의 랍비들은 가르쳤다. 두 번째 성전이 무너졌을 때, 이스라엘에서 고기를 먹지 않거나 포도주를 마시지 않는 금욕주의자들의 수가 증가했다. 랍비 여호수아가 그들을 만났다. 그가 그들에게 말했다. "얘들아, 왜 너희들은 고기를 먹지 않거나 포도주를 마시지 않느냐?" 그들이 그에게 말했다. "우리가 제단에 고기를 바치곤 했지만 이제 더 이상 제단이 기능하지 않는데 고기를 먹어야 할까요? 우리가 제단에 포도주를 붓곤 했지만 이제 더 이상 제단이 쓰이지 않는데 포도주를 마셔야 할까요?"

그가 그들에게 말했다. "만약 그렇다면 우리는 빵을 먹어서는 안 되니, 곡물 바치기素祭가 중단되었기 때문이다. 과일은 어떠한가? 우리는 과일을 먹어서는 안 되니, 첫 수확 과실을 바치는 것이 중단되었기 때문이다…… 우리는 물을 마시면 안 되니, 물 따르기奠祭가 중단되었기 때문이다." 그들은 침묵했다. 그가 그들에게 말했다. "얘들아, 와서 내가 하는 말을 들어보아라. 전혀 애도하지 않는 것은 불가능한데, 법령이 이미 정해졌기 때문이다. 하지만 너무 많이 애도하는 것은 불가능한데, 공동체 대다수가 따를 수 없는 법령을 공동체에 부과해서는 안 되기 때문이다. 기록되기를, '너희 곧 온 나라가 나의 것을 도둑질하였으므로 너희가 저주를 받았느니라'[말라기 3:9]. 차라리 이것이 현자들이 말한 것이다. '집에 회반죽을 바를 때, 작은 부분을 칠하지 않고 남겨놓는다.' (얼마 만큼인가? 라브 요셉은 말했다. '1제곱쿠비트다.' 라브 히스다는 말했다. '문 옆 부분에 한다.') 식사를 준비할 때, 어떤 것을 남겨두게 하라. (무엇을 남기는가? 라브 파파는 말했다. '전채요리 한 접시다.') 여자가 장신구를 착용할 때, 어떤 것을 빼놓아야 한다. (무엇을 빼놓는가? 라브가 말했다. '그녀의 머리카락이 관자놀이를 드러내선 안 된다.')"

솔로몬이 지은 첫 번째 성전은 기원전 586년 바빌로니아인들에 의해 무너졌다. 두 번째 성전이 그로부터 약 1세기 후에 지어졌으나 서기 70년 로마인들에 의해 무너졌다. 성전은 유대인의 종교생활의 중심이었을 뿐 아니라, 유대인의 민족성과 독립의 상징이었다. 성전의 파괴를 유대인들은 극심하게 애도했다. 어떤 이들은 삶이 이 비극 이전과 같이 계속될 수 없다고 믿으며 금욕주의자가 되었다. 페루심● 곧 "스스로 분리된 자들"이라 불리는 이러한 유대인들은 성전을 상기시키는 즐거운 행위들을 삼가기 시작했다. 고기를 먹는 것은 그들에게 희생제물을 생각나게 했다. 당시 제물의 일부가 예루살렘 도시의 예배자들에게 먹으라고 제공되었기 때문이다. 포도주를 마시는 것은 그들에게, 희생제물과 함께 제단 밑에 포도주를 부어드렸던 헌주nisukh ha-yayin를 떠올리게 했다.

perushim. 바리사이Pharisee파를 말한다. 바리사이파는 마카베오의 반란 직후인 기원전 165~160년경에 등장하여 성전과 제사장 중심인 사두가이파와 대립하였지만, 제2성전 파괴 이후에는 율법과 회당 중심으로 유대교를 존속·발전시켰다. 탈무드에는 이러한 바리사이파의 구전율법이 많이 포함되어 있다.

랍비 여호수아는 페루심의 주장을 그 논리적 결론으로 이끎으로써 이러한 제한 풍습들에 도전했다. 즉 그렇다면 빵도 먹어서는 안 된다. 왜냐하면 빵과 곡식도 성전에 제물로 바쳐졌기 때문이다. 과일도 먹어서는 안 된다. 수확기에 제사장에게 바쳤기 때문이다. 심지어 물도 피해야 한다. 물을 따르는 것이 초막절 절기 동안 성전 의식의 핵심이었기 때문이다.

랍비 여호수아는 페루심의 제한들이 사람이 견딜 수 있는 한도를 넘었다고 주장했다. 그는 "공동체 대다수가 따를 수 없는 법령을 공동체에 부과해서는 안 된다"라는 원리를 말라기의 구절에 대한 자신의 해석에서 끌어낸다. 온 나라가 십일조 ma'aser — 수확의 10분의 1 — 를 하나님께 가져오기로 서약했다. 그렇게 하지 못한 사람들은 스스로 초래한 저주를 받게 되었다. 랍비 여호수아에 따르면, 가혹한 저주를 동반한 이 서약이 타당한 것은 오직 "온 나라"가 스스로 그것을 하기로 받아들였기 때문이다. 페루심의 가혹한 제한들 대신에, 탈무드는 대부분의 사람들이 따를 수 있을 세 가지의 다른 대안적 애도 표현을 제시한다.

데라슈D'rash

랍비 여호수아와 페루심의 이야기는 우리에게 유대교 발전의 중대한 순간을 보여주고, 종교 일반에 대한 중요한 교훈을 가르쳐준다. 1세기 무렵의 유대인들은 성전 파괴의 트라우마에 대처할 방법을 찾고 있었다. 한 무리의 사람들은 많은 사람들에게 다소 엄격해 보이는 많은 제한을 떠안기 시작했다. 이러한 길을 따라갈 수 없었던 사람들은 당연히 매우 죄책감

원전에 가장 가까운 탈무드

을 느꼈고, 자신들이 너무 나약하거나 하나님에 대한 헌신이 명백히 부족하기 때문일지 모른다고 생각했다.

랍비 여호수아는 이들 페루심의 유별난 대응과 그것이 유대인들에게 미치는 영향에 대해 괴로워했다. 이것은 매우 독특하고 아이러니한 상황이었다. 즉 한 종교 지도자가 자신의 추종자들에게 가서 요컨대 "너희는 너무 독실하다!"라고 말하는 것이다. 우리가 랍비, 신부, 목사, 이맘에게서 들으리라 기대하는 것은 보통 정반대의 메시지다. 페루심들을 꾸짖으며, 랍비 여호수아는 그들에게 그리고 우리에게 종교의 의미와 목적에 대해 많은 것을 가르친다. 우리는 그가 거의 이와 같이 말하리라고 상상할 수 있다.

"너희의 마음은 선의에서 나온 것이다. 하지만 너희는 이 문제를 다루는 데 너희의 머리는 고려하지 않았다. 이것은 종교를 긍정적인 힘에서 부정적인 힘으로 바꿀 수 있는 치명적인 결함이다. 신은 우리에게 마음과 정신을 주셨고, 우리가 선택과 결정을 내릴 때 우리의 감정과 우리의 지성을 모두 사용하길 기대하신다.

"우선, 너희는 너희의 생각을 충분히 살펴보지 않았다. 왜 너희는 이 특별한 제한들을 선택하고 다른 것들은 선택하지 않는가? 너희의 선택은 어떤 논리에 기초한 것인가? 일관성이 결여되어 있기에 너희의 결정은 독단적으로 보인다. 다른 사람들은 너희의 방법이 옳은 것이라고 납득하는 데 어려움을 겪을 것이다.

"둘째, 너희는 다른 사람들을 고려하지 않았다! 너희는 이 길을 따라갈 수 있을지 모르지만, 대부분의 사람들은 그렇지 않다. 종교는 은혜와 위안이 아니라 부담과 고생이 될 것이다. 또한 우리가 한데 모여 단결해야 할 때에, 너희는 우리를 더 멀어지게 하고 분파로 갈라지게 하는 쐐기를 만들고 있다. 너희는 종교가 신과 관련 있는 만큼이나 다른 사람들과도 관련 있는 것임을 망각했다!"

어느 세대에나 종교적 열성분자들이 그 시대와 장소의 위기에 대응하여 일어난다. 대부분의 사람들은 그들의 열렬한 독실함의 예를 따라갈 수 없다. 많은 사람들은 그들이 믿음에 바치는 극렬한 헌신 때문에 이의를 제기하기 두려워한다. 소수임에도 이러한 열성분자들이 모든 사람들에게 금지되는 것과 허용되는 것을 정할 수 있다. 대개 그들의 종교 유형은 후자보다 전자를 강조한다. 랍비 여호수아는 우리에게 종교가 무엇에 대한 것인지에 관해 아주 다른 생각을 제시한다. 그는 또한 용기 있는 종교 지도자의 본보기가 되어, 전통과 공동체를 대신해 극단주의자들에 기꺼이 맞선다.

אוֹי לִי אִם אָמַר
אוֹי לִי אִם לֹא אָמַר

내가 이야기한다면 내게 화가 미칠 것이요,
이야기하지 않아도 내게 화가 미치리라

Woe to me if I speak, woe to me if I don't speak

바바 바트라 89b

우리의 랍비들은 가르쳤다. "수준표척을 한 쪽은 두껍게, 다른 한 쪽은 얇게 만들어선 안 된다. 한 번의 빠른 움직임으로 면을 고르면 안 된다. 한 번의 빠른 움직임으로 면을 고르는 것은 판매자에게는 나쁘고 구매자에게는 좋기 때문이다. 아주 느리게 면을 고르는 것도 안 된다. 이것은 구매자에게는 나쁘고 판매자에게는 좋기 때문이다." 이 모든 것에 관하여, 라반 요하난 벤 자카이는 말했다. "내가 이야기한다면 내게 화가 미칠 것이요, 이야기하지 않아도 내게 화가 미치리라. 내가 이야기한다면, 아마도 사기꾼들이 배우게 될 것이다. 내가 이야기하지 않는다면, 아마도 사기꾼들은 이렇게 말할 것이다. '그 학자는 우리가 하는 일을 잘 모른다!'" 질문이 제기되었다. "그는 이야기했는가, 하지 않았는가?" 라브 슈멜 바르 라브 이츠하크가 말했다. "그는 이야기했다. 그리고 그는 이 구절에 근거를 두었다. '여호와의 도는 정직하니 의인은 그 길로 다니거니와, 그러나 죄인은 그 길에 걸려 넘어지리라'[호세아 14:9]."

수준표척은 곡식의 양을 재는 데 쓰던 도구였다. 우리의 절은 표척을 어떻게 만들고 어떻게 사용할지에 관한 것이다. 틀림없이 곡식을 사고팔 때 많은 사기가 있었다. 그래서 랍비들은 사람들이 따를 수 있는 윤리적 사업 기준을 세우는 데 관심이 있었다. 옆면이 얇은 표척은 그 측정이 더 정확할 것이므로, 가급적 상품을 적게 주기 원하는 판매자에게 이로울 것이다. 반면에 가장자리가 두꺼운 표척은 구매자에게 이로울 것이다. 어떤 사람들은 두 가지 다른 옆면이 있는 표척을 가지고서 물건을 살 때와 팔 때에 따라 달리 사용했다. 랍비들은 표척이 현지 풍습에 따라 두껍든 얇든, 양쪽 옆면은 동일해야 한다고 주장했다. 마찬가지로, 표척을 단번에 빠르게 획 고르면 더 많은 곡식을 잴 수 있으므로 손님에게 이로울 것이다. 반대로, 상인들은 구매자에게 여분의 곡식을 주지 않기 위해 표척을 조금씩 여러 번 느리게 움직여 재고 싶어할 것이다.

라반 요하난 벤 자카이는 이러한 문제를 공개적으로 논의할지 말지 고심했다. 그는 자신이 진퇴양난에 빠진 것 같아 두려웠다. 만일 그가 이 문제에 대해 이야기한다면, 그는 어떤 사람들에게 다른 사람들을 사기 치는 방법에 대한 아이디어를 알려주게 될지 모른다. 반대로, 만약 그가 이러한 관행에 대해 말하지 않는다면, 사람들은 랍비들이 순진하여 시장에서 벌어지는 일을 알지 못한다고 여기리라 그는 생각했다. 이렇게 되면 사람들은 랍비들에 대한 그리고 더 높은 윤리적 기준을 부과하는 그들의 사명에 대한 존경심—그리고 두려움—을 잃을 수도 있다. 결국, 라반 요하난은 사기 관행들에 대해 논의하기로 선택했다. 그는 이 결정의 근거를 호세아 선지자의 구절에 대한 해석에서 찾았다. 의인은 그 논의에서 옳고 그름을 배울 것이다. 죄인은 다른 이들을 속이는 법을 배우거나 그렇게 하도록 고무될 수 있지만, 궁극적으로 그들은 넘어지고 징계를 받을 것이다.

데라슈 D'rash

라반 요하난 벤 자카이는 "해도 욕먹고, 안 해도 욕먹는" 고전적인 진퇴양난의 상황에 놓여 있다. 그는 두 가지 선택에 직면해 있는데, 그가 어느 것을 선택하든 심각한 부작용이 있을 것이다. 이런 곤경에 처한 경우 우리는 어떻게 해야 할까?

인생의 또 다른 시점에 요하난 벤 자카이는 이와 같은 또 다른 선택의 기로에 서 있었다. 하지만 이번에는 유대 민족의 운명이 불확실한 상황에 놓여 있었다. 탈무드와 미드라시에 따르면, 예루살렘은 로마인들에게 포위공격을 받기 시작했다. 도시 내의 열심당원들은 죽을 때까지 로마인들과 싸울 준비가 되어 있었다. 요하난 벤 자카이는 예루살렘이 파멸을 피할 수 없다고 보았다. 그는 미래를 위한 최선의 희망은 도시를 포기하고, 로마인들을 승자로 인정하고, 적과 협상해 화평을 청하는 것이라고 느꼈다. 이 중대한 순간에 전망이 어떠했을지 상상해보라. 그가 어떻게 하든, 그는 패배할 것이다. 만일 그가 그 도시에 머물며 열심당원들과 함께 싸운다면, 모든 유대인은 필시 죽임을 당할 것이다. 만약 그가 도시를 탈출해 로마인들과 거래한다면, 그는 아마도 부역자와 배반자로 낙인찍힐 것이다. 이러한 심각한 상황에 놓인다면 우리는 어떤 선택을 해야 할까?

두 경우 모두에서—사람들에게 비즈니스 윤리를 가르치는 것과 로마의 위협에 대처하는 것—라반 요하난 벤 자카이는 순간을 넘어 미래를 내다보았다. 그는 정말로 중요한 것은 단기적으로 무슨 일이 일어나느냐가 아니라, 장기적으로 그의 민족에게 무엇이 더 좋으냐라고 믿었다. 그는 비록 몇몇 사람들이 그의 말을 악용해 밖으로 나가 다른 사람들을 속일지라도, 시장의 어두운 면에 대해 가르쳤다. 그리고 그는 관 속에 숨어 예루살렘을 몰래 빠져나온 후, 로마의 장군에게 가서 야브네 마을을 학문의 새로운 본거지로 삼을 수 있게 해달라고 청했다. 라반 요하난과 다른 랍비들이 유대 종교와 유대 민족을 재건하기 시작한 것이 이곳 야브네에서였다. 비록 당시에 이 두 가지 선택은 요하난 벤 자카이에게 틀림없이 승산 없는 상황처럼 보였겠지만, 역사는 그를 옳은 선택을 한 위대한 영웅으로 회고한다.

두 경우 모두에서, 요하난 벤 자카이는 삶의 지저분한 면을 직시하고 어렵지만 필요한 타협을 하는 데 주저하지 않았다. 그는 상아탑에 머물며, 사기꾼들이 쓰는 속임수들을 설명하지 않은 채, 유대인의 이상적 사업윤리에 대해서만 설교할 수도 있었다. 아니면 그는 예루살렘 도시 안에 남아, 열심당원들과 함께 장렬하게 죽음을 맞이할 수도 있었다. 그러나 그는 이 두 선택 모두 부적절하다는 것을 깨달았다. 인생에는 어두운 면이 있다. 우리가 그것을 인정하고 직면하지 않는다면, 우리는 단지 스스로를 속일 뿐이다. 라반 요하난 벤 자카이는 우리에게 현실을 상대하되, 항상 우리가 할 수 있는 최선을 위해 분투하라고 가르친다. 두 가지 끔찍한 선택에 직면할 때, 우리는 먼저 우리의 선택으로 엄청난 대가를 치르게 되리라는 사실을 받아들여야 한다. 그리고 나서 우리는 현재를 넘어 멀리 내다보고, 마음을 가다듬고, 더 나은 미래를 건설하기 시작해야 한다.

כִּי רְחִימְתִּין הֲוָה עֲזִיזָא
אַפּוּתְיָא דְּסַפְסֵרָא שְׁכִיבַן
הַשְׁתָּא דְּלָא עֲזִיזָא רְחִימְתִּין
פּוּרְיָא בַּר שִׁתִּין גַּרְמִידֵי לָא סַגִּי לָן

우리의 사랑이 강했을 때는
칼날 위에서도 잘 수 있었는데,
이제 우리의 사랑이 약해지니
60쿠비트 너비의 침대도 좁기만 하구나

When our love was strong, we could sleep on the edge of a sword;
now that our love is not strong, a bed sixty cubits wide is not
big enough for us

산헤드린● 7a

한 남자가 이렇게 말하곤 했다. "우리의 사랑이 강했을 때는 칼날 위에서도 잘 수 있었는데, 이제 우리의 사랑이 약해지니 60쿠비트 너비의 침대도 좁기만 하구나." 라브 후나는 말했다. "이것은 성경 구절에서 발견된다. 초기에 기록되기를, '거기서 내가 너와 만나고 네게 이르리라—그 덮개 위에서'[출애굽기 25:22]●●. 그리고 가르치기를, 궤는 9테파힘●●이고 덮개는 1테파힘이며 합쳐서 10테파힘을 이룬다. 기록되기를, '솔로몬 왕이 여호와를 위하여 건축한 성전은 길이가 60쿠비트요, 너비가 20쿠비트요, 높이가 30쿠비트너'[열왕기상 6:2]. 후대에 기록되기를, '여호와께서 이와 같이 말씀하시되, 하늘은 나의 보좌요 땅은 나의 발판이니, 너희가 나를 위하여 무슨 집을 지으랴?'[이사야 66:1]"

Sanhedrin. 세데르 네지킨의 4번째 소논문으로 모두 11개의 장이 있다. 사법권과 형법, 처벌의 문제를 주로 다룬다. 산헤드린의 게마라는 특히 무죄 추정의 원칙, 12인의 동의에 의한 판결 등 서구 관습법의 발전에 많은 영향을 미쳤다.

"거기서 내가 너와 만나고 속죄소 위 곧 증거궤 위에 있는 두 그룹 사이에서 내가 이스라엘 자손을 위하여 네게 명령할 모든 일을 네게 이르리라." 참고로 '현대인의성경' 번역은 다음과 같다. "두 돌판이 들어 있는

그 궤의 뚜껑 위, 곧 두 그룹 천
사 사이에서 내가 너를 만나고
이스라엘 백성에게 명령할 모
든 일을 너에게 말하겠다."

———•••———

tefaḥim. 손을 폈을 때 엄지를
제외한 손바닥의 가로길이를
말한다. 1테파힘은 8~9센티미
터 정도다.

이 경구의 원래 의미는 인간의 사랑을 설명하는 것이었다. 라시
는 "'우리의 사랑이 강할 때'란 나와 내 아내 사이의 관계를 말한
다"라고 주석한다. 하지만 라브 후나가 드는 구절들은 그가 이
문장을 하나님과 유대 백성들 간의 관계에 적용했음을 보여준
다. "초기에"는 이 관계의 시작, 즉 이스라엘 백성이 이집트를 탈
출하여 광야에 있던 40년 동안의 시기를 가리킨다. 이 기간에 대
해, 예레미야 선지자는 하나님의 말씀을 전하며 향수에 젖어 말
한다. "내가 너를 위하여 네 청년 때의 인애와 네 신혼 때의 사
랑을 기억하노니―그 광야에서 나를 따랐음이니라"(예레미야
2:2). 광야의 기간 동안, 이스라엘 민족들은 이동식 성소를 지었
고, 출애굽기 25장에 따르면 하나님은 궤의 덮개kaporet 바로 위
의 위치에서 모세에게 이야기했다. 랍비들은 이 거리가 땅에서
10테파힘(손의 폭)이라고 계산한다. 하나님의 임재가 땅에서 대
략 90센티미터 떨어져 있었다는 생각은 하나님이 사람들에게 얼
마나 가까웠는지를 보여준다. 위의 비유에서, 이것은 남편과 아
내가 아주 좁은 공간을 함께 공유할 수 있었던 것과 같은 위대한
사랑의 시기였다.

　　이후 솔로몬이 예루살렘에 성전을 지었을 때, "하나님이 머
무시는 장소"의 규모가 커졌다. 성전의 규모는 대략 길이 27미터,
폭 9미터, 높이 14미터였다. 마지막으로, 우리는 성전의 파괴(랍
비식 신학에 따르면, 이것은 사람들이 죄를 짓고 신을 멀리했기 때문
에 발생했다) 이후 이사야 선지자 시대의 구절에 이른다. 여기에
서 하나님은 어떤 성전도 하나님을 붙잡아둘 수 없다고 말한다.
우리의 비유에서, 이것은 더 이상 사랑하지 않는 남편과 아내는
27미터 너비의 침대에 함께 있으면서도 불편할 수 있다는 의미다.

데라슈 D'rash

한 신문의 개인광고에 이렇게 적혀 있다. "전문직 여성, 32세, 미혼, 비흡연, 160센티미터, 낭만적인 촛불만찬, 노을진 해변 산책, 보름달 밑에서 즐기는 유람선 여행, 불꽃놀이와 바이올린 연주 가운데 키스를 나눌 남성 구함." 이것은 로맨스 소설과 영화들이 조장하고 지속시키는 가운데, 우리 중 많은 이들이 한 번쯤 갖는 꿈이다. 그러나 인생에서 이러한 꿈이 실현되는 경우는 매우 드물다. 우리는 우리가 사랑과 연애에 대해 가지고 있는 낭만적이고 불가능한 기대가 끔찍한 실망, 불행한 결혼 그리고 오늘날 너무나 흔한 높은 이혼율에 얼마간 기여하는 것이 아닐까 생각한다.

이런 또 다른 개인광고를 상상해보라. "다음과 같은 것들을 기꺼이 참아줄 수 있는 여성 구함. 가끔 볼 일 보고 변기시트 내리는 것 깜빡하기, 일요일마다 텔레비전 앞에 앉아 미식축구 시청하기, 가끔 아주 크게 트림하기, 욕실 바닥에 젖은 수건 놔두기, 설거지거리가 잔뜩 쌓여 있는 싱크대 그냥 지나치기." 많은 사람이 이러한 설명에 끌리리라고는 상상할 수 없다. 하지만 아이러니하게도, 이것이 첫 번째 것보다 훨씬 더 일상의 현실에 가깝다.

우리 격언의 이름 모를 저자는 우리에게 진정한 사랑은 대중문화가 항상 그것과 연관시키는 피상적인 것들에 의존하지 않는다는 것을 일깨운다. 우리는 달빛이나 바이올린으로 인해 사랑에 빠지지 않는다. 우리는 결점, 단점, 약점을 지닌 현실의 사람과 사랑에 빠진다. 만약 우리가 그러한 사랑을 얻는다면, 우리는 모든 관계를 괴롭히는 장애와 문제를 함께 극복할 수 있다.

사랑에 빠진 남자와 여자는 가난이 '칼날'보다 조금 더 큰 방만을 제공한다 해도 삶을 꾸려나갈 수 있다. 그들은 "면도날처럼 날카로운 칼날에 눕는" 위태로운 곤경에 처하더라도 살아남을 수 있다. 두 사람 사이에 사랑이 죽었다면, 활활 타오르는 벽난로나 열대 섬의 매혹적인 분위기로도 로맨스를 다시 불붙이기에 충분하지 않다. 서로를 깊이 좋아하는 두 사람에게는, 함께 있는 한 칼날조차도 충분한 공간이다.

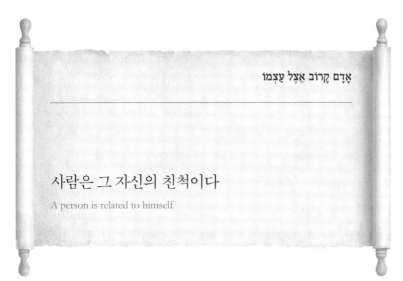

אָדָם קָרוֹב אֵצֶל עַצְמוֹ

사람은 그 자신의 친척이다

A person is related to himself

산헤드린 9b

라브 요셉이 말했다. "만일 남편이 그녀가 간통을 저질렀다는 증인들을 데려오고, 그녀의 아버지가 그의 증인들이 공모했다는 증인들을 데려온다면, 남편의 증인들은 죽임을 당하고, 어떠한 돈도 지불되지 않는다. 만일 남편이 그 아버지의 증인들이 공모했다는 증인들을 다시 데려온다면, 그 아버지의 증인들은 죽임을 당한다. 그들은 이 사람에게 돈을 지불하고 사형을 선고받는다." 라브 요셉은 또한 말했다. "'아무개가 그에게 비역질을 했다'면, 그와 또 다른 이가 연합하여 그를 죽인다. '그것은 합의한 것이었다'면, 그는 악하다. 토라에 이르기를, '너는 악의적인 증인과[……] 연합하지 말라[출애굽기 23:1].'" 라바는 말했다. "사람은 그 자신의 친척이고, 사람은 스스로를 죄에 빠뜨릴 수 없다."

한 남편이 아내를 간통으로 고발하며 증인들을 데려온다. 이 사건은 남편의 의심만 있고 증인은 없었던 성경 속 소타Sotah의 시련●과는 다르다. 아내의 아버지가 두 번째 증인 무리를 데려온다. 그들은 남편의 증인들이 공모해 거짓말을 하고 있다고 고발

앞의 세데르 나심의 '소타' 소논문에서 살펴본 '탈선한 아내' 사건을 가리킨다.

들에게는 그들이 가하려 했던
것과 동일한 처벌이 가해졌다.
"만일 위증하는 자가 있어 어
떤 사람이 악을 행하였다고 말
하면, 그 논쟁하는 쌍방이 같
이 하나님 앞에 나아가 그 당
시의 제사장과 재판장 앞에 설
것이요, 재판장은 자세히 조사
하여 그 증인이 거짓 증거하여
그 형제를 거짓으로 모함한 것
이 판명되면, 그가 그의 형제에
게 행하려고 꾀한 그대로 그에
게 행하여 너희 중에서 악을 제
하라. 그리하면 그 남은 자들이
듣고 두려워하여 다시는 그런
악을 너희 중에서 행하지 아니
하리라. 네 눈이 긍휼히 여기지
말라. 생명에는 생명으로, 눈
에는 눈으로, 이에는 이로, 손
에는 손으로, 발에는 발로이니
라."(신명기 19:16-21)

---

self-incrimination, 自己負罪. 증
인이 자신이 처벌받을 수 있는
증거나 증언을 제공하는 것을
말한다. 일반적으로 자기부죄
진술을 거부할 특권과 관련해
서 이야기된다. 유대 재판에서
피고의 친척은 증인이 될 수 없
었다. 마찬가지로, 피고의 가장
가까운 친척인 피고 자신도 자
신의 유죄를 드러내는 불리한
증언을 할 수 없었고, 한다 해
도 무효로 간주되었다.

한다. 남편의 거짓 증인들은 사형을 받는데, 이것은 그들의 (거짓) 증언이 받아들여졌다면 아내에게 가해졌을 징계다.* 이 경우, 아내는 혼인계약서에 언급된 일반적 보상금을 받지 못한다. 따라서 아내에게는 "어떠한 돈도 지불되지 않는다." 왜냐하면 이것은 동일 범죄에 대한 두 번째 징계가 될 수 있기 때문이다.

하지만 만일 남편이 세 번째 증인 무리를 데려온다면 어찌 되는가? 그들은 아내의 아버지가 데려온 두 번째 증인 무리가 거짓말을 하고 있다고 증언한다. 그렇다면 우리에게는 간통을 고발하는 첫 번째 증인단, 이 첫 번째 증인단이 공모하여 거짓말을 하고 있다고 증언하는 두 번째 증인단, 그리고 이 두 번째 증인단이 위증하고 있다고 주장하는 세 번째 증인단이 있게 된다! 이러한 상황에서는, 거짓을 모의한 두 번째 증인단은 사형을 선고받고, 그 아내에게 혼인계약서에 따른 돈을 지불해야 한다. 이것들 각각은 별개의 징계, 즉 첫 번째 증인단에게 범한 잘못(그들이 거짓말을 한다고 부당하게 고발한 것)에 대한 징계, 아내에게 범한 잘못(그녀를 간통으로 부당하게 고발한 것)에 대한 징계로 간주된다.

동성 강간("아무개가 그에게 비역질을 했다") 또한 사형에 처하는 중죄로, 두 명의 증인을 요구한다. 이 경우에, 피해자-원고와 두 번째 증인이 한 무리가 되어 피고에게 불리한 증언을 한다. 이것이 "그(원고)와 또 다른 이(별개의 증인)가 연합하여"의 의미다. "아무개가 그에게 비역질을 했다"라는 표현은 "아무개가 나에게 비역질을 했다"라는 말의 그저 탈무드식 점잖은 어법일 것이다. 원고는 3인칭을 사용하여 고통스러운 고발을 객관화한다.

하지만 피고가 "이것은 강간이 아니라 합의한 행위였다!"라고 대답한다면 어찌될까? 이 경우, 우리는 자기부죄**를 거부하는 라바의 원칙을 적용한다. 합의했든 강요했든 동성애 행위는 그 자체로 전통적인 유대 율법에 의해 금지되므로, "그것은 강요된 것이 아니라 서로 합의한 것이었다"라는 피고의 답변은 그 사실 때문에 효력이 없다. 그렇게 증언할 때, 그는 범법행위를 시인하는 셈이다. 법정에서 친척에게 유리한 증언을 하거나 불리한 증언을 하면 안 되듯이, 법정에서 자기 자신에게 불리한 증언을 하면 안 된다. "사람은 그 자신의 친척이고, 사람은 스스로를 죄에 빠뜨릴 수 없기" 때문이다. 이후의 주석가들은 이 원칙을 사형으로 제한하는 반면, 금전적 문제에서는 자기부죄를 할 수 있다고 보았다. 그럼에도 "그것은 합의한 것이었다"라는 증언은 효력이 없다.

게마라에 나오는 출애굽기의 구절―"너는 악의적인 증인과 [⋯⋯] 연합하지 말라"―은 창의적으로 잘못 인용한 것이다. 출애굽기 23장 1절의 전체 내용은 다음과 같다.

"너는 거짓된 풍설을 퍼뜨리지 말며, 악인과 연합하여 위증하는 증인이 되지 말며."

게마라는 이 구절의 일부를 생략했다.[:] 게마라가 정확한 구절을 제시하지 않고서 "토라에 이르기를"이라는 표현을 사용했다는 것을 잘 알았던 라시는 명백히 사과조로 간결하게 주를 단다. "쓰여 있기는, '너희는 악인과 연합하여 위증하는 증인이 되지 말며'이다."

영어 번역은 다음과 같다. "You shall not join [hands with the guilty to act as] a malicious witness."

데라슈 D'rash

 "타인이 너를 칭찬하게 하고, 네 입으로는 하지 말라"(잠언 27:2). 그래서 우리는 우리 자신에게 후한 칭찬을 하지 않는다. 하지만 유대 율법은 자기비하 또한 못마땅해한다. 이것은 잘못일 뿐 아니라 우리 자신에게 불이익을 주는 부적절하고 부당한 처사다. 우리가 다른 사람들, 특히 친척들에게 보이는 우려를 또한 우리 자신에게도 보여야 한다. 이것이 "사람은 그 자신의 친척이다"에 대한 전통적 해석이다.

우리의 원문은 우리가 긍정적인 의미에서 우리 자신에 대해 주의해야 한다고 일깨운다. 미국의 법체계에는, 수정헌법 제5조 자기부죄로부터의 보호에 비슷한 개념이 있다. "불리한 진술을 거부하는" 사람에 대해 우리는 부정적으로 추정한다. 즉 그 사람은 유죄이지만, 그 헌법상의 면책이 그 개인을 자기부죄로부터 보호한다고 말이다. 하지만 수정헌법 제5조뿐 아니라 "사람은 그 자신의 친척이다"라는 우리의 원리에는 아주 긍정적인 면이 있다. 유죄인 사람도 수정헌법 제5조에 의해 거짓말하여 잘못을 더 악화시키는 것으로부터 보호받는다.

우리는 다른 사람들, 우리가 돌봐야 하는 사람들의 필요를 처리해야 하는 만큼, 우리 또한 돌보는 사람 즉 우리 자신의 필요에 대해서도 생각해야 한다. 헌신적인 엄마가 자녀에게는 자동차 좌석의 안전벨트를 채워주면서 그녀 자신은 하지 않는 경우를 우리는 얼마나 자주 보았는가? 그 엄마는 "그녀 자신의 친척이" 아닌가? 그녀는 자녀에게 보인 것과 똑같은 염려를 아이의 엄마에게 보여서는 안 되는가? 마찬가지로, 우리는 자녀들에게 특별한 날에 새 옷을 사주지만 우리 자신에게는 그러한 사치를 허락하지 않는다. 우리는 "우리 자신의 친척이" 아닌가? 우리는 부모님이 건강과 의료에 신경 쓰는 것은 중요하다고 생각하지만, 우리 자신에게는 그렇게 하는 것을 소홀히 한다. 혹은 우리는 자녀들이 반드시 종교 교육을 받도록 하지만, 왜 그런지 우리 자신에게는 그런 시간을 내지 못한다. 우리가 가장 가까운 사람들에게 바라는 모든 것, 우리가 그들을 위해 행하고 그들에게 장려하는 긍정적인 모든 것을 또한 우리 자신을 위해서도 해야 한다. 왜냐하면 "사람은 그 자신의 친척", 다시 말해, 우리는 우리 자신의 첫 번째이자 가장 중요한 친척이기 때문이다.

"네 이웃을 네 몸과 같이 사랑하라"는 보통 유대 문헌에서 "네가 네 자신을 사랑할 수 있을 때에야 네 이웃을 사랑할 수 있다"라는 의미로 풀이된다. 라바의 말은 지나친 나르시시즘이나 방종을 정당화하려는 의도가 아니다. 오히려, 그 말은 자기 순교를 예방한다. 친척을 돌보는 우리들 각자는 가장 가까운 친척, 곧 우리 자신에게 관심을 기울여야 한다.

그가 죄를 지었을지라도, 그는 여전히 '이스라엘'이다

Even though he sinned, he is still "Israel."

산헤드린 44a

"이스라엘이 범죄하였다!"[여호수아 7:11]. 랍비 아바 바르 자브다가 말했다. "그가 죄를 지었을지라도, 그는 여전히 '이스라엘'이다." 랍비 아바가 말했다. "이것은 사람들이 '버드나무들 가운데 있는 도금양은 여전히 도금양이고, 도금양이라 불린다'라고 말하는 것과 같다."

이스라엘 백성들을 여리고 전투로 이끌기 전, 여호수아는 백성들에게 전리품을 취하지 말도록 경고했다. "너희는 그 바친 것 중에서 어떤 것이든지 취하여, 너희가 이스라엘 진영으로 바치는 것이 되게 하여, 고통을 당하게 되지 아니하도록 하라"(여호수아 6:18). 한 사람, 즉 유다지파에 속한 갈미의 아들 아간이 금지된 물건 중 일부를 취했다.● 그런 다음 이스라엘 백성들이 아이 성 전투에 임했을 때, 그들은 끔찍한 패배를 당했다. 여호수아는 하나님께 불만을 터뜨렸다. "어찌하여 이 백성을 인도하여 요단을 건너게 하시고 우리를 아모리 사람의 손에 넘겨 멸망시키려 하셨나이까?"(여호수아 7:7) 하나님은 이렇게 대답했다. "이스라

"그러므로 여호수아가 아간에게 이르되 내 아들아 청하노니 이스라엘의 하나님 여호와께 영광을 돌려 그 앞에 자복하고 네가 행한 일을 내게 알게 하라 그 일을 내게 숨기지 말라 하니, 아간이 여호수아에게 대답하여 이르되 참으로 나는 이스라엘의 하나님 여호와께 범죄하여 이러이러하게 행하였나이다. 내가 노략한 물건 중에 시날 산의 아름다운 외투한 벌과 은 이백 세겔과 그 무게가 오십 세겔 되는 금덩이 하나를 보고 탐내어 가졌나이다. 보소서 이제 그 물건들을 내 장막 가운데 땅 속에 감추었는데 은은 그 밑에 있나이다 하더라…… 여호수아가 이르되 네가 어찌하여 우리를 괴롭게 하였느냐 여호와께서 오늘 너를 괴롭게 하시리라 하니 온 이스라엘이 그를 돌로 치고 물건들

원전에 가장 가까운 탈무드

엘이 범죄하여 내가 그들에게 명령한 나의 언약을 어겼으며 또한 그들이 온전히 바친 물건을 가져갔노라."(여호수아 7:11)

도 돌로 치고 불사르고."(여호수아 7:19-21, 25)

랍비들은 여기서 하나님이 이스라엘이라는 용어를 사용한 데 주목했다. (라시는 그의 주석에서, 우리는 하나님이 "그 백성들이 범죄했다"라고 말하리라 예상했을 것이라고 지적한다.) 이스라엘은 명예로운 이름이기 때문에, 왜 하나님은 문맥상 불명예스런 행동을 가리킬 때에도 이 특정한 이름을 사용하는지에 대한 의문이 제기된다. 대답은 백성들이 잘못을 저지를 때에도, 그들이 범죄를 저지를 때에도, 그들은 여전히 이스라엘이라는 이름이 갖는 영광과 고유성을 유지한다는 것이다.

민간 속담이 이 개념을 뒷받침하기 위해 인용된다. 도금양은 풍성한 녹색 잎을 가진 아름답고 향기로운 관목이다. 평범한 버드나무에 둘러싸여 있을 때에도(초막절 절기 동안, 종려나무 가지에 도금양과 버드나무 가지를 엮듯이), 도금양은 눈에 잘 띄고 그 고유성과 이름을 유지한다. 도금양이 언제 어디에 있더라도 항상 도금양이듯, 이스라엘 백성들 또한 언제 어디에 있든 항상 "이스라엘"로 남는다.

데라슈 D'rash

어떤 종교들에서 심각한 죄를 저지르거나 교회법을 위반한 사람은 파문 즉 그 교회 신도에서 추방당할 수 있다. 이와 대조적으로 유대교에서는 유대인이 그 종교에서 쫓겨날 수 있는 행동이란 아무것도 없다. "그가 죄를 지었을지라도, 그는 여전히 '이스라엘'이다." 어느 유대인이 변절자가 되어 유대교를 비난하고 다른 신앙으로 개종하더라도, 그는 여전히 많은 측면에서 유대인으로 간주된다. 한때 유대 공동체에서 실행되던 (혜렘과 니두이• 같은) 파문의 범주들이 있었지만, 그것들은 단지 개인이 행동을 바꾸도록 하는 사회적 압력의 도구로 사용되었다. 다른 사람이 유대인임을 앗아갈 수 없고, 유대인 스스로 그것을 포기할 수도 없다. 범죄자와 이단자들도 그들이 무슨 짓을 했든 여전히 유대인으로 남는다.

이것은 어째서 그러한가? 진정한 사랑은 조건이 붙지 않는다. 존경과 흠모는 노력해서 얻는 것이지만, 사랑은 아낌없이 주어지는 것이다. 아이가 잘못을 저질렀을 때, 부모가 그 순간 아이를 좋아하기란 어렵겠지만, 아버지나 어머니의 사랑은 절대 중단되지 않는다. 하나님의 자녀들에 대한 거룩한 사랑도 이와 같다. 하나님은 우리에게 화가 나실 수도 있고, 잘못을 범한 데 대해 꾸짖으실 수도 있다. 하지만 하나님은 결코 우리와의 인연을 끊지 않으신다. 우리는 "품위 있는 인간mensch" 혹은 "의로운 사람tzaddik"이라는 칭호를 얻기 위해 노력해야 하지만, 우리가 무엇을 하든 '이스라엘'이라는 칭호는 항상 우리의 것이다. 성직자는 그 성직을 박탈당할 수 있고, 변호사는 그 자격을 상실할 수 있고, 군인은 불명예제대를 할 수 있다. 하지만 유대인은 절대 '이스라엘'이라는 이름의 영광이 부정될 수 없다.

그 특별한 명예는 특별한 책임을 수반한다. 우리는 잘못을 저지르기 전에 다시 한 번 생각해봐야 한다. 왜냐하면 우리의 행동이 항상 우리 민족의 나머지에게 불명예를 초래할 것이기 때문이다. 아간처럼, 우리가 한 일이 다른 유대인들에게 불리하게 영향을 미칠 수도 있다. "그가 죄를 지었을지라도, 그는 여전히 '이스라엘'이다"라는 개념은 또한 화해와 복귀의 가능성이 항상 있음을 암시한다. 우리가 무엇을 했을지라도, 우리는 항상 우리 자신을 구원하여 다시 "집으로 돌아올" 수 있다. 우리는 항상 우리 안에 이스라엘이라는 이름의 (라시의 용어를 사용하자면) '거룩함'을 지니고 있다. 우리는 항상 우리 안에 손을 뻗어 그 거룩함에 의지할 수 있다. 그리고 그렇게 함으로써, 우리 자신을 그 이름이 지니는 명예에 걸맞은 가치 있는 존재로 만들 수 있다.

하늘을 향한 뻔뻔함도 효과적이다
Audacity even towards Heaven is effective

산헤드린 105a

"[모압 장로들과 미디안 장로들이 손에 복채를 가지고 떠나, 발람에게 이르러 발락의 말을 그에게 전하매, 발람이 그들에게 이르되, '이 밤에 여기서 유숙하라. 여호와께서 내게 이르시는 대로 너희에게 대답하리라.'] 모압 귀족들이 발람에게서 유숙하니라."[민수기 22:7-8] 미디안의 장로들은 어디로 떠났나? 그가 그들에게 "이 밤에 여기서 유숙하라. 내가 너희에게 대답하리라"라고 말하자, 그들은 스스로에게 말했다. "자기 자식을 싫어하는 아버지가 있으랴?" 라브 나흐만은 말했다. "하늘을 향한 뻔뻔함도 효과적이다." 첫 부분에는 "너는 그들과 함께 가지 말라"[민수기 22:12]라고 기록되어 있으나, 끝 부분에는 "그들과 함께 가라"[민수기 22:20]라고 기록되어 있다.

산헤드린 11장에는, 민수기 22~24장에서 찾아볼 수 있는 발락과 발람의 이야기에 대한 장황한 해설이 있다. 성서의 설명에 의하면, 모압의 왕 발락은 유명한 선지자 발람을 고용하여 이스라엘 백성들을 저주하고자 했다. 발람은 거절하려고 하지만, 발락은 안 된다는 대답을 받아들이려 하지 않는다. 발락 왕은 발람을 설득하기 위해 사절단을 보낸다. 이들이 "모압 장로들과 미디안 장로들"이다. 그리하여 게마라의 첫 질문은 "모압 장로들과 미디안 장로들" 둘 다를 언급하는 7절의 시작 부분과 "모압 귀족들"만 언급하는 8절의 끝 부분 사이의 차이에 초점을 맞춘다. 미디안 장로들에게는 무슨 일이 있었는가? 대답은 발람이 그들에게 하나님의 답을 기다리라고 청하자, 미디안 장로들은 자신들의 주장이 헛수고라는 것을 알았다는 것이다. 즉 아버지(하늘에 계신 아버지)는 항상 그 자녀(이스라엘의 자녀)를 사랑하며, 발람이 이스라엘 백성들에게 해를 끼치는 것을 막음으로써 이 사랑을 표시할 것이다. 따라서 괜한 기대를 품고 밤을 지새우며 신으로부터의 부정적인 대답을 기다릴 필요가 없었다.

발락의 귀족들이 발람의 지붕 아래서 밤을 지새우는 동안, 발람은 하나님의 지시를 기다린다. 하나님은 발람에게 말한다. "너는 그들과 함께 가지도 말고, 그 백성을 저주하지도 말라. 그들은 복을 받은 자들이니라."(민수기 22:12) 발람은 어떻게 해야 하는가? 우리는 발람이 그 사절단을 떠나보내리라 예상하는데, 하나님이 이미 답을 알려주셨기 때문이다. 하지만 이것은 발람이 한 일이 아니다. 그는 장로들에게 말한다. "그런즉 이제 너희도 이 밤에 여기서 유숙하라. 여호와께서 내게 무슨 말씀을 더 하실는지 알아보리라."(민수기 22:19) 탈무드는 이것을 "하늘을 향한 뻔뻔함"이라 부른다. 다시 말해, 장로들과 함께 가지 말라는 하나님의 특별한 명령을 노골적으로 무시하는 것이다. 하나님은 안 된다고 말씀하셨지만, 발람은 다른 대답을 얻어내려고 하며 "하늘을 향한 뻔뻔함"을 보인다.

그것은 하나님에 대한 무례한 행동이었음에도, 효과가 있었다! 하나님은 발람이 발락의 사자들과 함께 가도록 허락하신다. "뻔뻔함"이라고 번역된 단어는 서구세계에 잘 알려진 히브리어 단어 중 하나인 후츠파hutzpah다. 하나님을 볼모로 잡을 수 있는 자는 없지만 때로는 하나님께 이의를 제기해 이길 수 있다. 하늘을 향한 이 후츠파의 지침은 명확하지 않다. 소돔 이야기(창세기 18)에서, 아브라함은 하나님과 논쟁하여 그 도시를 구원하는 데 요구되는 의인의 수를 50명에서 10명으로 낮춘다. 이것은 분명히 뻔뻔한데, "소돔과 고모라에 대한 부르짖음이 크고 그 죄악이 심히 무겁기"(창세기 18:20) 때문이다! 황금 송아지의 여파로 모세는 자신의 생명을 건다. 그는 하나님께 백성들의 죄를 용서하든지, 아니면 "주께서 기록하신 책에서 내 이름을 지워버려 주옵소서"(출애굽기 32:32), 곧 나의 생명을 앗아가라고 말한다. 이것은 하늘을 향한 후츠파로 보이지만 효과가 있는 뻔뻔함이다. 하나님은 이스라엘 민족 전체를 파멸시키려는 뜻을 굽혔기 때문이다.

데라슈 D'rash

우리는 라브 나흐만의 논평에서 유대의 전통에서는 하나님을 향한 후츠파가 항상 반역이나 이단으로 여겨지지는 않는다는 것을 배울 수 있다. 그와 반대로, 아브라함과 모세와 발람의 이야기에 그려진 예들은 "하나님의 뜻"에 종종 융통성이 있음을 보여준다. 우리에게 일어나리라 확신하는 부정적인 일들이 종종 우리를 비켜간다. 우리는 미래가 예정되어 있다고 말할 필요가 없는데, 때로 하나님의 법에 이의를 제기하는 후츠파를 보여 그것을 바꿀 수 있기 때문이다.

우리는 "만약 신이 사람들이 날기를 원했다면, 우리에게 날개를 주었을 텐데"와 같이 지나치게 단순화된 공리로 표현되는 예정설을 자주 듣는다. 인간은 날 수 있는 잠재력을 가지고 있지만, 이는 신이 우리에게 날개를 주었기 때문이 아니라, 그저 신이 준 재능을 우리가 혁신하고 중력을 극복하는 데 이용했기 때문이다. 이러한 잘못된 사고방식은 "만일 신이 우리가 건강하길 원했다면, 우리는 질병에 면역된 존재로 창조되었을 텐데"와 같이 뻗어나갈 수 있다. 유대교는 신과 인간이 이 세상의 동반자라고 말한다. 신이 우리를 위해 무엇을 원했는가는 덜 중요하고, 신이 우리에게 스스로를 도울 힘을 주었다는 사실이 더 중요하다.

오늘날 의학과 과학과 기술은 놀라운 신약과 새 치료법들을 만들어낸다. 천연두는 지구상에서 완전히 사라졌다. 주요 질병들이 치료되었고, 다른 질병들에 대한 치료약도 매일 발견되고 있다. 이것은 하늘에 도전하는 것일까? 오히려 반대로, 이것은 하늘의 작품이다! 만약 신성한 성서를 향한 어떤 뻔뻔함이 있는 듯하다면, 그것은 오직 우리의 마음 안에 있을 뿐이다.

결국, "하나님의 뜻" "하나님의 명령" 혹은 "운명"이란 실은 상대적인 말이다. 우리가 예정되어 있다고 생각하는 것은 실제로는 바뀔 수 있다. 신은 그 정의상 불변인데, 우리가 어찌 악이 신성한 명령에 의한 것이었다고 말할 수 있겠는가? 전통적 유대인의 관점에서, 우리는 도덕적 사안들에 대해 하나님과 논쟁하도록, 운명을 받아들이지 않고 그것에 도전함으로써 어느 정도 하늘을 향해 뻔뻔함을 보이도록 더욱 요구되는 듯하다. 우리가 하나님의 마음을 변화시키고, 악한 명령을 피하고, 운명에 도전하여 그것을 바꾸려고 노력하는 것은 바로 신성한 계획의 일부다. 때로 하늘을 향한 뻔뻔함은 효과적일 수 있다.

אַהֲבָה מְבַטֶּלֶת שׁוּרָה
שֶׁל גְּדֻלָּה

사랑은 위대한 자들에게 기대되는
품위 있는 행동을 상쇄한다

Love cancels out the dignified conduct
expected of the great

산헤드린 105b

랍비 시몬 벤 엘라자르의 이름으로 이렇게 가르친다. "사랑은 위대한 자들에게 기대되는 품위 있는 행동을 상쇄한다. 우리는 이것을 아브라함에게서 배울 수 있다. 기록되기를, '아브라함이 아침에 일찍이 일어나 나귀에 안장을 지우고'[창세기 22:3]. 증오는 평상시의 질서를 무너뜨린다. 우리는 이것을 발람에게서 배울 수 있다. 이르기를, '발람이 아침에 일어나서 자기 나귀에 안장을 지우고'[민수기 22:21]."

아브라함은 하나님에게 명령을 받았다. "네 아들, 네 사랑하는 독자 이삭을 데리고 모리아 땅으로 가서, 내가 네게 일러준 한 산 거기서 그를 번제로 드리라"(창세기 22:2). 이것은 부모라면 순종하기 가장 어려운 명령이었음에도, 아브라함은 하나님에 대한 사랑과 헌신으로 인하여 그것을 서둘러 이행한다. 랍비들은 그 원문이 그가 지체 없이 다음날 이른 아침에 출발했다고 말하는 점에 주목한다. 그들은 또한 아브라함이 직접 안장을 지운 점을 주목한다. 이것은 이상한데, 아브라함은 당시 꽤 늙었고 부유했기 때문이다. 우리는 그에게 종들이 있었음을 안다(그중 두 명이 그의 여정에 동행한다). 아브라함처럼 부유하고 나이 많고 중요한 사람이 그런 하찮은 일을 한다는 것은 어울리지 않아 보인다. 따라서 랍비 시몬 벤 엘라자르는 사랑(이 경우에는, 하나님에 대한 아브라함의 사랑)이 사람들을 그 성격과 맞지 않는 일들을 하게 만들 수 있다고 가르친다.

미디안의 예언자이자 점술가인 발람은 모압의 왕 발락에 의해 이스라엘 백성이 광야를 떠돌고 있을 때 그들에게 저주를 내리도록 고용된다. 사절단이 발람이 저주를 내릴 수 있도록 호위하기 위해 온다. "발람이 아침에 일어나서 자기 나귀에 안장을 지우고 모압 고관들과 함께 갔다"(민수기 22:21). 또 다시, 랍비들은 발람이 매우 중요한 인물인데, 그가 스스로 동물에게 안장을 지우는 것은 꽤 이례적인 일임에 주목한다. 그에 대한 설명은 이스라엘 민족들의 적인 발람이 이 백성들에 대해 너무 증오로 가득 차 있어서 당장 나가서 그들을 저주하고 싶어 못 기다렸다는 것이다. 그는 조금도 지체하지 않고 자신의 임무를 시작하려고 스스로 안장을 지웠던 것이다. 사랑과 마찬가지로, 증오도 우리가 평상시라면 하지 않았을 일들을 하게 만들 수 있다.

우리는 토라에 있는 이야기들을 기억하고 읽어내는 랍비 시몬의 예리한 시각에 경탄하지 않을 수 없다. 그는 중요한 유사성과 차이를 지닌 두 이야기를 들려준다. 어느 위대한 사람이 아침에 그의 안장을 지운다. 하지만 아브라함은 하나님의 뜻을 이행하기 위해 그것을 하는 반면, 발람은 다음과 같은 하나님의 말씀을 거역하기 위해 그것을 행한다. "하나님이 발람에게 이르시되…… '너는 그 백성을 저주하지 말라. 그들은 복을 받은 자들이니라'"(민수기 22:12).

데라슈D'rash

고속도로 위에 고가도로가 있다. 그 콘크리트 면에 "존은 매리를 사랑해"라는 문구가 스프레이로 칠해져 있다. 우리는 그 낙서에 짜증을 낼 수도 있고 재미있어 할 수도 있다. 그때 갑자기 이것을 '어떻게' 썼을까 하는 데 생각이 미친다. 존이 매리에게 보내는 이 편지를 휘갈겨 쓸 때, 그는 아마도 혼잡한 도로 위 10미터 지점에 거꾸로 매달려 있었을 것이다. 물론, 우리는 그가 '왜' 그 메시지를 썼는지 안다. 그것은 사랑이었다.

자신의 유언장에 이상한 조항을 남겨놓은 한 남자에 관한 유명한 이야기가 있다. "내 아들이 미쳐버리기 전에는 내 돈을 단 한 푼도 상속받을 수 없다." 아무도 그 고인이 이런 희한한 조항을 썼을 때 무슨 생각을 했는지 도무지 이해할 수 없었다. 누군가 그 아들의 집을 방문해 그를 보았을 때 마침내 수수께끼가 풀렸다. 그는 바닥에 네 발로 엎드려 말 흉내를 내고 있었다. 말 울음소리를 내면서 방을 질주하는 그의 등에는 어린 아들이 타고 있었다. 그 노인은 자기 아들이 재산을 물려받기 전에 부모가 되기를 바랐다는 것이 갑자기 분명해졌다. 그 노인은 부모가 된다는 것―그리고 모든 종류의 사랑―이 우리를 이따금 조금은 미치게 만든다는 것을 이해했던 것이다.

증오도 우리에게 똑같은 일을 할 수 있다. 한 남자가 아내가 불륜을 저지르고 있다는 것을 발견하고, 그들은 헤어진다. 그러나 그는 과거를 묻고 새로운 삶을 시작하는 대신에, 그녀의 배신

원전에 가장 가까운 탈무드

에 대해 벌을 주려는 데 집착하게 된다. 몇 년이 지나도, 그는 복수하려고 애쓰며 많은 시간과 돈과 에너지를 계속 쏟아붓는다. 친구들은 그에게 "바보 같은 짓을 하고 있을 뿐이야"라고 말하지만, 그는 친구들의 말을 듣지 않는다. 증오가 그의 삶을 빼앗았다.

나치의 만卍자문과 증오의 메시지가 온 회당에 칠해져 있다. 평온했던 공동체는 큰 충격을 받는다. 경찰은 십대 두 명을 체포하는데, 보이스카우트 출신에 총명하고 말쑥한 전형적인 미국 소년들이다. 이웃들은 깜짝 놀란다. 그 소년들이 어떻게 이런 끔찍한 짓을 하나님의 집에, 거기다 이웃들에게 저지를 수 있었을까? 이제부터 그들이 짊어지게 될 수치와 범죄기록을 고려했다면, 그들이 어떻게 그들 자신과 그들의 가족들에게 이런 짓을 할 수 있었겠는가? 증오심 또한 우리의 성격에 어울리지 않고 이치에 맞지 않는 일을 하게 만들 수 있다.

사랑과 증오는 우리가 세상을 보는 방식을 급진적으로 바꿀 수 있는 강력한 감정이다. 그것들은 또한 우리가 행동하는 방식을 극단적으로 바꿀 수 있다. 우리가 이러한 다양한 요소들을 이해하고 그것들이 우리에게 어떻게 영향을 미치는지를 이해하는 것은 중요하다. 가능한 한 우리는 그것들을 통제하려 노력해야 하며, 그것들이 우리를 통제하지 못하도록 해야 한다. 그리고 랍비 시몬 벤 엘라자르처럼, 우리는 또한 우리의 개인적인 삶뿐 아니라 우리 주변의 더 큰 세상에서도 사랑의 힘이 증오의 힘을 극복할 만큼 충분히 강해지기를 기도해야 한다.

יֵשׁ קוֹנֶה עוֹלָמוֹ
בְּשָׁעָה אַחַת

그들의 세상을 단 한 시간 만에
성취하는 사람들이 있다

There are those who achieve their world in a single hour

아보다 자라 • 17a

Avodah Zarah. 세데르 네지킨의 8번째 소논문으로 5개의 장으로 이루어져 있다. 이방인(비유대인)들과 함께 살아가는 유대인들이 지켜야 할 율법, 특히 우상숭배자들과의 교류를 규제하는 내용을 주로 다룬다.

가르치기를, 그들은 랍비 엘라자르 벤 도르디아에 대해 말했다. 그가 찾아가지 않은 매춘부는 이 세상에 하나도 없었다. 한번은 그가 바닷가 마을에 한 매춘부가 있다는 이야기를 들었다. 그녀는 화대로 디나르 한 주머니를 요구했다. 그는 그녀를 품기 위해 디나르 한 주머니를 가지고 일곱 개의 강을 건넜다. 성관계를 하는 동안 그녀가 방귀를 뀌었다. 그녀가 말했다. "이 방귀가 이곳에 돌아오지 않는 것처럼, 엘라자르 벤 도르디아 역시 회개하여 돌아온다 해도 받아들여지지 않을 것이다."

그는 두 개의 큰 산과 언덕 사이로 가서 앉았다. 그가 말했다. "산과 언덕이여! 나를 대신해 자비를 청해주소서!" 그들이 그에게 말했다. "너를 대신해 간청하기 전에, 우리는 우리 자신을 위해 간청해야 한다. 이르기를, '산들이 떠나며 언덕들은 옮겨질지라도'[이사야 54:10]."

그가 말했다. "하늘과 땅이여! 나를 대신해 자비를 청해주소서!" 그들이 말했다. "너를 대신해 간청하기 전에, 우리는 우리 자신을 위해 간청해야 한다. 이르기를, '하늘이 연기 같이 사라지고 땅이 옷 같이 해어지며'[이사야 51:6]."

그가 말했다. "해와 달이여! 나를 대신해 자비를 청해주소서!" 그들이 말했다. "너를 대신해 간청하기 전에, 우리는 우리 자신을 위해 간청해야 한다. 이르기를, '그때에 달이 수치를 당하고 해가 부끄러워하리니'[이사야 24:23]."

그가 말했다. "별들과 행성들이여! 나를 대신해 자비를 청해주소서!" 그들이 그에게 말했다. "너를 대신해 간청하기 전에, 우리는 우리 자신을 위해 간청해야 한다. 이르기를, '하늘의 만상이 사라지고'[이사야 34:4]."

그가 말했다. "이 문제는 나 혼자에게 달린 것이구나." 그는 무릎 사이에 머리를 묻고 영혼이 세상을 떠날 때까지 울었다. 하늘의 목소리가 선포했다. "랍비 엘라자르 벤 도르디아는 다음 세상의 삶에 초대되었다." 이것은 그가 죄를 짓고 죽은 경우다. 그것은 그가 부도덕한 일에 너무 빠져 이단과 비슷했기 때문이다. 랍비가 울며 말했다. "여러 해가 지난 후에 성취하는 사람들이 있고, 그들의 세상을 단 한 시간 만에 성취하는 사람들이 있다." 랍비는 말했다. "돌아온 자들은 받아들여질 뿐 아니라 또한 '랍비'라는 칭호로 불린다."

엘라자르 벤 도르디아의 이야기는 잠언에 있는 다음 구절의 의미를 논의하다가 제시된다. "누구든지 그녀에게로 가는 자는 돌아오지 못하며 또 생명 길을 얻지 못하느니라"(2:19). 랍비들은 "그녀"를 이단minut을 가리키는 것으로 해석하는데, 이 단어는 다양한 이교 집단에 매혹된 유대인들을 일반적으로 의미한다. 이 특정 랍비들은 그런 유대인들에게 강경노선을 취한다. 즉 이러한 종파들에 참여하는 자는 누구든지 유대인 집단에 돌아올 수 없다. 뿐만 아니라, 이단의 가르침을 기웃거린 후 다시 정통 유대교에 돌아오려 한 자들은 그들 죄의 결과로 죽을 것이다. 변절을 향한 랍비들의 격렬한 분노는 1~2세기 유대교에게 그것이 얼마나 큰 위협으로 느껴졌는지 그리고 죄를 지은 유대인도 여전히 유대인이라는 일반적 원칙을 왜 그들이 기꺼이 어기려 했는지를 암시해준다.

그러고 나서 게마라는 이단과 마찬가지로 혹독한 형벌을 받는 다른 죄들이 있는지를 계속해서 묻는다. 대답은 이단만이 특별한 것처럼 보인다. 그것만이 죄인이 죽음을 당하고 돌아올 수 없기 때문이다. 하지만 이때 엘라자르 벤 도르디아의 경우가 제시된다. 그는 배교가 아니라 성적 부도덕이라는 죄를 지었다. 그는 회개하려고 했지만 생명을 연장받지 못하고 죽었다. 게마라의 요점에 대한(그와 모순되는 듯한 이야기에 언급된) 이 반박에 대해 랍비들은 대답한다. 엘라자르 벤 도르디아는 특별한 경우다. 그는 자신의 죄에 너무 빠져 있었고 그것은 이단과 같은 것이었다. (그는 "종교적" 죄를 저질렀다고 말할 수도 있다.) 하지만 그의 경우에도, 우리는 그의 회개가 효과가 있었다는 것을 알게 된다. 하늘의 음성 bat kol이 그가 내세에 초대받았다고 우리에게 확인해준다. 진심어린, 진정한 뉘우침은 차이를 만든다.

이야기의 처음에서, 우리는 엘라자르 벤 도르디아가 랍비라고 믿도록 유도된다. 이야기의 끝부분에서, 우리는 "랍비"라는 칭호가 그의 죽음 이후에야 그에게 부여됨을 알게 된다. 그는 랍비, 교사가 되었는데, 그가 우리에게 아무리 늦게라도 회개할 수 있음을 보여주었기 때문이다. 잠언의 구절에 대한 매춘부의 해석 즉 "누구든지 그녀—나와 같은 여자—에게로 가는 자는 돌아오지 못하며"는 틀렸음이 증명된다.

우리 이야기의 또 다른 랍비는 서기 3세기의 위대한 현자이자 유대 민족의 지도자인 랍비 예후다 하나시("군주")다. 우리는 왜 그가 끝에 눈물을 흘리는지 의아해한다. 그것은 엘라자르 벤 도르디아가 회개하고, 천국에 받아들여지고, "랍비"라는 칭호를 받게 된 것에 대해 그가 감동했기 때문인가? 아니면 다른 사람(랍비 예후다 하나시?)은 성취하는 데 평생이 걸린 것을 그와 같은 악당은 단 한 시간 만에 성취한 것에 대한 질투나 좌절 때문인가? 인간이기에, 그는 아마도 둘 다 조금씩은 느꼈을 것이다.

데라슈 D'rash

NFL(미국 프로 미식축구 리그)의 통산 최다득점 기록은 조지 블란다 George Blanda가 갖고 있다. 이 키커는 1949년 시카고 베어스에 처음 입단하여 1975년 오클랜드에서 은퇴했다. 26년 넘게 경기를 뛰며 블란다는 2002점을 득점했다. 이 엄청난 숫자는 9개의 터치다운, 335개의 필드골 그리고 터치다운 이후 기록한 943점으로 이루어졌다.

스포츠 기록책의 육상 부문에는 로저 배니스터 Roger Bannister 또한 실려 있다. 1954년 5월 6일, 배니스터는 "1마일 4분 벽"을 최초로 깨뜨린 사람이 됨으로써 스포츠 역사에 불멸의 이름을 새겼다. 그의 기록은 3분 59.4초였다.

한 사람은 사반세기 이상이 걸려서야 명성을 얻는데, 다른 사람은 단 몇 분 만에 명성을 얻는다. 같은 일이 스포츠 분야 밖에서도 항상 일어난다. 어떤 사람은 가족을 부양하기 위해 평생을 열심히 일한다. 하루 12시간, 주 6일, 1년 중 52주, 그렇게 거의 50년 동안을 일한다. 은퇴를 하고 나서야 겨우 여유를 갖고 얼마 남지 않은 여생을 즐길 수 있게 된다. 또 다른 사람은 가게에 가서 1달러짜리 복권을 사고 다음날 1000만 달러에 당첨된다. 한 사람은 여러 해가 지난 후에야 자신의 세상을 얻는데, 다른 사람은 단 한 시간 만에 얻는다.

랍비 예후다 하나시처럼, 우리 역시 우리는 온갖 고생을 하며 그럭저럭 살아가는데 다른 사람은 빨리 성취하는 것을 보면 울고 싶어진다. 이상적인 세상에서는 명예, 부, 성공이 기꺼이 열심히 일하는 이들에게 주어질 것이다. 하지만 우리의 경험은 우리가 그런 이상적인 세상에서 살고 있지 않다고 가르쳐준다. 이러한 차이 그리고 그것이 왜 일어나는지를 설명하는 것은 우리의 능력을 벗어나 있다.

하지만 우리 이야기에서 위안이 되는 것은 중요한 무언가를 이루는 데 너무 늦은 시기란 없다는 가르침이다. 중요한 것을 성취하는 일은 심지어 단 한 시간 만에도 가능하다. 그리고 우리의 삶을 되돌리기에 너무 늦은 때란 없다.

מַמְזֵר תַּלְמִיד חָכָם קוֹדֵם
לְכֹהֵן גָּדוֹל עַם הָאָרֶץ

학자인 맘제르가
무식한 제사장보다 우선한다

A mamzer who is a scholar takes precedence over
a High Priest who is an ignoramus

미슈나(3:8): 코헨은 레위인보다 우선하고, 레위인은 이스라엘인보다 우선하고, 이스라엘인은 맘제르보다 우선하고, 맘제르는 네틴보다 우선하고, 네틴은 개종자보다 우선하고, 개종자는 자유를 얻은 노예보다 우선한다. 언제인가? 그들이 모두 동등할 때다. 하지만 만일 맘제르가 학자이고 제사장이 무식한 자라면, 학자인 맘제르가 무식한 제사장보다 우선한다.

게마라: "언제인가? 그들이 모두 동등할 때다." 우리는 이것을 어디에서 찾아볼 수 있나? 랍비 하니나의 아들 랍비 아하는 말했다. "성경에 이르기를, '지혜는 진주보다[mip'ninim] 귀하니'[잠언 3:15], 가장 깊은 곳에[lifnei v'lifnim] 들어가는 제사장보다 귀하도다."

세데르 네지킨의 마지막에 있는 이 미슈나는 명예와 구제의 문제를 이야기한다. 어떤 사람이 첫 번째로 명예로운 사람이어야

Horayot. 세데르 네지킨의 마지막 소논문으로, 법정에서의 잘못된 판결에 대한 율법을 다룬다.

하는가? 그리고 긴급 상황에서, 누가 먼저 구제되어야 하는가? 다시 말해, 누가 공동체에서 가장 높은 지위를 가지는가? 미슈나는 그 순서를 코헨, 레위인, 이스라엘인, 맘제르, 네틴, 개종자, 해방된 노예 순으로 나열한다. 이 미슈나를 이해하려면, 우리는 먼저 몇 가지 용어를 정의해야 한다. 코헨kohen(제사장)은 아론의 자손이다.• 코하님kohanim(kohen의 복수형)은 성막, 이후 성전에서 특별한 공적 역할을 담당했다. 이러한 이유로, 그들은 미슈나에서 특별한 지위를 받는다. 오늘날에도 우리는 코헨에게 토라에 대한 첫 번째 알리야를 행하게 함으로써 여전히 이 풍습을 따른다. 레위인levi(복수형은 levi'im)은 성막과 이후 성전에서 보좌하는 자들이었다.•• 그들은 또한 성전의 전례문을 불렀다. 이들이 명예의 순서에서 다음 차례다. 이스라엘인은 당시의 보통사람들, 제사장도 레위인도 아닌 대부분의 사람들을 일컫는다. 맘제르mamzer(서자)는 간통이나 근친상간의 관계에서 태어난 자손으로, 그들의 명예는 훨씬 낮았다.

네틴Netin은 여호수아서 9장에 묘사된 나라 기브온의 자손이라고 전통적으로 이해된다. 기브온 주민들은 이스라엘 민족의 공격을 피하기 위해 스스로 이방인으로 변장했다. 이 계략을 알게 된 여호수아는 그들의 목숨을 살려주었으나 그들을 "회중을 위하며 여호와의 제단을 위하여 나무를 패며 물을 긷는 자들로" 만들었다. 다시 말해, 그들은 생명의 대가로 이스라엘 공동체 안에서 낮은 지위를 받아들였다. 그들의 낮은 지위는 그들이 코헨, 레위인, 이스라엘인 다음에 온다는 사실에 반영되어 있다.

"학자"과 "무식한 사람"은 미슈나의 전문용어였던 단어들에 대한 일반적 번역이다. "학자" 즉 탈미드 하캄Talmid ḥakham이란 실은 수석교사와 함께 공부하는 사람이다. "무식한 사람"으로 번역된 암 하아레츠Am ha-aretz는 십일조와 정결의식 규칙을 제대로 지키지 않는다고 의심받은 사람을 가리킨다. 이후 히브리어에서 무식한 사람에 대해 암 하아레츠라는 표현을 썼고, 이 의미가 현대 히브리어에 정착되었다.

게마라에서, 랍비 아하는 이 순서를 뒷받침할 성서적 근거를 찾으려 한다. 특히 학자인 맘제르가 무식한 제사장보다 우선한다는 사실의 근거를 찾는다. 그는 잠언의 한 구절에서 증거를 찾는데, 그 전체 장은 지혜의 가치에 대해서 이야기한다.

> 지혜를 얻은 자와 명철을 얻은 자는 복이 있나니,
> 이는 지혜를 얻는 것이 은을 얻는 것보다 낫고, 그 이익이 정금보다 나음이니라.
> 지혜는 진주보다 귀하니, 네가 사모하는 모든 것으로도 이에 비교할 수 없도다. (잠언 3:13-15)

랍비 아하는 두 히브리어 단어의 글자들을 가지고 언어유희를 한다. 지혜는 미페니님mip'ninim 즉 진주보다 더 귀하며, 리프네이 벨리프님lifnei v'lifnim에 들어가는 자보다 훨씬 더 위대하다. 리프네이 벨리프님이란 글자 그대로 가장 내밀한 곳, 바로 성전 안에 지성소를 일컫는다. 만일 지혜가 사제직보다 더 위대하다면, 우리가 그 학자에게 바치는 존경은 우리가 코헨에게 바치는 존경보다 더 클 것이다.

데라슈 D'rash

어떤 남자가 랍비에게 1만 달러를 주며 자신을 코헨(사제)이 되게 해달라고 했다. "당신은 그걸 돈으로 살 수 없습니다." 랍비가 대답했다. 그 남자는 다시 와서 랍비에게 10만 달러를 주겠다고 했다. "당신이 얼마나 코헨이 되고 싶은지는 잘 알겠소." 랍비가 대답했다. "하지만 그것은 내가 팔 수 있는 것이 아닙니다." 일주일 후에 같은 남자가 다시 왔다. "랍비님, 전 이제 평생 빚을 지며 살아갈 겁니다. 하지만 절 코헨이 되게 해주신다면 당신에게 100만 달러를 드리겠습니다." 랍비는 할 말을 잃었다. "좋소, 그래야만 당신이 행복하다면 당신을 코헨이 되게 해주겠소. 하지만 말해주시오. 왜 그것이 그토록 중요합니까?" "그게요 랍비님, 저의 아버지가 코헨이었고, 아버지의 아버지도, 또 그분의 아버지도 다 코헨이었습니다!"

물론, 여기서 유머는 그 사람은 자동적으로 코헨이 된다는 사실에 있다. 성경에서 사제직은 혈통을 통해서 이어진다. 그들은 아버지가 코헨인 것 외에 다른 자격증이 필요하지 않다. 유대인의 역사에서 최근까지도 그리고 일부 지역에서는 오늘날까지도, 이후스 yihus ─ 혈통 혹은 가족 배경 ─ 가 대단히 중요했다. 결혼은 혈통을 바탕으로 이루어졌다. 훌륭한 현자의 후손인 가난한 청년은 대단히 탐나는 결혼 상대자였는데, 그에게 이후스가 있었기 때문이다.

오늘날의 평등한 세계에서 우리는 이러한 계층제와 계보의 정당성을 반박하며, 그것이 계급제도를 만든다고 주장할 것이다. 그러나 유대 역사의 대부분 동안, 일부 계층제가 항상 받아들여졌다. 혈통에 기반한 성서적 이상(코헨, 레위인, 이스라엘인)

원전에 가장 가까운 탈무드

은 결국 지식에 기초한 것(학자, 학생, 무식한 자)으로 대체되었
다. 이 미슈나의 후반부는 혈통 중심의 계층제에서 학문에 기초
한 실력주의로 발전해가는 것을 예고한다.

오늘날 우리는 이 미슈나의 말을 확장하고 싶다. 유대인의
리더십은 유대의 지식에 기반을 두어야 한다. 불행하게도, 총명
한 유대인의 후손인 우리 대부분은 자주 조상들의 영광에 안주
하려 한다. "우리 할아버지가 유럽에서 랍비셨다"라는 말을 우리
는 얼마나 자주 들었던가? 하지만 이렇게 말하는 사람이 유대인
의 삶과 배움, 율법의 준수에서 너무나 동떨어져 있는 것을 보면
얼마나 슬픈가. 아무개의 할아버지가 앉아서 하루 종일 공부했
다는 것은 흥미롭지만, 아무개의 손자들이 헌신적이고 학식 있
는 유대인이 된다는 것이 더 중요하다.

우리는 이제 미래의 유대적 삶의 연속성에서 핵심은 혈통
이 아니라 배움임을 안다. 만약 우리가 유대교의 가르침을 배우
지 않는다면, 우리에게 아무리 좋은 이후스가 있어도, 아무런 배
경도 없지만 배운 사람, 심지어 맘제르처럼 결함이 있는 배경을
지녔지만 배운 사람에게 명예와 공동체에서의 명망 모두에서 쉽
사리 뒤처질 것이다. 이것은 우리에게 우리의 혈통 즉 우리가 어
디서 왔는지뿐 아니라 우리의 유대적 배움 즉 우리가 어디로 가
는지도 확인하도록 이끄는 강력한 동기가 된다.

휴게소

거기를 떠나 아르논 강 건너편에 진을 쳤다······ 거기서 브엘에 이르니, 브엘은 여호와께서 모세에게 명령하시기를, "백성을 모으라. 내가 그들에게 물을 주리라" 하시던 우물이라. (민수기 21:13, 16)

토라의 말씀은 물에 비유된다······ 이르기를, "오호라, 너희 모든 목마른 자들아, 물로 나아오라"[이사야55:1]······ 그리고 물에 대해 위대한 사람이 아이에게 "나에게 마실 물을 가져오너라"라고 말하는 것을 부끄러워하지 않는 것처럼, 토라에 대해서도 위대한 사람은 아이에게 이렇게 말하는 것을 부끄러워하지 않는다. "나에게 한 장, 한 구절, 한 단어 혹은 한 글자라도 가르쳐다오." (애가 라바 1,3)

옛날에 한 남자가 살았는데, 평생토록 세데르 모에드의 마지막 소논문인 하기가Hagigah만을 공부했다. 그 남자가 죽어 막 장사지내려 할 때, 흰 옷을 입은 한 여인이 시체에 다가와 그 앞에 섰다. 사람들이 그녀를 보고, 누구이며 이름이 무엇인지 물었다. 그녀가 대답했다. "나는 하기가다. 나는 다른 세상에 있는 그를 위해 기도하고 있다. 그는 일생 동안 하기가 소논문만을 공부했으므로, 그는 내가 다른 세상에 있는 그를 위해 자비를 구할 자격이 있는 자이기 때문이다." 마찬가지로, 사람이 이 세상에서 행하는 모든 선한 행실은 내세에 그에게 자비를 구해준다. (《마아세 책: 유대의 설화와 전설 Ma'aseh Book: Book of Jewish Tales and Legends》, 모지스 개스터Moses Gaster 번역. Philadelphia: Jewish Publication Society, 1981, p. 648)

세데르 코다심

Seder Kodashim

미슈나의 다섯 번째 순서는 코다심 곧 '거룩한 것들'이
다. 이에 속한 11개의 소논문들은 예루살렘의 성전에
바쳤던 희생제물에 대해 다룬다. 흥미롭게도 이 미슈나
를 편찬하던 시기에, 성전은 한 세기 넘게 파괴된 상태
였다. 그럼에도 바빌로니아의 랍비들은 이 소논문들 중
아홉 편에 게마라를 넣는 것이 좋겠다고 생각했다. 아
마도 그들은 성전이 언젠가 재건될 것이고, 그렇다면
희생제물을 다시 바칠 때를 위해 적절한 절차를 마련하
는 것이 매우 중요하다고 생각했을 것이다. 아니면 그
들은 희생제물을 바칠 여건이 안 될 때 우리가 할 수 있
는 최선은 희생을 기억하고 그 세부사항을 논의하는 것
이라고 느꼈을지 모른다.

אֶלְקַפְטָא נַקְטִן
רֵיחָא אָתֵי לֵהּ לְיַד

귀족이 우리[의 손]를 잡으면,
그의 향기가 손에 남는다

The nobleman has taken us [by the hand],
and his scent lingers on the hand

제바힘 96b

라브 예후다의 아들 라브 이츠하크가 라미 바르 하마 앞에 자주 오 곤 했다. 그는 그를 떠나 라브 셰셰트에게 갔다. 어느 날 그[라미 바르 하마]가 그[라브 이츠하크]를 만났다. 그가 그에게 말했다. "귀족이 우리[의 손]를 잡으면, 그의 향기가 손에 남는다. 네가 라브 셰셰트에게 갔으니, 네가 라브 셰셰트처럼 될 것이라고 생각하는가?" 그[라브 이츠하크]가 그에게 말했다. "그런 이유 때문이 아닙니다! 내가 스승에게 질문했을 때, 당신은 나에게 논리로 대답했습니다. 내가 미슈나를 우연히 발견하면, 그것은 그것을 반박했습니다. 그 러나 라브 셰셰트에게 내가 질문을 던지면, 그는 내게 미슈나로 대 답했습니다. 그래서 내가 그것을 반박하는 미슈나를 우연히 발견 해도, 다만 하나의 미슈나가 다른 미슈나에 반대될 뿐이었습니다."

탈무드의 랍비들은 그들의 가르침에 두 가지 중요한 원천이 있 다고 이해했다. 첫째는 전통으로, 이것은 (1)성서의 구절, (2)미

Zevahim. 세데르 코다심의 첫 번째 소논문으로 모두 14개의 장이 있다. 성전에 희생제물을 바치는 방법, 허용되는 제물과 허용되지 않는 제물의 조건 등 에 관한 율법을 다룬다.

슈나 혹은 바라이타에서 발견되는 랍비들의 교훈, (3)선례를 포함한다. 두 번째 원천은 이성 혹은 논리였다. 위의 본문에서 전통은 이성보다 더 강력한 권위가 있는 것으로 여겨졌다.

라브 이츠하크는 라미 바르 하마의 제자였다. 그는 그의 배움의 집을 떠나 라브 셰셰트와 함께 지내러 갔다. 라미 바르 하마는 제자가 다른 선생을 찾아 자신을 떠나간 것에 기분이 상했다. 라미는 라브 이츠하크가 라브 셰셰트의 명성과 평판 때문에 그에게 이끌렸다고 비난했다. 그는 자신의 전 제자에게 비꼬듯 말한다. 너는 그 위대한 사람이 너를 만지면, 그의 향기가 너의 손에 남을 것이라고 생각한다. 라브 셰셰트와 함께 있으면, 너도 라브 셰셰트처럼 될 거라고 생각한다. (이 격언에서 "귀족"이라고 번역된 alkafta 혹은 arkafta라는 단어는 페르시아 고위관리의 칭호다.)

라브 이츠하크는 자신이 이끌린 것은 라브 셰셰트의 명성이 아니라 그가 가르치는 방법이라고 대답한다. 라브 셰셰트는 자신의 가르침에 대한 전통적 근거를 찾으라고 강조했다. 반면에 라미는 논리를 선호했다. 라브 이츠하크는 전통에 바탕을 둔 가르침과 논리에 기초한 또 다른 가르침 사이에 갈등이 있을 경우, 전자가 우선권을 갖는다고 설명한다. 따라서 라브 셰셰트의 방법론이 라미의 방법론보다 우수하다. 라브 이츠하크는 미슈나의 두 절처럼 전통들이 상충하는 곳에서는, 둘 다 동등한 권위가 있기 때문에 한 가르침을 다른 가르침에 대해 견지하는 것은 허용된다고 덧붙인다.

어느 쪽이든, 논리보다 전통에 바탕한 라브 셰셰트의 방법론이 더 우수한 것으로 밝혀진다.

데라슈D'rash

우리는 길을 걷다가 매우 낯이 익은 사람을 본다. 그는 친구나 지인이 아니라 알고 보니 유명인사, 아마도 운동선수거나 정치인이거나 혹은 영화배우일 것이다. 우리는 부지불식간에 그에게 이끌리고, 그의 모든 행동을 좇고, 그의 곁을 떠날 수 없게 된다. 그는 아주 특별하고 독특한 영웅처럼 보인다. 우리는 어떤 식으로든 그와 연결되기를 열망한다. 우리는 그와 이야기하고 싶지만, 무슨 말을 해야 할지 떠오르지 않는다. 우리는 그저 인사하는 것조차 주저할지 모르는데, 이 대단한 사람을 방해할까 두렵고 바보같이 보이거나 성가신 사람처럼 굴어 쫓겨날까 겁나기 때문이다. 우리 대부분은 만약 제정신을 차리고 있고 펜과 종이가 가까이에 있다면 사인을 청할지 모른다. 만약 그것을 얻을 만큼 운이 좋다면, 우리는 거의 알아볼 수 없이 휘갈겨 쓴 그 글씨를 우리의 가장 소중한 물건 중 하나로 간직할 것이다.

왜 이러는 것일까? 아마도 우리가 거대하고 복잡한 세상에 살고 있고, 그래서 우리 자신을 작고 하찮은 존재라고 자주 느끼기 때문일 것이다. 게다가 인생의 대부분은 재미없고 평범하다. 매 순간이 흥미진진하고 우리가 중요한 존재인 다른 현실을 꿈꾸는 것은 꽤 자연스러운 일이다. 대중문화는 우리의 지루함과 불행을 이용하여, 틀림없이 아주 행복한 삶을 살 거라고 우리가 추정하는 특정한 사람들에 대한 환상을 퍼뜨린다. 우리는 부와 권력과 흥분에 대한 욕망 때문에 "부유하고 유명한" 사람들의 신화를 사들인다. 우리는 이 사람들의 실제 삶이 우리 자신과 별로 다르지 않다는 사실을 좀처럼 깨닫지 못한다. 하지만 화려한 삶을 사는 것을 때때로 꿈꾸는 것과, 이러한 가끔씩의 꿈을 강박관념이 되게 하고 다른 사람들의 삶을 통해 대리만족하는 것은 별개의 일이다.

라미 바르 하마는 학생 중 한 명이 강박관념에 사로잡힐 때 그가 두려워하는 것에 대해 응답했다. 그는 우리가 위대한 사람과 악수할 수 있지만, 거기에 남는 건 그들의 향기뿐임을 일깨운다. 그것마저도 순식간에 사라진다. 유명인사들 주변을 '얼쩡거리고' 숭배해도 오래도록 남는 가치는 아무것도 얻을 수 없다. 라미는 위대함은 위대한 일을 함으로써 성취된다고 우리에게 가르친다. 그저 위대한 사람 곁에 있는 것이 이를 대체할 수는 없다. 우리는 다른 누군가의 업적에서 얻으려 하지 말고, 우리 스스로 위대해지려고 노력해야 한다.

너는 아파라임에 짚을 가져왔다

You're bringing straw to Afarayim

메나호트[*] 83b, 85a

미슈나(8:1): 공동체나 개인이 바치는 모든 [곡식] 제물은 [이스라엘] 땅에서 난 것이든 외지에서 난 것이든, 새것이든 묵은 것이든 가져올 수 있지만, 곡식단[**]과 빵 두 덩이[•*]는 예외인데, 그것들은 반드시 새것과 이스라엘 땅에서 난 것을 가져와야 한다. 모든 제물은 반드시 **최상급**이어야 한다. 무엇이 "최상급"이 되는가? 미크마스와 자노아의 고운 곡물가루가 최고다. 그 다음 차선은 계곡에 있는 아파라임이다. 모든 땅이 [이 용도에] 적합했지만, 그들은 여기에서 그것을 가져오곤 했다.

게마라: "모든 제물은 반드시 **최상급**이어야 한다." 요나와 맘라가 모세에게 말했다. "너는 아파라임에 짚을 가져왔구나!" 그가 그들에게 말했다. "그것은 단지 사람들이 이렇게 말하는 것과 같다. '채소가 있는 곳에 ― 채소를 가져오라.'"

이 미슈나는 어떤 종류의 곡물가루가 민하Minḥah 소제素祭에 적합한지에 대한 논의로 시작한다. 이 제물들은 곡물가루와 기름

Menahot. 세데르 코다심의 두 번째 소논문으로 13개의 장으로 이루어져 있다. 소제와 전제의 준비와 제물에 관한 율법을 다룬다.

"이스라엘 자손에게 말하여 이르라 너희는 내가 너희에게 주는 땅에 들어가서 너희의 곡물을 거둘 때에 너희의 곡물의 첫 이삭 한 단을 제사장에게로 가져갈 것이요."(레위기 23:10)

"일곱 안식일 이튿날까지 합하여 오십 일을 계수하여 새 소제를 여호와께 드리되, 너희의 처소에서 십분의 이 에바로 만든 떡 두 개를 가져다가 흔들지니 이는 고운 가루에 누룩을 넣어서 구운 것이요 이는 첫 요제로 여호와께 드리는 것이며."(레위

으로 만들어졌고 다양한 방식으로 조리되었다. 그것들은 동물 희생에 추가로 바치거나, 때로는 그 자체로 바쳤다. 곡물가루는 새로운 농작물이나 묵은 농작물 모두 가능했지만, 두 가지 예외가 있었다. 그 예외는 바로 곡식단과 빵 두 덩이였다.

그런 다음 미슈나는 "최상급"을 정의한다. 오직 이 품질만이 소제에 합당했다. 우리는 미크마스Mikhmas와 자노아Zanoaḥ라는 도시들이 이스라엘에서 최고의 곡물가루를 생산하는 곳으로 평판이 높았음을 알게 된다. 다음으로 좋은 곡물가루는 아파라임 Afarayim에서 찾을 수 있었다.

게마라는 아파라임 마을과 관련 있는 전승 한 토막을 추가한다. 이 도시는 풍부한 짚 공급지로 유명했던 모양이다. 모세가 파라오에게 이스라엘 백성들을 보내달라고 요구하려고 이집트에 왔을 때, 그는 하나님의 권능을 이집트인들에게 확신시킬 수 있는 징표와 이적의 무기들을 가지고 갔다. 예를 들어, 모세는 그의 지팡이를 뱀으로 바꾸었다. 그는 자신의 손을 나병으로 하얗게 바꿀 수 있었다. 그리고 나일 강물을 핏빛으로 물들일 수 있었다.

이집트의 두 마술사 요나와 맘라(다른 문헌들에서는 얀네와 얌브레라고 한다)가 그를 만나러 와서 조롱했다. "이집트는 많은 이적을 행할 수 있는 마술사들로 유명하다. 네가 속임수를 가지고 여기 온 것은 아파리임에 짚을 가져온 것과 같다!"

모세는 그들에게 속담으로 대답한다. "채소를 팔고 싶다면, 사람들이 그것을 사기 위해 둘러보는 곳 — 채소 시장으로 가라!" 다시 말하자면 이런 뜻이다. 난 너희와 (마술)게임을 할 수 있다. 그리고 너희를 이길 것이다!

데라슈 D'rash

대학 졸업반인 젊은 여성이 로스쿨에 지원하고 싶어한 다. 하지만 그녀의 친구들과 조언자들은 그녀에게 큰 실수를 하는 거라고 말한다. "현재 미국에는 변호사들이 넘쳐나 고 있어. 우리나라는 세계 어느 나라보다 일인당 변호사 수가 많 아! 이 분야는 너무 붐벼. 너는 결코 괜찮은 자리를 찾을 수 없을 거야. 다른 종류의 일을 찾아봐. 그래야 정말 너에게 좋을 거야."

그 여성은 단호하다. "나는 변호사가 된다는 생각이 마음에 들어. 나는 그 일의 논리적인 면과 도전을 좋아해. 그리고 나는 법을 통해 정부와 공공 서비스에서, 혹은 우리 사회에서 자신의 목소리를 내기 힘든 사람들을 대변하는 데서 내가 실제로 변화 를 만들어낼 수 있다고 믿어. 난 충분히 똑똑하고, 변호사가 되 려는 열의도 충분하다고 생각해. 유능하기만 하다면, 자리는 항 상 있을 거야."

이집트의 마술사들이 모세에게 아파리임에 짚을 가져왔 다고 말했을 때, 그들이 말하려 한 것은 기본적으로 이것이었 다. "네가 하고 싶어하는 일을 하는 사람은 여기에 이미 아주 많 이 있다. 너에게는 더 이상 자리가 없다. 너는 성공하지 못할 것 이다. 시간을 허비하지 말고 다른 일을 알아보라. 여기에서 넌 그저 커다란 연못 속의 또 다른 작은 물고기가 될 것이다. 꺼져 라!!" 그러나 모세는 "안 돼!"라는 대답을 받아들이지 않았다. 그 는 경쟁을 두려워하지 않았고, 시험대에 오르는 것을 겁내지 않 았다. 그는 자기 자신을 믿었고, 자신이 해낼 수 있다고 믿었다. "너는 아파리임에 짚을 가져왔다"("너는 뉴캐슬로 석탄을 들고 간 다"와 비슷한 표현이다)에 대한 그의 답변은 "채소가 있는 곳에 채소를 가져온다"였다. 그렇다, 농산물 시장에는 같은 물건을 파는 많은 다른 상인들이 있을 것이다. 하지만 사람들이 채소를 사고자 할 때 가는 곳이 시장이다. 우리는 우리가 제공하는 것이 다음 사람이 파는 것만큼 좋거나 더 낫다는 것을 보여줌으로써 스스로를 증명한다.

모세는 자신이 시험당하는 것을 두려워하지 않았다. 그가 이집트에 가져온 징표와 이적은 그곳의 마술사들이 할 수 있는 어떤 것보다 강력했다. 그의 자신감과 용기는 이스라엘 백성뿐 아니라 우리까지 해방시켰다. 그에게서 우리는 도전이나 경쟁에서 섭먹지 않아야 함을 배운다.

위험에 대한 우려가
의식의 금지보다 엄격하다

Concerns about danger are more severe than ritual prohibitions

훌린 9b-10a

와서 들으라. 만약 어떤 사람이 항아리를 덮지 않고 두었는데 돌아와 보니 그것이 덮여 있는 것을 발견했다면, 그것은 불결한 것이다. 불결한 사람이 들어와서 그것을 덮었다고 말할 수 있기 때문이다. 만약 어떤 사람이 그것을 덮어 두었는데 돌아와 보니 그것이 열려 있는 것을 발견했다면—만약 족제비가(혹은 라반 감리엘에 따르면, 뱀이) 그것을 마실 수 있거나 혹은 밤새 이슬이 그것에 내렸다면, 그것은 부적합한 것이다.

랍비 여호수아 벤 레비는 말했다. "그 이유는 무엇인가? 왜냐하면 뚜껑을 여는 것은 파충류들의 방식이고, 뚜껑을 닫는 것은 그것들의 방식이 아니기 때문이다." (아마도 이 이유는 그가 그것을 덮지 않고 두었을 때에도 적용될 것이다. 하지만 만약 그가 원래 두었던 상태 그대로 그것을 발견한다면, 그것은 불결한 것도, 부적합한 것도 아니다.) 하지만 만약 덮지 않은 채 놔둔 물에 대해 어떤 의심이 있다면, 그것은 금지된 것이다. 우리는 이것으로부터 위험에 대한 우려가 의식의 금지보다 엄격하다는 것을 배운다.

Hullin. 세데르 코다심의 세 번째 소논문으로 모두 12개의 장이 있다. 일반적인 용도로 동물을 잡는 것과 육식, 기타 음식물에 관한 율법을 다룬다.

이 탈무드는 정결의식에 사용할 붉은 암소의 재를 섞은 물*이 어떤 식으로든 건드려졌다고 의심될 때 어떤 일이 일어나는지를 논의한다. 첫 번째 사례에서는, 물 항아리에 뚜껑이 닫히지 않고 열려 있었지만 나중에 보니 뚜껑이 그 위에 놓인 채 닫혀 있었다. 동물이 이것을 할 수 없었다는 것은 분명하다. 그것은 오직 사람만이 할 수 있었을 것이다. 만일 그 사람 자신이 의식적으로 깨끗하지 않았다면, 그는 그 물도 의식적으로 불결한 것으로 만들었을 것이다. 따라서 그 물은 정결의식에 사용되지 않는다. 우리는 누가 이런 짓을 했는지 모르기 때문에, 의식적으로 깨끗하지 않은 누군가가 이런 짓을 했을지 모른다고 추정해야 하며, 따라서 우리는 그 물을 사용할 수 없다.

두 번째 사례에서는, 전에 뚜껑을 덮어놓은 항아리가 이제 뚜껑이 벗겨진 채 발견된다. 만약 족제비나 뱀이 뚜껑을 열고 그 물을 마셨을 가능성이 있거나, 혹은 이슬이 그 열린 항아리에 떨어졌을 수 있다면, 그 물은 파술pasul 즉 의식에 사용하기에 부적합한 것이다. (부적합한 것과 불결한 것tameh은 다르다. 부적합한 것은 의식적으로 불결하다고 간주되지만, 불결한 것이 그렇듯이, 다른 것에 의식적 불결함을 옮기지는 않는다.) 일반적으로, 항아리에서 물을 마시는 동물들은 액체를 빨아들이기에 물을 오염시키지 않는다. 하지만 족제비는 다르다. 그들은 물을 핥아 마시므로 그들의 침이 항아리로 다시 떨어진다. 라반 감리엘은 뱀들을 포함시키는데, 뱀은 마신 것을 다시 뱉어내기 때문이다. 이슬을 포함해서 항아리에 들어간 다른 액체도 그 괴어 있는 물을 의식적으로 부적합하게 만들 것이다.

이 경우에 뚜껑이 어떻게 떨어져 나갔는가에 대해서는 세 가지 가능성이 있고(깨끗한 사람이 그것을 떼어냈거나, 불결한 사

람이 그것을 떼어냈거나, 파충류가 그것을 쳐서 벗겨지게 했거나),
이 세 가지 중 두 가지 경우에 그 물은 순수한 채 그대로이기 때
문에, 랍비들은 "다수를 따르기로"(물이 깨끗할 두 가지 가능성 대
불순할 한 가지 가능성) 결정했고 그 물은 깨끗하다고 선언했다.
세 번째 사례에서는, 항아리가 원래 놔둔 상태 그대로 발견된다.
따라서 그것은 불순하지도 부적합하지도 않다.

게마라는 다음을 추가하면서 글을 마무리한다. 그 물이 건드
려졌거나 독에 오염되었다고(예를 들어, 독이 있는 곤충이나 동물
에 의해서) 우리가 의심하는 상황에서는, 그 물은 아수르asur 즉
금지된 것으로 간주된다. 이것은 불결한 것이나 부적합한 것보
다 훨씬 더 구속력이 강한 범주에 속한다.

데라슈D'rash

제이슨과 제시카는 일광욕과 수영을 즐기기 위해 차를
몰고 해변으로 향하는 중이었다. 가는 도중 제시카는
속도계를 날카롭게 주시했다. 바늘이 시속 90킬로미터를 넘을
때마다, 그녀는 제이슨에게 과속하고 있으니 액셀을 좀 살살 밟
으라고 알려주었다. "뭐가 문제야?" 그가 물었다. "길이 텅텅 비
었잖아…… 시속 100킬로미터로 운전해도 전혀 위험하지 않아!"
제시카는 그의 주장에 동요하지 않았다. "그건 상관없어! 90킬로
미터 이상 운전하는 건 불법이야. 그러니 하지 마! 난 우리가 경
찰에 걸리는 걸 원치 않아! 속도를 줄여!"

그들이 해변에 도착했을 때, 제이슨은 인명구조원 초소들
이 비어 있다는 것을 발견했다. 경고판이 사방에 세워져 있었다.
"위험! 근무 중인 인명구조원 없음. 어떤 일이 일어나도 책임지

지 않음." 제이슨은 물에 들어가는 것에 대해 매우 긴장했다. "겁먹지 마." 제시카가 소리쳤다. "들어와! 괜찮아!" "하지만 구조원이 없잖아." 제이슨이 대답했다. "그리고 위험 표지판들 천지잖아! 우리 오늘은 수영 안 하는 게 좋겠어." 제시카는 고개를 저었다. "우리는 어떤 법도 어기지 않았어…… 괜찮을 거야. 수영하자!"

많은 사람들이 제시카와 같은 실수를 한다. 그들은 어떤 것이 불법이 아니기 때문에 안전하다고 생각한다. 합법이라도 여전히 위험한 많은 일들이 있다는 것이 진실이다. 흡연이 오늘날 우리 사회에서 가장 흔한 예일 것이다.

다양한 관계 기관들이 우리에게 주는 경고에 주의하는 것이 중요하다는 것을 우리 모두 알고 있다. 그들은 글자 그대로 우리의 생명을 구할 수 있다. 하지만 우리는 다른 사람들이 많은 시간 동안 우리의 안녕을 위해 감시하고 있는 한편, 매일매일 우리 혼자 남겨지는 셀 수 없이 많은 상황들이 있다는 것을 또한 알아야 한다. 이러한 상황에서 우리는 자신을 보호하기 위해 다른 누군가가 아니라, 우리가 가지고 있는 건전한 상식에 의지해야 한다.

אֶפְשָׁר לִשְׁנֵי מְלָכִים
לְהִשְׁתַּמֵּשׁ בְּכֶתֶר אֶחָד

두 왕이 하나의 왕관을
함께 쓸 수 있는가?

Is it possible for two kings to share one crown?

훌린 60b

랍비 시몬 벤 파지가 두 구절을 대조했다. 기록되기를, "하나님
이 두 큰 광명체를 만드사……"[창세기 1:16]. 그리고 기록되기를,
"…… 큰 광명체로 [낮을 주관하게 하시고] 작은 광명체로 [밤을
주관하게 하시며]……." 달이 거룩한 분, 송축받을 분에게 말했다.
"이 세상의 주인이시여! 두 왕이 하나의 왕관을 함께 쓸 수 있습니
까?" 거룩한 분이 달에게 말했다. "가라, 네 자신을 더 작게 만들어
라!" 달이 그분에게 말했다. "이 세상의 주인이시여! 제가 옳은 말
을 했다고 해서, 제가 제 자신을 더 작게 만들어야 합니까?" 그분이
달에게 말했다. "가라, 낮과 밤을 다스려라." 달이 그분에게 말했다.
"낮에 등불이 무에 그리 특별하겠습니까? 그것이 무슨 소용이 있겠
습니까?" 그분이 달에게 말했다. "가라, 이스라엘이 너로 인해 날과
해를 세리라." 달이 그분에게 말했다. "그러나 그들은 태양 없이는
계절을 셀 수 없습니다. 기록되기를, '그것들로 징조와 계절과 날
과 해를 이루게 하라'[창세기 1:14]." "가라, 의인이 너의 이름으로

불릴 것이다. 야곱 하카탄[작은 자], 슈무엘 하카탄, 다윗 하카탄." 이것이 달을 위로하지 못함을 보시고 거룩한 분, 송축받을 분이 말했다. "나를 위한 속죄제물을 가져오너라. 내가 달을 더 작게 만들었나니." 이것은 랍비 시몬 벤 라키시가 말한 것과 같다. "신월절•에 가져온 숫염소는 무엇이 다른가? 그것에 관하여 이르기를, '[숫염소 한 마리를 속죄제로] 주님을 위해 [드릴 것이니라]'[민수기 28:15]. 거룩한 분, 송축받을 분이 말했다. '이 염소는 내가 달을 더 작게 만든 것에 대한 속죄가 되리라.'"

랍비 시몬 벤 파지는 태양과 달이 처음에는 동등하게("두 큰 광명체") 토라에 묘사되지만, 그런 다음에는 "큰"과 "작은"이라는 특징을 갖게 된다는 사실에 흥미를 느낀다. 이러한 변화는 전설로 설명된다. 원래 태양과 달은 크기가 같았지만, 달이 "두 왕이 하나의 왕관을 함께 쓸 수는 없다"라고 불평한 후, 신은 달의 크기를 줄였다. 이 미드라시의 다른 판본에서, 달은 허영의 죄로 처벌받았다. 하지만 이 설명에는 신이 왜 달을 더 작게 만들어야 했는지에 대한 논리적인 이유는 없다.

신은 달을 위로하려 하시며, 하카탄ha-Katan("작은 자")이라는 칭호는 사실 명예로운 것이라고 달에게 말한다. 두 명의 위대한 성서 인물, 야곱과 다윗 그리고 위대한 랍비 슈무엘이 모두 이와 같은 칭호로 언급된다.

이 절의 마지막 부분은 신이 달을 더 작게 만든 것에 대해 깊이 괴로워했다고 묘사한다. 이를 속죄하기 위해, 신은 신월절(새로운 달의 축제로, 이때 하늘에서 달이 사실상 사라지는 것이 특징이다)에 이 "죄"(!)에 대한 제물을 가져오라고 요구한다. 하나님이 죄를 지었다는 이 놀라운 생각은, 이 명절에 가져올 제물

목록에 있는 한 히브리어 단어에 대한 재치 있는 독해에서 나온 것이다. 신월절에는 희생제물을 "라도나이la'donai" 가져와야 한다. 이것은 "주님께"(명백히, 의도한 의미는 이것이다) 혹은 "주님을 위해"(랍비 시몬 벤 라키시가 제안한 의미)로 읽힐 수 있다. 후자의 독해는 하나님이 실수에 대한 속죄제물을 가져오도록 요구한 어떤 잘못을 틀림없이 했음을 암시한다.

데라슈D'rash

미국 대통령이 암살자의 총탄에 부상을 입는다. 그는 병원으로 황급히 이송되고 의사들은 그의 목숨을 구하기 위해 안간힘을 쓴다. 같은 시각, 부통령은 수천 마일 떨어진 곳에서 에어포스 투를 타고 있다. 대통령 비서실장은 백악관 기자회견장으로 달려가 전국에 알린다. "제가 이곳 책임자입니다……." 다행히 대통령은 회복되고, 부통령은 워싱턴으로 돌아오고, 비서실장은 평소 업무를 계속 수행한다. 하지만 몇 시간 동안은 완전한 혼란이 있었다. 만약 즉각적인 결정이 필요한 세계 위기가 발생했다면 어땠을까? 누가 그런 중대한 선택을 할 수 있는 권한을 부여받았는가? 누가 진짜 책임자였나? 모든 관료제에는 의사결정 과정이 있어야 하며, 궁극적으로 최종 책임을 지는 사람이 있어야 한다. 두 왕이 하나의 왕관을 함께 쓸 수는 없다. 왜냐하면 사람들은 누가 책임자인지, 누구에게 복종해야 하는지, 누구 말을 들어야 하는지 알 필요가 있기 때문이다.

인간 왕에게 참인 것은 또한 하늘의 왕에게도 참이다. 미드라시에서 랍비들은 하나님의 은유로 왕을 자주 사용한다. 두 왕이 하나의 왕관을 함께 쓸 수는 없다고 말함으로써, 아마도 그들은 고대 세계에 널리 퍼져 있던 이원론 철학을 또한 공격했을 것이다. 이원론은 우주에는 두 개의 대등한 큰 힘, 즉 빛 혹은 선의 힘과 어둠 혹은 악의 힘이 있다고 주장했다. 이 두 적대적 힘은 서로 끊임없이 싸웠다. 따라서 이원론 지지자들은 갈등이 모든 존재의 핵심이라고 믿었고, 어떤 힘에 도움을 청해야 할지 결코 확신할 수 없었다. 랍비들은 이러한 생각을 거부했다. 그들은 오직 하나의 신, 왕관을 쓴 한 명의 왕, 우리의 기도를 들어줄 수 있는 하나의 권능만이 존재한다고 믿었다. 이것은 분열이 아닌 통일이 존재의 중심 원리라는 뜻이었다. 그것은 또한 모든 사람들을 하나로 뭉치게 할 희망이 있다는 것을 의미했다. 랍비 시몬 벤 라키시에 따르면, 하나님은 너무 섣불리 두 왕이 하나의 왕관을 함께 쓸 수 없다고 확신함으로써 죄를 지었을지 모른다. 하지만 우리는 하나님의 우려가 천국뿐 아니라 이 지상에도 미친다는 것을 안다. 너무나 많은 위험이 있다.

הֲלָכָה חֲמוֹרֶךָ טַרְפוֹן

타르폰, 저기 네 당나귀가 간다!

There goes your donkey, Tarfon!

베코로트 28b

미슈나(4:4): 언젠가 어느 암소의 자궁이 제거되는 일이 있었다. 랍비 타르폰은 그것[암소]을 개에게 먹이로 주었다. 그 사건은 야브네의 현자들 앞에 제출되었고 그들은 그것을 허용했다. 의사 토도스가 말했다. "소나 돼지의 자궁을 잘라내지 않고는 알렉산드리아를 떠나지 못하는데, 이는 새끼를 낳지 못하게 하기 위해서다." 랍비 타르폰이 말했다. "타르폰, 저기 네 당나귀가 간다!" 랍비 아키바가 그에게 말했다. "랍비 타르폰이여, 당신은 법원 전문가이고, 모든 법원 전문가는 변제를 면제받는다."

게마라: 그[랍비 타르폰]가 미슈나에 관해 실수했고, 미슈나에 관한 실수는 취소될 수 있다는 사실로부터 부디 그[랍비 아키바]가 이끌어내기를! 그[랍비 아키바]는 첫 번째 이유를 제시했고 그리고 두 번째 이유도 제시했다. 첫째, 미슈나에 관한 실수는 취소될 수 있다. 그리고 둘째, 비록 당신의 실수에 대한 반대 의견들이 있더라도, 당신은 법원 전문가이고, 모든 법원 전문가는 변제를 면제받는다.

Bekhorot. 세데르 코다심의 4번째 소논문으로 9개의 장으로 이루어져 있다. 사람과 동물의 첫째 자식에 대한 축성과 구원을 주로 다룬다.

자궁 없이 태어난 암소는 트레이프treif다. 이 단어의 문자 그대로의 의미는 "찢긴"으로, 의식에 사용하기 부적절하며 유대인들에게 소비하도록 허락되지 않는 것을 가리킨다. 그러므로 랍비 타르폰은 이 특정한 암소가 자궁이 없기 때문에 트레이프라고 결정하고는 그것을 개에게 먹이로 주었는데, 이는 출애굽기(22:31)의 경고를 이행한 것이었다. "너희는 들에서 짐승에게 찢긴treifah 동물의 고기를 먹지 말고, 그것을 개에게 던질지니라." 하지만 이 사건이 당시 배움의 중심지인 야브네의 랍비들에게 제출되었을 때, 랍비 타르폰이 실수를 한 것이 분명해졌다. 이것은 암소가 자궁 없이 태어났기에 결함이 있었던 경우가 아니라, 그 암소의 자궁을 수술로 제거한 경우였다. 이것은 아마도 알렉산드리아의 동물들이 높이 평가받았기에 행해졌을 것이다. 즉 자궁을 제거함으로써 그곳의 소를 다른 곳에서는 사육할 수 없었고, 알렉산드리아는 이 소중한 품종을 계속 독점할 수 있었다.

랍비 타르폰은 자신이 한 짓을 깨닫고 외쳤다. "타르폰, 저기 네 당나귀가 간다!" 라시는 이 표현에 대해, 랍비 타르폰은 자신이 잘못된 결정을 내림으로써 그 암소의 주인에게 끼친 손해를 배상하기 위해 자신의 당나귀를 팔아야 한다고 생각했다고 설명한다. 우리는 사람들이 종종, 특히 화가 나거나 놀랐을 때 자신을 3인칭으로 부르며 혼잣말을 한다는 것을 안다. 랍비 타르폰도 다르지 않았다. 그의 말은 "네가 네 발등을 찍었구나"라는 표현과 비슷하다.

이 미슈나는 랍비 아키바가 랍비 타르폰에게, 그가 법적 문제에 대한 유명한 전문가이므로, 법정에서 면제를 받아 변제하지 않아도 될 것이라고 상기시키며 끝난다. 그런 다음 게마라는 왜 랍비 아키바가 이러한 추론방법을 썼는지 묻는다. 왜냐하면 랍비 타르폰을 아주 쉽게 면제해주는 또 다른 가르침이 있기 때문이다. 즉 그는 미슈나의 문제에서 실수를 했고, 미슈나의 문제에서 한 실수는 간단히 취소될 수 있다! 게마라의 대답은 다음과 같다. 실제로 랍비 아키바는 랍비 타르폰이 면제되는 두 가지 이유를 말했다. 첫째(우리 미슈나에 기록되지 않은 이유), 미슈나의 실수는 취소될 수 있다. 둘째(우리 미슈나에 기록된 이유), 비록 그가 잘못된 결정을 내렸더라도, 그는 법원 전문가이기에 배상할 필요가 없다.

데라슈 D'rash

오래전, 어느 유명한 대학 미식축구 코치가 자신이 처음 팀을 맡았을 때 봉투 세 개를 받은 이야기를 들려주었다. 그것은 전임 코치가 새 코치에게 준 것으로 이런 쪽지와 함께였다. "일이 잘 풀리지 않을 때, 첫 번째 봉투를 열어보라. 일이 더 악화될 때, 두 번째 봉투를 열어보라. 일이 정말 최악일 때, 세 번째 봉투를 열어보라." 새 코치와 그의 팀은 첫 시즌 동안 고군분투했지만 점수를 내기가 너무 어려웠다. 그는 첫 번째 봉투를 열어보았고 거기에는 이런 쪽지가 있었다. "선수들을 탓하라" 비정규 시즌 때, 그는 선수들이 얼마나 의욕이 없는지, 우승하는 데 필요한 훈련이 얼마나 부족한지에 대해 이야기했다. 두 번째 시즌에 팀은 연패했고, 시즌 막바지에 코치는 두 번째 봉투를 열어보았다. 그 안에 있는 쪽지에는 이렇게 쓰여 있었다. "동문들을 탓하라." 코치는 동문들의 역할이 대학 미식축구에서 얼마나 중요한지, 모든 사람이 팀을 응원한다면 얼마나 더 좋은 성적을 거둘지에 대해 이야기했다. 세 번째 시즌도 그리 나아지지 않았다. 또 다시 좋지 않은 성적으로 시즌을 마감하며, 코치는 세 번째이자 마지막 봉투를 열었다. 거기에는 이런 말이 적혀 있었다. "봉투 세 개를 준비하라."

이 이야기는 책임이란, 우리가 알고 있듯이, 값싼 말 이상의 것을 의미한다는 진실을 알려준다. "저기 네 당나귀가 간다"라고 말하면서, 랍비 타르폰은 이 사실을 인정한다. 우리가 잘못했음을 인정하고, 우리가 상처 입힌 사람에게 사과하고, 후회의 감정을 느끼는 것은 상대를 달래기 위해 밟아야 할 조치들이다. 하지만 "미안합니다"라는 말만으로 충분하지 않을 때가 있으며, 우리는 거기에 맞는 보상까지 해야 한다.

우리는 미국 대통령이 "나는 이 실수에 대해 전적으로 책임을 지겠다"라고 말했을 때 기뻐한다. 하지만 결국 그의 말은 우리가 바라는 것에는 한참 못 미친다. 그 사과는 아마도 얼굴을 비추는 것 외에는 그에게 아무런 비용도 들지 않는다. 그럼에도 오늘날, 유죄판결을 받고 잘못과 책임을 인정하는 것이 널리 퍼져 있을 뿐 아니라, 심지어 어떤 사람들은 그것을 강인함과 성숙함의 표시로 여기기도 한다. 랍비 타르폰과 랍비 아키바는 말만으로는 충분하지 않다고 이야기한다. 책임에 대한 이러한 태도는 상처 입은 당사자뿐 아니라 상처를 입힌 사람, 곧 랍비 타르폰 자신에게도 도움이 된다. 그는 자신이 피해를 준 사람을 돕기 위해 무언가를 할 때까지는 결코 완전히 배상을 한 것이 아니라고 느낄 것이기 때문이다.

만약 우리가 누군가를 다치게 하고 손실을 입힌다면, 우리는 사과하고 그것과 함께 그들의 손실에 대해 보상해야 하지 않겠는가? 때로 우리는 다른 사람들—공동체, 친구, 보험회사—에게 보상을 처리하도록 한다. 랍비 타르폰은 우리 즉 문제를 일으킨 개인들이 그 배상 과정에 직접 관여해야 한다고 말한다. 모든 특권에는 책임이 따르기 때문이다. 우리 스스로를 그것에서 면제해서는 안 되며, 다른 사람에게 맡겨서도 안 된다.

수세기 후에, 토머스 페인은 이렇게 썼다. "우리는 값싸게 얻은 것은 가볍게 여긴다." 랍비 타르폰은 분명히 여기에 동의하며 덧붙일 것이다. "말들이 값싸거나 말만으로 충분치 않은 상황에서는, 반드시 행동이 그것에 더해져야 한다."

לְשׁוֹן תְּלִיתָאֵי קָטֵל תְּלִיתָאֵי

세 번째 혀가 셋을 죽인다
The third tongue kills three

아라킨 15b

Arakhin. 세데르 코다심의 5번째 소논문으로 9개의 장이 있다. 십일조에 관한 율법을 주로 다룬다.

"여호와께서 모세에게 이르시되 너는 내려가라 네가 애굽 땅에서 인도하여 낸 네 백성이 부패하였도다. 그들이 내가 그들에게 명령한 길을 속히 떠나 자기를 위하여 송아지를 부어 만들고 그것을 예배하며 그것에게 제물을 드리며 말하기를 이스라엘아 이는 너희를 애굽 땅에서 인도하여 낸 너희 신이라 하였도다."(출애굽 32:7-8)

"그 후에 그의 주인의 아내가 요셉에게 눈짓하다가 동침하기를 청하니, 요셉이 거절하며……."(창세기 39:7,8)

랍비 이슈마엘의 학파는 가르쳤다. "누구든 험담하는 자는 우상숭배**, 성적 부도덕**, 살인**의 대죄를 범한 것으로 간주된다. '오만함[gedolot]을 내뱉는 모든 혀'[시편 12:3]**라고 여기에 기록되어 있다. 그리고 우상숭배에 관하여 기록되기를, '슬프도소이다, 이 백성이 큰[gedolah] 죄를 범하였나이다'[출애굽기 32:31]. 성적 부도덕에 관하여 기록되기를, '그런즉 내가 어찌 이 큰[gedolah] 악을 행하리이까?'[창세기 39:9]. 그리고 살인에 관하여 기록되기를, '내 죄벌이 지기가 너무 크나이다[gadol]'[창세기 4:13]. 당신은 [시편 12:3의] 게돌로트gedolot가 두 가지[의 죄]를 가리킨다고 말할 것이다. 그렇다면 당신은 [세 가지 중에서] 어느 것을 없애겠는가?" 서쪽에서 사람들은 말한다. "세 번째 혀가 셋을 죽인다." 그것은 말하는 사람, 듣는 사람 그리고 그들이 이야기하는 사람을 죽인다.

우리의 절은 레숀 하라leshon ha-ra의 죄에 대해 논의한다. 이것은 글자 그대로는 "악한 말"이고, 다른 말로는 험담이라 알려져 있다. 많은 사람들은 험담을 중죄는커녕 죄라고도 여기지 않는다.

원전에 가장 가까운 탈무드

랍비들은 아주 다른 관점을 취한다. 그들은 험담을 전통적으로 가장 중대한 죄라고 여기는 세 가지 죄와 동일시한다. 바로 우상숭배(히브리어로는 "별들에게 예배하기"), 성적 부도덕("나신을 드러내기") 그리고 살인("피 흘리기")이 그것이다.

랍비들은 성경에 쓰인 언어에 대한 세심한 분석을 통해 말의 위력에 대한 가르침에 이른다. 랍비들은 단어들과 그것이 어디에 어떻게 사용되는지에 매우 민감했다. 같은 단어가 다른 곳에서 반복되면 별개의 절들이 어떤 식으로든 관련이 있다는 암시라고 여겼다. 바로 이것이 험담은 우상숭배, 성적 부도덕, 살인과 동등하다는 랍비들의 놀라운 주장의 근거다. 그들은 "큰"이라는 단어가 말의 죄를 논하는 시편의 한 구절(12:3)에 보이고, 또한 세 가지 가장 심각한 죄악을 말하는 구절들에서도 발견된다는 것을 보았다. 우상숭배의 예는 이스라엘 민족들이 황금 송아지를 숭배하던 이야기다. 성적 부도덕은 보디발의 아내가 요셉을 유혹하려고 한 이야기다. 살인은 카인과 아벨의 이야기다.

랍비들은 험담을 가리키는 시편의 단어의 복수형이 게돌로트gedolot라는 데 주목한다. 랍비들은 일반적으로 불특정 복수형은 둘을 의미한다고 이해했다. 따라서 "오만함[gedolot]을 내뱉는 모든 혀"라는 말은 험담을 두 개의 중죄와 동일시한다. 이러한 해석은 험담의 죄가 세 가지 죄악과 같다는 게마라의 개념을 약화시킨다. 탈무드는 이 산술적 반론에 대해 "세 가지 중 당신은 어느 것을 빼겠는가?"라는 물음으로 응답한다. 다시 말해, 랍비들은 메시지의 내용에 초점을 맞추기 위해서 일반적인 방법론적 접근법은 무시하는 것을 선호한다.

이 가르침은 진지한 것이다. 험담은 세 개의 생명을 파괴할 수 있다. 많은 사람들이 이것을 문자 그대로 해석한다. 험담의

"······그들이 들에 있을 때에 가인이 그의 아우 아벨을 쳐죽이니라."(창세기 4:8)

gedolot은 '큰' '위대한'을 의미하지만 여기서는 '오만arrogance'으로 번역되었다. 개역개정본은 다음과 같다. "그들이 이웃에게 각기 거짓을 말함이여 아첨하는 입술과 두 마음으로 말하는도다. 여호와께서 모든 아첨하는 입술과 자랑하는 혀를 끊으시리니."(시편 12:2-3) 참고로 새미국표준성경NASB은 이 부분을 "The tongue that speaks great things"라고 옮긴다.

대상이 된 사람은 자신을 헐뜯은 사람을 공격할지 모른다. 둘 다 뒤따르는 폭력으로 죽을 수 있으며, 그 후 그들의 친척은 비방을 처음으로 접한 사람에게도 복수할지 모른다.

데라슈D'rash

아이들은 놀림에 이런 답변으로 종종 응수한다. "막대기와 돌은 내 뼈를 부러뜨릴 수 있지만, 험담은 날 상처 주지 못해." 랍비들은 동의하지 않는다. 험담은 막대기와 돌보다 훨씬 더 깊이 우리에게 상처를 줄 수 있다. 말은 놀라운 힘을 가지고 있다. 그것은 치유할 수도 있고, 파괴할 수도 있다. "죽고 사는 것이 혀의 힘에 달렸나니."(잠언 18:21)

"세 번째 혀가 셋을 죽인다"라는 서쪽의 속담은 우리에게 매우 중요한 윤리적 원칙을 상기시킨다. 곧 우리의 행동은 광범위한 영향을 미친다. 단순한 말이 명성이나 삶을 파괴할 수 있다.

한 무리의 고등학교 학생들이 둘러앉아 기말시험에 낮은 점수를 준 선생님에 대해 투덜거린다. 그들은 선생님의 말투와 걸음걸이까지 비웃는다. 누군가 그가 동성애자일지 모른다고 암시한다. 다른 학생은 그가 어린 사내아이들을 좋아해서 교사가 되었을 거라고 추정한다. 세 번째 학생은 선생님이 아마도 과거에 몇몇 학생들을 성추행했을지 모른다고 소리 내어 말한다. 원망과 분노에서 태어난 실없는 이야기들. 다음날 그 '억측'은 경솔하게도 학교 복도 전체에서 되풀이된다. 일주일 안에, 선생님은 그 '추문' 때문에 해고되고 체포된다. 비록 선생님이 모든 혐의를 벗는다 해도, 그 소문은 남은 평생 그를 따라다닐 것이다.

우리는 험담이 어떻게 그 거짓말의 피해자를 파괴할 수 있는지 이해할 수 있다. 우리는 험담을 퍼뜨리는 사람이 그가 말한 것에 의해 법적으로 혹은 다른 방식으로 곤란을 겪으리라는 것도 알 수 있다. 하지만 제3자, 곧 듣는 이 역시 파괴된다는 랍비들의 믿음은 놀랍기만 하다. 탈무드는 이 문제에서 결백한 구경꾼과 같은 것은 없다고 말하려는 듯하다. 다른 사람이 '비난받을' 때 조용히 귀 기울이는 것은 우리의 품위를 손상시킨다. 그것은 우리가 곁에 서서 그들을 방어하기 위해 아무것도 하지 않았다는 것을 의미한다. 험담하는 사람을 꾸짖고 침묵하게 만들지 않음으로써 우리는 조장하는 이가 된다. 우리는 암묵적으로 승인을 해주고, 따라서 그 험담꾼에게 계속하도록 고무한다. 악이 저질러지도록 한 것에 궁극적으로 책임이 있는 자는 가만히 앉아 아무것도 하지 않는 사람들이다. 랍비들은 우리에게 "하지만 난 아무것도 안 했어!"라는 말은 변명이 되지 않는다고 가르친다. 그것은 다른 종류의 유죄를 시인하는 것이다.

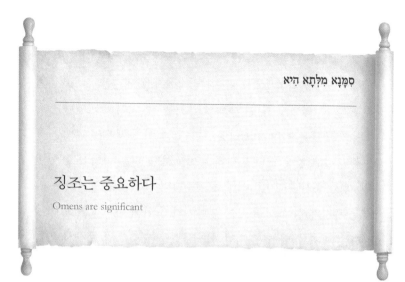

סִמָּנָא מִלְתָא הִיא

징조는 중요하다
Omens are significant

케리토트 5b-6a

Keritot. 세데르 코다심의 7번째 소논문으로 6개의 장이 있다. 요절 혹은 공동체와의 단절을 의미하는 '카레트karet'의 처벌을 받는 위반들, 실수로 저지른 위반에 대한 속죄제물의 종류 등을 다룬다.

"다윗 왕이 이르되 제사장 사독과 선지자 나단과 여호야다의 아들 브나야를 내 앞으로 부르라 하니 그들이 왕 앞에 이른지라. 왕이 그들에게 이르되 너희는 너희 주의 신하들을 데리고 내 아들 솔로몬을 내 노새에 태우고 기혼으로 인도하여 내려가고, 거기서 제사장 사독과 선지자 나단은 그에게 기름을 부어 이스라엘 왕으로 삼고 너희는 뿔나팔을 불며 솔로몬 왕은 만세수를 하옵소서 하고, 그를 따라 올라오라 그가 와서 내 왕

우리 랍비들은 가르쳤다. "왕들은 오직 샘 가까이에서 기름부음을 받으니, 그래야 그들의 다스림이 오래갈 수 있다. 이르기를, '다윗 왕이 이르되······ 그를 기혼으로 인도하여 내려가고, 거기서······ 그에게 기름을 부어······'[열왕기상 1:32-34]••."

라브 암미는 말했다. "자신이 한 해를 살아남을지 아닐지 알고자 하는 사람은 신년절과 속죄일 사이의 열흘 간 횃불을 가져와 바람이 불지 않는 집에 걸어두어야 한다. 만약 횃불이 전부 타버린다면, 그는 자신이 그해에 살아남으리라는 것을 안다. 사업을 시작하려는데 성공할지 아닐지 알고자 하는 사람은 수탉을 구해야 한다. 만약 그것이 살찌고 매력적으로 자란다면, 그는 사업이 성공하리라는 것을 안다. 여행을 떠나고 싶은데 집으로 돌아올 수 있을지 알고자 하는 사람은 어두운 방으로 가야 한다. 만약 그가 자기 그림자의 그림자를 본다면, 그는 자신이 집으로 돌아오리라는 것을 안다. 하지만 그는 두려움을 덜고 운이 나빠지지 않도록 하기 위해 이런 것들을 해서는 안 된다."

아바예는 말했다. "징조는 중요하다고 우리가 말했으므로, 신

년절 때 박, 호로파, 리크, 비트, 대추야자를 먹는 풍습이 생겼을 것이다."

위에 앉아 나를 대신하여 왕이 되리라 내가 그를 세워 이스라엘과 유다의 통치자로 지명하였느니라."(열왕기상 1:32-35)

왕의 기름부음은 상징적인 이유로 기혼Gihon 샘 옆에서 열렸다. "이 샘물이 흐르는 한 왕께서 다스리소서!" 라브 암미는 미래를 예측하는 데 중요하다고 이야기되는 세 가지 다른 "조짐"의 사례들을 제시한다. 불은 생명의 상징으로 여겨졌고, 신년절과 속죄일 사이의 날들은 신이 누가 살고 누가 죽을지를 결정하는 때였다. 수탉은 성욕과 정력, 따라서 자기 보존력의 상징이었다. 그림자는 사람의 본질을 나타냈고, 그것을 보는 것(혹은 보지 못하는 것)은 그 사람이 살아남을 수 있을지 여부의 상징이었다.

　　아바예는 이러한 상징적 조짐들이 유의미한 것으로 여겨지기 때문에 신년절에 특정 음식을 먹는 풍습이 있다고 덧붙인다. 오늘날에도 우리는 즐거운 한 해를 빌며 사과를 꿀에 절이는 친숙한 풍습을 가지고 있다. 여기서, 다섯 가지의 음식은 그 이름들이 달콤함과 풍부함 혹은 우리 적들의 파멸을 연상시키기 때문에 언급된다. 박은 카라kara인데 "찢기다"라는 뜻의 케라kera를 생각나게 한다. 즉 우리는 우리에게 해로운 모든 악의가 찢겨지기를 기도한다. 호로파는 루비아ruvia로, "생육하고 번성하라 p'ru u'rvu"라는 축복을 상기시킨다. 리크는 카르티karti로, "잘라내다"를 뜻하는 카레트karet와 발음이 비슷하다. 즉 우리를 증오하는 모든 자들을 끊어내소서! 비트는 실카silka로, "끝"을 의미하는 아람어와 비슷하고, 이를 바탕으로 언어유희를 하면 이스탈쿠yistalku가 된다. 즉 신이여, 우리의 적을 물리치소서! 대추야자는 타마르tamar이고 이타무y'tamu라는 단어를 떠오르게 한다. 즉 우리를 증오하는 자들이 "최후"를 맞기를!

데라슈 D'rash

어떤 여자가 이른 아침에 직장에 가기 위해 집을 나선다. 그녀는 오늘 하루 종일 해야 할 일을 생각하다가 과연 오늘이 좋은 날일지 안 좋은 날일지 상상해본다. 갑자기 도로 경계석 옆에 반짝이는 작은 점이 눈에 띈다. 무언가 햇빛을 받아 빛나고 있다. 그녀는 살펴보러 다가가고 1센트짜리 동전을 발견한다. 그녀는 미소를 지으며 몸을 구부려 그 동전을 줍고는 중얼거린다. "1센트 동전을 우연히 주웠으니, 오늘 하루는 운이 좋을 거야!" 그런데 그날은 그 젊은 여성에게 정말 믿을 수 없는 하루였다. 그녀가 작업하고 있던 중요한 프로젝트를 완성했으며, 그녀의 상사는 잘했다고 칭찬했고, 점심시간에 걸어가다 잘생긴 젊은 남자와 부딪혔는데 그 남자가 토요일 밤에 영화를 보러 가자고 청했다.

2주 후 그녀가 다시 출근하기 위해 아침에 집을 나서는데, 불길하게도 검은 고양이가 그녀의 앞길을 가로질러 달려간다. 그녀의 눈은 겁에 질리고, 마음 깊은 곳에서는 그냥 다시 집으로 돌아가 침대에 눕고만 싶다. 그녀는 오늘 하루 종일 좋지 않은 일들이 일어나리라는 걸 안다. 몇 시간 뒤 직장에서 그녀는 계단에서 미끄러지고, 넘어지지 않으려 버팅기다가 손목이 부러진다.

정말 이러한 징조가 존재할까? 라브 암미는 "징조가 중요하다"고, 징조가 실제로 미래의 모습을 알려줄 수 있다고 믿는 듯하다. 그는 또한 우리가 이 기준을 사용하지 말아야 한다고 덧붙였다. 징조가 진실이 아니라는 말이 아니다. 우리는 징조가 진실을 담고 있기에 그것을 피해야 한다. 우리가 나쁜 징조를 보았을 때 우리에게 나쁜 일이 일어나리라 여기며 과도하게 괴로워하는

원전에 가장 가까운 탈무드

것을 그는 우려한다.

랍비들은 자유의지를 강력하게 믿는다. 그들은 인생이 모두 예정되어 있다는 생각을 배척한다. 그들은 개인이 자신의 미래를 결정할 상당한 힘을 갖고 있다고 가르친다. 그러나 그들은 또한 대부분의 예언이 자기실현적이라는 것을 잘 알 만큼 인간 본성을 이해했다. 만약 우리가 좋은 일들이 일어날 거라고 믿는다면, 자주 그렇게 될 것이다. 만약 우리가 나쁜 일이 일어나리라 예상한다면, 대체로 그렇게 될 것이다. 지각이 실재다. 즉 우리가 무언가를 바라보는 방식이 바로 그것이 존재하는 방식이다. 우리가 새해 첫날에 달콤한 음식을 먹는 것은 우리의 운명을 조작하기 위해서가 아니다. 그렇게 함으로써 우리의 태도를 바로잡고, 새해를 긍정적이고 낙관적인 분위기로 시작하기 위해서다. 때로는 그런 행동만으로도 차이를 만들 수 있다.

어떤 사람들은 머리 위에 먹구름이 드리워진 양 살아간다. 이 사람들은 정말 불행할까? 자신이 불운하다고 믿으며 무의식적으로 그러한 자아상에 맞춰 살아가는 것은 아닐까? 반면에, 긍정적인 생각에 초점을 맞추고 회복될 수 있다고 깊이 믿는 암환자들은 포기하고 끝장이라고 믿는 이들보다 더 높은 비율로 호전될 것이다. 성공의 이미지에 초점을 맞추는 선수들은 실패를 걱정하는 선수들보다 종종 훨씬 더 성공을 거둔다.

징조는 중요할 수 있다. 우리에게 운명을 말해주기 때문이 아니라, 우리가 가능성에 초점을 맞추도록 도와주기 때문이다.

אָדָם נֶאֱמָן עַל עַצְמוֹ
יוֹתֵר מִמֵּאָה אִישׁ

사람은 자신에 대해
100명의 타인보다 잘 안다

A man is believed about himself
more than a hundred men

케리토트 11b, 12a

미슈나(3:1): 두 사람은 "그가 먹었다"라고 말하고 그는 "나는 먹지 않았다"라고 말한다면, 랍비 메이어는 그에게 책임을 묻는다. 랍비 메이어는 말했다. "만약 두 사람이 그를 가혹한 죽음에 이르게 할 수 있다면, 두 사람이 그에게 가벼운 희생제물을 가져오라고 할 수 없겠는가?" 그들이 그에게 말했다. "만약 그가 원한다면, 그는 '내가 일부러 그랬다!'라고 말할 수 있다."

게마라: 그들에게 물었다. 랍비들의 근거는 무엇인가? 사람은 자신에 대해 100명의 타인보다 잘 알기 때문인가?

여기서 문제는 누군가 무심코 어떤 위반을 저질렀을 때, 예를 들어 금지된 동물기름을 우연히 먹고 나중에야 그것을 깨달았을 때 가져와야 하는 속죄제물에 대해서다.
　　그러나 만약 두 명의 목격자가 다음과 같이 말한다면 어찌

되는가? "우리는 당신이 금지된 기름을 먹는 것을 보았다. 우리는 당신이 절대 고의로 금지된 기름을 먹지 않았다는 것을 알지만, 당신이 우연히 그것을 먹었으니 이제 속죄제물을 가져와야 한다는 것을 알려주고 싶다."

이에 대해 그 사람은 대답한다. "나는 먹지 않았다. 걱정해주는 건 고맙지만, 나는 내가 어떠한 금지된 기름도 먹지 않았다는 것을 안다."

이런 경우에 어떻게 해야 할까? 랍비들은 그러한 사람에 대해 어떻게 추정해야 할까?

두 가지 관점이 있다. 랍비 메이어는 이 경우에 그 사람은 희생을 바칠 책임이 있다고 믿는다. 어쨌든, 두 증인이 그가 살인을 했다고 그에게 불리한 증언을 할 수 있고, 그가 "나는 하지 않았다"라고 항변할지라도, 그럼에도 그는 사형이라는 유죄 판결을 받을 것이다! 하물며 사형감이 아닌 우연한 죄의 경우에, 그에게 불리한 증언을 하는 두 증인을 믿지 않을 수 있겠는가.

그러나 랍비들은 동의하지 않는다. 피고는 자신이 먹지 않았다고 말함으로써 스스로를 불리한 입장에 놓는다. 그 피고는 "그래, 내가 그랬어! 일부러!"라고 간단히 시인하면 이 논쟁을 빨리 끝낼 수 있다. 이 경우에, 징벌은 세속적인 것(우연히 먹은 위반에 대한 속죄제물)에서 하늘의 손에 의한 처벌(고의로 지은 죄에 대한 카레트Karet)로 옮겨갈 것이다. 이 남자는 이런 변명을 하지 않고 징벌을 옮기지 않았으므로, 우리는 그가 진실을 말하고 있고 어떠한 금지된 기름도 먹지 않았다고 추정한다. 게다가 게마라가 설명하듯이, 우리가 랍비들의 주장에 덧붙일 수 있는 한 가지 가능한 이유는 사람들이 그들 자신을 가장 잘 안다는 것이다. 각자는 자신이 금지된 기름을 먹었는지 여부를 알며, 아무것도 먹지 않았다고 주장하는 사람을 믿을 수 있다.

데라슈D'rash

"만약 기분이 좋아지고 싶다면, 이렇게 해보세요." "이렇게 하면 이 프로그램을 더 즐길 수 있습니다." 우리 모두는 다른 사람들이 우리에게 조언을 해주는 상황에 처해보았다. "이걸 해봐. 저걸 느껴봐." 우리에게 충고하는 사람들은 대개 선의에서 그렇게 한다. 하지만 그들은 외부에서 바라보고 있다. 그들은 우리가 어떻게 느끼는지, 우리에게 무슨 일이 있었는지, 우리가 누구와 가까워지고 싶어하는지 안다고 생각할지 모른다. 하지만 결국 그것들은 모두 극히 개인적이고 주관적인 판단이다.

"사람은 자신에 대해 100명의 타인보다 잘 안다"라는 말은 오늘날의 의료에도 적용된다. 우리가 검사를 받으러 병원에 가면, 의사는 왜 왔는지부터 물어볼 것이다. 만약 구체적인 통증이 있다면, 의사는 그것을 기록하고 거기에 맞게 진단을 할 것이다. 의사는 무엇이 통증을 일으키는지, 검사 결과가 어떤지, 어떠한 치료법이 있는지 말해줄 것이다. 오직 환자만이 의사에게 어디가 정말 아픈지, 언제부터 통증이 시작되었는지, 처방받은 치료법이 증상을 없애는 데 효과가 있는지를 얘기해줄 수 있다. 요즘 개업의들은 질병의 기재와 치료과정에 대한 관심뿐 아니라 환자의 정신 상태와 정서 안정까지 고려하도록 점점 더 많은 훈련을 받는다. 하지만 불행하게도, 우리는 환자의 우려를 의사가 무시한 나머지 끔찍한 결과를 초래한 경우를 심심치 않게 듣는다.

유대 율법은 개인의 관점에 주목하고, 외부인이 우리에게 최선인 것을 얼마나 모르는지 지적한다. "사람은 자신에 대해 100명의 타인보다 잘 안다"는, 속죄일에 먹는 것이 허용될지 여부에 대해서도 참이다. 토라는 속죄일에 먹는 것을 금지하고 탈무드는 이 규칙을 자세히 설명하지만, 아픈 사람은 의사의 충고에 따라 먹어도 된다. 만약 의사는 병이 그리 심각하지 않으니 단식을 할 수 있다고 말하지만, 정작 아픈 사람은 먹겠다고 고집한다면 어찌되는가? 이때 유대 율법은 "사람은 자신에 대해 100명의 타인보다 잘 안다"에 기초하여, 아픈 사람에게 결정권을 돌린다. 외부인은 단식의 일반적인 의학적 영향에 대해 견해를 밝힐 수 있지만, 단식을 하는 우리가 얼마나 힘든지는 말해줄 수 없다. 제3자는 아픈 사람들에게 단식에 대한 일반적인 의견을 줄 수 있지만, 단식이 우리에게 미치는 영향을 완전히 이해할 수는 없다.

특히 의기소침할 때, 우리는 다른 사람들의 충고를 대개 기꺼이 받아들인다. 그것이 우리에게 최선의 이익이 아닐지라도. 다른 사람들이 우리에 대해 많이 알 수 있지만, 결국 우리 자신을 가장 잘 아는 것은 우리들 각자다. 이것은 우리가 다른 사람들이 주는 모든 지침을 거부해야 한다는 말이 아니다. 더 정확히 말하면, 우리는 다른 사람들의 조언과 제안을 꼼꼼히 살펴 걸러야 하고, 그것이 우리에게 적용될 수 있는지 시험해야 하고, 100명의 타인이 다르게 생각할 때에도 우리 자신을 믿을 만큼 충분히 강인해야 한다.

휴게소

이스라엘 자손이 또 길을 떠나 모압 평지에 진을 쳤으니, 요단 건너편 곧 여리고 맞은편이더라. (민수기 22:1)

토라의 말씀은 물에 비유된다…… 이르기를, "오호라, 너희 모든 목마른 자들아. 물로 나아오라"[이사야 55:1]…… 그리고 물에서 헤엄치는 법을 모르는 사람은 결국 빠져 죽듯이, 토라에서도 그러하다—거기에서 헤엄치고 그로부터 배우는 법을 모르는 사람은 결국 빠져 죽을 것이다. (애가 라바 1, 3)

10살이나 11살 무렵 탈무드를 처음 공부하기 위해 선생님을 찾아갔을 때, 선생님은 내게 물었다. "너에게 왜 두 손이 있느냐?" 나는 이러한 질문을 일찍이 스스로에게 해본 적이 없었다. 내가 말했다. "답이 무엇입니까?" 그가 말했다. "한 손으로는 원문을 가리키고, 다른 한 손으로는 주석을 가리켜라. 네가 일단 그렇게 하면 길을 잃지 않을 것이다. 원문이 의미하는 바를 알 것이다."

물론 나는 이것이 유치하다고 여겼다. 나는 이미 김나지움에서 공부하고 있었다. 하지만 나중에 나는 왜 우리에게 두 손이 있는지 이해하게 되었다. 우리는 한 손으로는 우리의 전통, 수세기 동안 우리와 함께해온 원문을 가리키고, 다른 손으로는 그 의미를 찾아봐야 한다. 이 원문은 오늘 우리에게 무슨 의미일까? 한 손으로는 부족하다. 원문이 무엇을 의미하는지 탐구하려면 우리에게는 다른 손이 필요하다. (나훔 글래처Nahum N. Glatzer, "내가 배운 것What I Have Learned", 《유대의 유산Jewish Heritage》 summer/fall 1993)

세데르 토호로트

SEDER TOHOROT

미슈나의 여섯 번째이자 마지막 순서는 토호로트 즉
"정결한 것들"이다. 이것은 성전이 서 있던 시기 동안
실제로 행해졌던 정결의식의 매우 복잡한 율법들을 상
세히 기술한다. 이 미슈나의 12개 소논문 중 오직 하나
에만 게마라가 있다. 그 소논문은 니다Niddah로, "가
족의 정결" 즉 여성의 월경주기와 그것이 남편과 친밀
한 관계를 갖는 그녀의 능력에 어떠한 영향을 미치는가
에 관한 율법을 논의한다. 전통을 준수하는 유대인들은
오늘날까지 이러한 율법을 계속 따른다.

הַכֹּל בִּידֵי שָׁמַיִם
חוּץ מִיִּרְאַת שָׁמַיִם

하늘에 대한 두려움을 제외하고,
모든 것은 하늘의 손에 달렸다

Everything is in the hands of Heaven,
except for the fear of Heaven

니다 16b

랍비 요하난은 말했다. "남자가 낮 동안 [성관계를 하기 위해] '침대를 이용하는 것'은 금지된다." [이것을 증명하는] 구절은 무엇인가? 이르기를, "내가 난 날이 멸망하였더라면, '사내아이를 배었다' 하던 그 밤도 그러하였더라면"[욥기 3:3]. 그러므로 밤은 임신을 위해 따로 놓아두었지만, 낮은 임신을 위해 따로 놓아두지 않았다. 레시 라키시는 말했다. "그것[성서의 증명]은 여기에서 나왔다. '그의 길에 주의하지 아니하는 자는 죽으리라'[잠언 19:16]." 레시 라키시는 랍비 요하난이 인용한 구절을 어떻게 해석하는가? 그는 랍비 하니나 바르 파파가 설명한 것과 같은 방식으로 그것을 필요로 한다. "임신을 담당하는 천사의 이름은 '라일라'[밤]다. 그는 [정액] 한 방울을 가져가 거룩한 분, 송축받을 분 앞에 놓고 그분에게 말하길, '이 세상의 주인이시여! 이 한 방울은 무엇이 되리이까? 강합니까, 약합니까? 지혜롭습니까, 어리석습니까? 부유합니까, 가난합니까?' 하지만 랍비 하니나에 따르면 '사악합니까, 의롭습니

Niddah. 세데르 토호로트(테하로트Teharot라고도 한다)의 7번째 소논문으로, 이 세데르의 소논문들 중에서 여기에만 게마라가 있다. 성전이 더 이상 존재하지 않는 미슈나 집필 시기에 다른 정결의식들은 더 이상 실생활에 적용할 수 없었기 때문으로 보인다. 월경 중이거나 출산 직후 여성의 성관계에 관한 율법을 다룬다.

"계명을 지키는 자는 자기의 영혼을 지키거니와 자기의 행실을 삼가지 아니하는 자는 죽으리라."(잠언 19:16)

"이스라엘아 네 하나님 여호와께서 네게 요구하시는 것이 무엇이냐 곧 네 하나님 여호와를 경외하여 그의 모든 도를 행하고 그를 사랑하며 마음을 다하고 뜻을 다하여 네 하나님 여호와를 섬기고, 내가 오늘 네 행복을 위하여 네게 명하는 여호와의 명령과 규례를 지킬 것이 아니냐."(신명기 10:12-13)

까'라고는 묻지 않는데, 그 이유에 대해 랍비 하니나는 이렇게 말했다. '하늘에 대한 두려움을 제외하고, 모든 것은 하늘의 손에 달렸다. 이르기를, "이스라엘아, 네 하나님 여호와께서 네게 요구하시는 것이 무엇이냐? 곧 네 하나님 여호와를 경외하는 것이다"[신명기 10:12]•.'

성관계가 밤에—어둠 속에서—이루어져야 한다는 생각은 겸손 tzni'ut이라는 유대인의 가치에서 유래한다. 이것은 우리 대부분에게 다소 청교도적인 생각처럼 보이겠지만, 우리는 전근대 시대, 특히 고대에 사생활이 매우 드물었음을 기억할 필요가 있다. 많은 집들이 단순히 주방/식사 공간과 거실/침실 공간으로 이루어져 있었다. 성관계를 밤 시간으로 제한하는 것은 부부가 친밀함을 나누는 동안 다른 사람들이 그들을 확실히 보지 못하게 하는 유일한 방법이었다.

랍비 요하난과 레시 라키시 둘 다 이 가르침을 성서 구절의 권위로 뒷받침하고자 했다. 랍비 요하난은 욥기를 보고, 그 구절이 임신을 밤과 연결시킨다는 사실을 몹시 강조한다. 물론 현대의 독자는 아마도 이 연결을 단지 작가의 시적 표현으로 여길 것이다. 그러나 탈무드의 랍비들에게 성경 원문의 모든 미묘한 차이에는 특정한 목적이 있고, 그 연결은 문자 그대로 읽힌다.

레시 라키시는 랍비 요하난의 가르침에 동의한다. 하지만 그것을 증명하기 위한 그의 구절 선택에는 동의하지 않는다. 욥기 대신에, 그는 잠언을 본다. 그가 선택한 구절에서 초점을 맞추는 핵심 단어는 "길"이다.

아마도 그는 이 단어(히브리어로 derekh)를, 남자와 여자 사이의 친밀한 관계를 말하는 잠언에서 발견되는 동일한 단어와 연결했을 것이다. "내가 알지 못하고 헤아리지 못하는 것이 서 넷 있으니, 곧 독수리가 하늘에서 어떻게 길을 찾는지, 뱀이 암석 위에서 어떻게 길을 찾는지, 배가 바다에서 어떻게 길을 찾는지, 남자가 여자와 어떻게 길을 내는지이다. 간통한 여인의 길도 그러하다. 그녀는 먹고 입을 씻으며 말한다. '나는 아무런 잘못도 하지 않았다'"[잠언 30:18-20]**. "그의(혹은 그분의, 곧 하나님의) 길에 주의하지 아니하는" 것(즉 낮에 성관계를 하는 것)은 그 구절에 따르면 죽음으로 이어질 수 있으며, 따라서 그러한 행동을 삼가야 한다는 것을 증명한다.

그러고 나서 게마라는 묻는다. 만약 레시 라키시가 성관계가 낮에는 금지된다는 것을 증명하기 위해 잠언 19장 16절을 이용한다면, 욥기 3장 3절(랍비 요하난의 구절)은 무엇을 가르친다고 말하겠는가? 대답은 그 구절이 우리에게 다음을 말해준다고 한다. 즉 라일라Lailah라는 이름의 천사가 임신 직전에 나타나, 남녀의 결합 행위로 태어날 아이의 미래에 대해 신에게 묻는다는 것이다. 이 다소 민간 설화적인 이야기는 라일라라는 단어를 보통명사(밤을 뜻한다: "'사내아이를 배었다' 하던 그 밤도……")가 아니라 고유명사("'사내아이를 배었다'라고 라일라가 알렸다")로 읽는 데서 비롯한다.

마지막으로, 구절들에 대한 면밀한 독해는 랍비 하니나가 신명기 10장 12절을 다음과 같은 의미로 해석하는 것으로 끝을 맺는다. 오직 한 가지만이 이스라엘에 요구되므로(즉 그들이 하나님을 경외하는 것), 오직 그것만이 하나님의 손을 벗어나 있다는 의미가 된다. 그 외의 모든 것(사람이 부유한지 가난한지, 약한지 강한지, 지혜로운지 어리석은지)은 하나님이 결정한다.

"내가 심히 기이히 여기고도 깨닫지 못하는 것 서넛이 있나니, 곧 공중에 날아다니는 독수리의 자취와 반석 위로 기어 다니는 뱀의 자취와 바다로 지나다니는 배의 자취와 남자가 여자와 함께 한 자취며, 음녀의 자취도 그러하니라. 그가 먹고 그의 입을 씻음 같이 말하기를 내가 악을 행하지 아니하였다 하느니라."(잠언 30:18-20)

데라슈 D'rash

✹ 제2차 세계대전 중 오스트리아의 정신과 의사 빅터 프 랭클Viktor Frankl 박사는 많은 유대인들과 마찬가지로 체포되어 아우슈비츠 강제수용소로 보내졌다. 3년의 감금 기간 동안, 그는 현대 역사상 "인간의 대한 인간의 잔인함"의 가장 무 시무시한 사례들에 사람들이 어떻게 반응하는지를 세심히 관찰 했다. 그의 관찰은 그의 책《죽음의 수용소에서Man's search for Meaning》와 새로운 정신의학파인 '의미치료logotherapy'의 근간이 되었다. 프랭클은 이렇게 썼다.

강제수용소에 살던 우리는 다른 사람들을 위로하고 자신의 마지막 빵 조각을 건네고는 막사로 걸어가던 사람들을 떠 올릴 수 있다. 그들의 수는 적었을지 모르지만, 그들은 한 인간이 모든 것을 빼앗기더라도 한 가지는 빼앗길 수 없다 는 충분한 증거를 제공한다. 인간에게 마지막까지 남는 것 은 주어진 상황에서 자신의 태도를 선택할 자유, 자신의 길 을 택할 자유다. (p.104)

나치는 한 사람의 삶의 모든 측면을 지시하고 결정할 수 있 었다. 단 한 가지를 제외하고. 그것은 바로 그 사람이 나치가 저 지른 행동에 어떻게 반응하느냐였다.

같은 교훈이 심신을 쇠약하게 하는 질병을 앓거나 끔찍한 사고를 당한 사람에게도 적용된다. 그들은 거동, 건강, 심지어 미 래까지 많은 것을 빼앗겼을 것이다. 그러나 한 가지는 남아 있 다. 바로 그들이 이 끔찍한 충격에 어떻게 반응할 것인가다. 어떤 사람들은 억울해하며, 다가오려는 모든 사람들—의사, 친구, 사랑하는 사람들—을 비난하는 나날을 보낸다. 슬픔과 자기연민에 빠진 나머지, 다른 사람들을 멀리하고 자기만의 세계에 틀어박히기로 선택하는 사람들도 있다. 그러나 다른 길을 선택하는 사람들도 있다. 그들은 자신에게 남은 나날을 최대한 활용하기로 결심한다. 그들은 자신이 할 수 없는 것에 집착하는 대신에, 자신이 성취할 수 있는 것에 집중하고, 나가서 그것을 한다.

우리 각자가 매일매일 직면하는 문제들은 평범하거나 어처구니없는 것들이다. 우리에게 일어나는 대부분의 일들은 우리의 통제를 벗어나 있다. 우리 모두는 어떤 의미에서건 운명, 상황, 불운의 희생자다. 우리는 삶이 우리에게 돌리는 카드를 고를 수 없다. 그러나 평범하거나 심지어 형편없는 패를 받았더라도, 우리에게는 여전히 선택의 여지가 남아 있다. 우리는 포기하고 그만둘 수도 있고, 결코 완벽하지 않은 상황에서도 나름대로 최선을 다할 수 있다. 빅터 프랭클이 알게 되었듯이, 그러한 상황에서 우리가 하는 선택은 우리의 성격과 내면의 힘에 대해 많은 것을 말해준다.

랍비 하니나는 종교적 관점에서 이와 정확히 같은 교훈을 가르쳤다. "하늘에 대한 두려움을 제외하고, 모든 것은 하늘의 손에 달렸다." 신은 모든 것을 결정하지만, 한 가지는 예외다. 바로 우리가 신에 대해 느끼는 감정이다. 우리는 신에게……그리고 삶에게 '예' 혹은 '아니요'라고 말할 수 있는 능력을 받았다. 나머지 모든 것들은 우리가 빼앗길 수 있고 우리 대신 결정이 내려질 수도 있지만, 그것은 결코 아니다.

אֲפִלּוּ בַּעַל הַנֵּס
אֵינוֹ מַכִּיר בְּנִסּוֹ

자신에게 기적이 일어난 사람조차
그 기적을 알아보지 못한다!

Even the one who has a miracle happen to him
does not recognize his own miracle!

니다 31a

라브 요셉이 설명했다. 이 말씀의 의미는 무엇인가? "여호와여, 주께서 전에는 내게 노하셨사오나, 이제는 주의 진노가 돌아섰고 또 주께서 나를 안위하시오니 내가 주께 감사하겠나이다!"[이사야 12:1] 이 말씀은 무엇을 말하는가? 두 남자가 배를 타고 장사를 나가려 했다. 그중 한 명은 가시에 찔렸고, 그는 입에 담지 못할 욕과 불경한 말들을 했다. 얼마 지나지 않아 그는 친구의 배가 바다에 가라앉았다는 소식을 들었다. 그는 감사하고 찬양하기 시작했다. 그러므로 기록되기를, "주의 분노가 돌아섰고 또 주께서 나를 안위하시오니." 그리고 이것은 랍비 엘라자르가 말한 것이다. "이것은 무슨 뜻인가? '홀로 기이한 일들을 행하시는 분, 그 영화로운 이름을 영원히 찬송할지어다'[시편 72:18-19]. 자신에게 기적이 일어난 사람조차 그 기적을 알아보지 못한다!"

이 설교적 해설은 하나님과 인간을 대조하는 일련의 설명에 나

원전에 가장 가까운 탈무드

온다. 사람은 특정한 일을 하는 능력을 갖고 있는 반면, 무한한 힘을 지닌 하나님은 인간을 능가하는 능력을 가지고 있다. 몇 가지 예가 제시되는데, 우리의 원문은 그중 하나다.

라브 요셉의 설명은 처음에는 화를 내지만 나중에는 위안을 받는 어떤 사람으로 시작된다. 이것은 사람은 자신에게 일어나는 기적조차 알지 못한다는 점을 입증한다. 라브 요셉은 그의 접근법을 설명하기 위해 두 무역상인의 이야기를 꺼낸다. 한 상인은 발을 가시에 찔려 배를 타고 나가지 못하게 되자 화를 낸다. 하지만 그는 사실 운이 좋았다. 친구는 배를 몰고 여행을 계속하다가 그만 불행한 운명을 맞게 되었다. 발에 가시가 박힌 것은 결국 첫 번째 남자의 목숨을 구한 행운의 사건으로 드러난다. 이것은 우리가 기적이 일어나도 알아보지 못한다는 것을 보여준다고 랍비 엘라자르는 말한다.

랍비 엘라자르는 시편 72편을 이용하여 그의 논지를 증명한다. 하지만 그는 첫 번째 구절의 전반부와 두 번째 구절의 전반부만을 인용한다. 전체 구절은 다음과 같다.

> 홀로 기이한 일들을 행하시는 여호와 하나님, 곧 이스라엘의 하나님을 찬송하며
> 그 영화로운 이름을 영원히 찬송할지어다. 온 땅에 그의 영광이 충만할지어다. 아멘. 아멘.

만약 우리가 첫 번째 구절의 '홀로'를 강조하여 읽는다면, 우리는 랍비 엘라자르의 주장을 더 잘 이해할 수 있다. 즉 하나님만이 기적을 행한다. 우리는 그것을 행할 수 없고, 대개 그것을 알아차리지조차 못한다. 사태가 나빠진다고 우리가 생각하는

것이 실제로는 상서로운 것일 때가 종종 있다. 우리 인간은 사후에 하나님께 감사드릴 뿐이다.

데라슈 D'rash

라브 요셉과 랍비 엘라자르의 말이 냉소적으로 들릴지라도, 놀라운 건실을 놓치지 않도록 잘 일깨워준다. 우리는 얼마나 많은 경이로운 일들을 놓치고 있는가? 나중에야 "아, 그건 기적이었어!"라고 말하는 상황들이 얼마나 많은가? 하지만 이 설명은 일어나는 사건에서 놀랍고 긍정적인 것들을 간과하지 말라는 더 일반적인 일깨움으로도 볼 수 있다. 의심할 여지없이, 우리 모두는 한 번쯤 이에 어긋난 행동을 했다.

우리가 거리에서 차를 몰고 어딘가로 서둘러 가고 있다고 상상해보라. 약속시간에 늦었는데, 하필이면 한 남자가 느릿느릿 조심조심 길을 건너는 바람에 길모퉁이에서 꼼짝 못하게 되었다. 아마 우리의 첫 반응은, "왜 나야? 왜 하필이면 지금이야? 저 느림보가 어디 다른 데로 건너면 안 되나? 저 사람이 시간을 잡아먹어서 늦게 생겼어!" 그렇게 이성을 잃어가려고 하는 순간, 우리는 이 사람이 맹인임을 알게 된다. 그리고 상황을 다시 돌이켜본다. 다행하게도, 우리에게는 볼 수 있는 눈이 있다. 우리는 여기저기 차를 몰고 다닐 수 있고, 빨리 달릴 수도 있다. 약속시간에 조금 늦더라도. 상황은 실제로 몇 분 전 우리가 불평할 때만큼 그렇게 나빠 보이지 않는다. 사실 다시 생각해보니, 우리는 볼 수 있는 것만으로도 엄청나게 행운이다. 넓은 시각에서 보니, 조금 늦는 것은 사소한 불편으로 드러난다.

심리학자 마틴 셀리그먼 Martin E. P. Seligman은 그의 책 《낙관성 학습Learned optimism》에서 낙관적인 사람들, 모든 상황을 좋게 보는 사람들이 궁극적으로 더 성공한다고 주장한다. 셀리그먼은 우리에게 사건을 해석하는 다른 방식들을 생각하면서 모든 상황을 비판적으로 바라보라고 제안한다. 그것은 우리가 처음에 생각한 것처럼 부정적이기만 한가? 그것을 바라보는 한 가지 방법밖에는 없는가? 상황을 해석하는 낙관적이고 최적의 방법을 찾는 것은, 셀리그먼에 따르면, 우리에게 가장 이득이 되고, 더 큰 행복과 풍요로운 삶으로 이끈다.

수세기 전, 라브 요셉과 랍비 엘라자르는 우리에게 세상을 낙관적으로 바라보고 우리가 갖고 있는 것에 감사하라고 가르쳤다. 그들은 우리가 우리를 둘러싼 기적을 알아보기가 얼마나 어려운지 알았다. 그들의 말은 인생의 많은 긍정적인 것에 감사를 표하라고 우리를 일깨운다. 유대 전통에 따르면, 우리는 "우리에게 매일 나타나는 기적들"에 대해 신에게 하루 세 번 감사를 드려야 한다. 우리는 우리의 삶이 정말 놀라운 것이고 우리에게는 감사할 많은 것들이 있음을 깨닫기 시작한다. 우리는 바다의 갈라짐이 오래전에 일어난 엄청난 기적이라고 이해한다. 하지만 날마다 우리 주변 어디에나 기적들이 있다. 아기의 탄생, 우리 심장의 끊임없는 고동, 매일매일 소생하는 자연 그리고 이 모든 것을 깨닫고 경험하는 능력. 우리 중 일부에게, 이것은 배워야 알 수 있는 기술일지 모른다. 우리 모두에게, 이 감사하는 마음은 삶을 더욱 풍요롭게 해준다.

מִצְווֹת בְּטֵלוֹת לֶעָתִיד לָבֹא

미츠바는 다음 세상에서는 폐기된다

Mitzvot will be annulled in the World-to-Come

니다 61b

> "나는 무덤에 내려가는 자 같이 인정되고 힘없는 용사와 같으며, 죽은 자 중에 던져진 바 되었으며 죽임을 당하여 무덤에 누운 자 같으니이다. 주께서 그들을 다시 기억하지 아니하시니 그들은 주의 손에서 끊어진 자니이다."(시편 88:4-5)

> "너희는 내 규례를 지킬지어다. 네 가축을 다른 종류와 교미시키지 말며, 네 밭에 두 종자를 섞어 뿌리지 말며, 두 재료로 직조한mixture[kilayim] 옷을 입지 말지며."(레위기 19:19)

랍비들은 가르쳤다. "킬라임인지 알 수 없는 옷을 우상숭배자에게 팔거나 안장깔개로 만들어서는 안 된다. 하지만 그것을 죽은 사람의 수의로 만들 수는 있다." 라브 요셉은 말했다. "이것은 미츠바가 다음 세상에서는 폐기될 것임을 증명한다." 아바예(어떤 이는 라브 디미라고 말한다)가 그에게 말했다. "랍비 마니가 랍비 얀나이의 이름으로 말하지 않았던가? '이것[우리가 킬라임을 사용할 수 있는 것]은 오직 그를 애도할 때이고, 그를 묻을 때에는 금지된다고 배웠다.'" 그[라브 요셉]가 말했다. "하지만 랍비 요하난이 '그를 묻을 때에도'라고 말했다고 배우지 않았던가? 랍비 요하난은 한결같았다. 랍비 요하난이 말하길, '"죽은 자 중에 벗어난"[시편 88:6]●이라고 기록된 것은 무슨 의미인가? 사람은 죽자마자 미츠바에서 벗어난다.'"

토라는 킬라임kilayim이라 부르는 특정한 혼합을 특별히 금지한다.●● 다른 종류의 동물들을 함께 묶어 쟁기질하는 것, 다른 종류의 씨앗들을 밭에 한데 뿌리는 것, 양털과 리넨을 섞어 천을

원전에 가장 가까운 탈무드

짜는 것(신명기에서 샤트네즈sha'atnez••라고 부른다) 등이다. 이 게마라는 양털과 리넨이 모두 들어 있어 금지되어야 했을 옷의 경우를 논의한다. 이 천 조각은 킬라임일 수밖에 없는데, 리넨 옷에 양털실을 짜서 넣었거나—"알 수 없는"—혹은 양털 옷에 리넨 실을 짜서 넣었기 때문이다. 그 실을 천에서 찾거나 빼낼 수는 없다. 이 게마라의 첫 부분은 이러한 천 조각의 경우를 다룬다.

랍비들은 이것을 비유대인에게 팔아서는 안 된다고 가르쳤다. 그들은 킬라임의 율법에 속박되지 않지만 그럼에도 그 천을 유대인에게 무심코 팔지 모르기 때문이다. 이 천을 의복으로 만들어서도 안 되는데, 입지 않더라도 유대인이 ("안장깔개로") 깔고 앉아 사용할 수 있기 때문이다. 하지만 랍비들은 그것을 수의로 만들 수는 있다고 가르친다. 이로부터, 라브 요셉은 미츠바가 죽은 자들에게는 더 이상 의무로 부과되지 않는다고 추론한다. 그것을 수의로 사용한다는 것은 죽은 자가 더 이상 킬라임의 미츠바를, 따라서 모든 미츠바를 준수하지 않아도 된다는 것을 증명한다. 하지만 아바예(혹은 라브 디미)는 우리가 오직 애도 과정에서만 킬라임을 사용할 수 있고, 매장할 때는 이 옷을 사용하는 것이 금지된다고 가르치는 전통이 있다고 주장한다. 라브 요셉은 이 반론에 대해 랍비 요하난이 가르친 또 다른 전통으로 대답한다. 즉 그는 킬라임인 이 천이 사람을 매장할 때에도 허용된다고 가르쳤다. 랍비 요하난은 시편 88편의 구절에서 증거를 발견한다. 시편의 작가는 호프시hofshi라는 표현을 사용하는데, 이것은 ["죽은 자 중에"] "벗어난/풀려난" 혹은 "버려진/던져진"으로 번역될 수 있다. 랍비 요하난은 그 구절을 죽은 자 중에 그 사람은 이 세상의 근심과 책임에서, 구체적으로 말하면 미츠바에서 "벗어난다"는 의미로 이해한다.

"양 털과 베 실로 섞어 짠 것을 입지 말지니라."(신명기 22:11)

Sheol. '스올'이라고도 한다. 원
래는 올바른 사람이든 죄 많은
사람이든 모든 죽은 자들이 예
외 없이 가게 되는 어두운 지역
을 의미했다. 이후 구약성서를
그리스어로 옮기면서 '셰올'은
'하데스'로 번역되었고, 하데스
의 지하세계와 악마의 이미지
가 신약성서에 반영되었다.

데라슈 D'rash

성경에는 사후세계와 '내세'에 대한 언급이 아주 드물다. 랍비 요하난이 자신의 주장을 증명하기 위해 이용하는 시편 88편에서도, 시편의 작가는 "웅덩이"와 "셰올"•(어두운 지하세계)을 언급하지만 그것을 묘사하지는 않는다. 이것은 탈무드와 극명한 대조를 이루는데, 탈무드에는 '내세olam ha-ba'에 대한 많은 언급과 완벽한 묘사들이 있다. 랍비들은 의인이 하나님의 왕좌 아래에 앉아, 진수성찬으로 호화로운 식사를 하고, 항상 공부할 수 있는 특권을 누릴 때를 예견했다.

그럼에도 랍비들은 토라와 유대인의 삶의 주안점이 이 세상이라는 것을 또한 알고 있었다. 내세가 상세하게 묘사된 것은 어느 정도, 이상을 반영하기 위해서였다. 그들이 다음 세상에 대해 구상한 모든 것은 이 세상, 현실 세계의 목표이자 비전이었다. 따라서 그들은 이 세상에서 다음 세상의 어떤 이상을 반영하는 관례와 의식 체계를 만들었다. 만약 다음 세상에서 물질적 소유가 걱정거리가 되지 않는다면, 이 세상에서도 그것이 우리의 궁극적 관심사가 되어서는 안 된다. 어떤 활동이 주야로 토라를 공부하는 것보다 더 가치 있겠는가? 따라서 그들은 세속적 소유와 일용품에 대한 염려를 매일의 토라 연구와 결합시키려고 애썼다. 생계 유지를 위한 투쟁에서 제외될 수 있는 사람은 거의 없듯이, 아무도 매일의 공부에서 면제받을 수 없다.

만약 이 시스템이 완벽하게 작동한다면, 이 세상은 다음 세상의 반영이 될 것이다. 만약 모두가 미츠바를 준수한다면, 싸움과 전쟁은 끝날 것이다. 최소한, 이 세상은 고상하고 아름다워질 것이다. 그 이상이 결코 성취될 수 없다는 것은 랍비들에게 걱정거리가 아니었다. 그 이상 자체가 사람이 일상을 어떻게 살아가야 하는가에 대한 모범이 될 것이다. 아이러니하게도, 모든 사람이 이 모든 이상―완벽한 세상에 대한 하나님의 비전을 구체화한 미츠바―을 실행한다면, 더 이상 미츠바는 필요하지 않을 것이다. 왜냐하면 다음 세상이 이루어졌기 때문이다.

이러한 아이러니는 랍비들에게는 효과가 없었다. 그들은 우리가 대개 죽은 후에 상속(히브리어로 yerushah) 즉 우리의 자녀들과 손자들이 물려받을 수 있는 유형의 물질적인 무언가를 남기려고 애쓴다는 것을 알았다. 정작 우리는 유산(같은 히브리어 어원에서 나온 morashah) 즉 우리가 죽기 전에 삶을 풍요롭게 해준 무언가를 남기려고 진정 노력해야 함에도 말이다.

만약 우리의 현자들이 오늘날 우리의 세계를 본다면, 그들은 우리에게 이렇게 말할 것이다. "당신은 주식 선물先物, 연금, 보험증권을 통해 불멸을 얻을 수 있다고 생각한다. 이것들은 덧없는 것이다. 중요하지만 일시적이다. 만약 당신이 영원히 살아남을 무언가를 남기고 싶다면, 이 세상을 다음 세상의 반영으로 바꿔라. 당신보다 훨씬 더 큰 무언가, 내일보다 더 오래 지속될 무언가를 신경 써라."

탈무드에 대한 우리의 공부를 마치면서, 이것이 우리에게 남은 숙제다.

PART 3

에필로그

자신을 위해 교사를 선택하고,
자신을 위해 동료를 사귀라

약 18세기 전, 마흔 살의 풋내기 학생 아키바가 어떤 기분이었을지 우리는 상상할 수 있다. 아키바가 첫 수업을 들었을 때 얼마나 압도당하는 기분이었을지 우리는 마음속에 그려볼 수 있다. 그는 아마 스스로에게 이렇게 말했을 것이다. "여긴 내가 있을 곳이 아니야. 어쩌면 내가 끔찍한 실수를 했을지 몰라. 이게 도대체 무슨 뜻인지 모르겠고, 나와 무슨 상관이 있는지 정말 모르겠어!" 그가 실제로 가서 배우는 데 대단한 용기가 필요했던 것처럼, 공부가 중요하다고 판단을 내리는 데에도 아주 많은 헌신이 필요했다.

우리는 아키바가 어떻게 공부를 시작했는지 알 수 없지만, 아키바의 선생님이 제자의 두려움을 예상하고 그날 매우 특별한 가르침을 고르셨으리라 상상할 수 있다. 아마도 그 교훈은 그보다 2세기 전 스승인 여호수아 벤 페라히아의 말에서 비롯했을 것이다.

자신을 위해 교사rav를 선택하고,
자신을 위해 동료ḥaver를 사귀라. (피르케이 아보트 1:6)

현명하고 배려하는 선생님이라면 아키바에게 교사와 친구 둘 다 있는지를 걱정했을 것이다. 이 두 가지는 우리에게도 극히 필수적인 것이다.

라브 혹은 랍비는 우리에게 원문을 설명해주는 교사다. 흔히 탈무드의 어느 한 페이지도 랍비 없이는 이해할 수 없다. 우리가 모든 단어를 안다고 해도. (하물며 우리가 그 단어를 알지 못하거나 번역본으로 읽을 때에는 얼마나 더 이해불가하겠는가!) 일반적으로 우리의 초점은 우리가 다루고 있는 특정한 장이나 사안에 국한되는 반면, 랍비는 탈무드 전체를 보고 그 글에 적용된 더 넓은 개념, 생각, 접근법을 이해할 수 있도록 돕는다.

교사는 전통적 해석을 읊으며, 우리를 유대의 과거와 연결시킨다. 우리는 그 페이지에 대해 우리만의 해석과 통찰을 얻기 전에, 탈무드 원문에 대한 유대의 전통적 독해를 인식하고 이해해야 한다. 그러고 나서 비로소 우리는 반대 의견을 제시할 수 있고, 어쩌면 그것을 확장할 수도 있게 될 것이다.

우리 중 일부에게 교사의 필요성이 분명하지 않을 수도 있다. 어쨌든 우리는 무언가를 도움 없이 스스로 하는 "철저한 개인주의"에 익숙하다. 우리는 DIY 책들과 "자아실현"의 문화에서 살고 있다. 다른 사람에게 의지하는 것은 대개 나약함의 표시로 여겨진다. 유대 전통은 근본적으로 다른 접근법을 취한다. 우리는 "혼자 힘으로 할" 필요가 없다. "스스로 하는 것"은 해로울 수 있고, 원문을 해석할 때 실수로 이끌 수도 있다. 우리는 도저히 이해할 수 없는 난관에 봉착할 수도 있다.

또한 우리 중 일부—특히 박식하거나 다른 사람들을 가르치는 데 익숙한 사람들—는 타인에게 의지하는 것을 어려워한다. 교사를 우리의 안내자로 삼는다는 것은 우리가 의학, 법률,

주식, 콩 선물시장, 배관설비 등등의 주제에 대해서는 상당히 많은 것을 알고 있지만, 탈무드에 대해서는 우리가 모르는 것이 여전히 많이 있다고 인정한다는 뜻이다. 다른 사람에게 가르침을 받고, 우리는 조금밖에 모르지만 다른 누군가는 좀 더 많이 안다고 기꺼이 인정하기 위해서는 강한 자아가 필요하다.

멘토는 우리에게 원문을 다른 관점에서 보라고 요구한다. 그는 우리의 견해가 우리가 공부하는 내용에 근거하여 정당화되는지 의문을 제기한다. 하지만 이 교사는 글만 아는 것이 아니라 우리에 대해서도 안다. 랍비 혹은 라브는 이러한 도전이 가르치는 주제뿐 아니라, 인간 즉 마음과 습관과 성격을 지닌 제자에게도 해당된다는 것을 안다. 따라서 교사는 우리가 얼마나 멀리 밀어붙일지, 우리가 언제 게으름을 피우며 손쉬운 대답에 안주할지, 우리가 언제 우리의 생각을 한계까지 확장하며 그 내용을 소화할 시간을 필요로 할지를 안다. 그는 언제 어떻게 우리를 비판할지 그리고 언제 어떻게 격려할지를 안다.

유능한 교사는 특정한 질문에 응답할지, 더 광범위하고 더 일반적인 쟁점에 대해 응답할지를 안다. 우리의 이상적인 교사는 제자의 질문이 눈앞의 글만을 다루지만, 그 탐구가 다른 중요한 것을 반영하고 이 탈무드 페이지를 넘어서는(탈무드 전체의 범위를 넘어서는 것은 아니지만) 해답을 불가피하게 만든다는 것을 안다. 따라서 이 교사는 해당 주제의 맥락을 밝힘으로써 원문을 모든 삶 자체와 관련시킬 수 있다.

랍비는 우리가 자라고, 계속 성장하도록 돕는다. 따라서 교사도 라브가 필요하다. 아무리 많이 아는 사람이라도 배움이 부족한 학생과 마찬가지로 멘토링과 성장을 위해서는 자기만의 안내자가 필요하다.

"자신을 위해 교사를 선택하라"라는 히브리어 문구 "Asch lekha rav"는 또한 "너 자신을 교사로 만들라"로 번역할 수도 있다. 여기에 언급된 교사를 하루아침에 발견하거나 우연히 만날 수 없다는 것은 히브리어 표현을 보아도 명백하다. 그는 만들어진다. 그 교사는 지역 회당의 랍비일 수도, 가까운 대학의 유대교 연구 교수일 수도, 전통적 유대교 교육을 잘 받은 친구일 수도 있다. 교사로 만들기는 그 학생을 돕기 위한 노력뿐 아니라 지속적인 의견교환의 과정을 의미한다. 교사만이 학생을 밀어붙이는 것이 아니라, 학생 또한 라브에게 정중하게 도전해야 한다. 이 관계가 따뜻하고 지속적이며 발전적인 것이 되기를 소망한다.

이 정식의 후반부 "자신을 위해 동료를 사귀라"의 원문은 K'neh lekha ḥaver다. 친구, 동료, 학습 파트너를 뜻하는 하베르/하베라 ḥaver/ḥavera라는 단어는 "한데 합치다"를 뜻하는 히브리어 어원에서 나왔다. 친구와 함께, 서로의 관심사를 모으고 서로의 힘을 합친다는 뜻이다. 이것이 전통적 유대 학습법이 대개 한 쌍의 학생들이 함께 배우는 하브루타ḥavruta(같은 어근에서 나왔다)인 이유다. 하브루타를 하면 동료끼리 의견을 주고받게 된다. 학생이 교사에게는 많은 의견을 제시할 수 없는 데 비해, 동료끼리는 엄청나게 많은 의견을 줄 수 있다. 그들은 또한 지적인 측면뿐 아니라 사교적 측면에서도 서로에게서 많은 것을 받을 수 있다.

하브루타에서, 한 하베르는 교실 공부의 공식적인 테두리 밖에서 다른 하베르를 보게 된다. 따라서 하베르의 관심은 고정된 커리큘럼을 넘어 모든 삶 자체로 확장된다. 한 전통적 자료는 이렇게 묻는다. "왜 우리에게 하베르가 필요한가?" 답은 이렇다. "그는 너의 할라카를 바로잡는 자이다"(Avot derabbi Natan 8).

많은 사람들이 할라카라는 단어가 '걷다' 혹은 '가다'를 의미하는 할라크halakh라는 어근에서 유래했으며, 유대 율법만이 아니라 사람의 행동을 가리킨다고 이해한다. 어떤 꼭 필요한 비판과 제안을 교사가 하면 당혹스러울 수 있지만, 동료가 하면 더 견딜 만하다. 동등한 하베르는 비슷한 경험과 비슷한 감정을 공유한다. 스터디 그룹 즉 하브루타의 각 파트너는 자신만의 강점과 개인적 관점을 갖고 있다. 각자는 새로운 견해와 다른 접근방식으로 상대방에게 도전한다. 따라서 동료와 함께 공부하는 것은 유익한 것으로 간주된다. 하베르는 우리가 다른 유대인들과 접촉할 수 있게 해줌으로써, 공동체 의식과 주기적인 "현실 직시" 모두에 도움이 된다. 탈무드의 한 유명한 이야기에서, 호니 하메아겔은 70년 동안 잠을 잔 후 집으로 돌아온다. 유감스럽게도, 배움이 집에 있는 신세대 랍비들은 그를 알아보지 못한다. 낙담에 빠진 그는 자신을 죽여달라고 기도한다. 라바는 이렇게 논평한다. "이것이 사람들이 '우정[havruta]이 아니면 죽음[mituta]을' 이라고 말하는 까닭이다."(Ta'anit 23a). 이것은 과장이겠지만, 혼자서 공부하는 것이 얼마나 어려운지 우리에게 알려준다.

여호수아 벤 페라히아는 우리에게 라브/교사와 하베르/동료 둘 다 필요하다는 것을 알았다. 각각 특별한 무언가를 제공한다. 우리가 라브를 찾은 똑같은 장소들, 회당이나 대학교 또는 가까이 있는 가족이나 친구의 집도 우리가 하베르를 찾는 장소가 될 수 있다. 우리는 이미 사교적으로는 친구이지만 학습 파트너는 아닌 누군가 중에 하베르를 찾을 수도 있다. 교사가 우리에게 하베르를 정해줄 수도 있고, 아니면 다른 사람, 단지 함께 공부할 파트너를 찾고 있는 모르는 사람을 찾아볼 수도 있다. 교사와의 관계가 오랜 시간에 걸쳐 만들어지는 것처럼, 동료도 오랫

동안 함께 의견을 나눔으로써 합쳐지게 된다. 랍비들은 공부가 어렵고, 학습 도구들은 시간과 노력 모두를 필요로 한다는 것을 알았다. "수영 친구"가 우리를 계속 지켜보고 힘에 벅찰 때를 깨닫게 도와주듯이, 하베르도 탈무드라는 바다에서 특히 어려움에 부딪힐 때 우리를 도와줄 수 있다.

때로는 책이 개인교사를 발견하기 전까지 라브를 대신할 수 있다. 뜻이 맞는 멘토를 찾으면서도, 한 무리가 모여 한동안 함께 공부할 수도 있다. 마찬가지로 하베르를 발견하기 전까지 교사와 함께 혼자 공부해야 할 수도 있다. 바라건대, 배우는 동안 우리는 유대교 학습법에 더 능숙해지고, 어디서 어떻게 계속 배울지도 알게 될 것이다. 우리는 더 열악한 배경을 가지고 있더라도, 다른 사람들에게 줄 수 있는 것, 학습할 내용에 기여할 것을 아주 많이 갖고 있음을 알게 될 것이다. 이것은 또 다른 탈무드의 현자 랍비 하니나가 다음과 같이 말할 때의 감정을 비춰준다. "난 선생님들에게서 많은 것을 배웠고, 선생님들보다 동료들로부터 더 많은 것을 배웠고, 무엇보다 나의 학생들에게서 가장 많이 배웠다."(Ta'anit 7a). 다시 말해, 그는 다른 누구에게서보다 자신의 제자들로부터 더 많은 것을 배웠다. 각각의 개인은 유일무이하고, 자기만의 통찰과 나눠줄 가치가 있는 무언가를 갖고 있다.

탈무드의 바다로 들어가면, 우리는 여전히 조금 두렵고 압도당하는 느낌을 받을 것이다. 이 느낌을 극복하는 한 가지 방법은 하베르/친구나 라브/교사와 함께 하는 것이다. 이것은 의심할 나위 없이 그 바다로 들어가는 것을 훨씬 수월하게 만들어줄 것이다. 이 책이 부디 당신의 라브와 하베르가 되어, 탈무드의 바다로 매끄럽게 들어갈 수 있게 해주기를 소망한다.

모세, 아키바를 만나다

crownlet. 타그tag(복수형은
tagin)를 가리킨다. 유대 문헌들
에서 특정 히브리어 문자들에
덧그리는 장식으로, 어떤 문자
들에는 타그 하나를, 다른 문자
들에는 타그 세 개를 그려넣었
고 각각에 특별한 의미를 부여
했다.

메나호트 29b

라브 예후다가 라브의 이름으로 말했다. "모세가 위로 올라가, [토라의] 글자들에 작은 화관들•을 달고 있는 거룩한 분, 송축받을 분을 발견했다. 그가 말했다. '세상의 주인이시여! 왜 이렇게 오래 걸리셨나이까?'

모세는(우리 대부분과 마찬가지로) 토라를 얻으러 왔을 때(그리고 토라의 구전전승 즉 탈무드를 배우고자 할 때) 몹시 조급했다. 그는 늦어지는 것을 이해할 수 없었다. 그는 나중이 아닌 지금 그것을 원했다. 그는(우리 대부분과 마찬가지로) 오로지 갈망만이 필요한 전부라고 생각했다.

하지만 모세는 그리고 우리들도 토라와 탈무드의 복잡성과 깊이를 이해하게 되었다. 우리는 아키바와 더불어, 물이 단단한 바위에 구멍을 뚫을 수 있지만 그러기 위해서는 꽤 오랜 시간이 걸리고 결연하게 지속적으로 노력해야 비로소 가능하다는 것을 알게 되었다.

원전에 가장 가까운 탈무드

그분이 그에게 말했다. '장차 여러 세대의 끝에 한 사람이 나타나리니, 그의 이름은 아키바 벤 요셉이라. 언젠가 그가 와서 이 작은 화관들 하나하나로부터 산더미 같은 율법들을 가르치리라.'

"신은 디테일에 있다"라는 속담이 있다. 이러한 생각을 흥미롭게 비틀고 있는 이 부분에서, 우리는 신이 토라의 가장 세세한 부분들—7개 히브리어 문자 위에 항상 보이는 작은 장식무늬들—에 지대한 관심을 기울이는 것을 본다. 그 모양과 위치 때문에 그것들은 '화관'이라고 불린다('일점일획'••이라고도 알려져 있다).

모세는 이 대수롭지 않아 보이는 낙서에 어떠한 중요한 의미가 있는지 처음에는 헤아릴 수 없었다. 하나님은 여기서 모세에게, 처음에는 그다지 중요해 보이지 않는 것이 실제로는 "산더미 같은 율법들"의 근간이 될 것이라고 설명한다. 심지어 화관들에도 배울 것이 많이 있다.

탈무드 초심자를 짜증나게 하는 것들 중 하나는 사소한 것들에 대한 끝없는 관심이다. 우리는 종종 궁금해한다. "어떻게 그토록 훌륭한 사상가들과 스승들이 이렇게 작은 세부사항과 관심사라는 수렁에 끊임없이 빠졌을까?" 랍비들이 구체적인 것을 논의하면서 실제로는 일반적인 것을 다루었으며, 특수자에 초점을 맞추면서 궁극적으로는 보편자를 바라보았음을 우리가 이해하게 되길 바란다.

모세와 아키바는 여러 모로 닮았다. 둘 다 양치기였으며, 둘 다 자연현상(불타는 덤불, 돌에 떨어진 물에 의해 파인 구멍)을 직면한 후 삶이 바뀌었고, 둘 다 그들의 백성들에게 훌륭한 토라 교사가 되었다. 하지만 모세가 처음에 시간 낭비로 여겼던 것이,

jots and tittles. jot은 영어의 아포스트로피 부호처럼 생긴, 히브리어의 10번째 자음 yod를 가리킨다. tittle은 획과 획이 만나는 부분에 작게 삐친 것을 일컫는다. "진실로 너희에게 이르노니 천지가 없어지기 전에는 율법의 일점일획도 결코 없어지지 아니하고 다 이루리라."(마태복음 5:18)

놀라운 영감의 풍부한 원천이라는 것을 아키바는 알아냈다. 우리는 이 차이를 어떻게 설명할 수 있을까?

그 차이의 대부분은 무엇을 찾아야 할지 아는 것과 관련이 있다. 서양의 논리적 사고틀에서 탈무드에 접근할 때, 우리는 당황하며 길을 잃고는 신경을 끊게 된다. 하지만 미슈나와 게마라를 그것이 출현한 세계의 맥락에서 바라볼 때, 우리는 그것들을 다르게 이해하기 시작한다. 신이 화관들에 시간을 쏟는 것을 보고서, 이것이 가치 있고 해야 할 중요한 일이라는 것을 우리가 알게 되기를 바란다.

그가 그분에게 말했다. '세상의 주인이시여! 저에게 그를 보여주소서!' 그분이 말했다. '돌아서라. 너의 뒤에 있다!' 그는 가서 여덟 번째 열에 앉았다.

유대 학습은 지금 여기에서만 이루어지지 않는다. 모든 시공간의 경계를 넘나든다. 하나님은 모세에게 토라를 진정으로 이해하기 위해서는 과거를 보아야 할 뿐 아니라 미래도 보아야 한다고 가르친다. 우리는 고대 역사를 읽는 외부 관찰자로서 탈무드를 공부할 수 없다. 대신에, 우리는 해당 페이지에 언급된 랍비들의 동료와 제자가 되어야 한다. 그들에 대해서 배우거나 그들에게서 배우는 것이 아니라, 그들과 함께 배워야 한다!

탈무드는 종종 가르침을 현재 시제로 알린다. "랍비 아키바는 말한다"('말했다'가 아니다). 어떤 사람들은 이것을 단지 동시대의 자료에서 인용한 것이라고 설명할 것이다. 하지만 이 구절을 이해하는 더 깊이 있는 방법이 있다. 진정한 의미에서, 랍비 아키바는 여전히 살아있고, 지금 말하고 가르치고 있다. 우리는 과거로 돌아가 그의 배움의 집에 있는 벤치에 앉아 그의 강의를 들으며 그의 제자가 된다. 아니면 랍비 아키바가 모세처럼 미래로 와서 오늘날 우리와 함께 머물며, 고대의 가르침들을 우리의 시간과 장소에 적용하는 방법을 조언한다.

그는 그들이 말하고 있는 것을 이해할 수 없었기에 매우 낙담했다.

정말 아이러니하다. 입법자 모세, 모셰 라베누Mosheh Rabbenu(모세 우리의 랍비)가, 랍비 아키바의 수업에서 논의하고 있는 것을 하나도 이해할 수 없다니! 또 하나 아이러니한 것은 우리가 기억하건대, 아키바는 일자무식이어서 마흔 살에 유치원 아이들과 함께 앉아 알파벳을 배우며 공부를 시작해야 했다는 것이다.

아키바와 모세는 완전히 압도당하는 경험을 했고, 자신이 어울리지 않는 곳에 있다고 느꼈으며, 배우겠다는 모든 생각을 잊고 그만두고 싶었다. 하지만 두 사람 다 이러한 무력한 느낌을 극복하고 일어나 각각 가장 위대한 성서와 탈무드의 인물이 되었다. 여기에 우리에게 위안을 주는 메시지가 있다. 때로 우리가 탈무드의 바다에 아무리 압도된다고 느끼더라도, 우리에게는 좋은 친구가 있다는 것을 기억해야 한다. 그리고 우리보다 앞선 사람들이 분투하고 이루었다면, 우리 또한 그렇게 할 수 있다는 것을 떠올려야 한다.

그들이 특정한 문제에 이르렀을 때, 그[아키바]의 학생이 그에게 말했다. '랍비여, 당신은 그것을 어디서 아셨습니까?' 그가 그들에게 말했다. '그것은 시나이 산의 모세에게로 거슬러 올라가는 율법이다.' 그러자 그[모세]는 위안을 얻었다.

우리가 탈무드를 공부할 때, 길을 잃고 압도당하고 매우 의기소침해지는 순간들이 있다. 또한 중요한 돌파구나 깨우침을 이루고 흥분하는 멋진 순간들도 있다. 조만간 우리 모두는 모세처럼 우리의 이름이 불리는 것을 듣게 된다. 탈무드는 매우 심오하고 삶의 경험의 사실상 모든 측면을 아우르기 때문에, 결국 우리 각자는 우리가 알아보는 영역, 우리 자신의 개인적 상황에 말을 걸어오는 영역이 있음을 발견할 것이다. 신비롭게도, 그 순간은 대개 우리가 거의 예상하지 못할 때 그리고 정확히 우리가 가장 필요로 할 때 찾아온다. 탈무드 연구의 비밀 중 하나는 충분한 인내심을 갖고 오래 버티는 것이다. 또 다른 비밀은 우리의 이름을 듣는 법을 배우는 것, 즉 탈무드의 페이지들에서 우리 자신의 이야기를 알아보는 것이다.

그는 돌아와 거룩한 분, 송축받을 분의 앞에 섰다. 그가 그분에게 말했다. '세상의 주인이시여! 당신은 그런 사람을 가지고도, 저를 통해 토라를 주셨습니까?'

유대인이 된다는 것은 하나님께 질문한다는 것이다. 소돔과 고모라를 파괴하는 도의를 놓고 하나님과 논쟁했던 아브라함에서부터, 여기 하나님의 입법자 선택에 이의를 제기하는 모세에 이르기까지, 하나님께 맞서 "왜?"라고 묻거나 "아니요!"라고 말하는 것은 언제나 우리의 권리(심지어 의무)였다. 이 경건한 불경은 탈무드의 모든 페이지에서 찾아볼 수 있다. 모든 것과 모든 이들—하나님을 포함한—에 이의가 제기된다. 제시된 모든 입장은 도전받고 비판받는다. 어떠한 것도 당연시되지 않고, 어떠한 것도 사실로 추정되지 않으며, 엄격한 시험을 통과하지 않으면 어떠한 것도 받아들여지지 않는다. 지적인 성실성이 무엇보다 소중하다고 여겨진다. 우리는 질문하기를 결코 두려워하지 않는데, 그것이 답을 얻을 수 있는 유일한 확실한 방법이기 때문이다.

그분이 그에게 말했다. '침묵하거라! 이것이 내가 계획한 방식이니라…….'"

겸손은 탈무드를 배우는 학생에게 매우 중요한 요건이다. 우리 자신의 한계를 인식하고 이해하는 것만으로 우리가 이 글을 완전히 익힐 수는 없다. 우리가 다른 책을 읽을 때 아무리 지혜로울지라도, 이 바다에서 헤엄치려면 우리에게는 여전히 지침과 도움이 필요하다. 역설적이게도, 모세에게 토라를 전할 진정한 자격을 준 것은 자신은 그럴 만한 자격이 없다는 모세의 인정이었다. 언제나 그렇듯이, 하나님은 모든 논쟁에서 최종 결정권을 갖는다. 모세가 옳을지 모르지만, 하나님은 그럼에도 그를 선택했다. 그러므로 하나님의 도움을 받아, 그는 성공할 것이다.

　부디 우리도 그러하기를.

하드란[●]

탈무드, 그대에게로 우리 돌아오리니

그대도 우리에게로 돌아와 주오!

탈무드, 그대를 우리 늘 생각하리니

그대도 우리를 생각해주오!

탈무드, 그대를 우리 잊지 않으리니

그대도 우리를 잊지 마오―

이 세상에서도, 다가올 세상에서도!

아도나이 우리 하나님, 제가 이 책을 마칠 수 있게 하신 것처럼, 제가 다른 책들을 시작하고 마치며, 토라의 모든 사랑의 말씀을 공부하고 가르치고 따르고 유념하고 지키게 하옵소서.

모든 탄나임과 아모라임과 현자들의 훌륭함이 저의 곁에 머물게 하시고, 그리하여 토라가 저의 입술에서 떠나지 않게 하소서.

그리고 이 구절들이 저를 통해 이루어지게 하소서.

"그것이 네가 다닐 때에 너를 인도하며, 네가 잘 때에 너를

　　　　　　　　　　　　　　　원전에 가장 가까운 탈무드

보호하며, 네가 깰 때에 너와 더불어 말하리니." (잠언 6:22)

"나 지혜로 말미암아 네 날이 많아질 것이요, 네 생명의 해가 네게 더하리라." (잠언 9:11)

"그의 오른손에는 장수가 있고, 그의 왼손에는 부귀가 있나니." (잠언 3:16)

"여호와께서 자기 백성에게 힘을 주심이여, 여호와께서 자기 백성에게 평강의 복을 주시리로다." (시편29:11)

여정 하나가 끝나고……

여호수아가 아침에 일찍이 일어나서 그와 모든 이스라엘 자손들
과 더불어 싯딤에서 떠나 요단에 이르렀다…… 모세가 여호수아
에게 명령한 일이 다 마치기까지…… 백성은 속히 건넜으며, 모
든 백성이 건너기를 마친 후에 여호와의 궤와 제사장들이 백성
의 목전에서 건넜다. (여호수아 3:1, 4:10-11)

…… 새로운 여정이 시작된다.

옮긴이의 말

옮긴이가 탈무드를 기억하는 건 유대인에 대한 교리, 가르침, 이도 아니면 유대인식 교육법이라는 것 정도였다. 물론 이러한 인식도 틀린 것은 아닐 것이다. 중고등학교 때 어머니도 탈무드 교육방식으로 둘째 아들인 옮긴이를 훈육하려 하셨으니까. 물론 그 결과가 기대만큼은 아니었지만.

하지만 탈무드를 정의내릴 때 중요한 부분을 간과하는 경향이 강하다. 탈무드를 어떤 고정된 경전의 가르침으로 인식하는 부분이 그렇다.

탈무드는 유대교와 유대사상의 집대성이다. 하지만 기독교나 이슬람교에서와 같이 고정된 의미의 경전이 아니다. 경전의 특성은 텍스트를 고정된 불변의 가치로 설정하고, 그 설정된 가치체계 위에서의 적용 혹은 명상을 권고하는 데 있다. 하지만 탈무드는 그렇지 않다. 탈무드는 종교, 법률, 철학, 도덕 등 인간의 삶에 관련된 거의 모든 콘텍스트에 대해 실시되는 일종의 심포지엄, 지난한 숙고의 산물들이다.

탈무드가 벌여온 숙고의 역사는 2000년 가까이 계속되고 있다. 알고 보면 탈무드란 말 역시 '연구'란 의미를 지녔다. 정확히는 지금으로부터 1200년 전부터 편찬되기 시작해 현재까지 63권 가까이 된다고 전해지고 있다.

탈무드는 아직도 끝나지 않았다. 연구행위가 중단될 수 없 듯이, 탈무드 역시 지금도 계속해서 편찬되어 나오고 있으며, 시 대와 역사의 흐름에 따라 새로운 사상, 새로운 언어, 새로운 견 해가 첨가되는 생물적 특징을 보인다. 흔히 지역 상담사이자 재 판관, 교사의 역할을 병행하는 지도자란 포괄적 의미로 쓰이던 '랍비'들이 치열하게 토론하며 얻은 삶의 중요한 지침들이 탈무 드의 주요 내용이다.

오래전 유대인들의 연구가 지금 여기에 사는 우리에게 어 떤 유의미한 활력을 가져다줄 수 있을까? 장담하기는 조심스럽 지만, 인간이란 주어진 역사와 시대의 요청에 끊임없이 답하고 물어야 하는 존재라는 가정이 유효하다면, 깊은 심연과도 같은 탈무드의 바다에 빠지는 독서 경험이 오늘의 우리에게 경직된 사고를 유연하게 하고 새로운 시대적 요구에 대한 살아있는 지 혜를 전달할 수 있을 것이란 기대를 지울 수 없다.

그 기대가 소박한 것이든, 거창한 것이든 상관없이 마음 깊 이 품는다면 우리의 삶이 좀 더 찬란해지지 않을까. 부디 모두에 게 즐겁고 뜻깊은 독서와 공부가 되기를 소망한다.

2018년 충무로 작업실에서
주원규

이 책에 인용된 랍비들

*랍비들의 생몰년 및 주요 활동 시기는 모데카이 마갈리오스Mordechai Margalioth가 편집한 《탈무드와 게오님 문학 백과사전Encyclopedia of Talmudic and Geonic Literature》 (Tel Aviv: Yavneh Publishing House, Ltd., 1973)을 따랐다.

**랍비들의 세대는 다음과 같이 구분했다.

T: 탄나임(미슈나 편찬 이전의 랍비들)	A: 아모라임(미슈나 편찬 이후의 랍비들)
T1　서기 40~80	A1　220~250
T2　80~110	A2　250~290
T3　110~135	A3　290~320
T4　135~170	A4　320~350
T5　170~200	A5　350~375
T6　200~220	A6　375~425
	A7　425~460
	A8　460~500

이름	활동 지역	시기*(세대**)	스승	기타 정보
감리엘 2세Gamliel II (또는 야브네Yavneh의 감리엘)	이스라엘	1세기 말~2세기 초 (T2)		랍비 요하난 벤 자카이 이후 산헤드린의 나시Nasi(군주)
나흐만 바르 이츠하크Naḥman bar Yitzḥak	바빌론 (바빌로니아)	356년 사망 (A4)	라브 나흐만Rav Naḥman, 라브 히스다Rav Ḥisda	품베디타Pumbedita 아카데미의 수장
나흐만Naḥman (바르 야코브bar Yaakov)	바빌론	320년 사망 (A2~3)	슈무엘Shmuel	
다니엘 바르 카티나 Daniel bar Katina	바빌론	3세기 말, 4세기 초 (A3)		
디미Dimi	바빌론	4세기 초~중엽 (A3~4)	라브 나흐만Rav Naḥman	이스라엘의 전통을 바빌론에 전한 네후테이Neḥutei(순례자) 중 한 명
라미 바르 하마Rami bar Ḥama	바빌론	4세기 중엽 (A4)	라브 히스다Rav Ḥisda, 라브 셰셰트 Rav Sheshet	
라바 Rabbah (바르 나흐마니bar Naḥmani)	바빌론	270~330 (A3)	라브 후나Rav Huna, 라브 예후다Rav Yehudah	품베디타 아카데미의 수장. 날카로운 논쟁 솜씨로 유명해 '산을 뽑는 자oker harim'라고 불렸다
라바 바르 라브 셸라 Rabbah bar Rav Shela	바빌론	4세기 초~중엽 (A3~4)	라브 히스다Rav Ḥisda	
라바 바르 라브 하난 Rava bar Rav Ḥanan	바빌론	4세기 초~중엽 (A4)	라바Rabbah, 아바예Abaye	
라바 바르 라브 후나 Rabbah bar Rav Huna	바빌론	322년 사망 (A2~3)	라브Rav, 라브 후나 Rav Huna(라바의 아버지)	라브 히스다에 이어 수라Sura 아카데미의 수장
라바 바르 마리 Rabbah bar Mari	이스라엘	4세기 초~중엽 (A3~4)		
라바 바르 메하샤 Rava bar Meḥasya	바빌론	3세기 중엽~말 (A2~3)		
라바 바르 바르 하나 Rabbah bar bar Ḥana	바빌론에서 태어나 이스라엘로 옴	3세기 말~4세기 초 (A3)	랍비 요하난Rabbi Yoḥanan	
라바Rava (라브 아바 바르 요셉Rav Abba bar Yosef)	바빌론	299~352 (A4)	라브 나흐만Rav Naḥman, 라브 히스다Rav Ḥisda	마후자Maḥuza에 아카데미 설립

원전에 가장 가까운 탈무드

이름	활동 지역	시기*(세대**)	스승	기타 정보
라브Rav (라브 아바 바르 아이보Rav Abba bar Aybo 또는 '아바 아리카Abba Arikha')	바빌론	175~247 (A1)	랍비 예후다 하나시 Rabbi Yehudah ha-Nasi	수라 아카데미 설립
라비나Ravina	바빌론	4세기 말~5세기 초 (A6)	라바Rava	탈무드의 최종 편찬에 참여
레시 라키시Resh Lakish (시몬 벤 라키시Shimon ben Lakish)	이스라엘	3세기 중엽~말 (A2)	랍비 요하난Rabbi Yohanan	
마니Mani	이스라엘	3세기 초~중엽 (A1)		
마르 바르 라브 후나 Mar bar Rav Huna(또는 라비나Ravina)	바빌론	4세기 초~중엽 (A4)		
마트나Matnah	바빌론	3세기 중엽~말 (A2)	라브Rav, 슈무엘Shmuel	
메이어Meir	이스라엘	2세기 2중엽 (T4)	랍비 아키바Rabbi Akiva, 엘리샤 벤 아부야Elisha ben Avuya	
벤 아자이Ben Azzai (시몬 벤 아자이 Shimon ben Azzai)	이스라엘	2세기 초 (T3)	랍비 여호수아Rabbi Yehoshua	
벤 조마Ben Zoma (시몬 벤 조마Shimon ben Zoma)	이스라엘	2세기 초 (T3)		
비비 바르 아바예Bivi bar Abaye	바빌론	4세기 중엽~5세기 (A5)	아바예Abaye(비비의 아버지), 라브 요셉 Rav Yosef	아버지 아바예에 이어 품베디타 아카데미의 수장
사프라Safra	바빌론에서 태어나 이스라엘로 갔다가 돌아옴	4세기 초~중엽 (A3~4)		
셰셰트Sheshet	바빌론	3세기 중엽~4세기 초 (A2~3)		실히Shilhi에 아카데미 설립
슈무엘 바르 나흐마니Shmuel bar Naḥmani	이스라엘	3세기 중엽~4세기 초 (A2~3)	랍비 요나탄Rabbi Yonatan (벤 엘라자르 ben Elazar)	

이름	활동 지역	시기*(세대**)	스승	기타 정보
슈무엘 바르 라브 이츠하크Shmuel bar Rav Yitzḥak	바빌론에서 태어나 이스라엘로 감	3세기 말~4세기 초 (A3)		
슈무엘Shmuel	바빌론	180~257 (A1)	아바 바르 아바Abba bar Abba (슈무엘의 아버지)	네하르데아Nehardea 아카데미의 수장
시몬 벤 감리엘 Shimon ben Gamliel	이스라엘	2세기 중엽 (T4)		야브네의 감리엘의 아들, 예후다 하나시의 아버지
시몬 벤 엘라자르 Shimon ben Elazar	이스라엘	2세기 말 (T5)	랍비 메이어Rabbi Meir	
시몬 벤 파지Shimon ben Pazi	이스라엘	3세기 중엽~4세기 초 (A2~3)	랍비 여호수아 벤 레비Rabbi Yehoshua ben Levi	
시몬 하시다Shimon Ḥasida	이스라엘	3세기 중엽 (A1~2)		
시몬 하차디크 Shimon ha-Tzaddik	이스라엘	기원전 3세기		대 제 사 장 Kohen Gadol을 지냈다
시몬 하파쿨리 Shimon ha-Pakuli	이스라엘	1세기 말~2세기 초 (T2)		
시몬Shimon (바르 요하이bar Yoḥai)	이스라엘	2세기 중엽 (T4)	랍비 아키바Rabbi Akiva	
아다 바르 아하바Ada bar Ahava	바빌론	3세기 중엽 (A1~2)	라브Rav	
아바 바르 자브다 Abba bar Zavda	이스라엘에서 태어나 바빌론으로 감	3세기 중엽, 4세기 초 (A2~3)	라브Rav, 라브 후나Rav Huna	당대 이스라엘에서 가장 중요한 현자로 여겨졌다
아바 요세 바르 도스타이Abba Yosé bar Dostai	이스라엘	2세기 중엽 (T4)		
아바Abba (랍비 히야 바르 아바Rabbi Ḥiyya bar Abba의 아들)	이스라엘	3세기 말~4세기 초 (A3)	랍비 히야 바르 아바Rabbi Ḥiyya bar Abba(아바의 아버지)	
아바Abba	바빌론에서 태어나 이스라엘로 옴	3세기 말~4세기 초 (A3)		
아바예Abaye	바빌론	280~338 (A3, 4)	라바 라브 요셉 Rabbah Rav Yosef	품베디타 아카데미의 수장

이름	활동 지역	시기*(세대**)	스승	기타 정보
아브야Avya	바빌론	4세기 초~중엽 (A3~4)		
아시Ashi	바빌론	427년 사망 (A6)	라브 카하나Rav Kahana	52년 동안 수라 아카데미의 수장. 바블리(바빌로니아 탈무드)의 편찬자
아시Assi	바빌론에서 태어나 이스라엘로 옴	3세기 말, 4세기 초 (A3)	슈무엘Shmuel, 랍비 요하난Rabbi Yoḥanan	
아키바Akiva	이스라엘	135년 사망 (T3)	랍비 엘리에제르 Rabbi Eliezer, 랍비 여호수아Rabbi Yehoshua	
아하 (하나) 바르 비즈나Aḥa (Ḥana) bar Bizna	바빌론	30세기 중엽, 4세기 초 (A2~3)	랍비 시몬 하시다 Rabbi Shimon Ḥasida	
아하Aḥa (랍비 하니나Rabbi Ḥanina의 아들)	이스라엘	3세기 말, 4세기 초 (A3)	랍비 아시Rabbi Assi	
암미Ammi	이스라엘	3세기 말, 4세기 초 (A3)	랍비 요하난Rabbi Yoḥanan	티베리아스Tiberias 아카데미의 수장
야코브Yaakov (벤 코르샤이ben Korshai)	이스라엘	2세기 중엽 (T4)	랍비 메이어Rabbi Meir	
얀나이Yannai	이스라엘	3세기 초~중엽 (A1)	랍비 예후다 하나시 Rabbi Yehudah ha-Nasi, 랍비 히야Rabbi Ḥiyya	
엘라자르 벤 랍비 시몬Elazar ben Rabbi Shimon	이스라엘	2세기 말 (T5)	랍비 시몬 바르 요하이Rabbi Shimon bar Yoḥai(엘라자르의 아버지)	
엘라자르Elazar (벤 페다트ben Pedat)	바빌론에서 태어나 이스라엘로 옴	279년 사망 (A2)	라브Rav, 슈무엘Shmuel	
엘리샤 벤 아부야 Elisha ben Avuyah	이스라엘	2세기 초 (T3)		나중에 배교자가 되어'아헤르Aḥer'(또 다른 사람)라고 불렸다
엘리에제르Eliezer (벤 히르카노스ben Hyrkanos)	이스라엘	1세기 말~2세기 초 (T2)	랍비 요하난 벤 자카이Rabbi Yoḥanan ben Zakkai	스승의 가르침을 충실히 지켜 "한 방울도 새지 않는 물단지"라는 찬사를 받았다

이름	활동 지역	시기*(세대**)	스승	기타 정보
여호수아 벤 감라 Yehoshua ben Gamla	이스라엘	서기 70년경		
여호수아 벤 레비 Yehoshua ben Levi	이스라엘	3세기 초~중엽 (A1)	바르 카파라Bar Kapara	
여호수아 벤 페라 히아Yehoshua ben Peraḥia	이스라엘	기원전 2세기 주고트Zugot		
여호수아Yehoshua (벤 하나니아ben Ḥananiah)	이스라엘	1세기 말~2세기 초 (T2)	랍비 요하난 벤 자카 이Rabbi Yoḥanan ben Zakkai	
예후다 네시아 Yehudah Nesiah	이스라엘	3세기 중엽 (A1~2)	라반 감리엘Rabban Gamliel(예후다의 아 버지)	랍비 예후다 하나시 의 손자
예후다 하나시 Yehudah ha-Nasi (일 명 '랍비Rabbi')	이스라엘	2세기 말 (T5)	랍비 메이어Rabbi Meir	산헤드린의 군주. 미 슈나 편찬자
예후다Yehudah (바 르 예헤즈켈bar Yeḥezkel)	바빌론	3세기 중엽~말 (A2)	라브Rav, 슈무엘Shmuel	품베디타 아카데미 설립
예후다Yehudah (바르 일라이bar Ilai)	이스라엘	2세기 중엽 (T4)	랍비 아키바Rabbi Akiva, 랍비 엘리에제 르Rabbi Eliezer	
예후다Yehudah, 케 파르 기보리야K'far Giboriya (또는 케파 르 기보르 하일K'far Gobor Ḥayil)의	이스라엘			
오샤야 라바Oshaya Rabbah	이스라엘	3세기 초 (T6, A1)	랍비 히야Rabbi Ḥiyya	카이사레아Caesarea 아카데미 설립
요세 바르 아빈Yosé bar Avin	이스라엘	4세기 중엽 (A5)	라브 아시Rav Ashi	
요세 바르 자비다 Yosé bar Zavida	이스라엘	4세기 중엽 (A5)		이스라엘 랍비시대 의 마지막 권위자 중 한 명
요세 하겔릴리Yosé ha-G'lili	이스라엘	2세기 초 (T3)		
요세Yosé (바르 할라 프타bar Ḥalafta)	이스라엘	2세기 중엽 (T4)	랍비 아키바Rabbi Akiva	

이름	활동 지역	시기*(세대**)	스승	기타 정보
요셉Yosef (바르 히야bar Ḥiyya)	바빌론	333년 사망 (A3)	라브 예후다Rav Yehudah	품베디타 아카데미의 수장. 전통에 박식해 '시나이Sinai'라 불렸다
요하난 벤 자카이 Yoḥanan ben Zakkai	이스라엘	1세기 중엽~말 (T1)	힐렐Hillel	야브네에 아카데미 설립
요하난Yoḥanan (바르 나파하bar Nappaḥa)	이스라엘	199~279 (A2)	랍비 예후다 하나시 Rabbi Yehudah ha-Nasi	티베리아스 아카데미 설립
울라Ulla	이스라엘에서 태어나 바빌론으로 갔다가 돌아옴	3세기 중엽~4세기 초 (A2~3)		이스라엘의 전통을 바빌론에 전한 네후테이의 한 명
이슈마엘Yishmael (벤 엘리샤ben Elisha)	이스라엘	2세기 초 (T3)	랍비 여호수아Rabbi Yehoshua, 랍비 엘리에제르Rabbi Eliezer	
이츠하크 바르 셸라 Yitzḥak bar Shela	바빌론	3세기 말~4세기 초 (A3)		
이츠하크Yitzḥak (나파하Nappaḥa)	이스라엘	3세기 중엽~4세기 초 (A2~3)		
이츠하크Yitzḥak (라브 예후다Rav Yehudah의 아들)	바빌론	3세기 말~4세기 초 (A3)	랍비 예후다 벤 예헤즈켈Rabbi Yehudah ben Yeḥezkel(이츠하크의 아바지)	
제비드Zevid	바빌론	4세기 말~5세기 초 (A4~5)	아바예Abaye, 라바Rava	품베디타 아카데미의 수장(377~385)
제이라Zeira	바빌론에서 태어나 이스라엘로 감	3세기 말~4세기 초 (A3)	라브 후나Rav Huna, 라브 예후다Rav Yehudah	
카하나Kahana	바빌론			이 이름으로 알려진 4명의 서로 다른 아모라임이 있다
타르폰Tarfon	이스라엘	1세기 말~2세기 초 (T2)	라반 감리엘 1세 Rabban Gamliel the Elder	
파파Papa (바르 하난bar Ḥanan)	바빌론	300~375 (A5)	아바예Abaye, 라바Rava	나레시Naresh 아카데미 설립

이름	활동 지역	시기*(세대**)	스승	기타 정보
하니나 바르 파파 Ḥanina bar Papa	이스라엘	4세기 초 (A3)	랍비 슈무엘 바르 나흐만Rabbi Shmuel bar Naḥman	
하니나 바르 하마 Ḥanina bar Ḥama	바빌론에서 태어나 이스라엘로 옴	180~260 (A1)	랍비 예후다 하나시 Rabbi Yehudah ha-Nasi	셉포리스Sepphoris 아카데미의 수장
하마 바르 구리아 Ḥama bar Gurya	바빌론	2세기 중엽~말 (A2)	라브Rav	
헬보Ḥelbo	바빌론에서 태어나 이스라엘로 옴	3세기 말~4세기 초 (A3)	라브 후나Rav Huna	
후나 바르 예후다 Huna bar Yehudah	바빌론	4세기 초 (A4)		
후나Huna	바빌론	212~297 (A2)	라브Rav, 슈무엘Shmuel	40년 동안 수라 아카데미의 수장
히네나Ḥinena (라브 이카Rav Ikka의 아들)	바빌론	4세기 중엽 (A5)		
히스다Ḥisda	바빌론	217~309 (A2~3)	라브Rav	수라 아카데미의 수장
히야 바르 라브Ḥiyya bar Rav	바빌론	3세기 중엽~말 (A2)	라브 예후다Rav Yehudah	
히야Ḥiyya (바르 아바bar Abba)	바빌론에서 태어나 이스라엘로 옴	3세기 초~중엽 (T6, A1)	랍비 예후다 하나시 Rabbi Yehudah ha-Nasi	
힐렐Hillel	바빌론에서 태어나 이스라엘로 옴	5세대 주고트	셰마야Shemaya, 아브 탈리온Avtalyon	후대의 랍비 전통에 따르면, 나시(군주)는 그의 후손이다

원전에 가장 가까운 탈무드

초판 1쇄 발행	2018년 6월 29일
초판 4쇄 발행	2020년 6월 25일

지은이	마이클 카츠, 거숀 슈워츠
옮긴이	주원규
책임편집	이기홍
디자인	주수현, 정진혁

펴낸곳	(주)바다출판사
발행인	김인호
주소	서울시 마포구 어울마당로5길 17 5층(서교동)
전화	322-3885(편집), 322-3575(마케팅)
팩스	322-3858
E-mail	badabooks@daum.net
홈페이지	www.badabooks.co.kr

ISBN	978-89-5561-134-2 03100

마이클 카츠, 거숀 슈워츠
Michael Katz & Gershon Schwartz

랍비 마이클 카츠는 템플 대학교와 그래츠 칼리지에서 히브리 문학을 공부하고, 미국유대교 신학교에서 석사 학위를 받았다. 1979년 랍비로 서임되었고, 현재 뉴욕 주 웨스트버리에 있는 템플 베스 토라Temple Beth Torah의 랍비로 있다.

랍비 거숀 슈워츠는 컬럼비아 대학교를 졸업하고, 미국유대교 신학교에서 석사학위를 받았다. 1979년 랍비 로 서임되었고, 현재 펜실베이니아 주 엘킨스파크에 있는 베스 솔롬 성회Beth Sholom Congregation의 랍비로 있다.

현직 두 정통 랍비가 하브루타(학습 파트너)를 이뤄 매주 함께 토론하고 연구한 작업물인 이 책은 출간된 이후 20년 넘게 대표적 탈무드 입문서로 손꼽히며 스테디셀러로 사랑받고 있다. 저자들은 이 책에서 유대교의 전통 적 견해를 그대로 고수하기보다는, 성서와 랍비들의 가르침을 오늘날의 상황에 맞게 재해석하면서 거기에 담긴 정신을 계승하려는 개념적 접근법을 취한다. 약 1500년 전 랍비들이 성문율법(토라)을 자기 시대의 관점에서 재해석해 유대교의 근간이 된 구전율법(탈무드)을 만들었듯이, 저자들은 현대인이 삶에서 부딪히는 여러 문제들 에 탈무드의 지혜를 새롭게 적용함으로써 일상의 세부에 숨어 있는 신성한 원리를 재확인한다.

옮긴이 | 주원규

소설가이자 목사. 서울에서 태어나 2009년부터 소설을 발표하며 본격적인 글쓰기를 시작했다. 현재는 소수가 모여 성서를 강독하는 종교 활동에 집중하고 있으며, 해체와 아나키즘, 공유 융합의 가능성을 살피는 해체와공 유문화연구소 소장으로도 활동하고 있다.
지은 책으로는 제14회 한겨레문학상 수상작인 《열외인종 잔혹사》를 비롯해 장편소설 《나쁜 하나님》《천하무 적 불량야구단》《망루》《반인간선언》《크리스마스 캐럴》《기억의 문》《무력소년 생존기》, 청소년 소설 《아지트》 《주유천하 탐정기》, 에세이 《황홀하거나 불량하거나》《힘내지 않아도 괜찮아》, 평론집 《땅의 예수, 하늘의 예수》 《성역과 바벨》《진보의 예수, 보수의 예수》 등이 있으며 2017년 tvN 드라마 〈아르곤〉을 집필했다.